韓国人と結婚した日本人女性たちとアイデンティティ

竹村博恵

大阪大学
出版会

目次

第1章　序論 …………………………………………………………… 1

第2章　先行研究 ……………………………………………………… 9
　第1節　韓国人男性の国際結婚の傾向と日本人女性との結婚動機 ……… 9
　第2節　結婚動機別にみる在韓日本人女性に関する先行研究 …………… 12
　　1．内鮮結婚型 ……………………………………………………… 12
　　2．宗教結婚型 ……………………………………………………… 16
　第3節　韓国で実施された在韓日本人女性に関する先行研究 …………… 19
　　1．韓国生活への適応 ……………………………………………… 21
　　2．夫婦関係 ………………………………………………………… 25
　　3．子どもの養育 …………………………………………………… 27
　　4．日韓問題 ………………………………………………………… 29
　第3節　日韓問題に関する韓国の支配的言説に関する先行研究 ………… 34
　第4節　先行研究における問題点と本研究の位置付け …………………… 45
　第5節　本研究の課題 ………………………………………………… 47

第3章　本研究の分析の枠組み ……………………………………… 49
　第1節　理論的枠組み ………………………………………………… 49
　　1．当事者研究 ……………………………………………………… 49
　　2．Butlerの思想 …………………………………………………… 53
　　3．ナラティブ（narrative）……………………………………… 58

i

4. アイデンティティ（identity）………………………………………… 62

第4章　本研究の調査と分析手法………………………………………… 67
第1節　アクティヴ・インタビュー（the active interview）…………… 67
第2節　調査対象者………………………………………………………… 69
第3節　分析手法…………………………………………………………… 72
   1. スモール・ストーリー（small stories）……………………………… 72
   2. ポジショニング分析（positioning analysis）……………………… 74
第4節　本研究の分析について…………………………………………… 78

第5章　韓国（人）との関わり合いに見る日韓問題………………… 81
第1節　日本人であることと関連のある出来事………………………… 81
第2節　独島問題と関連のある出来事…………………………………… 93
第3節　慰安婦問題と関連のある出来事…………………………………103
第4節　日本製品不買運動（2019）と関連のある出来事………………110
第5節　日本人暴行事件（2019）と関連のある出来事…………………127
第6節　日韓問題そのものと関連のある出来事…………………………132
第7節　考察…………………………………………………………………144
第8節　両国間で揺れ動く気持ちと，明かせない思い…………………155

第6章　日本（人）との関わり合いに見る日韓問題…………………157
第1節　韓国（人）に対する否定的発言…………………………………158
   1. 日本製品不買運動（2019）と関連のある出来事……………………158
   2. 日本人暴行事件（2019）と関連のある出来事………………………166
   3. 韓国（人）に対する非難と関連のある出来事………………………178
第2節　考察…………………………………………………………………197
第3節　韓国に関する支配的言説への危機感
　　　　―彼女たちの抵抗と苦戦― ……………………………………203

第7章　韓国（人）・日本（人）との関わり合いに見る日韓問題 ……………………………………………………………………205

第1節　日韓の狭間で……………………………………………205
1. 日本人暴行事件（2019）と関連のある出来事……………205
2. 日韓両国や両国の人々の言動と関連のある出来事………217

第2節　考察……………………………………………………229
第3節　マイノリティゆえの気づきと，実体験に基づく対抗手段………234

第8章　韓国人の夫との関わり合いに見る日韓問題………………237

第1節　夫と話し合う事例………………………………………237
第2節　夫とは話し合わない事例………………………………264
第3節　日韓問題と関連のある夫の行動………………………275
第4節　考察……………………………………………………288
第5節　夫婦の話し合いに影響を及ぼすナショナル・アイデンティティと支配的言説……………………………………………297

第9章　日韓にルーツを持つ我が子との関わり合いに見る日韓問題 …………………………………………………………………………301

第1節　我が子との会話の中で日韓問題をどう扱ったのか………302
1. 日本製品不買運動（2019）と関連のある出来事…………302
2. 独島問題と関連のある出来事………………………………307
3. 日韓問題への質問と関連のある出来事……………………320

第2節　我が子との会話の中で日韓問題をどう扱うつもりなのか………327
1. 日本製品不買運動（2019）と関連のある出来事…………327
2. 独島問題と関連のある出来事………………………………330
3. 人道的な問題（徴用工問題や慰安婦問題など）と関連のある出来事………339
4. 日韓問題そのものと関連のある出来事……………………343

第3節　考察……………………………………………………362
第4節　子どもを守りたい母としての思い
　　　　―複雑な母子の位置付け―……………………………376

目次

第 10 章　自分自身との関わり合いに見る日韓問題……………379
第 1 節　知識を身につける事例……………380
第 2 節　知識を身につけない事例……………392
第 3 節　考察……………407
第 4 節　少しでも心地よく韓国で暮らすために
　　　　　―戦略としての選択―……………413

第 11 章　総合考察……………415
第 1 節　研究課題 1 について……………415
第 2 節　研究課題 2 について……………420
第 3 節　研究課題 3 について……………426
第 4 節　再びバトラーへ　―彼女たちの示す攪乱の可能性―……………432
第 5 節　今後の課題……………441

参照文献……………443
　〈日本語＆英語〉……………443
　〈韓国語〉……………448
付録資料 1　（調査依頼書）……………452
付録資料 2　（誓約書）……………453
付録資料 3　（同意書）……………454

謝辞……………457
索引……………459

トランスクリプト記号

(.)/(..)	0.2/0.5 秒以下の短いポーズ
#####	聞き取れなかった箇所
:	音の引き伸ばし（個数は長さ）
¥--¥	笑いながらの発話（¥¥の間）
-	言い間違いなどによる言葉の詰まり
[	発話の重複の開始箇所
（数字）	（数字）秒の短いポーズ
?	疑問形の上昇イントネーション
＞　＜	前後に比べ発話速度が早い箇所
(( ))	状況説明
@	笑い（個数は長さ）
°ああ°	声が前後に比べて小さい箇所

データ内の韓国語表記に関して

① 発言が一言などの短い場合は，カタカナで音声を表記した後に，括弧内で韓国語表記・日本語訳という順番で記載した．

　　例）456. アスカ：ウェヨ？（왜요？：なぜですか？）って言うんです

② 発言がまとまりを持った文章としてなされている場合は，1段目にカタカナで音声を，2段目の括弧内に韓国語表記を，3段目の括弧内に日本語訳を記載した．

　　例）473. アスカ：モ：ヨギ (..) タルンナラサラムド (.) サルジャナヨ
　　　　474. 　　：(뭐 여기 다른 나라 사람도 살잖아요.)
　　　　475. 　　：(ここ別に他にも外国人住んでるじゃないですか)

v

第 1 章

序論

　2022年4月7日に報道されたニュースによれば，日本政府と韓国の次期政権が「戦後最悪」(TBS News[1] 2022)と言われる日韓関係の改善に向けた具体策を検討するチームを共同で立ち上げる方針であるという(TBS News 2022)．この報道内でも使用された「戦後最悪」という表現が象徴しているように，ここ数年間の日韓関係には「最悪」という単語が常につきまとってきた．朝日新聞のデータベース「聞蔵Ⅱ[2]」を使用し「日韓関係，最悪」というキーワードが使用された記事がどの程度存在するか調べたところ，1879年から2022年4月までの間に190件の記事が存在していることがわかった[3]．特に1992年以降，両キーワードを使用して日韓関係を最悪な状況として説明する内容の記事が少しずつ目につくようになる．以下，図1-1に1992年から2022年にかけて「日韓関係，最悪」のキーワードが使用されていた朝日新聞の記事の総数と，そのキーワードを使用して日韓関係を最悪な状態と説明していた記事（否定的内容の記事）の件数をグラフにして掲載する．

　全ての記事の内容を確認したところ，1992年から2012年までは日韓関係を最悪と表象する記事は存在しても年間1，2件程度であった．また，全く存在

1　TBS NEWS（2022）．【独自】"戦後最悪"の日韓関係改善に向けた「チーム」設立へ TBS NEWS 2022年4月7日　〈https://news.tbs.co.jp/newseye/tbs_newseye6011952.html〉（最終閲覧日2022年4月14日）
2　朝日新聞データベース「聞蔵Ⅱ」〈https://database.asahi.com/index.shtml〉
3　検索に際しては，「聞蔵Ⅱ」が提供する「朝日新聞縮刷版1879〜1999　〜歴史を訪ねる〜」と「朝日新聞1985〜，週刊朝日・AERA　〜現代を読み解く〜」の検索システムを使用した．最終的に，前者で3件，後者で187件の記事がヒットした．

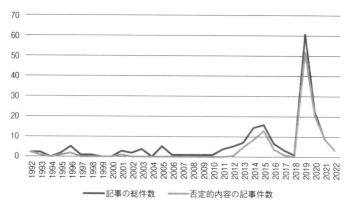

図 1-1　朝日新聞「日韓関係」・「最悪」表記使用記事件数

しない年もあった．しかしながら，そのような状況は 2013 年を境に変化する．2013 年以降，13 年に 5 件，14 年に 9 件，15 年に 13 件と，日韓関係を最悪なものと指摘する内容の記事は徐々に増加傾向を示し始める．その後 16 年から 18 年にかけて一旦減少傾向へと転じたものの，19 年には 53 件と過去最高を記録した．このような結果は，日本の非営利団体である言論 NPO と韓国のシンクタンクである東アジア研究院が毎年共同で実施している日韓共同世論調査の結果にも反映されている．2020 年 10 月に発表された日韓共同世論調査結果[4]では，相手国に対して抱く日韓両国の国民感情が過去 1 年の間に急激に悪化したこと，調査に協力した韓国人の 88.4％，日本人の 54.7％が現在の日韓関係を悪いと認識していることなどが指摘された．また，このような結果を受け，その当時の日韓関係に対し調査開始以来最悪の状況であるという報告がなされている．
上述したこれらの結果から窺えるのは，ここ数年間の日韓関係が最悪と称される状況を更新し続けているという実態である．では，このような現状を日本もしくは韓国のどちらかではなく，日本と韓国の両方に関わりを持ちながら生活している人々は一体どのように受け止めているのだろうか．

---

[4]　言論 NPO（2020）．第 8 回日韓共同世論調査　―韓国人の日本に対する印象が大幅に悪化― 2020 年 10 月 15 日〈https://www.genron-npo.net/world/archives/9083.html〉（最終閲覧日 2022 年 4 月 14 日）

第 1 章 序論

　本研究の研究対象者は，韓国に在住する日本人の中でも韓国人男性と恋愛結婚し現地で日韓にルーツを持つ子どもを養育中の日本人女性たち（以降，「在韓日本人女性」と略）である．彼女たちのように韓国人と国際結婚をして韓国に居住する外国人を韓国では「結婚移民」（법제처[5]）または「結婚移民者[6]」（법제처）と称しており，韓国法務部の調査によれば 168,594 名（男性 30,716 名，女性 137,878 名）の結婚移民者が暮らしているという（법무부[7] 2021）．国家別の出身者数を見ると，中国出身者が 60,072 名と一番多く，その次がベトナム出身者で 44,058 名，日本人はベトナムに次いで 14,595 名と 3 番目に人数の多い結婚移民集団となる．また，結婚移民者全体においても女性が圧倒的多数を占めているように，日本人の場合も 14,595 名のうち約 9 割（13,849 名）を女性が占めている（법무부[8] 2021）．本研究の研究対象者である在韓日本人女性たちの年齢層は 30 代から 40 代であり，全員が乳幼児から小学生までの子どもを韓国で養育中の母親でもある．彼女たちの多くは SNS やブログなどを通じて同じ境遇の日本人女性とつながり，定期的に集まってともに食事をしたり情報交換をしたり，日本語教師の資格を持つもの同士で協力して子どもへの日本語教育を行うなど日本人同士のつながりやコミュニティをうまく活用しながら韓国で生活している．また，定期的に子どもと共に日本に帰省し，我が子が日本の親族に会ったり日本での日常生活や学校生活を体験したりする機会を設けているものも多い．さらに，本研究でインタビュー調査を実施した女性たちのほとんどは韓国語も日常会話程度ならば問題なく使用できており，日韓両国のメディアから

5　법제처．결혼이민자 찾기 쉬운 생활법령정보（韓国法制局　結婚移民者見つけやすい生活法令情報［筆者訳］）〈https://easylaw.go.kr/CSP/CnpClsMain.laf?csmSeq=47&ccfNo=1&cciNo=1&cnpClsNo=1〉（最終閲覧日 2022 年 4 月 16 日）
6　本研究では韓国の用語にならい，国際結婚を契機に韓国に移住して生活している人々を結婚移民，女性の場合は結婚移民女性と呼称する．
7　법무부（2021）．결혼이민자 현황　e-나라지표（韓国法務部　結婚移民者現況　e-国指標［筆者訳］）2021 年 7 月 21 日〈http://www.index.go.kr/potal/main/EachDtlPageDetail.do?idx_cd=2819〉（最終閲覧日 2022 年 4 月 16 日）
8　법무부（2021）．국적（지역）및 체류자격별 체류외국인 현황　출입국자 및 체류외국인통계（韓国法務部　国籍（地域）及び在留資格別在留外国人現況　出入国者及び在留外国人統計［筆者訳］）2021 年 8 月 27 日〈https://kosis.kr/statHtml/statHtml.do?orgId=111&tblId=DT_1B040A5A&conn_path=I3〉（最終閲覧日 2022 年 4 月 16 日）

情報を入手することも可能であった．そして，彼女たちの大半は夫や夫の親族だけでなく，彼女たち個人の仕事や韓国の保育園や小学校に通う我が子に関連したつながりを通じて，韓国社会ともある程度接触しながら生活していた．インタビュー調査の開始前，自身も在韓日本女性の1人である筆者は彼女たちの生の声を聞くことを通じて日本と韓国という歴史的葛藤を抱える国の狭間で彼女たちがどのような社会状況や人間関係の中に身を置きながら生活しているのかを明らかにしたいと考えていた．そして実際にインタビュー調査を開始してわかったのは，日韓の生活レベルの文化差に対しては，彼女たちが両国の特徴を取捨選択しつつ自分の生活に合ったバランスを見つけながら柔軟に対応し生活しているということであった．しかし，それと同時に，インタビューでの話題が日韓の歴史的・政治的問題（以下，「日韓問題」と略）に関連した内容になると彼女たちが口籠ったり，どのように対応していくべきかに対する悩みや不安を口にしたりする様子が観察され，この話題が彼女たちにとって言語化の難しい，扱いにくいテーマであることを示唆する動向も見受けられた．また，インタビュー内で見られた「韓国で日本のことを悪く言われるのも嫌だが日本で韓国のことを悪く言われるのも嫌だ」という彼女たちの発言からは，この話題に向き合う際の彼女たちの複雑な立ち位置が察せられた．

　在韓日本人女性の韓国生活に関して調査した미즈카미 치사에／水上ちさえ（2002）や日韓夫婦の家族関係や社会関係に関して調査した김연희／キム・ヨンヒ（2019）は，日韓の国際結婚というのは歴史的・社会的・政治的に複雑な関係性を持つ国の出身者同士が一つの家庭を築くという行為であるとともに，日常生活の中に両国の間に存在する緊張感や葛藤が常に介入してくるという点で大変独特な挑戦であると述べている（미즈카미 치사에 2002, 김연희 2019）．もちろん，彼女たちは韓国生活において日本人であるがゆえに絶えず攻撃されたり差別を受けたりしているわけではない．ただ，一度日韓の外交関係が悪化し，その余波がメディアの報道を通じて両国の社会に及んだ場合，彼女たちや彼女たちの子どもは韓国では日本から来たものや日本にルーツのあるもの，日本では韓国人と結婚したものや韓国とルーツのあるものとして居た堪れない思いをすることになる（이정희／イ・ジョンヒ 2012, 박세희／パク・セヒ 2017, 김연희

2019，及川 2021）．例えば，在韓日本人女性に関する先行研究では，日本人代表として竹島／独島問題に対する意見を求められたり，保育園や学校で日韓問題に関して学んできた我が子から質問を受けたり，日本人であるということや日本人の母親を持つことで我が子がいじめにあうなど，彼女たちが日常生活の中でも日韓問題の存在に起因する困難に遭遇している現状が指摘されている（이정희 2012，이시이 히로꼬／いしいひろこほか 2015，박세희 2017，정선주／ジョン・ソンジュ 2018，김연희 2019，나리타 마미／成田眞美 2020，及川 2021）．しかしながら，既存の研究ではこのような問題は日本人女性たちの遭遇する特徴的な問題の一つとして言及されるに留まっており，その存在が彼女たちの生活にどのような影響を及ぼし，それに対し彼女たちがどのような対処を行っているのかという点を深く掘り下げた研究は非常に少ない（김연희 2019）．

　例えば，韓国の歴史学者である白永瑞（ペクヨンソ）（2016）は，不安定な東アジアの現実に変化をもたらすには大規模な東アジアの分断構造の中に存在する小規模な分断に着目する必要があるという．彼はそのような小規模な分断を，東アジアを取り巻く歴史的な葛藤が凝縮されたローカルな現場という意味で「核心現場[9]」（白永瑞 2016：4）と称し「東アジアの葛藤が凝縮された場所」（白永瑞 2016：4）と説明する．そして，核心現場というローカルな場所で歴史的な葛藤と向き合いながら生きる人々が語る物語[10]には，大規模な分断構造を解体へと導くために必要な認識の枠組みや視点が息づいていると指摘する．また，そのような物語を探究することは各自が自身の「共生の感覚（人と人，人と自然の有機体的一体性に対する感覚）」（白永瑞 2016：37）を鍛えるための契機となるという．このような思想や視座に基づけば，現在の日韓関係における政治的・経済的な問題だけでなく，日韓の間に存在する歴史的な複雑性にも巻き込まれながら，日本と

9　白永瑞（2016）は，「核心現場」として朝鮮半島，沖縄，台湾などに言及しているが，「核心現場は特定地域だけを特権化するのではない．わたしたちの生活現場のいかなる場所も核心現場となりうる」（白永瑞 2016：28）と説明し，自身が言及した以外の核心現場を探し出していくこともまた東アジア共生社会の実現に向けた重要な作業であると述べている．

10　白永瑞（2016）は，「核心現場」で生きる人々の実践を垣間見ることのできるローカルな物語を「生活圏の具体的な場で共生を実現するための多様な生き方の経験」（白永瑞 2016：37）を含んだものとして説明している．

韓国の狭間で日韓問題の影響に向き合う在韓日本人女性たちの生活圏もまた核心現場の一つと言えるのではないだろうか．そう捉えたとき，核心現場に身をおく彼女たちの存在は，国際結婚を契機に韓国に移住して生活している女性たちが居住国で遭遇する差別や適応問題はもちろんのこと，日韓双方の国家やその関係性において今何が必要とされているのかという点をも照射する存在として浮かび上がってくる．もちろん，彼女たち自身が自らの存在をそのようなものとして認識しているかどうかはわからない．しかしながら，少なくとも彼女たちは自らが置かれた状況の中で，日本人，韓国に住む日本人，日韓にルーツを持つ子どもの母親，女性，韓国人の妻といった複雑な立ち位置から日常生活に介入してくる日韓問題の影響に向き合い，何らかの対処を講じながら生きている．本研究では，韓国と日本の狭間で日韓問題の存在とその影響に向き合う在韓日本人女性たちの生活圏を核心現場と仮定し，その場での経験を語る彼女たちの声に耳を傾けることを通じて，彼女たちがどのような社会状況や関係性の中でその影響と向かい合い，そこで遭遇した問題にどう対処しているのかについて明らかにする．具体的にはインタビュー・データの中に現れた彼女たちの語りを分析対象に定め，それらの語りとそれを取り巻く相互行為の場において彼女たちが自らをどのように位置付け，どのようなアイデンティティを構築しているのかについて，言語分析という既存の研究とは異なる新たな分析的視座から分析・考察する．そして，その結果をもとに，韓国に居住する結婚移民女性集団の一つである日本人女性たちが韓国生活への適応や，夫婦関係，子どもの養育などにおいて日韓問題と関連したどのような困難や葛藤に遭遇しているのかを明らかにするとともに，日韓両国と関係を持つ存在である彼女たちの目を通して両国の関係性を省察し，日本と韓国の双方の国家や，その関係性において何が求められているのか，どのような構造と認識の枠組みの変化が必要とされているのかといった問いへの示唆の発見を目指す．このような本研究の取り組みは，日韓同様に対立関係にある国家の狭間で生きる世界中の移民女性たちが，日常生活に介入してくる国家的・政治外交的・歴史の問題等に遭遇した際に，それらの問題とどのように向き合い，葛藤，昇華，自己合理化，もしくは対抗していくのかを解明していく上での重要な足がかりの一つになると考

える.

　なお，本書は，日韓関係・日韓問題に関する個人的見解を主張するためのものではない．本研究は，あくまでも，在韓日本人女性へのインタビューの中に現れた日韓問題と関連したナラティブを，複雑な関係を持つ国同士で国際結婚をした移民女性たちの語りという学術的素材の一つとして扱い，その中で彼女たちが表出・構築するアイデンティティへの分析を通じて，複雑な関係性を持つ二つの国の間で暮らす人々の立ち位置や，そこに響き渡る彼女たちの声について学術的に考察したものである．

第 2 章

先行研究

　本研究の研究対象者である在韓日本人女性たちは，日韓両国や，両国以外の国で韓国人男性と出会い恋愛を経て結婚した人々である．恋愛結婚にのみ焦点を当てた理由は，日韓の国際結婚にはそれ以外にも様々な形態が存在しているからだ．では，国際結婚の動機には，いったいどのようなものがあるのだろうか．また，実際に彼女たちは韓国でどのように生活しているのだろうか．本章では，そのような在韓日本人女性たちを取り巻く状況について，先行研究を紐解きながら整理していきたい．また，本書内のデータ分析に現れる韓国人の言動への理解を深めるために，その背景に存在する日韓問題に関する韓国の人々の認識の枠組みについて，関連した先行研究を振り返りながら概観してみたい．
　なお，本章の中で引用した韓国語文献の日本語訳は筆者によるものである．

第 1 節　韓国人男性の国際結婚の傾向と日本人女性との結婚動機

　韓国では 1992 年に中国との国交正常化が実現して以降，韓国の地方政府や地方議会，農業団体などの仲介を受け農村地域に住む独身の韓国人男性と韓国系中国人（朝鮮族）女性の国際結婚が実施されるようになる．ただし，1993 年には 3,109 件，1994 年には 3,072 件であった韓国人男性と外国人女性の国際結婚が，偽装結婚の急増により 1995 年には 10,365 件，1996 年には 12,647 件と爆発的に増加し始める（李惠景 2012, 2016，新城ほか 2019，통계청[1] 2022 など）．このような状況を受け，韓国政府は韓国・中国間の国際結婚の手続きを厳格化するが，今度は商業的な国際結婚仲介業者を通じた韓国人男性とタイ，ベトナ

ム，モンゴル，ロシア出身の女性との国際結婚が増えるなど，仲介業者の斡旋による国際結婚が目立ち始める（李惠景 2012, 2016）．また，結婚移民女性の増加と同時に彼女たちが遭遇している夫からの暴力，義理の家族からの無理解や差別，韓国社会への同化の強要といった問題がメディアを通じて報道されるようになり，韓国社会の視線が徐々に結婚移民女性たちの存在に向けられるようになる（李惠景 2012, 2016, 金愛慶ほか 2016）．このような社会状況を受け，2003 年に発足した盧武鉉政権は結婚移民女性たちの実態調査を開始，2008 年には多文化家族支援法が制定され各省庁に対し結婚移民者と多文化家族を支援するための政策の推進が指示された（中尾 2010, 李惠景 2012, 2016, 金愛慶ほか 2016, 神田 2019, 新城ほか 2019 など）．

李惠景（2016）によれば，韓国の国際移住に関する研究分野において結婚移民女性と多文化家族に関連した研究が急増し始めたのは，政府による実態調査が行われていた 2006 年ごろからであるという．ただし，2006 年ごろから現在まで韓国で行われている結婚移民女性や多文化家族に関する研究の中心は主に「南北型」（藤井 2019：5）[2] の国際結婚を対象にしたものであり，同様の傾向は韓国の国際結婚の実態を調査した日本の先行研究においても見受けられた[3]．また，日韓両国で実施された韓国在住の結婚移民女性たちを対象にした先行研究を振り返る中で，在韓日本人女性に関する先行研究が持つ特徴が見えてきた．それは，他国出身の外国人女性と比較して日本人女性と韓国人男性との国際結婚の

---

[1] 통계청（2022）．한국인 남편의 혼인종류／외국인 아내의 국적별 혼인（韓国統計庁 韓国人夫の婚姻種類／外国人妻の国籍別婚姻［筆者訳］）2022 年 3 月 17 日〈https://kosis.kr/statHtml/statHtml.do?orgId=101&tblId=DT_1B83A31&vw_cd=MT_ZTITLE&list_id=A23_4&scrId=&seqNo=&lang_mode=ko&obj_var_id=&itm_id=&conn_path=MT_ZTITLE&path=%252FstatisticsList%252FstatisticsListIndex.do〉（最終閲覧日 2022 年 11 月 18 日）

[2] 東アジアの国際結婚について調査している藤井（2019）は，同領域において行われている国際結婚を「南北型」と「文化交流型」（藤井 2019：6）という 2 種類に分類している．前者は「『南』（＝発展途上社会）の女性側が『北』（＝より経済的に発展した社会）に結婚移住する」（藤井 2019：5）国際結婚を指し，結婚相手である「北」側の男性は地方社会に在住しているケースが多い．対する後者は，「グローバル化のもとで，主にビジネス・留学・旅行などを通じて出会った異なる国・地域出身の男女，とくに中間層の男女が結婚するもの」（藤井 2019：6）を指し，多くの場合結婚後は都市や大都市に居住するという．

歴史が長いにも関わらず，彼女たちの存在が両国の結婚移民女性に関する研究においてほとんど注目されてこなかったという点である．在韓日本人女性の結婚動機について調査した先行研究によれば，彼女たちと韓国人男性との国際結婚は日本が韓国を植民地支配していた時代にまで遡るという（竹下 2000，오오야 치히로／大屋千尋 2006，김석란／キム・ソクラン 2007）．また，その時代から現在までの日本人女性と韓国人男性の国際結婚を動機別に整理すると大きく四つのグループに分けられることもわかった．一つ目は「内鮮結婚」（竹下 2000：54）と呼ばれるケースである．内鮮結婚とは，「韓国併合以降，第二次世界大戦後に朝鮮が独立するまでの 35 年間に日本人と朝鮮人の間で取り結ばれた結婚」（竹下 2000：54）を意味する．二つ目は特定の宗教を介した国際結婚で，主に統一教会によって仲介された韓国人男性と日本人女性の宗教結婚を指す（中西 2006）．三つ目は 1965 年の日韓国交回復を契機に渡韓した駐在員や政府関係職員，研究者，留学生と現地の韓国人との間で生じた国際結婚を指す（小林 1986）．そして，四つ目は「文化交流型」（藤井 2019：6）の国際結婚である．このケースは，日韓および日韓以外の国における留学・就業中での出会いや，言語交換アプリやネット上における出会いが恋愛に発展し結婚に至るというグローバル化の波を受けた国際恋愛結婚と言える．日韓両国で実施された在韓日本人女性に関する先行研究を整理すると，日本ではこれらの四つのケースのうち主に内鮮結婚型と宗教結婚型の在韓日本人女性を対象とした研究が多く実施されていることがわかった．対する韓国では，内鮮結婚型の日本人女性に関する研究に加え，「結婚移民女性に関する調査が増加しはじめた 2006 年以降に日本人女性を対象に実施された研究」の 2 種類に大きく分けられることがわかった．また，韓国での先行研究では日本人女性という結婚移民女性集団の中に宗教結婚型と

3　日本の先行研究では，韓国に暮らす結婚移民女性個人を対象とした研究よりも韓国の移民政策や多文化家族支援政策，国際結婚の歴史などを調査した内容のもの（中尾 2010，春木 2014，金愛慶ほか 2016，金愛慶 2017，金松美ほか 2017，神田 2019）が多く見られる．それらの先行研究の中には韓国で結婚移民女性を対象にインタビュー調査や質問紙調査を実施したものも存在するが，そこでは韓国の先行研究と同様に「南北型」の国際結婚をした女性たちを意識した人選に対象者が偏っている傾向が見受けられた．

文化交流型が混淆して存在しているという特徴が見られた．以下，第2節では，日韓両国で実施された在韓日本人女性に関する先行研究を内鮮結婚型，宗教結婚型に分類し，各先行研究を概観しながら結婚動機別にみる在韓日本人女性の特徴について整理する．また，主に韓国において実施されている文化交流型に関する先行研究については第3節で別途言及する．

第2節　結婚動機別にみる在韓日本人女性に関する先行研究

1．内鮮結婚型

　内鮮結婚とは，当時の日本政府が内地[4]と朝鮮を一体化させるという方針のもとに打ち出した内鮮一体や内鮮融和といった植民地政策の一環として行われた国策の一つである（小林 1986，竹下 2000，오오야 치히로 2006）．内鮮結婚が持つ大きな特徴の一つに，朝鮮人男性と結婚した日本人女性たちが国際結婚をしたという認識を持っておらず，その当時は国籍上も日本人同士の結婚として定義づけられていたという点が挙げられる（小林 1986，竹下 2000，오오야 치히로 2006 など）．内鮮結婚型の在韓日本人女性について調査した先行研究によれば，彼女たちの存在は大きく三つのケースに分類できる（金應烈 1983，小林 1986，山本 1994，김석란 2007）．一つ目は「日本の植民地支配時代に日本に居住していた朝鮮人と結婚，1945年の敗戦（朝鮮人にとっては解放）前後に夫とともに朝鮮半島に渡った」（山本 1994：55）ケース，二つ目は「敗戦以前から朝鮮半島に居住していた者が朝鮮人男性と結婚，そのまま残留した」（山本 1994：55）ケース，三つ目は「『満州』や中国に居住していた日本人女性と朝鮮人男性が結婚，敗戦後韓国に引き上げた」（山本 1994：55）ケースである．金應烈（キム・ウンリョル）（1983）によれば，内鮮結婚型の在韓日本人女性の大半はこれらの三つのケースのうちの一つ目に該当するという．その当時の日本は，徴兵制が原因で男手が不足していた．そのため，足りない労働力を補う存在として多くの朝鮮人男性が日本で就労し

---

[4] 日本が朝鮮を植民地支配していた際，日本本土は「内地」，植民地であった朝鮮は「外地」と表象されていた（小林 1986，竹下 2000，오오야 치히로 2006）．

ている状況であった．そのような状況は朝鮮人男性と日本人女性との出会いの機会を増加させ，そこから恋愛に発展して結婚に至るというケースを生じさせた（山本 1994，김석란 2007）．また，当時は日本人女性と結婚することにより日本の戸籍を得ることができたため，経済的安定や差別への対処法として留学中や就労中の朝鮮人男性が日本人の家に婿入りするケースや，それとは反対に生活の安定のため自分たちよりも経済力がある朝鮮人男性の家に日本人女性が嫁入りするケースなども存在した（竹下 2000，김석란 2007）．内鮮結婚型の在韓日本人女性に関して調査した김석란（2007）は，このような事例を「生存のための選択」（김석란 2007：243）としての結婚と説明している．さらに，内鮮結婚型の日本人女性の多くは戦中・戦後に夫や子どもと共に朝鮮に渡り，現地では強い反日感情に曝されたケースが多かった．例えば，義理の家族からの差別や偏見，夫の暴力や女性問題，経済的困窮等に直面するなど，壮絶な人生を送ったものも多かったという（小山 1972，金應烈/김응렬 1983，1996，小林 1986，山本 1994，2006，綛谷 1998，竹下 2000，오오야 치히로 2006，김학동／キム・ハクドン 2008，김종욱／キム・ジョンウク 2014，이토 히로코／イトウヒロコ&박신규／パク・シンギュ 2016）．また，金應烈（1983）は解放後も韓国では「1960 年までは『反日』がスローガンであった」（金應烈 1983：74）と述べ，在韓日本人女性たちの多くは街中で日本人に出会っても日本語を喋ることなどできない社会的雰囲気の中で暮らしていたと報告している．そのような韓国人の日本や日本人に対する感情も，1965 年の国交正常化以降は徐々に変化を見せ始める．しかしながら，在韓日本人女性に対する根深い差別や偏見は依然として継続しており，中高年や老人世代に突入している彼女たちは現在も貧困から抜け出せない生活を送っている（金應烈 1983）．さらに，金應烈（1983）は「両国間の関係の悪化や，マス・コミュニケーションによる世論の形成が，日本人妻の生活に大きな影響を及ぼしてきたことは事実である」（金應烈 1983：79）とし，彼女たちの中にはいまだに両国の関係悪化が顕在化した際には外出を控えるものも存在すると述べる．

このような金應烈（1983）の言及を通じて見えてくる彼女たちの生活実態や困難は，他の先行研究でも同様に指摘されている（金應烈/김응렬 1983，1996，小林 1986，山本 1994，2006，竹下 2000，김종욱 2014，이토 히로코&박신규 2016）．例

えば，自身が日本人であることで夫が職を失った，子どもに不利益が生じた，それが原因で自身の子どもからも疎まれているなど，そこからは日本人であるということが韓国における彼女たちの家族関係構築に与えている負の影響が見受けられた（山本 1994，2006，竹下 2000，김종욱 2014，이토 히로코&박신규 2016）．また，彼女たちの中には日本の親族の反対を押し切って結婚し渡韓したものも多く，日本に帰っても親族に受け入れてもらえない，帰る場所もないというものも多数存在していることがわかった．そして，どれだけ韓国で長く生活してきたとしても，韓国社会の中で彼女たちはあくまでも日本人であり，そのような韓国社会の認識が時として彼女たちに苦痛を感じさせる要因となっていることも明らかとなった（山本 1994，2006）．彼女たちにとって日本人として位置付けられる状況は，過去に日本が行った植民地支配の加害性を韓国の人々から問いただされる契機となる．また，そのような経験が日常生活の中で繰り返されれば，時として韓国社会の中で噴出する「激しい反日感情」(山本 2006：191) に，彼女たちが否が応でも向き合わなければいけない状況に遭遇する可能性も高まる．このような状況を加味した上で山本 (2006) は，彼女たちにとって「植民地責任や戦争責任という問題は，決して抽象的なものではなく，現実的な問題」(山本 2006：191) であり続けていると指摘する．

一方，韓国で実施された内鮮結婚型の在韓日本人女性たちに関する先行研究では，彼女たちの存在は「植民地政策に関する韓国人の激しい怒りと恨みのはけ口」(김응렬 1996：455)，「植民地政策と戦争の犠牲者」(김응렬 1996：455)，「植民地支配による矛盾の表出」(김학동 2008：124)，「日本の帝国主義イデオロギーの犠牲者」(김종욱 2014：149)，「加害国の被害者」(김종욱 2014：152)，「日韓両国に忘れられた迷子」(이토 히로코ほか 2016：235) として表象されており，彼女たちの遭遇した困難や壮絶な人生が彼女たち自身の語りや文学作品の分析などを通じて報告されている．彼女たちの存在をどのように描き出すかに関しては，日韓の複雑な歴史的背景などの影響から研究者によって様々であるが，例えば김응렬 (1996) は彼女たちの生活史を振り返ることは，グローバル化が進行している現在において韓国社会や韓国人が外国人に対しどのような態度を取っているのかについて今一度吟味するための契機となると述べる．また，同

時に，彼女たちが遭遇する貧困問題・家族問題・偏見と差別の問題は現在の韓国社会が内包している多文化共生社会実現に向けての課題も指し示していると指摘する．他にも김종욱（2014）は，彼女たちが韓国生活の中で直面してきた問題は加害国日本の出身者だからといって看過されてよい問題ではないと述べ，韓国人は彼女たちが植民地支配期に日本の内鮮結婚推奨という国策によって利用された存在であり，従軍慰安婦とは正反対に位置する加害国の被害者であるということを認識する必要があると指摘する（김종욱 2014）．また，彼女たちの置かれた社会状況や関係性を正しく認識することにより「日韓の間において歴史の流れの中で凝り固まった感情を解決するための糸口を探すことができる」（김종욱 2014：150）と述べ，彼女たちに関する調査が日韓関係の改善の一助となる可能性についても示唆している．その一方で，これらの意見とは対照的に文学作品の分析を通じて当時の在韓日本人女性たちの受難について調査した김학동（2008）は，彼女たちが経験した困難や日本人ゆえに向けられた差別や偏見は韓国社会や韓国人の自民族中心主義の問題ではないと言及した上で，元を正せば全ての原因は「朝鮮民族を抹殺し，吸収統合し，大東亜帝国建設の野望を抱いた日本の妄想にある」（김학동 2008：125）と説明している．

　上述した先行研究からは，日本による植民地支配の記憶が生々しかった戦後の朝鮮だけでなく現在の韓国においても，「日本人である」という事実が彼女たちを日韓の間に存在する歴史認識問題や反日感情などに否が応でも向き合わざるを得ない状況を作り出す要因となっているという実態が理解できる．また，山本（2006）の指摘からは，現在もなお彼女たちの眼前には植民地責任や戦争責任が現実的な問題として存在していることや，日韓関係の悪化が顕在化した際には日本人であるということが知られないように彼女たちが気を遣って生活している様子なども明らかとなった．さらに，韓国人研究者の記述からは，彼女たちが遭遇してきた問題と現在韓国で増加している多文化家族や結婚移民女性たちが遭遇する問題との間に共通点を見出すことができ，彼女たちへの調査が日韓の間の複雑な関係性を修復する糸口や韓国の多文化共生社会の実現に向けての示唆を見つける契機になる可能性が示された．

2. 宗教結婚型

　宗教結婚型の「宗教」とは，世界平和統一家庭連合（以下，「統一教会」と略）という宗教団体を意味する．統一教会は韓国人の教祖文鮮明によって1954年に韓国で設立された．日本には1958年に伝えられ1964年に宗教法人となった（ブリタニカ国際大百科事典）．統一教会では国際合同結婚式や祝福結婚式などと呼ばれる団体結婚式が実施されており，教会のホームページを見るとそのコンセプトについて「平和世界の実現は，社会の礎である家庭の平和から始まります．『理想家庭による平和理想世界の実現』というテーマで開かれる国際合同祝福結婚式は，社会の世俗化と個人主義化によって喪失した家庭と結婚の聖なる価値と倫理を正しく立て，人種と民族と国境を越えて世界人類を真の愛と真の家庭によって一つにしようとするものです」（世界平和統一家庭連合[5]）と説明されている．ここで言及されている「人種と民族と国境を越えて世界人類を真の愛と真の家庭によって一つにしようとする」という概念は統一教会が国際結婚を推奨する理由と深いつながりがあり，特に夫婦の出身国の間に歴史的に複雑な関係性がある民族同士の結婚が理想的とされる（中西 2004a，2004b，2006）．統一教会を通じて韓国人男性と国際結婚し韓国に渡った日本人女性を対象にインタビュー調査を実施している中西（2004a，2004b，2005，2006，2014）によれば，彼女たちは，日本による朝鮮半島の植民地支配は日本人全てが背負う「連帯罪」（中西 2006：145）と教会から教えられているという．そして，そのような「連帯罪は，夫や夫の家族に尽くすことによって精算される」（中西 2006：145）と諭されるため，彼女たち自身もそのことを常に念頭におきながら韓国での結婚生活，家族生活を送っていると述べる．中西（2006）は，日韓の複雑な歴史的背景，言語や風習の違い，揺れ動く日韓関係，経済的な困難，夫の家族との関係性構築などといった様々な気苦労が存在してもなお彼女たちが結婚生活を放棄しない理由は，統一教会が離婚を認めていないということだけでなく，そのような「遺伝罪，連帯罪，自犯罪の精算[6]」（中西 2006：145）が彼女たちの念頭

5　世界平和統一家庭連合．祝福結婚式（2021.4.25）〈https://ffwpu.jp/blessing2021.html〉（2022年4月21日）

にあるからであると指摘する．また，統一教会では日韓両国の血を引く子どもは国境や民族の境目を超越した「無原罪の『神の子』」（中西 2006：148）であると言われており，そのような「神の子」が増えることにより「地上天国[7]」（中西 2006：148）の構築が可能になるとされている．それゆえに，韓国人男性と国際結婚し日韓にルーツを持つ子どもを産み育てるという行為は，彼女たちにとって「地上天国」の構築を可能にする「神の子」を産み育てるという重要な宗教実践として認識されているのである（中西 2006）．しかしながら，そのような日本人女性とは対照的に，韓国人男性の場合は農村の独身男性が外国人女性[8]と国際結婚ができるという理由から形だけの入信をするケースも存在しており，男性側と女性側の信仰心に大きな溝があるという（中西 2004a，2004b，2005，2006）．中西曰く，結婚後に信仰心や宗教活動への熱意という面において夫との間に相違を感じた場合も，彼女たちは夫の言動をそのまま信仰心がないというようには受け止めず，夫やその家族に信仰心を持たせるために自らが家庭内で努力しなければいけないと考えるという（中西 2004a，2004b，元信者T子 2004）．宗教結婚が在韓日本人女性に及ぼす多様な影響を受け中西は「彼女たちの結婚生活は，自ら選んだ道にみえても，それは統一教会が彼女たちの願望をすくい取りながらも，全体目的のために彼女たちを絡め取って行った結果なのである」（中西 2004b：92）と述べ，教会側の罪を指摘する．

　一方の韓国では，統一教会に対し，異端もしくは偽宗教といった印象を持つ人々は一定数存在していても，日本のように「反社会的集団」（中西 2006：150）として認識する人々は少ない（中西 2006）．それゆえに韓国の先行研究では，宗

6　原罪，遺伝罪，連帯罪，自犯罪とは統一教会が贖罪として提示している4つの罪のことである．「原罪はアダム，エバの墜落によって人類全てが受け継いでいる罪，遺伝罪は祖先が犯した罪，連帯罪は国民や民族などが犯した罪，自犯罪は自分が犯した罪」を意味する（中西 2006：144）．統一教会の教理では，合同結婚式に参列し国際結婚を行うことにより原罪が精算され，他の3つの罪はこの世で生きている間に行う善行によって精算されると伝えられている．（中西 2006：144）
7　統一教会における「地上天国」とは，「理想的世界であり，国境，民族，宗教が垣根を超えて一つになった平和な世界」（中西 2006：148）を意味する．
8　国際合同結婚式には日本人女性以外にも，フィリピン，タイ，キルギスタン，カザフスタンなどの国々からきた信者の女性が参加しているという．（元信者T子 2004）

教結婚をした在韓日本人女性たちが自分の信仰に従い自ら望んで韓国人男性と結婚した外国人女性として位置付けられ，結婚仲介業者などの斡旋を通じて結婚した他国出身女性たちと異なる存在として表象される傾向が強い．しかしながら中西の先行研究を概観した中で言及したように，実際には統一教会が結婚仲介業者と大差ない役割を担っており，韓国の先行研究における彼女たちの位置付けには再考の余地があると考えられる．さらに韓国では，韓国人男性と国際結婚し韓国に移住してくる日本人女性の大半は宗教結婚であるという認識が普及しており，先行研究においても宗教結婚型と文化交流型が混淆した状態や宗教結婚型が大半を占めている状態で在韓日本人女性として一括りにされ提示されている場合が多かった．また，夫の暴力，義理の家族による差別や偏見，深刻な経済困難などの生活環境に黙って耐え，常に前向きな態度で幸福な家庭を築こうと努力する彼女たちの姿勢や考え方と宗教理念との関連性は考慮されず（조현미／ジョ・ヒョンミ 2009，이덕구／イ・ドクグ 2009，최정혜／チェ・ジョンヘほか 2011，이은아／イ・ウナ 2015），そのような彼女たちの姿を「『トラブルを引き起こさない』ことを最高の美徳とする日本の社会組織文化の影響である」（이덕구 2009：33）と日本の文化的な特徴と関連づけて分析・考察するケースも存在していた．

　このように韓国で実施された先行研究では，在韓日本人女性たちの言動を統一教会の教理と併せて捉える視点が弱く，結婚仲介業者を通した国際結婚に近い状態で結婚を決め限定されたコミュニティ[9]の中で宗教的な心理に基づく結婚生活を送っている人々と，留学先や職場で恋愛を経て結婚した人々が，同じ在韓日本人女性という枠組みの中で分析対象にされているという状況が見られ

9　日韓の先行研究では，彼女たちが韓国生活を開始する前に統一教会の準備した施設で韓国生活における基礎知識や日韓の歴史問題などについて数ヶ月間学ぶ機会を持つことが報告されている．それ以外にも，韓国に移住した後も彼女たちが教会を通じたコミュニティの中でのみ生活しており，他の韓国人や在韓日本人との関係性が希薄であることなどが指摘されている．ここからは，彼女たちの韓国生活が非常に特殊な環境の中で始まり維持されていることがわかる．そして，そのような状況の中で継続して生活してきたため，統一教会から脱退した場合は韓国で頼れる場所もなく，結婚生活や子どもの養育に支障をきたす様子も記されている（조현미 2009，中西 2014，武田 2017）．

第 2 章　先行研究

た．また，そのような要因が，在韓日本人女性の韓国生活への適応や彼女たちの生活実態などを正確に把握することを困難にしている可能性も見受けられた．さらに，一時は日本人女性と韓国人男性の国際結婚の大半を占めていた宗教結婚も今は減少傾向にあり，日韓の国際結婚を見ても文化交流型が宗教結婚型よりも割合的にも増加するなど，時間の流れとともに日韓の国際結婚を取り巻く状況にも変化が見られるようになってきている（미즈카미 치사에 2002, 中西 2014, 이시이 히로꼬／石井裕子ほか 2015, 박애스더／朴エスター 2017)[10]．もちろん，国際合同結婚式は現在も継続しており，韓国社会の中に宗教結婚型の在韓日本人女性がいなくなったわけではない．そういう意味では文化交流型と宗教結婚型が混淆した状態が，現在のありのままの韓国の姿とも言える．けれども，研究対象者の入国時期や年齢によってはその比率に差異が生じている可能性は大いに考えられ，研究テーマによっては注意深く彼女たちの結婚動機について考慮する必要がある．このような状況は韓国で実施されている先行研究内でも指摘され始めており，文化交流型で結婚した在韓日本人女性に焦点を当てた研究の必要性が訴えられるとともに，現在は少しずつではあるがそちらに焦点を当てた検証が始まっている状況と言える（미즈카미 치사에 2002, 이지선／イ・ジソンほか 2008, 민서정／ミン・ソジョン 2013, 박애스더 2017 など)．

第 3 節　韓国で実施された在韓日本人女性に関する先行研究

これまでに概観したように，内鮮結婚型と宗教結婚型の在韓日本人女性に関する先行研究は日本国内にも存在している．しかしながら，文化交流型の在韓日本人女性に関する言及は日本国内では韓国の移民政策や多文化家族支援に関して調査した先行研究の中で部分的に見られるのみであり，彼女たち一人ひとりの生活実態や生の声に着目し詳細に分析・考察したものはほとんど存在しな

10　本研究でも，インタビュー調査を進める中で統一教会の元信者の女性にインタビューをする機会があった．彼女は韓国の地方都市に住み，昔と比べると宗教結婚で韓国に移住してくる日本人女性が格段に減ったと述べていた．彼女によれば，彼女の周りにいる若い世代の在韓日本人女性は，ほぼ文化交流型に当てはまるという．

19

い．例えば，花井（2016）は日韓の国際結婚家庭における継承語教育の実態について量的な側面と質的な側面の両方から調査を実施した．調査では，韓国在住の韓国人男性と日本人女性の夫婦，日本在住の日本人男性と韓国人女性の夫婦の両グループが家庭内でどのような言語を子どもとともに使用しているか，言語継承を促進・抑制する要因にはどのようなものがあるのかについての検証が行われた．また，岩崎ほか（2018）は，在韓日本人女性が主催する家庭文庫の存在に着目し，そのような場が日韓にルーツを持つ子どもの継承語教育や子どもの日本語教育を担う母親たちにどのような影響を与えているのか，継承語教育コミュニティとしてどのような機能を担っているのかなどについて主催者や母親への聞き取りなどを通じて調査した．さらに，渡辺ほか（2015）は韓国在住の日韓国際結婚夫婦（日本人の父親・母親）を対象にインタビューを実施し，国際結婚家庭の子育て戦略について調査した．これらの先行研究の共通点として，日本人の親が日韓にルーツを持つ我が子の日本語教育に向き合う際の姿勢や，日本語教育の実践方法に注目して調査を行っている点が挙げられる．そして，その中では日本人の父親・母親が子どもの将来の選択肢を広げるためにも子どもが日本語を話せるようになることを重要視していること，そのような意識を持ちながら教育に携わっていることなどが報告されている．ただし，現実には韓国と日本の複雑な歴史的関係により，義理の両親や韓国人配偶者から日本語を教えることを嫌がられる，周りの目が気になる，子どもが差別される，韓国の教育についていく中で日本語教育を行う時間が不足するなどといった様々な困難に遭遇していることも明らかとなった．このように，日本国内で実施されている文化交流型の在韓日本人女性に関する先行研究では，日韓にルーツを持つ子どもたちへの日本語教育をどのように実施していくか，そこにどのような困難が生じているかなどに関して注目したものが大半と言える．

　それに対し韓国国内で実施されている先行研究では，宗教結婚型と文化交流型が混淆している傾向は見られるものの，彼女たちの韓国生活適応における問題，夫婦関係や子どもの養育における葛藤・不安に関してなど日本に比べて幅広い領域に目を向けて調査が行われている．ただし，南北型の結婚移民女性に関する先行研究などと比較すると，在韓日本人女性を対象とした研究の量は少

ないと言わざるを得ない．韓国社会における彼女たちへの社会的・学術的な関心が低い理由としては，彼女たちが宗教を介して国際結婚をしていること（自らの信仰に従い自分の意思で結婚を選択しているという認識），出身国の経済的地位が高いこと（母国にいる貧しい家族を養うために韓国に来た若い女性という南北型が持つフレームに当てはまらない），日韓の間に存在する政治的・歴史的複雑性などが指摘されている（김석란 2008，이정희／イ・ジョンヒ 2012，이은아 2015，정선주／チョン・ソンジュ 2018）．以下では韓国で実施された在韓日本人女性に関する先行研究を中心に，韓国生活への適応に関するもの，夫婦関係に関するもの，子どもの養育に関するもの，日韓問題の存在に関するものと分野ごとに分けてその内容を概観していく．なお，日本人研究者によって執筆されたものであっても韓国の学会誌で発表されたもの，韓国の大学院の修士論文・博士論文として執筆発表されたものは韓国で実施された先行研究として扱うこととする．また，韓国の先行研究では宗教結婚型と比較して文化交流型の国際結婚を「恋愛を通じた国際結婚（恋愛結婚）」として表象している．そのため，韓国の先行研究に言及する際には文化交流型を恋愛結婚型として表記する．なお，本書では日韓問題を「日韓両国の間に存在する歴史認識の相違が起因となり生じている政治的・歴史的問題」と定義する．ただし，先行研究内で言及されている日韓問題という単語に関してはこの限りではない．

1. 韓国生活への適応

　미즈카리 치사에（2002）の論文は，韓国で在留外国人の増加が社会問題となり，そのような状況に対処するための国家政策立案への要求が高まり始めた時期に発表された．論文内では在韓日本人女性の結婚動機の変容について，宗教結婚型の減少と恋愛結婚型の増加が報告されるとともに，結婚動機の異なりは韓国人の夫との結婚生活や彼女たちの韓国生活への適応にも影響を及ぼす可能性があるという指摘がみられる．また，미즈카리 치사에（2002）は研究対象者を恋愛結婚型の在韓日本人女性に限定してインタビュー調査を実施し，彼女たちが韓国生活の中でどのような不安や悩みを抱えながら生活しているのかについて調査している．調査結果からは，移住して3年ほどが経過すると韓国語能

力の向上とともに子どもの養育などを通じて韓国社会と密接に関わるようになった在韓日本人女性たちが，韓国社会に対する不満やストレスを強く感じ始める様子が窺える．そして，在韓歴が5年以上になると，彼女たちが不満やストレスを感じながらも自分自身を韓国社会に適応させ韓国人や韓国文化を理解していこうとする段階に入ることがわかる．また，미즈카미 치사에 (2002) は，「日本だったらこんなことはないのに」といった内容の発言を彼女たちがインタビューの最中に頻繁に口にすることに注目する．そして，日本人女性たちが韓国生活の中でも常にどこかで日本と韓国を比較しており，そのような状況が彼女たちのストレスや不満の発生に関与している可能性があると指摘する．さらに，日本人女性たちの多くが日本の両親から韓国人男性との結婚を反対されていたことに触れ，そのような親たちの反応は当時の日本に存在した韓国に対する強い差別意識の影響ではないかと説明する．ただし，ほとんどの事例では実際に韓国人男性に会った後や，娘の結婚生活を目にすることを通じて親たちの態度に変化が見られたという．そのような状況を受け미즈카미 치사에 (2002) は，日韓の国際結婚をした当事者たちの存在が日韓両国に存在する歴史問題に起因する差別や反日感情・嫌韓感情を減少させる可能性を持つのではないかと指摘している．

　韓国在住の結婚移民女性の社会・経済的適応に関して出身国別に調査した설동훈／ソル・ドンフンほか (2008) は，日本人女性たちは出身国と居住国の文化・社会・言語的な類似点が多い集団であるにも関わらず，社会・経済的側面において不適応が深刻であると指摘する．そして，そのような状況であるにも関わらず，日本人女性たちが韓国における結婚移民女性に関する社会的・学術的な議論から完全に阻害されている点に着目し，彼女たちへの注目と特別な対策が必要であると報告している．

　在韓日本人女性の結婚動機の多様性に着目した이지선ほか (2008) は，宗教結婚型と恋愛結婚型の在韓日本人女性を区別した上で，後者を対象にインタビュー調査を実施し，彼女たちの韓国での結婚生活適応の意味に関して考察した．そして，彼女たちが韓国生活の中で様々な問題に遭遇しつつも，韓国文化を受容する態度を見せたり，韓国人の夫に積極的に自分の意見を伝えたりするとい

った自分なりの解決策を講じながら眼前の問題に対処して暮らしていることを明らかにした．

恋愛結婚型の在韓日本人女性の語りを通じて彼女たちの子育て経験について調査した민서정（2013）は，恋愛結婚型と南北型の結婚移民女性の生活経験や生活世界には類似点が多いことを明らかにした．そして，恋愛結婚型の在韓日本人女性の抱える問題点は，彼女たちに限定された問題というよりも在韓の結婚移民女性全体に言えることであると指摘している．

在韓日本人女性の文化アイデンティティに関して調査した이시이 히로꼬ほか（2015）は，宗教結婚型と恋愛結婚型の在韓日本人女性を比較し，それぞれの結婚生活や韓国社会への適応状況に関しても言及している．이시이 히로꼬ほか（2015）によれば，宗教結婚型の日本人女性たちは，韓国人男性との結婚を教義に従った宗教行為として，韓国移住を宗教の聖地における新しい生活としてそれぞれ認識しているという．また，韓国人男性との間に生まれた「神の子」（中西 2006：148）を育てることを通じて，「地上の天国」（中西 2006：148）の構築に寄与することが彼女たちの結婚の重要な目的であると述べる．一方，恋愛結婚型の女性たちの場合は，配偶者と出会う前に彼女たちが所持していた韓国イメージが結婚後の韓国生活適応に影響を与えると指摘する．例えば，韓国留学経験がある，韓国に対する好感度が元々高い，日韓の国際結婚に憧れがあるなどの場合は韓国生活にも比較的スムーズに適応していくという．それに対し，韓国に対する特別な愛着や関心がない場合や韓国人夫の日本語能力が高く夫婦の会話が日本語によって成立している場合などは，夫の韓国的なバックグラウンドを日本人女性が理解し難い傾向が見られると述べる．また，在韓日本人女性たちが自身の文化アイデンティティを意識する出来事として，移住初期の文化衝撃，初期の文化適応戦略，就業，反日感情への接触，国籍選択，子育て，ライフサイクル，日本の家族との接触，母国訪問などといった韓国文化と日本文化が接触する経験を挙げている．そして，彼女たちがこのような文化接触経験を通じてアイデンティティの危機と克服を反復する中で，能動的に自身の文化アイデンティティを形成していくと説明している．また，이시이 히로꼬ほか（2015）の研究結果からは，長期間にわたって韓国生活を続ける日本人

女性たちが「韓国に住む日本人」という文化アイデンティティを形成していることがわかった．이시이 히로꼬ほか（2015）は，そのような結果に対し，居住期間の長期化と移民の人々の統合的なアイデンティティの構築の間には関連性がないことの表れではないかと述べる．そして，日本人という文化アイデンティティを彼女たちが継続して所持する要因を，彼女たち個人の問題として一方的に処理・批判するのではなく，居住国側の人々も彼女たちの統合的文化アイデンティティの形成を妨害するような要素が韓国生活の中に存在していないかどうか再確認する必要があると指摘している．さらに，定期的に母国を訪問する中で彼女たちが徐々に現地の日本人と自身との間に異なりを感じるようになることや，そのような自身の感覚について「根無し草，浮いてる」，「溶け込んでない」，「ぎこちない」，「かまえる」，「恥ずかしい」，「宙ぶらりん」，「観点のずれ」，「違う」などの様々な語彙を使用して表現していることにも言及し，彼女たちが日韓両国どちらにも完全に所属できない不安定な感覚を抱きながら生活している現状を報告している（이시이 히로꼬ほか 2015：122）．

　上述した先行研究からは，様々な理由から注目されることが少なかった在韓日本人女性たちが，韓国の社会的・学術的な先入観とは異なり韓国社会への適応や文化アイデンティティの構築などの面において困難や不安に遭遇していることが理解できる．これらの結果が示すのは，在韓日本人女性たちと他国出身の結婚移民女性とを別者と捉える認識の枠組みが含有する問題性であるとともに，他の結婚移民女性たちと同様に日本人女性たちに対しても韓国における生活実態や適応状況において困難を抱えていないかどうか常に目を向け調査することの重要性である．さらに，結婚動機の異なりや韓国に対する事前知識の有無などが彼女たちの韓国生活への適応や文化アイデンティティの構築に影響を及ぼしているという結果からは，彼女たちの韓国生活の実態を結婚動機別に調査していく必要性も窺えた．そして，周囲の人々が彼女たちの様子を目にすることを通じて双方の国や文化などに対する認識を変化させていく様子からは，彼女たちや彼女たちの韓国の家族の存在が日韓関係の改善や日韓両国における反日感情・嫌韓感情を減少させる可能性を持つことも示唆された．

2. 夫婦関係

在韓日本人女性の夫婦関係満足度や結婚生活満足度に関しては，量的研究と質的研究で調査結果に相違が見られる．例えば，宗教結婚型の女性へのインタビュー調査では，夫が仕事をしない，暴力を振るう，信仰心がない（もしくは熱心に宗教活動に参加しない）といった状況に身をおきつつも，彼女たちが夫の態度や言動を黙って受け入れ，夫の代わりに経済活動も子育ても担っていく姿が報告されていた（조현미 2009，이덕구 2009，최정혜ほか 2011，이은아 2015）．さらにインタビューの中で彼女たちは自分自身の結婚生活や夫婦関係に満足しているという発言をしており，それゆえに客観的にみると過酷な結婚生活であっても彼女たちの結婚満足度は総じて高いという調査結果が導き出されている．

その一方で，結婚移民女性の韓国生活適応について出身国別に質問紙を用いて調査した정기선／ジョン・キソン（2008）によれば，中国朝鮮族，中国漢族，日本人，ベトナム人，フィリピン人，モンゴル人，タイ人の中で，日本人女性たちの結婚満足度が一番低いということが明らかとなった．さらに，夫婦喧嘩の多さはフィリピン人について2番目に多く，離婚を真剣に考えた割合もタイ人について2番目に高いということもわかった．정기선（2008）は，日本人女性は家族生活ストレスの高い集団であると指摘した上で，彼女たちが夫との文化差を感じる具体的な項目として両親の扶養方法，子どもの養育方法などを挙げている．また，彼女は夫婦関係以外にも日韓にルーツを持つ子どもの養育や，義理の両親との関係性においても日本人女性たちが強いストレスを感じていることを報告している．정기선（2008）の研究結果からは，韓国生活が長期間に及んでいてもなお日本人女性たちが韓国人の夫との間に継続して強い文化差を感じていること，夫婦関係満足度も低く，家庭生活へのストレスも他の出身国の女性たちより深刻であることが理解できる．このような結果に対し정기선（2008）は，在韓日本人女性の韓国生活の適応には時間の経過だけでは解決できない他の要因が存在している可能性が高いと説明している．

恋愛結婚型の在韓日本人女性にインタビュー調査を実施した이지선ほか（2008）は，日本人女性たちが韓国で幸せに生活していかなければならないと強

く意識しながら暮らしている様子を調査を通じて明らかにした．また，その理由について，彼女たちの中に存在する自身の選択が正しいものであったと証明したいという強い意思ゆえではないかと説明している．彼女曰く，韓国式のやり方を妻に強要せず，日韓の文化差に理解を示す夫の存在が，韓国生活を幸せに送るために重要であるということを日本人女性たちは理解しているという．そして，そのような条件に当てはまる韓国人の夫の存在は，彼女たちにとって韓国生活で生じる困難の解決を手助けしてくれる援助者であるとともに，日韓の文化差を理解し自らの意見や立場を支持してくれる支持者でもあるという．それゆえに，夫に日本人や日本社会に関する背景知識がない場合には，自分の意見や立場を理解してもらうために彼女たちが積極的に努力する様子が見られたと報告している．

　その一方で，在韓日本人女性の子どもの養育における葛藤やその対処法に関してインタビュー調査を実施した박애스더（2017）は，日本人女性たちが養育上の葛藤を抱えている際に，彼女たちをサポートし共に葛藤を解消していくための協力者として韓国人の夫が機能していないという実情を明らかにした．さらに박애스더（2017）は，彼女たちはそのような現状を変化させる努力をするよりも，夫からの協力を諦め自分1人で状況に対処することを選んでいると報告している．

　これらの先行研究からは，在韓日本人女性たちが，韓国人の夫との結婚生活や夫婦関係において何らかの問題を抱えながら韓国生活を送っている現状が理解できる．また，彼女たちの抱える問題が，長期間韓国で暮らせば自然と解決されるような内容のものではない可能性も窺える．さらに，彼女たちが葛藤や困難を覚える際に韓国人の夫がそれに適切に対応できていないという報告からは，韓国生活において日本人女性たちが自身の抱えた問題に1人で向き合い対処している状況が見受けられた．このような結果からは，彼女たちが韓国生活の中で複雑な問題を抱えた際にも，孤独にその問題に向き合いながら1人で悩み葛藤している可能性が示唆された．

3. 子どもの養育

　韓国で実施されている在韓日本人女性に関する先行研究の中で一番多いのが，日韓にルーツを持つ子どもの養育に関連した調査である．まず多くの先行研究に共通して見られるのが，外国人の親として，熾烈な学歴社会である韓国において我が子の教育を担っていくことに対し彼女たちが相当なストレスを感じているという報告である（미즈카미 치사에 2002, 김석란 2008, 정기선 2008, 이지선 ほか 2008, 박서영／パク・ソヨンほか 2009, 이정희 2012, 민서정 2013, 박애스더 2017 など）．その他にも，我が子の存在は，彼女たちにとって困難な韓国生活を生き抜いていくための心の支えであり拠り所でもあるという指摘も多く見受けられた（이지선ほか 2008, 이정희 2012, 민서정 2013）．特に，在韓日本人女性たちの韓国生活適応や育児体験に関する質的研究の結果からは，彼女たちが外国人の母親という限界を意識しながらも，日本人の母親から韓国人の母になることで韓国での育児を何とか乗り切っていこうと努力する姿が窺えた（이지선ほか 2008, 이정희 2012, 민서정 2013, 이유나／イ・ユナ 2015）．

　その一方で，上述した韓国人の母になるという指摘とは対照的に，彼女たちが常に韓国式の子育て方法を一方的に受け入れているわけではないという報告も見受けられる．在韓日本人女性の子育てについて調査した박서영ほか（2009）は，自分たちが内在化してきた日本の子育て観や両親から自分がしてもらった体験などを基盤に，自身の経験と韓国のやり方とを融合させながら彼女たちが自分たちなりの育児を実践する様子に言及している．민서정（2013）も同様に，彼女たちが子どもの養育における日韓の違いを認め，韓国人の子育て文化を学びつつも日本で身につけた自身の感覚を全く排除することなく，それらが混淆した自分なりのやり方を再構築しているという．また，彼女たちが，我が子が日韓の間で自分を見失うことなく，両文化の文化的価値を内包した新たな文化アイデンティティを構築することや，将来は国際的な広い視野を持った日韓の架け橋的存在になることを望む傾向があることなども報告されている（澤野 2010, 이유나 2015, 서양임／ソ・ヤンイムほか 2016, 김연희 2019）．

　また，在韓日本人女性の家庭内でのローカリティの再生産に関して調査した

澤野（2010）は，国際結婚家庭という一見するとトランスナショナルな状況にも関わらず，彼女たちの選択肢が常に韓国らしいものか日本らしいものという二つの認識の枠組みに留まる傾向が見られると指摘する．そして，彼女たちが子育てにおいて韓国らしいものと日本らしいもののどちらを選択するかを決定する際には，自分の意思よりも周囲の視線や差別への恐れなどといった外的要因からより大きな影響を受けるという．澤野（2010）は，そのような実態を報告した上で，子どもが韓国社会の中で差別されるのを防ぎたいという日本人女性たちの心情がローカリティの生産に及ぼす影響を指摘するとともに，国際結婚家庭＝トランスナショナルな環境という安易な認識の枠組みの設定を否定する．また，日韓の国際結婚夫婦にインタビュー調査を実施した김연희（2019）は，国際結婚家庭の親たちが子どもたちの置かれた立場を説明する際に，日韓ハーフではなく日韓ダブルという表現を使用したり，地球人や世界人などの呼称を使用したりしながら，子どもたちが韓国にも日本にも縛られない国際的なアイデンティティを構築できるよう心がけていると報告する．しかしながら，実際は，日本か韓国のどちらかの国で生活する中で超国籍的なアイデンティティを構築することは難しく，子どものためを考え日本でも韓国でもない他の国への移住を考える親たちも多いと述べる．김연희（2019）は，子育ての中で親から子どもに伝えられる理想的なアイデンティティ像には，実際にそのようなアイデンティティを構築するためというよりも，日韓両社会に存在する差別や偏見に対しどのような認識で対抗していくべきかを子どもに伝える役割が存在すると指摘する．

　上述した先行研究の結果からは，日韓にルーツを持つ我が子の存在は，在韓日本人女性たちにとって韓国生活を乗り切っていくための重要な心の支えや拠り所であることが読み取れる．そして，彼女たちが外国人の母親という自身の立場に限界を感じつつも，日本と韓国の子育て文化を混淆させながら自分なりのやり方で子育てを行っていることなどが理解できる．また，日本と韓国という複雑な関係性を持つ二つの国の間で子育てを行う彼女たちが，両国にルーツを持つ我が子が統合的な文化アイデンティティを構築することを強く望んでいる様子も見受けられた．けれども，実際にそのようなアイデンティティを構築

していくことは簡単ではなく，日韓の間で生きながら経験してきた差別や偏見，周囲の視線などを意識する中で，子どもが自分自身と同様の経験をしなくても済むように彼女たちが母親としてできることをしようと心がけていることも明らかとなった．彼女たちのそのような姿勢からは，一見すると国際結婚というトランスナショナルな領域で生活しているように見えても，彼女たちが折に触れて日本と韓国双方からの視線や反応を気にしている実態が垣間見られる．と同時に，彼女たちが身を置く日韓の狭間という環境は，常に彼女たちに日本か韓国かを選択させるような場所である可能性が示唆された．

4. 日韓問題

第3節，1. から3. で概観してきた先行研究のほとんどにおいて，在韓日本人女性が持つ特徴的な問題として日韓問題への言及が見られた．それと同時に，日韓問題の存在に起因する困難や葛藤が彼女たちの韓国生活への適応だけでなく，夫婦関係の構築や子どもの育児においても何らかの悪影響を及ぼしているという指摘がなされていた．例えば，結婚移民女性の出身国別に彼女たちの文化適応ストレスと子どもの養育との関連性を検証した오재연／オ・ジェヨン（2014）と오재연ほか（2014）は，他国出身の結婚移民女性と比較した際に日本人女性に見られた特徴として，韓国生活の中で周囲の人々から差別されていると実感している割合が一番高かったこと，韓国人から憎まれている・敵視されているように感じる割合が中国人に次いで2番目に高かったことを挙げている．오재연（2014）によれば，肌の色や外見的な特徴から差別されているように感じるという回答は全ての結婚移民女性に共通して見られるものであるという．しかしながら，調査結果を見ると，一見すると韓国人と区別がつきにくい存在である日本人女性たちが，フィリピン，ベトナム，カンボジア出身の女性たちよりも差別感を強く感じているという現状が見受けられる．このような結果を受け오재연（2014）は，日本人女性たちにそのような認識を生じさせている要因として日韓の間に存在する過去の歴史的問題があるのではないかと指摘する．そして，韓国人から差別をされているという認識が，彼女たちの文化適応や日韓にルーツを持つ子どもの養育においても悪影響を及ぼす可能性があると述べ

る．その上で，彼女たちの子どもが韓国の教育機関に適応していくためにも，まずは母親である日本人女性たちの認識を変化させ生活の質を向上させる必要があると報告している．

また，미즈카미 치사에（2002）や김연희（2019）は，日韓の国際結婚というのは歴史的・社会的・政治的に複雑な関係性を持つ国の出身者同士が一つの家庭を築くという行為であるとともに，日常生活の中に両国の間に存在する緊張感や葛藤が常に介入してくるという点で大変独特な挑戦であると指摘する（미즈카미 치사에 2002, 김연희 2019）．他にも在韓日本人の韓国生活におけるカルチャー・ショックに関して調査した후루카와 아야코／フルカワアヤコ（2006）は，韓国生活の中でカルチャー・ショックを受けた要因として回答者の多くが韓国人の反日感情[11]を挙げたと報告している．そして，日本での日常生活において日本人が触れる韓国とは，ショッピングやグルメ，K-POPアイドルなどの娯楽要素が強い面白く明るい側面ばかりが強調された存在であると述べる．そして，そのような認識のギャップが韓国生活の中で韓国人の反日感情に触れた際にカルチャー・ショックを引き起こす要因となると指摘する．후루카와 아야코（2006）によれば，韓国のバラエティー番組で日本非難が行われるのを目にしたり，日本語を話していたことで見知らぬ韓国人に非難されたといった経験が積み重なる中で，在韓日本人たちが徐々に日本人であることを周りに知られないように振る舞うようになる傾向が見られたという．후루카와 아야코（2006）は，日本人が普段接する韓国情報の中には，日韓の間の複雑な歴史やそれに対する韓国人の認識，韓国人が反日感情を持つ理由を知るための手がかり

---

11 崔吉城は，「『反日』の主たる相手は日本ではなく，主に親日が直接の敵である．というのはそれが悪い日本と親しくしているからである．日本が悪いということは韓国の国民的な大前提である．親日は『売国』，反日は『愛国』と二分される．〈中略〉現在親日と反日の区分は実は曖昧であり，ここでいう反『日』と親『日』の主対象は日本を指しながらも，直接日本を対象とするものではなく，韓国内部の意識対象としての『日本』を対象としている」（崔吉城 2002：16-17）と述べている．本研究では崔吉城（2002）の視座に基づき，反日感情を単純な日本嫌悪に基づく感情ではなく愛国精神の元に韓国内部の意識対象としての『日本』に抵抗を示す感情として使用する．ただし，先行研究内で使用されている反日感情や，データ内で調査協力者が口にする反日感情についてはこの限りではない．

はほとんど存在しないと述べ，日韓の歴史認識の相違や韓国に存在する日本人に対する固定観念などについて，在韓日本人たちに情報を提供する場が必要であると述べる．そして，そのような情報が不足した状態で韓国における反日感情に曝され続けることは，韓国人や韓国に対する誤解を生じさせるとともに結果的に相手に対する集団的敵対心や恐れを抱かせる原因となると指摘している．

その他にも在韓日本人女性の韓国生活適応について調査した先行研究では，日韓問題に起因する出来事が，彼女たちの韓国社会への適応や文化アイデンティティの再構築に悪影響を及ぼしていることが報告されている（임영언／イム・ヨンオンほか 2013, 이시이 히로꼬ほか 2015）．例えば，임영언ほか（2013）は，在韓日本人女性は韓国生活への適応度は高いものの，適応過程において相当なストレスを感じていると述べ，彼女たちがストレスを感じる要因として韓国社会に存在する強い反日感情を挙げる．また이시이 히로꼬ほか（2015）は，繰り返される反日感情への接触は彼女たちの日々の行動や態度，文化アイデンティティの構築にも悪影響を与える可能性があると指摘する．さらに，彼女たちの中には韓国の人々が反日感情を抱く根本的な原因は日本にあるという思いが存在するため，反日感情に触れた際に傷ついたり憤りを感じたりしても反論できず黙って耐えるものも多いと述べる．이시이 히로꼬ほか（2015）は，このような経験の反復が，母親が日本人であることや日本にルーツを持つことで自身の子どもがいじめに遭うのではないか，といった不安を彼女たちの中に生じさせる原因となると説明する．そして，それゆえに彼女たちが自身の子どもを守ろうと，韓国人を刺激する行動を避ける技術を我が子に教えたり，日韓という限定的な視野で物事を捉えないように伝えたりするなど，家庭内で様々な対処法を試みていると報告する．

韓国社会で生きる我が子が差別や偏見に曝されるのではないかという点に在韓日本人女性たちが相当な不安やストレスを抱えているという指摘は，他の多くの先行研究でも同様に見受けられる（미즈카미 치사에 2002, 김석란 2008, 정기선 2008, 이지선ほか 2008, 박서영ほか 2009, 이정희 2012, 민서정 2013, 박정의／パク・ジョンイほか 2014, 이유나 2015, 서양임ほか 2016, 박애스더 2017, 박세희 2017, 김연희 2019 など）．その他にも，先行研究の結果からは，自身の存在が子どもの

重荷になっているのではないか，韓国で教育を受ける我が子が日本に対して否定的な感情を持つようになるのではないか，アイデンティティの構築に困難を生じさせるのではないかといった，様々な心理的負担や悩みを抱えながら彼女たちが生活している様子も垣間見られた（박애스더 2017，박세희 2017）．박세희（2017）は，彼女たちが感じている葛藤や困難は，日韓両国間の歴史や両国間に存在する政治的・社会的問題と複雑に関連したものであるため個人的に対処することが難しいと指摘する．そして，それゆえに問題の内容が比較的深刻である場合でも，彼女たちが黙って耐え忍んでいるケースも存在すると述べる．例えば，박세희（2017）は，彼女たちが子育てをする中で日韓問題に起因する困難に遭遇した際にとる対処法には 2 通りのやり方が存在するという．一つ目は積極的に周囲の人々に自分の意見を伝達するやり方であり，二つ目は自分の力では解決不可能な問題だと線引きし我慢して耐えるやり方である．ただし，最初は積極的に自分の感情や意見を相手に伝えて理解してもらおうと心掛けていたものも，自分の発言によって我が子が不利益を被る可能性があると認識すると，過去の自身の言動を後悔するとともに「自分にどうこうできる問題ではない」と線引きしたり我慢したり受け入れたりするような姿勢に徐々に変化していく傾向があるという．

　内鮮結婚型の在韓日本人女性たちとは異なり，現在韓国で暮らす日本人女性たちの場合は，日常生活の中で日本人であることが原因で常に差別を受けたり虐げられたりしているわけではない．けれども，先行研究内で提示されたインタビュー・データなどからは，日韓関係が悪化した際には今でも緊張感が張り詰めるといった発言や（이정희 2012），実際に我が子が韓国でいじめにあったという発言（박세희 2017，及川 2021）が見られるなど，日韓関係の変動に応じて立場が変化するという不安定な状況に現在も彼女たちが身を置いている実態が垣間見られた（及川 2021）．정선주（2018）によれば，韓国社会に存在する日本への特別な感情と予測不可能な日韓関係の変動に曝されながら暮らす日本人女性たちは，日本人として韓国で暮らすことに対し徐々に疲労感を感じ始めるという．そして，折に触れて噴出する歴史問題への対処によって生じる疲労は，一時的に表出する場合もあれば在韓歴が長期化する中で慢性的な疲労へと変化

していくこともあるという．김연희（2019）は，戦争・植民地・政治・経済・文化的交流という多様な項目が複雑に絡まり合う中で，日韓問題の影は日韓両国の間に長年に渡り存在し続けてきたと説明する．そして，そのような影は日韓国際結婚家庭の家族構成員たちのアイデンティティ構築や，周辺の人々との社会関係の構築などにも影響を及ぼし，当事者たちが身を置く状況をより複雑なものにするという．そのような影響が見られるにも関わらず，現段階では国際結婚移民者たちの家庭や社会的関係に母国と移住国の間の歴史的・地政学的関係が及ぼす影響を調査した研究は少ない（김연희 2019）．このような現状を受け김연희（2019）は，結婚移民者やその配偶者・子どもたちの私的な領域に国家間の間に存在する複雑な問題がどのような影響を及ぼしているのかに関する調査が，今後とも継続して行われていく必要性があると指摘する．

上述した先行研究の結果からは，在韓日本人女性たちの日常生活に介入してくる日韓問題の存在が，彼女たちの文化アイデンティティの構築や，韓国社会への適応，子どもの養育など様々な領域に悪影響を及ぼしていることが理解できる．また，日韓問題に起因する出来事に対し，彼女たちが様々な対処法を講じながら対応しようと努力する様子も見受けられた．ただし，問題の根本的な部分に両国の複雑な歴史や両国間に存在する政治的・歴史的問題が関係しているため，遭遇した問題を彼女たちが個人の力で解決するには限界があることも明らかとなった．特に，彼女たちが向き合う困難や葛藤が子どもの存在と関係する場合などは，状況がより複雑になるとともに，自分たちにはどうしようもない問題だとして日韓問題を自分たちの生活から切り離したり，疑問を感じる状況であっても我慢して受け入れたりするなどの方法が選択される様子も見られた．また，정기선（2008）の先行研究では，在韓歴が長いにも関わらず，日本人女性たちが韓国社会への適応に継続して様々な問題を抱えている現状が指摘されていた．そして，その中ではそのような状況を引き起こす要因として，時間の経過だけでは解決できない何らかの問題を日本人女性たちが抱えている可能性が示唆されていた．このような정기선（2008）の指摘と先行研究に見られた日韓問題の存在が及ぼす悪影響への言及を考慮すれば，日本人女性たちを悩ます時間の経過だけでは解決できない問題というのが日韓問題の存在である可

能性も十分に考えられる．しかしながら，既存の研究は在韓日本人女性たちの韓国生活に悪影響を与える要因として日韓問題の存在を指摘するに止まっており，それが具体的にどのような影響なのか，彼女たちがその問題とどのように向き合い関わっているのかに関するより詳細な調査が必要といえる．

第 3 節　日韓問題に関する韓国の支配的言説に関する先行研究

　韓国の人々が日韓問題に関する話題に向き合う際に顕在化する認識の枠組みには，韓国人が内在化している日本イメージ[12]が大きな影響を与える．韓国ジャーナリズムの日本イメージについて調査した磯崎（1997）は，韓国人の日本イメージを検討するためには「日本に関する記憶の継承・再生産」（磯崎 1997：25）に関して考察する必要があるという．そして，継承される記憶を，①個人の記憶，②公共の記憶，③公的な記憶という3項目に分類した場合，それらが伝達される際のツールとして，①私的な語り伝え，②マスメディア，③国定教科書[13]などのオフィシャルストーリーが挙げられるとする．同様の見解は他の先行研究でも見受けられ（崔吉城（チェ・キルソン） 2002，加賀美ほか 2008，岩井ほか 2008，金恩淑（キム・ウンスク）

---

[12] 先行研究では，韓国人が日本に対して抱いているイメージのことを「日本イメージ」，「日本のイメージ」，「日本観」，「対日観」，「日本認識」などの表現を使用して表象している．本書では「韓国人が日本（人）に対して抱いているイメージ」として「日本イメージ」という表現を使用するが，先行研究内で提示する直接引用部分に関しては原文で使用されている表記を尊重し記載することとする．

[13] 現在の韓国には，国定教科書，検定教科書，認定教科書の3種類が存在している（福田 2021）．韓国では盧武鉉政権が作成した2007年改訂教育課程の告示の中で，中等学校の韓国史教科書が国定から検定に移行するという方針が示された（柳準相 2020）．しかしながら朴槿恵政権は世論の反対にも関わらず自らの政権の意向が反映された歴史教科書の作成を目指し，歴史教科書の再国定化を強行しようと試みた．結果的には朴槿恵大統領の失脚により歴史教科書の再国定化は保留となり，2017年5月10日に誕生した文在寅政権によりに国定歴史教科書は廃止されることとなった（柳準相 2020）．韓国では政権の方針が歴史認識や歴史教育の内容にも強く影響するため，政権が変化するたびに歴史教育の内容もそれに伴って変動し教科書の内容も変化する（柳準相 2015，福田 2021）．柳準相（2020）は，最も新しい2015改訂教育課程の実施過程においても，「韓国の歴史教育は，政権側の思惑によって翻弄され，国定化という試練に見舞われる紆余曲折を経て現在に至っている」（柳準相 2020：5）と指摘している．なお，教育課程とは日本でいう学習指導要領にあたるものを意味する．

2009など).日本イメージの構築に影響を与える他の要因としては日本訪問や日本人との交流経験,日本の大衆文化への接触なども指摘されている.以下では,磯崎が提示した三つの項目に即して先行研究を分類し,韓国人の中に形成される日本イメージがそれぞれの項目においてどのような特徴を持つのかについて見ていく.そして,日韓問題に関する話題について韓国の人々と話す際に,韓国人の中に喚起される日本イメージがどのようなものであり,そこにはどんな認識の枠組みが関与しているのかについて検討する.

まず,私的な語り伝えを通じて継承される日本イメージに関する先行研究について,磯崎(1997)は,韓国では「父系出自を重視する親族体系」(磯崎 1997:26)を重んじる傾向が強く,各家庭の中で自らの祖先の経験を韓国史と関係づけながら伝承するという構造が存在するという.そして,その過程の中で親族体系が共有する歴史認識が子どもたちに伝授されるとともに,そこで披露される語りの中の日本人像が幼少期の子どもたちに刷り込まれていくとする.磯崎(1997)は,祖父母や両親を通じて語られる実体験や祖先の記憶の中に登場する日本人は,ほとんどの場合「残忍な抑圧者」(磯崎 1997:27)として表象されていると説明する.また,ストーリーの内容はそのような悪者に対し「自分の祖先や身内のものがその抑圧に如何に勇敢に抵抗したか」(磯崎 1997:27)を伝えるという構成になっているという.さらに,そのようにして家庭内で構築された日本イメージは,子どもが成長し学校教育やマスメディアの情報に触れる中で,さらに強化あるいは変化していくと指摘する(磯崎 1997).同様の見解は金恩淑(2009)の先行研究にも見られる.金恩淑(2009)は,韓国の大学生に質問紙調査を実施し,学生たちの日本イメージがどのように形成されたのかを調査した.その結果,祖父母や両親が内在化している日本イメージが,家庭内での語り伝えを通じて就学前に伝授されていたことがわかった.また,多くの学生が祖父母や両親から教えられた日本イメージは否定的なものであったと発言しており,具体的には「日本は我が国を奪い取った国だ」,「強制的に徴用した」,「韓国語を書けないようにした」(金恩淑 2009:6)などの内容が存在したと報告した.金恩淑(2009)は,家庭内で行われる「反日意識の伝授は,彼らの父母世代も経験したものであり,韓国社会で子どもから大人へ成長する『社会化』の

過程の一部であるといえる」(金恩淑 2009：6) と述べる．また，学生たちの父母世代は，まさに親の体験談と学校教育の中で行われた「民族主義的で反日的な教育」(金恩淑 2009：6) の影響を受け「反日意識を体系化」(金恩淑 2009：6) した人々だと言えると説明している．崔吉城 (2002) もまた，学生たちの父母世代のような実際に植民地支配を経験していない集団の方が，経験した世代よりも強い反日感情を抱いていると指摘する (崔吉城 2002)．崔吉城 (2002) は，実際に植民地体験をした世代とそうでない世代では反日感情の質が異なると述べ，そのような現象が起こる要因には両者の所持する日本イメージの異なりが関係しているという．崔吉城 (2002) によれば，前者の所持する日本イメージは自身の体験に基づいたものであるのに対し，後者の日本イメージは戦後の文化政策や反日教育を行う韓国政府によって「再生産された『創られた』もの」(崔吉城 2002：125) であるという．そして，そのような創られた日本イメージを通じて日本的なものを意識するようになった結果，植民地支配を経験していない集団の方がより強く日本を拒絶するようになるという．崔吉城 (2002) 曰く，韓国の反日感情とは教育とマスメディの影響によって育てられたものである．上記の先行研究の結果をまとめると，家庭内で行われる否定的な日本イメージの伝承が，植民地支配を経験していない世代の人々に大きな影響を及ぼしていることが理解できる．ただし，先行研究では伝承を行う祖父母の年代についての詳細な言及が見られず，祖父母が青年期に植民地支配を経験しているのか，幼児期に経験しているのかが定かではなかった．それゆえに，祖父母の年代によっては伝承される日本イメージの中身に異なりが生じる可能性も推察された．したがって，家庭内での日本イメージの伝承には一定の効力が存在するものの，家庭によって程度差が存在する可能性が示唆された．また，家庭内での否定的な日本イメージの伝授が少ない場合であっても，学校教育やマスメディアの影響を通じて子どもの中に強い反日感情が構築される可能性が高いこともわかった．

次に，メディアを通じて普及される日本イメージに関して，韓国のメディアの伝える日本イメージについて調査した金政起(キム・ジョンギ) (2000) は，韓国人が伝統的に所持している否定的な日本イメージは，植民地体験を実際にした世代を除きほ

とんどの場合学習を通じて形成されたものであると述べる．そして「学習を通じるイメージ形成の中で，マスメディアの役割はきわめて大きい」（金政起 2000：85）と言い，韓国人の日本イメージ構築に及ぼすメディアの影響力の強さを指摘する．また，韓国の大学生たちの所持する日本イメージに関して調査した金恩淑（2009）は，学生たちが毎年3月1日や8月15日[14]にはテレビで放送されるドキュメンタリーや新聞などの日本関連報道特集などを父母とともに見ながら「日本が我が国を奪い取り，残虐なことを犯した悪い国であるという」（金恩淑 2009：7）認識を再確認していたと報告している．ただし，韓国のマスメディアが常時否定的な日本イメージのみを報道しているのかというとそうとも言い切れない．朴永祥（バク・ヨンサン）（2000）は，韓国のマスメディアの日本に対する視座は非常に複合的であり，時として矛盾した内容を示すことがあるという．例えば「歴史的な過去に基づいた視座・民族主義理念の枠組み」（朴永祥 2000：92）に基づき報道される内容では，否定的な日本イメージの形成やそのような日本イメージへの批判が見られるという．けれども，「現実の中の日本に対する評価的認識」（朴永祥 2000：95）を伝えるような報道の場合は，日本のことを「現実的な政治，軍事，経済の利害関係の中で見ようとする視座」（朴永祥 2000：95）も存在するという．また，韓国の小・中・高・大学生の日本イメージの形成過程を調査した加賀美ほか（2008）や，韓国の歴史教科書の日本イメージと韓国人学生の日本イメージを調査した岩井ほか（2008）は，韓国の学生たちの所持する日本イメージには肯定的なもの，中立的なもの，否定的なものといった三つの様相が存在していることを明らかにした．そして，学生たちが肯定的・中立的な日本イメージを形成している要因として，マスメディアやインターネットを通じた日本の大衆文化との接触，日本訪問や日本人との交流といった実体験からくる影響などを挙げている．他にも，2021年9月に発表された第9回日韓共同世論調査[15]の結果では，自国メディアは客観的で公正な内容を報道していると思うかという質問に対し，韓国人回答者の約半数（45.4%）が「そう思わない」と回答する様子が見られた．また，ネット上の世論は適切な

---

14 韓国では，毎年3月1日が三・一独立運動の記念日，8月15日が日本の植民地支配から解放された記念日とされている．

民意を表しているかという質問には，「あまり適切に反映していない」，「適切に反映してはいない」と回答した者の合計が54.1％となるなど，韓国人回答者の半数が韓国のマスメディアの報道内容の適切性や公正性，世論の正確な反映度などに懐疑的であることがわかった．これらの結果からは，マスメディアは韓国人の日本イメージの形成に一定の影響を及ぼしているが，その中身を見ると否定的な影響だけでなく肯定的な影響も存在していること，韓国人は自国のマスメディアの報道内容に対し懐疑的な姿勢で向き合っている可能性が高いことが理解できた．

　このような現象は，韓国のジャーナリズムの持つ特徴とも関連している．日韓両国の相互意識とメディアの関係性について考察した奥野（2016）は，韓国のジャーナリズムのスタイルは「まず『論』ありきでストーリーを先行させる〈中略〉「言論型」ジャーナリズム」（奥野 2016：208）であると述べる．奥野（2016）によれば，このような韓国の言論中心型のジャーナリズムのスタイルは，日本の植民地支配や戦後継続した軍事支配の影響下で行われた言論弾圧の中で確立された．それゆえに，韓国のジャーナリズムでは何を語るかが最重要事項であり，語られるストーリーの内容の細かい設定項目に不備が多少あったとしても許される雰囲気があるという．奥野（2016）は「韓国ではジャーナリズムは『言論』であり，ジャーナリストは『言論人』，メディアは『言論社』である．何を語るべきかが先行すると言ってもよい」（奥野 2016：208）と述べ，特に購読者離れの深刻な新聞などの場合は「読ませる記事にすべく感情的で，刺激的な記事を作る傾向にある」（奥野 2016：208）と説明する．しかし，記事の内容が「歴史的な過去に基づいた視座・民族主義理念の枠組み」（朴永祥 2000：92）に

15　日韓共同世論調査とは，日本の非営利団体言論NPOと韓国のシンクタンク東アジア研究所が共同で実施している調査である．第9回の韓国側の世論調査では，韓国の18歳以上の男女を対象に8月26日から9月11日まで調査員による対面式聴取法による調査が実施された．有効回収標本数は1006である．回答者の性別は，男性が49.5％，女性が50.5％．最終学歴は中学校卒以下が12.9％，高校卒が37.6％，短大在学以上が49.4％．年齢は18歳から29歳が17.4％，30歳から39歳が15.4％，40歳から49歳が18.9％，50歳から59歳が19.7％，60歳以上が28.7％となっている（言論NPO 2021）．言論NPO（2021）．第9回日韓共同世論調査　言論NPO 2021年9月28日　〈https://www.genron-npo.net/world/archives/11348.html〉（2022年4月27日）

第 2 章　先行研究

基づいたものである場合は，その記事が起爆剤となり韓国社会の中で日本に対する感情的な発言やナショナリズムの表出が見られるなどのメディア・ナショナリズム現象が生じる可能性が高まる（大石ほか 2016）．日韓両国のメディア・ナショナリズムに関して調査した大石ほか（2016）は，竹島／独島の領有権に関する問題について，領土問題というフレームで報道する日本と歴史認識問題というフレームで報道する韓国の報道スタイルの差異を指摘する．そして，歴史認識問題というフレームの中で語られた場合，報道内容が韓国人や韓国社会の中に存在する根深い反日感情を刺激するとともに，それが契機となり日本に対する厳しい論調やメディア・ナショナリズムの発生が促進され，大きな盛り上がりへとつながることもあると述べる．特に，最近はマスメディアの報道にソーシャルメディアによる反応が加わることで，日韓両国の世論がお互いに感情的で否定的な反応を示し合い，それが強いナショナリズムの表出へとつながっていく傾向も見られるという（大石 2016）．上記の内容を整理すると，韓国のマスメディアの存在が韓国人の日本イメージの形成に大きな影響を与えていることは明確であるが，報道される内容によって形成されるイメージに異なりが見られるということがわかる．それと同時に，韓国人の中に否定的な日本イメージが喚起される状況と「歴史的な過去に基づいた視座・民族主義理念の枠組み」（朴永祥 2000：92）に基づく話題構成との間に強い関連性がある可能性も示唆された．

　最後に，韓国における歴史教育（韓国自国史教育）を通じて形成される日本イメージに関して整理してみたい．韓国の自国史に関する歴史教科書を調査した先行研究では，韓国人のほとんどが同様の歴史認識を所持していること，そしてそのような共通した歴史認識の形成には韓国の学校教育の影響が大きいことが指摘されている（金漢宗 1997，石渡 2002，崔吉城 2002，加賀美ほか 2008，岩井ほか 2008，金恩淑 2009，本郷 2011，南春英 2018，福田 2021 など）．韓国の歴史教科書の変遷とイデオロギーに関して調査した金漢宗（1997）は，「どのような教科書制度を採択するかということは単純に制度上の問題ではなく，学校教育を通じて育てたい人間像，すなわちその社会の教育感を反映する」（金漢宗 1997：1）という．それゆえに，自国の歴史を教える際に使用される教科書がどのよう

な制度のもとで編纂されるかは，国家や政府が自国の学生たちにどのような民族観や歴史観を所持して欲しいと考えているのかと深く関連しているとする（金漢宗 1997）．韓国では第3次教育課程の施行（1973以降）とともに歴史教科書が国定化及び単一化されるようになり，そのような状況は2007年改訂教育課程[16]が告示されるまで継続した（柳準相(リュ・ジュンサン) 2020）．第6次課程（1992-1997）と第7次課程（1997-2007改訂まで）の韓国自国史の教科書に描かれる日本イメージを調査した岩井ほか（2008）は，教科書内の日本イメージが，主に侵略者と文化後進国という姿で構成されていることを明らかにした．侵略者という日本イメージには日本を侵略国，日本人を侵略国の国民として位置付ける視座が内包されており，そのような記述の中では日本イメージとの対比を通じて侵略者に抵抗する我々（悪い日本人に抵抗する我々韓国人）という構図が前景化されていると述べる（岩井ほか 2008）．また，侵略国の国民という日本人イメージは，日本と韓国の関係を加害者と被害者として捉える認識の枠組みも同時に形成するという．次に，文化後進国という日本イメージは，日本が文化的・技術的に発展したのは，我が国から多くの技術や文化を学んだり我が国の文化財を略奪したりしたためであるという主張や，そのような立場の日本が結果的に侵略者となり恩を仇で返すような行動をとったという視座の基で形成される．このような記述内容は，元々は韓国の方が日本よりも文化的にも技術的にも優れていたという点を強調するとともに，学生の自国に対する自尊心や自負心を育てることを目的としているという（岩井ほか 2008）．岩井ほか（2008）は，この時期の自国史の教科書においては侵略者と文化後進国以外の日本イメージはほとんど描かれておらず，1945年以降の日本に関する記述も大変少ないと指摘する．そして，教科書内で示される二つの日本イメージはそれぞれが独立して存在するというよりは，まず侵略者としての日本イメージが存在し，それに付随する形で文化後進国というイメージが喚起され，最終的に日本を自分たちよりも下に見るような見方につながっていくのではないかと説明する（岩井ほか 2008）．また，金恩淑（2009）は，中等教育において第7次課程の教科書を使用して学んできた

---

16 2007年改訂教育課程では，中等学校の歴史の教科書を国定から検定へと変更するという方針が示された．

大学生たちの言説を引き，学生たちが韓国史の授業を受けた際に近代日本の略奪行為などに関して韓国人教師が熱心に説明しながら反日感情を煽ってきたこと，学生たちもそのような教師のやり方に疑問を抱かず授業を聞いていたこと，そしてそのような授業を中等教育において反復する中で，学生たちが日本は加害者であり韓国は被害者であるという認識を固定化していったことなどを明らかにしている．金恩淑（2009）の先行研究からは，就学前に家庭内での語り伝えを通じて反日意識を形成した子どもたちが，その後小学校・中学校・高校での自国史教育により反日的な日本イメージをより強化するというプロセスを経ることが理解できる．そして，学生たちの発言からは教科書の内容よりも教師の反日意識を駆り立てるような授業方法が子どもたちにより強い影響を与えていた可能性も示唆され，歴史教育を実施する教師の教授態度が生徒に与える影響の大きさも明らかとなった．

　現在，韓国では国定の歴史教科書が廃止され複数の教科書が出版されるようになっている．ただし，最新の 2015 年改訂教育課程における歴史教育の内容と特色を調査した柳準相（2020）は，自国中心的な歴史教育からの脱却を志して努力した形跡は見受けられるものの，全体的には自国中心の構成を抜け出せていないと指摘する[17]．同様の傾向は高校の歴史教育でも見受けられ，歴史科目の中で自国史のみが必修扱いされるなど，自国史中心の姿勢が現存しているという．このような韓国の歴史教育の持つ問題点は他の先行研究でも言及されている．例えば，황은희／ファン・ウンヒ（2015）は韓国の歴史教育の持つ問題点として，自民族中心主義的傾向を強く持つこと，周辺国との交流よりも周辺国との間で生じた戦争や衝突を浮き彫りにし困難な状況を克服してきた我々という視座を前景化していることなどを指摘する．そして，韓国小学校の歴史教育を例に挙げ，そのような問題点が継続して指摘されてきたにも関わらず，2015 年改訂教育課程においても民族史中心の歴史認識が克服されていないと

17　柳準相（2020）によれば，小学校の教科書では自国文化の優秀性を強調しようとする姿勢や，近代史で取り上げている偉人の大半が日本の侵略に抵抗し国を守ったものや，国の独立に貢献したものであるなどといった自国中心的な歴史教育の特徴が依然として見られるという．

批判している (황은희 2015)．一方で，このような教育環境に身を置く韓国人学生たちが否定的な日本イメージだけでなく中立的な日本イメージも構築していたという先行研究の結果も存在する（加賀美ほか 2008，岩井ほか 2008）．それらの研究結果からは，韓国人の学生たちが多面的な日本イメージを所持していること，話題によって韓国人の中に喚起される日本イメージに違いが存在していることなどが理解できる．ここまでの先行研究の結果をまとめると，否定的な日本イメージの形成に教育機関で実施される韓国自国史の教育が大きな影響を与えていることが窺える．特に日本の植民地支配時期に関する歴史が教えられる際には，日本と韓国を加害国と被害国として位置付け，侵略者日本人に対し我が国を守るために抵抗した我々韓国人という認識の枠組みを強調して学生たちに教えようとする姿勢も見られた．また，その際には教科書の内容だけでなく，教師の言動も学生の反日感情を煽る要因として機能していた．しかしながら，教科書の内容だけから日本イメージを形成していた時代に比べると，日本との直接的・間接的接触が可能になった現在は韓国人の中の日本イメージも多面的なものに変化したことも明らかとなった．これらの結果からは，上述した他の2項目と同様に歴史教育においても，過去の歴史問題や日韓の間の政治的・外交的な問題に関連した内容が教授される際には否定的な日本イメージが強調され，学生たちが反日感情を抱くように仕向けるような教育方針が採られている様子が窺える．

　ここまで，①個人の記憶，②公共の記憶，③公的な記憶と関連した語りや言説を通じてどのような日本イメージが韓国人の間で継承されているのかについて先行研究を概観しながら振り返った．その過程で見えてきたのは，①私的な語り伝え，②マスメディア，③国定教科書などのオフィシャルストーリーといったツールを通じて継承される日本イメージが，常に否定的なものばかりではないということである．例えば，日本人や日本に直接・間接的に接触できる現在は，自身の実体験に基づく印象や認識が肯定的な日本イメージの形成を手助けする役割を果たし，韓国人の中の日本イメージを多面的なものへと変化させている様子が観察されていた．そして，韓国人の中に否定的な日本イメージが喚起される状況と「歴史的な過去に基づいた視座・民族主義理念の枠組み」（朴

永祥 2000：92) に基づく話題との間に強い関連性があることも示唆された．では，そのような話題において韓国人の中に喚起される否定的な日本イメージとは具体的にどのようなものであり，どのような認識の枠組みの中で浮かび上がってくるのだろうか．崔吉城 (2002) によれば，韓国人が抱く反日感情の源泉とは「植民地という事実の歴史であり，人の体験として形成されているものである」(崔吉城 2002) という．ただ，その基盤になる歴史や体験はいつしかそれを直接経験した人々の領域を超え，語り伝えやマスメディア，学校教育などの現場において韓国人が共有する伝統として継承されるようになる．そして，そのような過程を経る中で，個人的な小さなストーリーはどんどん削ぎ落とされ，その時代を直接経験した人々の多様な語りは韓国ナショナリズムに沿った韓国人たちのストーリーとして再生産されていくこととなる (崔吉城 2002)．崔吉城 (2002) は，このような現象が起こる要因として，韓国国内の民族主義と行き過ぎた情報化を指摘するとともに，韓国人の反日感情と民族主義の関連性にも注目する．崔吉城 (2002) によれば，韓国における民族主義とは自分の民族を愛し国を愛するという愛国心に基づくものであり，韓国人にとって民族主義と反日感情は表裏一体の構造をなす関係なのだという．また，韓国人の反日感情とは日本による植民地支配に対する恨みと憎しみによって生じた感情であると述べ，それが民族主義と融合することで「日本を憎むほど韓国を愛することになり，韓国を愛するほど日本を憎む」(崔吉城 2002：106-107) という構図が成立すると説明する．この構図から読み取れるのは，日本を憎むという行為が韓国においては自国を愛する行為と同等であるということであり，そのような認識が国や社会のレベルで共有されているためにその行為が正当化されてしまうということである (崔吉城 2002)．韓国における国民国家形成の過程を分析・批判してきた金哲(キム・チョル)は，日本という言葉に「韓国ナショナリズムの永遠の敵であり，永遠のパートナー」，「親密なる敵 (intimate enemy)」(金哲 2015：225) といった意味が内包されている場合，それは現実の日本をそのまま指し示している訳ではなく，あくまでも「脱植民地社会である韓国人のアイデンティティ形成に介入している」(金哲 2015：225) 日本を意味しているという．その上で，現在の韓国社会の人々が韓国人としての同一性を確立する際に日本ほど大きな役割を果た

す存在はないと指摘する（金哲 2015）[18]．また，金哲は，韓国において民族に関する語りや言説が話される際には，「親密なる敵（intimate enemy）」日本という存在に反射する形で集団的主体としての韓国人というアイデンティティが確立されると説明する[19]．韓国政治を研究する木村（2020）もまた，歴史認識問題に対する韓国人の関わり方には「植民地支配を『悪』とし，これに関連するあらゆるものを排除しようという単純化された動き」（木村 2020：279）という一般的傾向が見られるという．そして，「こうした認識は韓国の国家の『建前』に属するものであり，だからこそ韓国の人々がこの論理に直接抗うことは困難である」（木村 2020：279）と指摘する．また，木村（2020）は，このような建前に基づく運動（植民地支配を行った悪である日本を排除しようとする運動）の圧力にさらされた現場の人々がその建前や圧力に抵抗し続けることは困難であり，同調圧力が一際強い韓国社会においては困難さを自覚した上で対抗し続ける利点も存在しないと述べている．これらの先行研究の結果からは，「歴史的な過去に基づいた視座・民族主義理念の枠組み」（朴永祥 2000：92）に沿って構成された「全ての民族に関する語りおよび言説」（金哲 2015：225）の中では，日本や日本人は絶対的な悪であり，排除されるべき存在として位置付けられているということがわかる．また，そのような日本や日本人を憎む行為は，韓国人にとっては自国を愛する行為であり，国家的・社会的に正当化される行為として認識されるという構図も読み取れる．このような結果は，在韓日本人女性たちが韓国人との間で日韓問題に関連のある話題について話をする際に，彼女たちが韓国人からどのような存在として認識されるのかという点ともつながっている．つまり，その話題をめぐり彼女たちは韓国人から半ば強制的に絶対悪である日本からきた日本人として位置付けられる可能性を持つだけでなく，日本と関わり

---

[18] 金哲曰く，「今日，年齢，身分，職業，地域，政治的立場などに伴う全ての差異と葛藤を一瞬にして解消してしまい，『韓国人』としての同一性を確立するのに『日本』ほど大きな役割を果たすものはない」（金哲 2015：225）という．

[19] 金哲は，「『（韓）国史』をはじめ，全ての民族に関する語りおよび言説において集団的主体としての『韓国人』（または『朝鮮民主主義人民共和国国民』）の集団的記憶（であると同時に集団的忘却）を作り出し維持するのに『日帝』の威力は依然として大きい」（金哲 2015：225）と述べている．

のあるものとして韓国人の憎しみをぶつけられる対象となる可能性にも曝されていると言えるのである．また，それらの行為が韓国人にとっては自国を愛する正当な行為として認識され，非難される様な行為としては捉えられない可能性が高いことも明らかとなった．

第4節　先行研究における問題点と本研究の位置付け

　本章では韓国人男性と日本人女性の国際結婚の歴史を振り返りながら在韓日本人女性たちを結婚動機別に内鮮結婚型，宗教結婚型，文化交流型（恋愛結婚型）に分類し，それぞれの項目ごとに日韓両国で実施されている先行研究を概観した．その中で見えてきたのは，在韓日本人女性たちが結婚動機や時代背景の異なりに関係なく日韓問題の存在に起因する両国国民のナショナリズムの高揚や，両国家・両国民の互いに対する否定的な感情の盛り上がりなどに何らかの悪影響を被っているということである．もちろん彼女たちの生活状況を客観的に比較するならば，内鮮結婚型の在韓日本人女性と文化交流型の在韓日本人女性では生活環境も互いの国や国民に対する印象も大きく異なる．韓国では2008年に多文化家族支援法が施行されて以降は結婚移民者とその家族に対する支援の幅が徐々に広がりをみせ，2009年からは政府機関が主導する形で3年ごとに多文化家族実態調査も行われている．また，その結果をもとに多文化家族やその構成員に対する支援施策が継続的に検討・実施されている．このような結婚移民者に対する法的な支援は，彼女たちの韓国生活を安定させるとともに，外国人として韓国で安心して生活できる環境づくりに貢献していると言える（花井 2016）．またインターネットやSNSなどのツールが発達したことにより，韓国にいても日本の家族や友人と頻繁に連絡を取り合い，直接顔を見ながら会話をすることも可能となった．さらに，同じ環境で暮らすもの同士がブログやSNSを通じてつながることで，自助グループのようなコミュニティの形成も一昔前と比較して容易になったと言えるだろう．その一方で，両国の関係が悪化した際などは文化交流型の日本人女性であっても周囲の韓国人の反応を気にかけ外出を控えたり，日韓にルーツを持つ我が子がいじめに遭うのでは

と心配したりする（もしくは実際にいじめに遭う）様子が見られるなど，内鮮結婚型の日本人女性たち同様に居た堪れない思いや不安な思いをしている状況が明らかとなった（金應烈 1983, 山本 1994, 박세희 2017, 及川 2021 など）．このような結果からは，在韓日本人女性たちが終戦（朝鮮解放）から 75 年以上経過した今もなお，日韓問題に起因する話題に対峙する際に複雑な状況に身を置いていることが理解できる．それと同時に，この話題に対峙する際の韓国人の認識の枠組みにも，依然として昔と同様の認識や志向性が存在している可能性が見受けられた．さらに，先行研究では，在韓日本人女性たちを取り巻く周囲の人々が，彼女たちの存在や結婚生活を実際に目にすることを通して相手国（民）に対する偏見や反日感情・嫌韓感情を変化させる様子も報告されていた．このような結果は，日韓両国において彼女たちが身を置く社会的位置を調査することが，両国の関係改善の糸口を見つける一助となることを意味するとともに，在韓日本人女性たちと日韓問題との関わりについて詳細に調査することの意義を示していると言えるだろう．

　さらに，先行研究を概観することを通じて，既存の研究が持つ問題点も明らかとなった．具体的には，結婚動機の多様化が進行しているにも関わらず，増加傾向にある文化交流型の在韓日本人女性を対象とした先行研究が少ないこと，また，彼女たちの日常生活に否定的な影響を及ぼしている日韓問題と彼女たちの関わりについても詳細に調査した研究が少ないことがわかった．さらにもう一つ重要な問題点として，インタビュー調査を実施していたほとんど全ての先行研究において，インタビュイーである在韓日本人女性たちの発言や語りの内容のみがインタビュー・データから切り取られて提示されるという形式となっていた点が挙げられる．そのため，先行研究では調査者と彼女たちとの具体的なやりとりを実際のデータに基づいて確認することが困難であった．インタビューとはインタビュイーとインタビュアーによって行われる相互行為の場であり，そこでなされる発言や語りはその場に参与している人々の相互行為の中で生じたものである (Holstein & Gubrium 1995/2004, Butler 2005/2008)．インタビューを「対談」(Butler 2005/2008：207) として捉えるバトラーは，インタビューの中で生じた発言や語りを理解するためには対話の場面のなかでインタビュイー

が影響を受けている多様な「曝され[20]」(Butler 2005/2008：57)について考慮する必要があるという．バトラー（2005/2008）は，主体を「関係的存在」(Butler 2005/2008：36) であると述べ，文化の影響を受けはするが「文化の領域に先立って存在する安定した実体」(Butler 1990/1999：251) といった主体観を否定している．バトラーは主体なしに語りは存在しないと認めつつも，主体は「関係的存在」であるがゆえに語りの中において自らを完璧に説明することはできないとする．なぜなら，語る主体は語りを宛てる目の前の他者だけでなく，自らもその存在を明確に言語化できない多様な「曝され」の中で語りを行う存在であるからである．それゆえに，語り手が誰かに宛てて語る自分自身の説明の構造は，語り手が曝されている呼びかけの場の構造を反映する（Butler 2005/2008）．これらの点を考慮した場合，彼女たちの発言や語りの内容にのみ焦点が当てられていた既存の研究では，彼女たちの語りとそれが語られるプロセスの両方を分析・考察しようとする姿勢が不足していたと言える．

　このような状況に鑑み，本研究では文化交流型の在韓日本人女性を研究対象に定める．そして，日韓の狭間で生きる彼女たちが，日常生活に介入してくる日韓問題に起因する出来事に対しどのような立ち位置からどのように関わり合っているのかをインタビュー調査を通じて明らかにする．さらに，インタビュー・データの分析に際してはインタビューを相互行為の場，インタビュー参与者を「関係的存在」として捉え，その中でなされる発言や語りをその内容だけでなくそれが表出・構築されるに至ったプロセスの両方から検証していくこととする．

第5節　本研究の課題

　本研究の目的を達成するために，以下に示す三つのリサーチ・クエスチョン

---

20 Butler (2005/2008) は，語り手が誰かに宛てて自分自身の説明を行う際に影響を及ぼす多様な「曝され」について，それが宛てられる他者，語りに影響を及ぼす原初的関係，語り手を理解可能な主体として構築する規範・習慣・文化的慣習，ある種の規範や認識的枠組みを善しとする権力，語る際に使用する言語，主体化の過程で排除された語り手の特異性などを挙げている．

を設定する．具体的には，リサーチ・クエスチョン1，2について明らかにし，その結果に基づいてリサーチ・クエスチョン3への回答を目指す．

1. ナラティブ領域とそれが語られる相互行為の場において彼女たちが自らをどのように位置付けているのか．
2. 語ることを通して表出・構築される彼女たちのアイデンティティとはどのようなものか．
3. 彼女たちは日常生活に介入してくる日韓問題を周囲との関係性の中でどのように受け止め関わっているのか．

　本研究で分析対象とする語りとは，在韓日本人女性たちが韓国（人）・日本（人）・両国（民），韓国人の夫，日韓にルーツを持つ我が子，自分自身といったそれぞれの人々との関係性の中で日韓問題に関する話題に言及する語りを指す．リサーチ・クエスチョン1では，それらの語りがインタビュー・データ内に現れた際に，彼女たちが語りとそれが語られる相互行為の場においてどのように自らを位置付けているのかを明らかにする．リサーチ・クエスチョン2では，彼女たちがインタビューの場のなかで語りを披露することを通じてどのようなアイデンティティを実践しているのかを明らかにする．そして，リサーチ・クエスチョン1と2の結果に基づき，日韓両国の狭間で暮らす彼女たちが，日常生活の中で日韓問題と関連のある出来事に遭遇した際にどのような立ち位置からどのようにそれらの問題と関わっているのか，またその際にどのような社会状況や関係性の中に身をおいているのかを明らかにする．

第 **3** 章

本研究の分析の枠組み

　本研究の特徴として，調査者自身が研究対象者である在韓日本人女性と同じ立場だという点がある．そのような特徴を踏まえた上で，どのような視座から調査・研究に関わっていくのか．また，研究対象である在韓日本人女性たちを，本研究ではどのような存在として捉えるのか．ナラティブやアイデンティティという概念を，どのように定義するのか．本章では，関連した先行研究を紐解きながら，上述した点についてそれぞれ整理してみたい．

第1節　理論的枠組み

1. 当事者研究

　当事者研究は，2001年に北海道南部にある浦河町というところで生まれた．浦河町には，隠れ名物と言われる「べてるの家」がある．べてるの家の始まりは1987年，日赤病院の精神科を退院した数人の人々が，牧師夫人の協力を得ながら教会で昆布の下請け作業を始めた頃に遡る．現在のべてるの家は，昆布の下請け作業ではなく多様なサポート事業を行う大きな団体「べてる」の一部であり，精神障害だけでなく多様な障害を抱えた当事者の地域活動拠点となっている（向谷知 2018）．そのような場で，当事者研究がどのように生まれたのか．そのきっかけとなったのは，ソーシャルワーカーであった向谷知と，気に入らないことが起こるたびに「爆発」を繰り返す統合失調症の青年との話し合いであった．向谷知は，ソーシャルワーカーとして多くの精神障害を持つ当事者の

語りに耳を傾ける中で，それらの人々の体験には同じ地域で暮らす他の人間にとって有用な知恵や情報がたくさん詰まっていると日々感じていた．それゆえに，「爆発」と上手く付き合っていけない青年に対し，「爆発」はあなたにとって克服すべき弱点というよりも，世界中の同じような悩みを抱える人とつながれるチャンスでもあるし，どうすれば「爆発」とうまく付き合っていけるのかというテーマを与えてくれる存在でもあると伝え，一緒にそのテーマについて研究してみようと声をかけた．向谷知の提案は，「爆発」との関係性においてどうしようもない行き詰まりを感じていた青年に，もう一度自分の困り事と向き合う気持ちを生じさせるとともに，自らの困りごとに対する捉え方を変化させる契機となった．向谷知は，当事者研究について，「『当事者研究』は，統合失調症や依存症などを抱える若者たちが，仲間や関係者と共に，病気とのつきあいも含めた自らの生活上の苦労を『自分の研究者』になったつもりで考え，そのメカニズムを解き明かし，そこから生み出した『知』を日常の暮らしに役立てようとする試み」（向谷知 2018：3）であると説明している．そして，当事者研究という実践活動には，困りごとを抱えた当事者たちが自らの弱さを他の人々に公開することで，閉鎖的な状況の中で当事者たちが悩みを抱えたまま孤立することを防ぐと共に，同じような弱さを抱えた人々と当事者たち，もしくは社会全体と当事者たちとのつながりを回復させる力があるという．また，それだけでなく，当事者研究には，それを実践する者に対し，自らの精神的・身体的苦痛（「個人苦」（向谷知 2018：33））は，人間が皆抱えている普遍的な課題や本質的な苦悩（「世界苦」（向谷知 2018：33））とつながったものなのだという気づきをもたらし，自らの生きづらさに向き合うことは人類が抱える普遍的なテーマへの挑戦でもあるのだと再認識させる力があるとする．

　このような理念のもとで，当事者研究は当初，精神障害（主に統合失調症）を抱えた人々の間で行われていた．しかし，現在は地域や分野の境目をこえ，より多様な領域で実施されている．自身も脳性麻痺の当事者であるとともに医師でもある熊谷は，当事者研究は今や「障害や病気というカテゴリーさえも超え出て，子ども，女性，生きづらさを感じているあらゆる人々の間に広まりつつある」（熊谷 2020：1）と指摘する．熊谷（2020）によれば，私たちは日常生活の

中で困りごとに遭遇した際に，無意識に当事者研究と同じことを行っているという．その際に私たちは，書籍やインターネットを通じて情報収集を行ったり，似たような経験のある人物に相談したりしながら情報を集め，それを参考にしながら自分なりの苦労への対処法を考える．そのプロセスは，まさに，当事者研究の中で実践されていることそのものである．では，なぜ，わざわざ当事者研究という名称を作り，その実践を公開するのか．熊谷（2020）によれば，それは当事者が抱えている困りごとや苦労には，社会的に共有されやすいものとそうでないものが存在するからだという．そのような，社会的に見て少数派に属する困りごとや苦労を抱える人たちは，それについて他者に相談しようとしても先行事例の少なさから相手に気持ちや状況を理解してもらえなかったり，うまく対話が成立せずに最終的に自身の悩みをなかったことにされてしまったりすることがある．それゆえに，当事者研究という名称をあえて使用して自らの困りごとを「研究」という形で公開する背景には，社会的多数派が当たり前のように享受している対話を通じて悩みへの対処法を考えるという作業を，その悩みをなかったことにされてしまう人々がもう一度自らの手に取り戻そうとした，そういった社会的事情が存在すると熊谷はいう．

　熊谷（2020）は，また，当事者研究には，当事者運動と依存症自助グループの理念や活動と通じる部分があるとともに，その両方の場からあぶれてしまった人々を掬い上げる役割があると説明する．当事者運動とは，「『当事者は，自分のことや，自分のニーズをすでによく知っている』という前提のもとで，ニーズを達成するために必要な支援や，社会環境の改善を主張する実践」（熊谷 2020：20）であるが，彼曰くそこには「『自分のことや自分のニーズをすでによく知っている』という前提条件を享受できるのは，自分の障害の特徴やニーズを記述（可視化）できる，いわゆる，『見えやすい障害』を持つ当事者に限られる」（熊谷 2020：20）という限界があった．これは，裏を返せば，自分の抱える困りごとや苦労についてうまく言語化できない当事者は運動に参加することができず，社会的にも置き去りにされてしまう可能性を示唆する．次に，依存症自助グループの活動であるが，これは例を挙げるならばアルコール依存症の当事者や薬物依存の当事者の集まりなどが該当する．そのような場では，参加者

が互いに自らの体験談を話し合う中で，自分の経験を内省し，その中で得られた知識を共有し合いながら，価値観の再構築や，自らの無力さを受け入れるといった作業が行われる．また，自分と類似した体験をした人々の語りに耳を傾ける中で，参加者は自分の体験や思いを語るための言葉を吸収・構築していくとともに，自身の体験の持つ意味に気づいていく．しかしながら，依存症自助グループの活動は基本的に非公開の環境の中で行われるため，当事者が仲間との対話を通じて自分たちの体験や思いを語るに適した言葉を生み出していくという力はあっても，当事者運動のようにそれを社会に対して公開することで自分たちを排除する側の人々の認識を変化させるという効力は存在しなかった．以上の点からわかることは，当事者研究とは，自分の困りごとや苦労をうまく言語化（可視化）できない当事者たちが，仲間との対話を通じて自分の体験を語るための言葉を生み出していくとともに，その研究結果を社会に向けて公開することで自分たちだけでなく自分たちを取り巻く人々の認識や理解をアップデートする力を持ったもの，つまり，当事者運動と依存症自助グループの活動とつながりながらも両方からあぶれた人たちを掬い上げる存在であるということが理解できる．熊谷（2020）は，そのような特徴を持つ当事者研究は決して「自己完結的で社会を変革する力がない研究」（熊谷 2017：20）ではなく，むしろ「当事者研究による言語や知識のアップデートは，社会変革そのもの」（熊谷 2017：20）であると述べている．

　本研究では上述したような当事者研究の理念や意義を基盤とし，自身も在韓日本人女性の1人である調査者がインタビューという相互行為の場の中で同じ境遇の在韓日本人女性たちと向かい合う．そして，調査者もまた当事者の1人として，彼女たちの経験した日韓問題と関連のある出来事を同じ目線で眺め共に語る．また，そのような状況下で収集されたインタビュー・データの分析を通じ，彼女たちの立場や生き方に対する周囲の人々の理解と，彼女たち自身による「自分を表す言葉の構築」（綾屋 2013：202）の促進に役立つような示唆の発見を目指す．

2. Butler の思想

　日韓両国の人々や社会と関わりを持ちながら生活をする在韓日本人女性をどのような存在として捉えるかという点について，本研究ではジュディス・バトラー（1990/1999, 1993/2021, 1997/2004, 1997/2012, 2005/2008）の視座にその多くを負っている．バトラーの関心は，言語や言説（権力，制度，規範，社会的慣習など）の内部で個人がどのように主体として自らの位置を想定するようになるのか，また，どのようにアイデンティティが構築されていくのか，という主体やアイデンティティの構築プロセスを分析することにある．そして，その分析を通じて，主体やアイデンティティというものが言語や言説の強制的な引用・反復の中でその効果として構築されていることを指摘するとともに，その構築過程において社会や文化の中に歴史的に浸透している承認の規範的構造が振るう暴力（ある集団内での，正常で，規範的で，価値がある主体像やアイデンティティを一方的に押し付けるという暴力）を明るみに出す．バトラーにとって重要なのは，承認の規範的構造が振るう暴力によってその存在を無視される人々が存在するということを明示化し，その構造を批判することで暴力の連鎖を食い止め，既存のものとは異なる主体やアイデンティティを構築する方法があると示唆することである．前述したように，バトラーにとって主体やアイデンティティとは，言語や言説の効果として生じるものであり，他性（ある個人を取り巻く社会的世界）との関係性の中で構築されているものである．それゆえに，その構築過程を批判的に問い直し，既存の承認の規範的構造の暴力を明るみに出す作業とは，ある個人としての「私」，特に自らの所属集団において生きづらさを感じている「私」とそれを取り巻く他者との関係を省察し，どのようにすればより善い関係性の中でその両者がともに暮らすことができるのかを導き出すための実践と言える．バトラーの思想や理論について研究している藤高（2018）は，バトラーにとっての批判とは，言語や言説の効果としての「私」を解体するとともに，承認の規範的構造を開き，自己と他者が互いにありのままの自分の姿で生きることを可能にする「『共通の生』を見出そうとする実践」（藤高 2018：280）であると述べている．以下では，バトラーの理論の鍵となる概念（「主体化」，

「服従化」,「行為体」)について言及しながら,その理論をより具体的に説明する.

　バトラーのいう言語や言説の効果としての主体やアイデンティティとは何なのか.アイデンティティについては,続く4.において言及することとし,3.では主体に焦点を当てる.彼女は,ルイ・アルチュセール(1993)の呼びかけと主体形成の理論を基盤とし,主体とは権力による呼びかけの結果,それが行われた状況の中に立ち現れるもの(効果)だとする.ただし,ここで重要な点は,呼びかけられた側がその呼びかけを必ず受け入れる必要がないこと,また,呼びかけられた側に拒絶されたとしても,その呼びかけが一旦はある社会的カテゴリーを身にまとう主体を生じさせるということである(Butler 1993/2021).私たちは,社会の中で,それを自分が認める・認めないに関わらず,何らかの社会的カテゴリーに所属せずには存在できない.バトラー(1997/2004)は,主体が生じるためには社会の中で承認されている「名称(蔑称)」で呼ばれる必要があり,呼びかけられた側がそれに気づかずにいたとしても,その名で呼ばれることは彼／彼女の社会的カテゴリーを構築する力を持つとする.しかしながら,バトラーによれば,呼びかけの声はアルチュセールの言うような権威的な力を持った神のような存在ではなく,それ自体,長い歴史の中で繰り返し言及されることでまるで普遍的な存在であるかのように認識されている言語・言説を引用したものであるという.そして,呼びかけられた側が呼びかけられた名称を受け入れた場合,そこには承認の規範的構造において「善し」とされる社会的カテゴリーを身にまとった主体が生じる.けれども,相手がその呼びかけを受け入れなかった場合,その個人は既存の承認の規範的構造の中に組み込まれることを拒否するとともに,権力による主体化への服従を拒絶することとなる.

　この状況を,発話状況に置き換えて説明すると,以下のようになる.例えば,発話場面において他者に名指されることにより言語的に位置付けられ社会的に構築された発話者は,そこで言語を使って自分自身について語ったり,他の参与者に呼びかけたりといった発話行為を行う.バトラーは,その際の状況について,言語に被傷することで主体が構築される側面(権力による主体の構築＝主体化)と,構築された主体による言語の行使が行われる側面(構築された主体による行使＝服従化)が存在するという.そして,主体化＝服従化がスムーズに行

われることもあれば，服従化が生じない場合も存在すると述べる．また，後者の場合には，主体による言語行使の過程において，時として主体が，呼びかけられた名称が内包する社会的・文化的意味を攪乱させる場合があるとする．しかし，ここで重要なのは，そのような攪乱が，自らの意思を持ち，発言・行動する主体によって行われるのではなく，行為体 (agency)[1] としての主体 (主体の持つ行為性) が内包する可能性に賭けられているという点である．

　ここで彼女のいう，「行為体」とはどのような存在なのか．バトラーの「行為体」の概念を一言でまとめるならば「言語を使用してなんらかの効果を生み出す存在」と言えるだろう．バトラーによれば，攪乱の可能性を持つ行為体が生じるためには，その呼びかけが的を射ている・射ていないに関係なく，権力による呼びかけ (主体化) が必ず必要であるという．また，行為体とは人だけを指すのではない．バトラーは「わたしたちは言語を使って何かをおこない，言語を使って何かの効果を生みだし，言語に対して何かをおこなうが，言語は，わたしたちが行う事柄でもある．言語は，私たちの行動に対して付けられた名称でもある」(Butler 1997/2004：13-14) と述べ，言語もまたある単語に意味を生じさせるとともに，その再意味づけを可能にする行為体であると説明する．ただし，行為体はあくまでも既存の言語や言説を引用・反復することを通じて何らかの効果を生じさせる存在である．そのため，行為体が行う選択は，完全に自由な選択ではなく，制限のかかった選択肢の中からどの言語・言説を拾い上げるのかを選別する行為のみである．つまり，このような拾い上げの作業は，自身の選択に責任をもつ個人 (本質主義的な主体像) による意思的な選択ではなく，権力によって提示された選択肢の中から特定の言語・言説を拾い上げるという行為であり，行為体とはそのような制限のかかった言語・言説を引用・反復し

---

[1] Butler の著作を数多く翻訳している竹村和子は，Butler (1997/2004) の後書きにおいて，「agency」の訳し方について以下のように述べている．「言語行為論では『行為者』と訳される場合があるが，ある結果をもたらす媒介作用という抽象的含意が加わり，かつ本書では『言語』にも使用されていることから，『行為体』と訳した．『主体』に代わる語であることに注意を向ける意図もあった」(Butler 1997/2004：292)．また，彼女は，文脈に応じて「agency」を「行為」「行為性」「行為するもの」というように訳しわけており，本研究においても同様に文脈に応じて「agency」を「行為体」もしくは「行為性」と訳しわけて表記することとする．

ている存在と言える．

　では，権力の存在と無縁ではない「行為体」が，権力によって制限のかけられた言語・言説を引用・反復することを通じて，一体どのようにして攪乱を生じさせることができるのか．その可能性を理解するためには，彼女が言語というものをどのようなものとして認識しているか，という点を知る必要がある．

　バトラーの言語についての認識は，オースティン（1962/2019）やデリダ（1990/2002）と深い関係がある．オースティン（1962/2019）は，発話というものを，ある事実が真か偽かということを表す事実確認的な発話と，発話することそのものが何らかの行為の遂行であるという「遂行的発話（performative utterance）」（Austin 1962/2019：21）の二種類に分類している．そして，遂行的発話がある行為として機能するためには，その発話が行為として機能するための適切な文脈，その状況を理解するための社会的慣習，発話者の意図が必要不可欠であると指摘する．それゆえに，それらの条件が整わない状態で遂行的発話が行われたとしても，それはある行為としては機能せず失敗に終わるという．このようなオースティン（1962/2019）の主張に対し，デリダ（1990/2002）は，言語というものはそもそも常に既存の文脈から切り離された状態で引用される存在であり，その構造上，常にオースティンのいうところの失敗した発話となることを免れないと指摘する．デリダの指摘にならえば，つまり，言語とは，常に既存の意味（オリジナル）を，違うコンテクストにおいて引用・反復して使用される存在（コピー）であり，コピーは決してオリジナルになることはできない．デリダ（1990/2002）は，このような，言語が既存の文脈から切り離され新たな文脈に移植される現象を「引用的接ぎ木」（Salih 2002/2005：162）と表現し，そこでは既存の制度・規範・慣習などとの関連性を断ち切った再意味付けという攪乱が行為遂行的（performative）[2] に行われる可能性があるとする．バトラーは，このようなデリダの主張のなかに，行為体の持つ攪乱の可能性を見出す．彼女のいう「行為体」とは，「言語を使用してなんらかの効果を生み出す存在」であ

---

[2] Butler は，Derrida の主張を基盤に「言説がそれの名指す効果を生み出すような反覆的（reiterative）で引用的な実践」（Butler 1993/2021：4）のことを行為遂行性（performativity）として説明する．

った．そして，言語とは，その構造上常に失敗の可能性に曝されており，時として既存の意味付けを攪乱・転覆させる可能性を秘めている存在であった．「行為体」と言語が内包するこのような特徴が合わされば，行為体とはすなわち，「言語を使用して既存の承認構造を攪乱させる可能性を秘めた存在」と言える．もちろん，上述したように，行為体がどのような言語や言説を引用・反復するのかという選択と権力は無関係ではない．しかしながら，行為体が言語や言説を使用する限りにおいて，そこには常に攪乱の可能性が存在していると言うことができる．ただ，バトラーは，行為体が言語や言説の引用・反復の過程において既存の意味を攪乱・転覆させる可能性があるという点については明言していても，それがどのようにして生じるのかについては明確な言及を行なっていない．けれども，実際に行為体としての主体が発話する状況を見ることのできる発話場面を観察し，「反復をもっと良く利用するにはどうすれば良いか」(Butler 2004 : 58) について継続して考察することにより，我々は攪乱の契機を見つけることができると主張する．

　バトラーの攪乱の議論を社会学の地平で考察しようした高橋（2015）もまた「Butler の議論は，攪乱の可能性を論じるものであって，実践の遂行に先立ってその有効性を約束するものではない」(高橋 2015 : 77) と述べる．そして，攪乱の有効性を示すことよりも攪乱の契機を示すことの方が，人を攪乱の実践へと動機づけていく上で重要であるとする（高橋 2015）．また，社会学の視点からバトラーの理論の意義について考察した小宮（2009）は，行為遂行性概念のインパクトを知るためには人々の実践の場である社会生活の中の発話場面に着目し，そこで何が起こっているかを記述する必要があると指摘する．

　第1章で言及したように，在韓日本人女性たちが身を置く場所は，白（2016）のいう「核心現場」に近い状況であり，白（2016）は，そのような場で暮らす人々の語りには，大規模な分断構造を解体へと導くために必要な認識の枠組みや視点が息づいていると述べていた．バトラーの視座と，白の視座を掛け合わせれば，在韓日本人女性たちの語りの中で攪乱が生じる可能性は高いと言える．そのような状況を踏まえ，本研究では，バトラーの視座にならい，在韓日本人女性たちの存在を「行為体」として位置付ける．そして，実際の発話現場を観

察する中で，どのような呼びかけによって行為体が出現しているのか，行為体は発話行為を通じてそこで何を行い，他の参与者は発話者の行為をどのように受け止め関わっているのかについて主体化・服従化の概念を基盤に考察する．また，その際には発話者がどのような既存の言語や言説の引用・反復を行なっているのか，そこには攪乱の契機が存在しているのかについても注目しつつ分析を行う．

3. ナラティブ（narrative）

　ナラティブ（narrative）を研究対象として取り上げている学問領域は，社会学，心理学，社会言語学，社会人類学など実に幅広い．しかしながら，ナラティブという概念には全ての学問領域に共通するような明確な定義は存在せず，その意味をどう定義づけするかは研究者ごとに異なっている．このように，多様な学問領域で研究対象とされているナラティブであるが，その理解の仕方に関しては大きく分けて二つの認識が存在する．一つ目の認識は，Labov and Waletzky（1967）や Labov（1972）の研究を通じて有名となったラボブ＝ワレツキーモデルに基づくものである．彼らは，インタビューの中に現れるナラティブを分析することでその構造や体系性を明らかするとともに，ナラティブを「過去の経験を，出来事が実際に起こった順序に忠実に言語を使用し再現する技法」（Labov 1972 : 359-360）と定義した．また，ナラティブの構造を六つの要素に分けて説明している．まず，ナラティブの導入部分は Abstract（導入）と称され，これから話されるナラティブの要約や，これからナラティブを開始するという何らかのシグナルが提示される．次にくる Orientation（設定）では，ナラティブに関する背景知識が提示され，出来事が起こった時間，場所，状況，登場人物などに関しての情報が示される．続く Complicating action（展開）は，ナラティブの中心となる出来事を表示する部分であり，何が起こったのかという出来事の詳細が提示される．次の Evaluation（評価）は，語り手がそのナラティブのポイントを示す部分であり，そのナラティブを披露しようと思った理由を聞き手に提示する働きを担う．そして，多くの場合ナラティブの終りの部分にあらわれる Result of resolution（結果）では，最終的にどのような結末に至った

のかについての言及がなされる．最終要素である Coda（終結）は，ナラティブの世界から語りが行われていた世界へと聞き手の視点を戻す役割を持つ．そこでは，そのナラティブに関するおおまかなまとめや，そのナラティブを通して語り手が受けた影響などに関する簡単な言及が行われる．ただし，ナラティブが Result of resolution（結果）で終結し，Coda（終結）があらわれない場合も存在する．この6要素のうち，Labov & Wale-tzky (1967), Labov (1972) が特に重要視したのが Evaluation（評価）である．彼らは，評価の出現箇所に関して，一定の場所に固定してあらわれるというよりはナラティブ全体に散らばる傾向があると述べる．そして，評価には外的評価（External Evaluation）と内的評価（Embedding of Evaluation）という2種類が存在するという．外的評価とは，ナラティブを語っている途中で一旦ナラティブの進行を止めて，語り手自らが話のポイントが何なのかを聞き手に伝えるという形式をとる．対する内的評価は，ナラティブの中に，その流れを中断することなく，重要な局面で語り手が感じた感情を引用する形式をとる．つまり，外的評価がナラティブの外側からの語り手の視点で下された評価なら，内的評価はナラティブの世界の中にいる語り手によって，自らが感じたことが表現されている評価と言える．このように，彼らはナラティブの中に現れる評価の役割に着目し，物語を語ることを通じて語り手が「今・ここ」の場で行う意味伝達の側面を評価的機能として整理するとともに，それらが実際の口頭ナラティブデータの中にどのようにあらわれているのかを具体的な例を提示しながら明らかにした．しかしながら，彼らの研究では進行中の会話の中でナラティブを語るという行為にどのような意味合いがあるのか，そこにはどのような目的が存在するのかに関する言及が見られず，ナラティブを相互行為として捉える近年の研究の流れとは相容れない部分が存在する（Bamberg 1997a）．また，ラボブ＝ワレツキーモデルの存在は，このモデルの規定する6要素を満たさないという理由から日常会話の中に頻繁に現れる小規模な語り（small stories）をナラティブ研究から除外するという状況を生み出した．それを受け，ラボブ＝ワレツキーモデルに対し，会話という相互行為の場の中に現れる小規模な語り（small stories）を分析対象に含めようとする研究者からの批判が集中することとなる（Bambe-rg & Georgakopoulou 2008, Georgakopoulou

2006, 2007).

　ナラティブという概念をどのようなものとして理解するのかにおけるもう一つの認識として，近年ではナラティブを相互行為として捉える流れが存在する．そこでは，ナラティブをそれが語られている「今・ここ」の文脈から分離させず，それが語られた状況に即して分析していく．また，ナラティブを通じたアイデンティティ分析では，語り手の歴史，語り手を取り巻く状況，語り手の人格的な特徴などが，ナラティブという単一のフレームの中に整理されて提示されるという．そして，そのようなナラティブを分析することで，語りの背後に存在する語り手（情報源）のアイデンティティを可視化することが可能になると考えられている (Bamberg 2006, Georgakopoulou 2006, 2007, Bamberg & Georgakopoulou 2008, De Fina & Georgakopoulou 2012)．例えば，Bamberg (1997a, 1997b, 2004, 2006) や Georgakopoulou (2006, 2007) は，ナラティブを相互行為的な社会実践と捉える．そして，会話の中でナラティブの語り手が，その状況においてどのような自己の側面を表出しているのかとともに，語ることで何をしているのかという機能的側面にも注目して分析を行う．また，Bamberg & Georgakopoulou (2008) は，会話やインタビューという相互行為の中に現れるナラティブを，アイデンティティが継続的に実践され試されている関わり合いの場として概念化する．そして，ナラティブの内容と機能を分析することで，人々が日常会話の中でそれを語ることを通じて，「自分は誰であるのか」という感覚をどのように生み出していくのかを考察している．また，インタビューを「対談 (conversation)」(Butler 2005/2008：207) という相互行為の場として捉える Butler (2005/2008) は，その中に現れるナラティブを語り手による自分自身の説明 (giving an account of myself) として位置付ける．Butler (2005/2008) によれば，自分自身の説明は物語 (narrative) の形式をとることが多く，それが宛てられる他者の存在はもちろん，言語や語り手を取り巻く文化的・社会的慣習などといった多様な外的・内的要因から影響を受けながら構築されるという．Butler はまた，「語りの形式は，一連の連続した出来事を説得的な展開を持って伝える能力に依拠するだけでなく，聴衆を説得するための語りの声や権威にも依拠している」(Butler 2005/2008：24-25) と述べ，自分自身の説明が内包する権威的な力の存在にも言

及している.

　日本語ではナラティブを「語り」や「物語」と訳す場合が多い.「語る」や「物語る」といった動詞形が存在していることからも,「語り」や「物語」には内容としての静的な側面だけでなく「語る」という行為的な側面も含意されていることがわかる（能智 2006）. 能智（2006）はナラティブ[3]に類似した単語としてストーリー（story）をあげ, これらの違いを「語り」と「物語」の違いに類比させて説明する. 能智（2006）によれば,「物語」の場合は語りの前に「物」という言葉がついていることからも,「物語る」という行為的な側面よりも「物語」の内容やその構造に重きが置かれるニュアンスが強いという. ただ, ナラティブとストーリーを置き換え可能な概念として使用する研究者も多く, やまだ（2000）はナラティブ（語り）とストーリー（物語）をほぼ同義的な意味を持つものとして捉える. そして,「物語」を「2つ以上の出来事（events）を結びつけて筋立てる行為（emplotting）」（やまだ 2000：3）として定義する. やまだは物語を作者だけでなく読者も参与する「意味生成の共同行為」（やまだ 2000：9）として認識しており, ここからは「2つ以上の出来事（events）を結びつけて筋立てる行為（emplotting）」（やまだ 2000：3）というのが, 新たな意味を作り出す実践という意味を内包していることが理解できる. 能智（2006）は, ナラティブという概念を, 社会・文化の中のナラティブ（支配的言説やドミナント・ストーリーなど）, 思考としてのナラティブ（自身の経験を意味付けたり, 自身にとっての現実を作り出したりする知の形）, 行為としてのナラティブ（ナラティブの社会的実践としての側面）, 産物としてのナラティブ（言葉によって構築された対象物）という四つに分類する. その上で, ナラティブを研究対象とする研究者は「自分がその意味の広がりのどの部分を中心にしてその語を使おうとしているのか」（能智 2006：61）という点を明確にしておく必要があると述べる.

　上述した内容に基づき, 本研究ではナラティブを「アイデンティティが継続的に実践され試されている関わり合いの場」として定義する. そして, その内

---

[3] 能智（2006）, やまだ（2000, 2007）ではナラティブではなくナラティヴの表記が採用されているが, 表記上の混乱を避けるため本研究ではナラティブの表記で統一することとする.

容だけでなく，「今・ここ」の文脈においてナラティブがどのような社会実践として機能しており，そこではどのような新たな意味が構築されているのかという側面にも注目しつつ分析・考察を行っていく．

4. アイデンティティ（identity）

　本研究では，社会構成主義のアイデンティティ観に基づいてアイデンティティという概念を捉える．社会構成主義を専門とするヴィヴィアン・バー（1995/1997）は「我々の意識のあらゆる『対象』は，すべて言語を通じて構築される」（Burr 1995/1997：87）と述べ，対象の具体例として自己，アイデンティティ，観念などを挙げている．バーの発言からもわかるように，構成主義においてアイデンティティとは，言語を使用して創造された構築物として捉えられている．そして，そこでは，人の背後に存在する統一的で連続性を持ち最終的に統合を目指すようなアイデンティティ観は否定される．バー（1995/1997）はまた，「人々のアイデンティティは，多くの異なる『糸』を巧妙に織り上げることによって獲得される」（Burr 1995/1997：79）と述べ，単一のカテゴリーを象徴するものとしてのアイデンティティ観をも退ける．バー（1995/1997）の言う「糸」とは，年齢（子ども，大人，老人），階級（職業，収入，学歴），エスニシティ，ジェンダーなど我々を取り巻く様々な文化的・社会的カテゴリーを意味する．そして，それらの「糸」（アイデンティティの構成要素）は，その文化や社会の中で入手可能な特定の言説によって作り上げられる．つまりバーの意味するアイデンティティとは，確固たる一つのカテゴリーを表現するものではなく，複数の要素が複雑に絡み合う中で言語によって構築されるものなのである．

　ケネス・J・ガーゲン＆メアリー・ガーゲン（2004/2018）は，社会構築主義（constructivism）と社会構成主義（constructionism）はしばしば互換性のあるものとして使用されると断った上で，自分たちは「世界が構成される現場は，『個人』ではなく『関係』にある」（Gergen & Gergen 2004/2018：15）という構成主義の立場に立つと説明する．彼らは「何が現実か」（Gergen & Gergen 2004/2018：20）ということを人が決定するとき，その判断は決定を下すものの所属する社会集団や文化に存在する規範や慣習，伝統からの影響を受けざるを得ないという．ま

た，そのような影響は我々の使用する言語，話し方などの中にも内包されており，人はそれらの見えざる他者との関係性を通じて思考し意見する．さらに，私たちは常に発言したり行動したりする際に相手に何を訴えたいのか，相手からどのような人物として認識されたいのかなどについて自らの発言や身体的動作を通じて意識する．つまり，彼らによれば我々の発言や行動は，それが宛てられる他者との関係性からも影響を受けながら構築されると言えるのである．

　また，スチュアート・ホール（1996/2001）は，アイデンティティを「特別な言説形成と言説実践の内側で，特別な発話的戦略によって，特別な歴史的・制度的現場の中で生産されるもの」（Hall 1996/2001：013）として理解する必要性を指摘する．そして，アイデンティティとは，個人が自己の物語を語る際にその外側に存在しているものをスライドさせるように持ち込んでくるものではなく，物語の内側で成立するものであるとする．ホールによれば，アイデンティティが成立する背後には，物語を語る個人を「特定の言説の社会的主体」（Hall 1996/2001：015）として打ち立てようとする言説と，自らを言説に呼びかけられることが可能な主体として構築しようとする主体化のプロセスの節合が存在する．そして，そのような節合が生じる際には，様々な外的要因によって構築された主体の位置に対し，物語を語る個人が自らをより効果的に主体化するために戦略的に投資する．ホール（1996/2001）曰く，アイデンティティの考察を通じて見えてくるものとは，ある個人が，多様な外的要因に対し自身が内在化させてきた歴史・言語・文化的な資源を利用して対応（提示された位置に従属するのか抵抗するのか）しながら，何者かになろうとするプロセスであるという．そして，その過程において構築されるアイデンティティとは，偶然性に基礎をおき常に変化や修正に開かれた流動的なものなのである．また，そのようなアイデンティティに着目することで，あるアイデンティティを構築する上で欠かせない「構成的外部」（Hall 1996/2001：013）の存在が明らかになるとともに，我々を構築するためにどのような「構成的外部」が異なるものとして設定され排除されているのか，差異や排除を内包したどのような権力の様相が語り手を取り巻いているのかを知ることができると述べる．

　アイデンティティを言説実践の効果として捉えるバトラー（1990/1999）もま

た，アイデンティティとは他者（人，規範，文化，伝統，慣習など）のなかで他者との関係性を通じて様々に構築されるものであるとする．そして，アイデンティティを「文化的に理解可能なアイデンティティの実践を条件づけ制限している規則を，絶えず繰り返し発動させることによって得られる」(Butler 1990/1999：254) ものに過ぎないと述べる．また，バトラーは言語を「理解可能性をたえず作りだすと同時に，理解可能性に異を唱えることも可能な，開かれた記号体系」(Butler 1990/1999：254) として位置付けるとともに，言語運用理論に基づきながらアイデンティティの実践に際して使用される言語の持つ可能性について言及する．バトラーの指摘する言語の持つ可能性とは，言語が常に言説を通じてアイデンティティの実践の中で反復されるというプロセスへの着目から生じたものであり，引用・反復が作り出すのはオリジナルではなく模倣（コピー）でしかないという点からきている．つまり，模倣が数限りなく構築される際に，それが行われる場や語り手を取り巻く関係性，語り手の身体などが刺激となり，オリジナルを攪乱させるような失敗が生じる可能性を指し示しているのである．

　アイデンティティのナラティブ分析を相互行為的なアプローチから行うBamberg (1997a, 1997b, 2004, 2006) や Georgakopoulou (2006, 2007)，De Fina & Georgakopoulou (2012) もまた，アイデンティティとは実体ではなく，個人に属さないプロセスであり，むしろ相互作用や具体的な社会的慣行の中で出現し，談話的でコミュニケーション的な実践を通じて達成されると説明する．そして，このようなアイデンティティの捉え方は，ポジショニング理論 (Davies & Harré 1990)，パフォーマンスとしてのアイデンティティの研究 (Bauman 1969, 1986) などといった，ナラティブとアイデンティティに関する研究の根底に通じるものであると指摘する．De Fina & Georgakopoulou (2012) は，アイデンティティが社会的文脈と結びついていると考えられる場合，言語はこの（再）形成の主要なツールであり，その場に存在する他者は語り手の自己認識や表現といったあらゆるプロセスにおける重要な役割を担う存在であると説明している．

　上述した先行研究の結果からは，アイデンティティが，多様な外的要因との関わり合いの中で構築される偶然性に基礎をおく流動的で複層性を持った存在

であることが理解できる．同時に，アイデンティティについての考察が，それを実践する個人だけでなくその個人が身を置く社会状況や関係性の検証にもつながっていくということがわかる．これらの点を考慮し，本研究ではアイデンティティを「社会的相互行為の中で言語を使用して行われる『意味づけの実践』(Butler 1990/1999：254)」として定義する．また，バトラー (1990/1999)，バー (1995/1997)，ホール (1996/2001) の意見を参照に，それを単一のカテゴリーを表すものではなく複合的な存在として捉え，他者との関係性の中で差異や排除を通じて言語的に構築されるものとして分析・考察を行う．

第 4 章

本研究の調査と分析手法

第1節　アクティヴ・インタビュー（the active interview）

　相互行為としてのナラティブ研究では，ナラティブを，語り手が自らの情報の貯蔵庫から情報を取り出して構築するものとしてではなく，語り手と聞き手が協働で構築するものとして捉える．そして，語られた出来事が真か偽かではなく，語り手が自らの語りにどのような意味を持たせているのかに注目する．それゆえに，分析に際しては，ナラティブが語られる「今・ここ」の参与者同士の関係性や，発話状況を取り巻く社会・文化・歴史的背景といった文脈からナラティブを切り離すことは不可能と考える（やまだ 2007）．このようなナラティブの相互行為的アプローチが提示する視座は，既存のインタビュー概念にも大きな変化を与えることとなった．

　やまだ（2007）によれば，ナラティブ・ターン[1]以降，質的研究の領域においてインタビューのやり方に大きな変化が生じたという．彼女は，それらを四つの変化に分類し説明する．一つ目は，インタビュアーを特権的な立ち位置に置かず，インタビューをインタビュイーとインタビュアーが対等な位置付けから行う対話として捉えようとする動きである．二つ目は，インタビューに参加するインタビュアーをインタビューの場において中立な存在とは捉えず，インタ

---

[1] ナラティブ・ターンとは「ナラティブという概念やそれに触発されたアイデアを基礎に研究行為や実践の方法や方向が変化するという実態」（能智 2006：4）を意味する．

ビューという相互行為に参加する参与者の1人として扱うという動きである．三つ目は，情報の貯蔵庫から取り出してきた正確な事実としてインタビューイーの語りを認識せず，参与者間の相互行為を通じて協働構築される「生きもの(lives)」(やまだ 2007：68) として扱うという動きである．四つ目は，インタビュー行為自体をナラティブとして捉え，研究の対象とするという動きである．このような変化は，ジェイムズ・ホルスタイン＆ジェイバー・グブリアム (1995/2004) の提唱したアクティヴ・インタビューの視座にも同様に見受けられる．

　ホルスタイン＆グブリアム (1995/2004) が提唱したアクティヴ・インタビューとは，インタビュー法というよりは，インタビューという行為の捉え方やインタビュー・データの分析に関する注意事項をまとめた視座という方が正しい．彼らはインタビューという行為を「社会的な出会い」(Holstein & Gubrium 1995/2004：19) として位置付け，「インタビューは単なる無色透明な行為でもないし，情報が歪曲される原因でもない．むしろそれは報告できる情報自体を産出する場所なのである」(Holstein & Gubrium 1995/2004：19-20) と述べる．そして，情報の産出に関わるのはインタビューイーとインタビュアーの両方であり，それゆえにインタビューとは「不可避的に『アクティブ』である」(Holstein & Gubrium 1995/2004：21) と説明する．彼らによれば，インタビューを行う目的とは，インタビューイーがナラティブを生み出す力に刺激を与えることである．そして，そのような刺激は，通常の会話においては見られない語り手の解釈の広がりを垣間見ることを可能にする．そのため，インタビュアーは，インタビューイーが調査のトピックについて深く考察できるよう，ナラティブにおけるインタビューイーの位置付けや方向づけを示したり，同じ話題に関する前例を提示・提案するなどの工夫を行い，インタビューイーを牽引することさえもあるという．また，インタビューを参与者のダイナミックな相互行為の場と捉え，そこで産出されるナラティブを参与者による協働構築の結果として扱う場合，ナラティブを生成された文脈から切り離しその内容のみを分析するといった既存のやり方は不可能となる (山田 2014：7)．ホルスタイン＆グブリアム (1995/2004) は，アクティヴ・インタビューが内包する二つの目的について，一つ目を調査のテ

ーマに関する具体的な情報の収集，二つ目をその情報がナラティブを通じてインタビューの中で組み立てられていく方法の解明と説明する．そして，それらの目的を達成するためには，インタビュイーとインタビュアーの相互行為全体を分析対象として捉え，ナラティブの内容だけでなく，それがインタビューという場の中でどのように語られたのかというプロセスにも注目して分析・考察を行う必要があるとする．

　本研究では，上述したようなホルスタイン＆グブリアム（1995/2004）のアクティヴ・インタビューの視座にならい，インタビューを参与者の相互行為の場として位置付けるとともに，その中で産出されたナラティブをインタビュイーとインタビュアーが協働で構築したものとして捉える．また，分析に際しては，産出されたナラティブの内容だけでなく，それが語られるプロセスにも注目して行うこととする．

第2節　調査対象者

　本書で使用するインタビュー・データは，2019年2月，8月，9月，2020年2月に韓国で実施したインタビュー調査（対象者28名）で収集されたものである．調査参加者は，調査者も含む全員が韓国人の男性と恋愛結婚し日韓にルーツを持つ子ども（1～2名）を韓国で育てている在韓日本人女性である．インタビューは協力者2名と調査者1名による3名の多人数会話の形態で実施した．インタビューでは，参加者に事前に許可を得た上で，1台のボイスレコーダーと2台のビデオカメラによって録音・録画を実施した．以下，表4-1に参加者の基礎情報を記載する．

　表4-1に示したインタビュー参加者の関係性について補足すると，ペア1のノゾミとペア10のハナ，そしてペア13のユウキは調査者が韓国で通っていた大学院の先輩に当たり，調査者とは親しい間柄であった．また，ペア4のヒサコとペア7のスミレも，調査者と顔見知りの関係であり調査以外でも言葉を交わしたことがあった．それ以外の協力者と調査者は，全て調査実施時が初対面であった．インタビュー協力者同士の関係性としては，ペア4のヒサコとユリ

表4-1　インタビュー参加者の基礎情報

データ番号 (実施日)	参加者	職業	年齢	在韓歴	永住権	実施場所	時間
ペア1 (2019/2/10)	ノゾミ	日本語教師	35歳	8年	なし	ノゾミ宅	102分
	アカネ	日本語教師	33歳	6年	あり		
ペア2 (2019/8/27)	ヨリ	日本語教師	35歳	8年	なし	フミエ宅	100分
	フミエ	英語教師	35歳	6年	あり		
ペア3 (2019/9/3)	リカ	専業主婦	39歳	9年	あり	調査者自宅 (韓国)	115分
	アスカ	日本語教師	39歳	8年	あり		
ペア4 (2019/9/4)	ヒサコ	日本語教師	43歳	13年	あり	調査者自宅 (韓国)	127分
	ユリ	事務手伝い	32歳	3年	なし		
ペア5 (2019/9/5)	ユナ	日本語教師	42歳	19年	あり	調査者自宅 (韓国)	106分
	マリコ	専業主婦	37歳	1年半	なし		
ペア6 (2019/9/9)	エリ	日本語教師	33歳	7年	なし	調査者自宅 (韓国)	110分
	チヒロ	専業主婦	34歳	9年	なし		
ペア7 (2019/9/9)	スミレ	専業主婦	33歳	8年	なし	調査者自宅 (韓国)	105分
	リオ	字幕翻訳	34歳	6年	あり		
ペア8 (2019/9/10)	ミドリ	専業主婦	32歳	9年	なし	ミドリ宅	95分
	ツムギ	翻訳業	35歳	4年	なし		
ペア9 (2019/9/10)	ユキ	日本語教師	35歳	8年	なし	ミドリ宅	94分
	ナオ	専業主婦	31歳	2年	なし		
ペア10 (2019/9/11)	ハナ	日本語教師	33歳	10年	なし	ツグミ宅	91分
	ツグミ	自営業	37歳	11年	あり		
ペア11 (2019/9/17)	ヨシミ	翻訳業	40歳	5年	なし	ヨシミ宅	111分
	レイ	ライター	35歳	7年	なし		
ペア12 (2019/9/18)	クニコ	日本語教師	40歳	11年	あり	調査者自宅 (韓国)	109分
	ミホ	日本語教師	42歳	12年	なし		
ペア13 (2019/9/5)	マオ	翻訳業	30歳	4年	なし	調査者自宅 (韓国)	85分
	ユウキ	日本語教師	39歳	12年	あり		
ペア14 (2020/2/18)	エミ	自営業	40歳	9年	あり	レンタル ルーム	113分
	マイコ	専業主婦	33歳	12年	あり		
データ 1-14	調査者	大学院生	37歳	7年	なし		

第4章 本研究の調査と分析手法

は大人数の食事会などでの接触はあったが，それ以外の場で話をするのは初めてであった．ペア5のユナとマリコもブログを通じた接触はあったが，直接会って話をするのは調査時が初めてであった．ペア13のマオとユウキはユウキの友人を介して知り合い，実施時が初対面であった．それ以外のペアは，普段から定期的に会っていろいろな話をする親しい間柄であった．なお，本研究の第10章 韓国人の夫との関わり合いに見る日韓問題では，データ内で調査参加者が自身の夫との関係性に関して言及する場面が存在する．そのため，追加情報として，第10章で取り上げる各データの調査参加者と彼女たちの夫に関する基礎情報を以下表4-2に記載する．

表4-2 インタビュー参加者と参加者の夫の基礎情報

データ番号	参加者	年齢	職業	在韓歴	最終学歴	夫の職業	夫の年齢	夫の最終学歴
データ25-1 25-2, 33	ノゾミ	35歳	日本語教師	8年	大学院卒	会社員	36歳	大学卒
	アカネ	33歳	日本語教師	6年	大学院卒	会社員	32歳	大学卒
データ26-1 26-2	エリ	33歳	日本語教師	7年	大学卒	会社員	36歳	大学卒
	チヒロ	34歳	専業主婦	9年	大学卒	会社員	37歳	大学卒
データ27	ユナ	42歳	日本語教師	19年	大学院卒	会社員	42歳	大学卒
	マリコ	37歳	専業主婦	1年半	大学卒	自営業	45歳	大学卒
データ28, 29 35	フミエ	35歳	英語講師	6年	大学院卒	会社員	33歳	大学卒
	ヨリ	35歳	日本語教師	8年	大学卒	エンジニア	33歳	大学卒
データ30	ヨシミ	40歳	翻訳業	5年	大学卒	会社員	45歳	大学院中退
	レイ	35歳	ライター	7年	大学院卒	会社員	37歳	大学卒
データ31, 34	ナオ	31歳	専業主婦	2年	大学卒	会社員	37歳	大学卒
	ユキ	35歳	日本語教師	8年	大学卒	会社員	37歳	大学卒
データ32-1 32-2	エミ	40歳	自営業	9年	専門学校卒	営業	37歳	大学卒
	マイコ	33歳	専業主婦	12年	専門学校卒	エンジニア	42歳	大学卒
データ25-1 〜32-2	調査者	37歳	大学院生	7年	大学院卒	会社員	36歳	大学卒

71

第3節　分析手法

1. スモール・ストーリー (small stories)

　前章で述べたように，Labov and Waletzky (1967) と Labov (1972, 1997) は，ナラティブの基本構造を Abstract（導入），Orientation（設定），Complicating action（展開），Evaluation（評価），Result of resolution（結果），Coda（終結）という六つの要素に分けた．彼らが示したナラティブの基本構造はラボブ＝ワレツキーモデルと呼ばれ，以降ナラティブの原型（canon）としての地位を確立する．しかしながら，その一方で，原型が提示されたことにより，そこから逸脱したナラティブが研究対象から省かれてしまうという状況が生じることとなる．Labov (1972, 1997) 自身も述べているが，彼の研究で収集されたナラティブは本質的にインタビュイーによる独白であり，その内容も語られた文脈から分離可能な過去の出来事として扱われている．また，それらの語りは，語りの内容に興味を示し，語りの進行を積極的に支持するインタビュアーの質問に呼応する形で産出される．それはつまり，その産出形態が，私たちが日常的に語りを披露する相互行為の場，つまり会話の状況とはかけ離れた設定であること意味する．このように，ラボブ＝ワレツキーモデルにはいくつかの問題点や状況設定の偏りが存在しており，それらに対し徐々に様々な学問領域から批判が出始める．さらに，社会構成主義の台頭とともに，原型から逸脱した非典型的・断片的な語りもナラティブとして調査対象に含める必要があるという訴えが起こるようになる．

　例えば Ochs & Capps (2001) は，家族の日常会話の中で語られるナラティブを分析することを通じて，ナラティブが会話参与者全員の相互行為の中で協働構築されていく様子を明らかにした．そして，従来の学術的な見識が，時間的な配列に沿って過去の出来事が再整理された上で提示されるナラティブを特別扱いしていることに言及し，そのような既存の見識を超えた新たなアプローチを構築する必要性があると訴えた．さらに，会話の中には構造的に洗練されて

おらず一貫性を持たないナラティブも多く存在すると述べ，人々の社会的生活に浸透したそのような語りを精査せずにナラティブを理解することはできないと指摘した．Bamberg & Georgakopoulou（2008）や Georgakopoulou（2006, 2007）もまた，ナラティブの原型から逸脱した語りをスモール・ストーリー（small stories）として位置付け，非典型的で断片的だとして排除されていたそれらの語りをナラティブ研究の俎上にあげた．Bamberg & Georgakopoulou（2008）や Georgakopoulou（2006, 2007）によれば，原型と言われるビッグ・ストーリーにのみ反応する分析的視座では見落とされてしまうような小さな語りを分析することで，日常会話の中でナラティブを語ることを通じて形成されるアイデンティティを捉えることが可能になるという．また彼らは，そのようなアイデンティティは，語り手が会話という相互行為の場において他の参与者と交渉する中で表出・構築されるとし，その存在を流動的で修正に開かれたものと説明する．そして，日常会話の中で反復される局所的なアイデンティティへの習慣的な関わりは，「わたしたちが何者であるかという連続する意識」(Georgakopoulou 2011/2013 : 26) の源になると指摘する．彼らはスモール・ストーリーをこのような局所的なアイデンティティの実践が継続的に試みられる「関与の場（sites of engagement)」(Georgakopoulou 2011/2013 : 26) として概念化するとともに，相互行為の場においてそれらを語ることが持つ機能的な側面についても言及する．アレクサンドラ・イェルガコポロ (2011/2013) は「スモール・ストーリー［研究］は，［自己を行う］ことはストーリーの語り手が行うことの全てではないことを受け入れている」(Georgakopoulou 2011/2013 : 26) と述べ，相互行為の場でスモール・ストーリーが語られる際に担う修辞的な役割について説明する．彼女によれば，語り手は前後の会話の流れから逸脱しないように気をつけながら，他の参与者の見解に意義を唱えたり，自分の意見を根拠づけたり，自分の発言に関する具体例を提示したり，といった多様な目的のもとスモール・ストーリーを語るという．それゆえに，彼女は，スモール・ストーリーの分析に際してはその内容だけでなく，それが会話の中で担っている修辞的な目的に関しても注意すべきであると指摘する．Georgakopoulou（2006, 2007）はまた，スモール・ストーリーの形態について，進行中の会話という相互行為の場において産出さ

れる比較的短い語りであると述べ，具体的には「進行中の出来事を語ること，未来や仮定のできごと，ほのめかし，語りを据え置くこと，語ることを拒否すること」(秦 2013：250) といった形態が存在すると説明している．その他にも，秦 (2017a) によれば「不均衡 (例えばアンバランスになってしまった語りの場の人間関係の) 是正」(秦 2017a：250)，「話を引き戻す」(秦 2017a：250)，「前言の撤回」(秦 2017a：250)，「事態の収束」(秦 2017a：250) などの機能もあることが明らかとなっている．Georgakopoulou (2006, 2007) は，スモール・ストーリー分析は，ビッグ・ストーリーではない日常会話の中に散りばめられた「欠片達」(秦 2017a：250) にも目を向けることを可能にするとともに，拾い損ねられていた人々の声に耳を傾ける機会を提供してくれると話す (Georgakopoulou 2006, 2007, 2011)．秦 (2017a) は，スモール・ストーリーそのものがビッグ・ストーリーありきの相対的で恣意的な存在であることや，その概念があまりにも包括的であるといったような様々な批判が存在することを指摘した上で，スモール・ストーリーが持つ分析価値について言及している．秦によれば，日々の生活の中で行われている会話という相互行為を分析する際には，その場の文脈や状況に即した反応や感情の揺れ動き，雰囲気の変動などを無視することはできず，スモール・ストーリー分析はそのような多様な要素を盛り込んだ俯瞰的な分析の実施を可能にするという．そして，そのような分析の結果を通じて「今・ここ」という相互行為の場において，参与者が何を行おうとしているのかを理解することが可能になると述べる．

本研究では，上述した Bamberg & Georgakopoulou (2008) や Georgakopoulou (2006, 2007) によって提唱されたスモール・ストーリーの枠組みに従い，インタビューの中に現れたナラティブを抽出する．また，スモール・ストーリーを通じた語り手の局所的なアイデンティティの分析に際しては，スモール・ストーリーの内容だけでなく，それが相互行為の場においてどのような修辞的な目的を担っているのかにも着目して分析を行うこととする．

2. ポジショニング分析 (positioning analysis)

能智 (2006) は，「行為としてのナラティブ」(能智 2006：65) の観点からシー

クエンス分析に言及する．シークエンス分析とは，ナラティブの内容だけでなく相互行為の場においてナラティブが産出されるプロセスも共に分析する手法である．具体的な例を挙げるならば，ディスコース分析，ナラティブ分析，会話分析などがそれにあたる．それらの分析手法に共通するのは「発話の流れや全体的な形（ゲシュタルト）を大事にしながら分析を進める」（能智 2006：65）姿勢であり，KJ 法やグラウンデッドセオリー法などといった言語データをコード化して形成した意味のかたまりを比較・統合して理解を深めるやり方とは異なるという（能智 2006）．しかし，実際にシークエンス分析を始めると，相互行為の場を取り巻くコンテクストの範囲をどのように設定すればよいのかといった困難が生じることがある．能智によれば，ディスコース分析，ナラティブ分析，会話分析などでは，そのような困難に対応するために隣接ペアやポジショニングなどの概念が使用されているという（能智 2006）．

　ポジショニング（positioning）は，Davies & Harré（1990）によって提唱された概念である．ポジショニングとは，「共同で作成された物語の筋の中で，客観的にも主観的にも首尾一貫した参与者として自己が会話の場に置かれる談話プロセス」（Georgakopoulou 2011/2013：19）を意味する．Davies & Harré によれば，ポジショニングは，会話の中で自分自身についての語りを披露する際に，語り手が自己をどのように位置づけるのかを観察することにより明らかになるという（Davies & Harré 1990）．彼ら曰く，人は日々のやり取りの中で，談話内で利用可能である多様なポジションを内在化していく．そして，その際に，そのポジションを取り巻く文化的・社会的・政治的意味も同時に吸収する．それゆえに，会話内で語り手が何らかのポジションをとる場合，その発言はその位置が含意する多様な要因[2]からの影響を受けることとなる．また，相互行為の場において協働構築される語りの中では，参与者たちは自らが内在化している社会構造や役割に関する知識などを参考にしながら，互いを位置付け合うこととなる．

　Davies & Harré（1990）はまた，人間は，首尾一貫して統合されたアイデンテ

2　例えば，そのポジションが含意する感情や信念，その位置をとるものに課せられる義務や権利，期待などの社会構造に関する知識などがそれにあたる（Davies & Harré 1990）．

ィティだけでなく，不連続で断片化された多様なアイデンティティも同時に所持しており，そのようなアイデンティティの側面を観察するのにポジショニングの分析を行うことは有用であると指摘する．そして，分析に際して，人は与えられる位置付けを一方的に受け入れるしかない存在ではなく，自らの意に沿わない位置付けに対して抵抗することが可能だという点に留意する必要があると述べる．彼ら曰く，抵抗を可能にするためには，自らがどのような位置に立って発言しているのか，その際にどのような支配的言説から影響を受けているのかに対して意識的になることが重要であり，ポジショニングの分析を通じて得られた結果はそのような意識化の手助けになるという．

　Davies & Harré（1990）によって提唱されたポジショニングの概念を，語り手が実際の会話の中で示すポジションの分析に援用したのが Bamberg（1997a, 1997b, 2004, 2006）である．Bamberg が提唱したポジショニング分析は，語り手が相互行為の場で語ることを通じて「自己を『行う』方法」(Georgakopoulou 2011/2013：19) を分析するための手法として多くの研究で使用されている (Georgakopoulou 2011/2013：19)．Bamberg（2004）によれば，ポジションという概念には二つの側面があるという．一方は支配的言説や文化的・社会的規範，慣習などから与えられるトップダウン形式のもの，もう片方は発話者自身が行為遂行的に構築していくボトムアップ形式のものである．そして自身の提唱するポジションの概念は，その二つの側面の中間に当たると説明する．つまり，Bamberg の考えるポジションとは，語り手が支配的言説などの影響を受けつつも行為遂行的に構築・獲得していくものと言える．彼によれば，そのようなポジショニングの実態を明らかするためには，会話の中でナラティブが産出されていく過程を分析することが役に立つという．さらに Bamberg（1997a, 1997b, 2004）は，語り手が他の参与者との関わり合いを通じて表出・構築する局所的なアイデンティティを明らかにする際には，語り手がナラティブ領域とそれを取り巻く相互行為の場の両方で自らをどのように位置付けているのかに注目することが重要になると指摘する．

　このような視座に基づき Bamberg が考案したポジショニング分析では，それぞれ分離可能であるが相互に関連する三つのレベルが設定され分析が行われる．

一つ目のレベルは，ポジショニング・レベル1と呼ばれる．ここでは，ナラティブ領域において，他の登場人物との関わり合いを通して語り手が自己をどのように位置付けているのかが分析される．具体的には，ナラティブを通じて描かれる時間と空間の中で，語り手がどのように登場人物を作り出しているのか，またそれらの人々とどのように関わり合っていくのか，その出来事をどのように評価しているのかなどが分析される．そして，その結果を基に，語り手がどのように世界を見ているのかを明らかにする（Bamberg 1997a, 1997b, 2004, 2006, Bamberg & Georgakopoulou 2008）．二つ目は，ポジショニング・レベル2と呼ばれる．ここでは，相互行為の場の中で，語り手が他の参与者との関わり合いを通じて自己をどのように位置付けているのかが分析される．ここでは，ナラティブが語られる前に語り手が自己をどのように位置付けていたのか，また他の参与者から語り手がどのように位置付けられていたのかを検証するとともに，相互行為の場においてナラティブが担っている機能的な側面（なぜそこでその語りがなされたのか）にも着目して分析が行われる．三つ目は，ポジショニング・レベル3と呼ばれる．ここでは，ポジショニング・レベル1とポジショニング・レベル2での結果を基に，自身を取り巻く文化的・社会的規範や慣習，支配的言説などに対して語り手が自らをどのように位置付けるのかを分析・考察する．そして，その結果を通じて，その場の文脈から分離可能な語り手の文化的・社会的自己（アイデンティティ）を明らかにする．Bamberg（1997a, 1997b, 2004）によれば，語り手はナラティブ領域と相互行為の場の両方において自らを位置付けながら，ほとんどの場合は暗黙的に「私は誰なのか？」という質問に取り組むという．そして，その質問に取り組む中で，自らを取り巻く文化的・社会的規範や慣習，支配的言説などに対して，それらを受け入れるのか，中立的な立場を取るのか，距離を置くのか，批判するのか，我慢するのかといった自らの姿勢を提示していく．Bamberg曰く，ポジショニング分析を通じて，語り手の位置付けや，局所的なアイデンティティの実践と位置（ポジション）との関連性を明らかにすることは，他者とともに他者に基づいて構築されるものとしてのアイデンティティの存在を主張していく上で非常に重要であるという．また，分析を行うことで，自らに影響を与えている文化的・社会的規範や慣習，支配

的言説に対し我々が意識的になることは，新たなポジションの創造を促進する契機にもなるだろうと指摘する（Bamberg 2004）．

本研究では Bamberg（1997a, 1997b, 2004, 2006）の提唱したポジショニング分析の手法に従い，語り手がナラティブ領域と相互行為の場の両方において多様な要因と関わりながらどのように自らを位置付けているのか，またそこで提示された位置付けを通じてどのようなアイデンティティを表出・構築しているのかについて分析・考察していく．

第4節　本研究の分析について

第5章から第10章では，インタビュー調査で収集した実際のデータに基づき分析・考察を実施する．第5章では彼女たちが韓国（人）との関係性の中で日韓問題に関する話題に言及する語りを分析対象に定め，日韓問題の話題別に語りを振り分けて分析を行う．具体的には日本人であること，独島問題，慰安婦問題，日本製品不買運動（2019年），日本人暴行事件（2019年），日韓問題そのものという6項目にデータを整理した上で分析・考察を実施する．第6章では彼女たちが日本（人）との関係性の中で日韓問題に関する話題に言及する語りを分析対象に定め，第7章と同様に話題別にデータを振り分けて分析・考察を行う．具体的には，日本製品不買運動（2019年），日本人暴行事件（2019年），韓国（人）に対する非難という3項目にデータを整理した上で分析・考察を実施する．第7章では彼女たちが韓国（人）・日本（人）双方との関係性の中で日韓問題に関する話題に言及する語りを分析対象に定め，日本人暴行事件（2019年），日韓両国や両国の人々の言動という2項目にデータを整理した上で分析・考察を実施する．第8章では彼女たちが韓国人の夫との関係性の中で日韓問題に関する話題に言及する語りを分析対象に定め，夫と日韓問題に関して話し合う場合，話し合わない場合，日韓問題と関連のある夫の行動の3項目にデータを整理した上で分析・考察を実施する．第9章では彼女たちが日韓にルーツを持つ我が子との関係性の中で日韓問題に関する話題に言及する語りを分析対象に定め，我が子との間で実際にその話題について話し合ったケースと，今後話し合

うと仮定して語っているケースに二分して分析・考察を行う．前者では日本製品不買運動 (2019 年)，独島問題，日韓問題への質問の 3 項目，後者では日本製品不買運動 (2019 年)，独島問題，人道的な問題，日韓問題そのものの 4 項目にデータを整理した上で分析・考察を実施する．第 10 章では日韓問題に関する彼女たちと自分自身との関わり合いが現れた語りを分析対象に定め，彼女たちが自分の中で日韓問題に関する知識を身につけると決めている事例と身につけないと決めている事例とにデータを整理した上で分析・考察を実施する．

第5章

韓国（人）との関わり合いに見る日韓問題

　そもそも，在韓日本人女性たちは，韓国生活において，どのような状況下で韓国人から日韓問題と関連のある話題を振られるのだろうか．例えば，2019年の日韓関係悪化に際しては，韓国で大規模な日本製品不買運動が実施されるなど，韓国社会そのものが日本に対する強い拒絶感を表明するような事態となった．そのような時には，韓国で生活している日本人であることが明るみに出れば，韓国人から日韓問題に関する話題を振られ回答を求められたりするのだろうか．それとも，후루카와 아야코（2006）で指摘されていたように，テレビを見ている時や道を歩いているときなど，状況的には日韓問題と全くかけ離れた状態で急にそのような話題が眼前に突きつけられるのだろうか．

第1節　日本人であることと関連のある出来事

　第1節では，遭遇した出来事と自身が日本人であることの間に何らかの関連性があると在韓日本人女性たちが認識している事例を取り上げる．本研究の調査で収集されたデータ内にはここで取り上げる事例として，日本に関する否定的発言を聞かされた語り（7件），日本人であることが韓国人に知られることを気にする語り（8件），日韓戦の直後などに日韓対立の枠組みの中で意見された語り（4件），日本人なのかと質問された語り（2件）が存在した．ここでは，これら四つの事例のうち第8章で改めて取り上げる日韓戦の直後などに日韓対立の枠組みの中で意見された語りを除く，三つの事例の代表的な例をそれぞれ取り上げ分析・考察していく．

データ1は在韓歴8年のアスカと9年のリカへのインタビューで収集されたものである．データ1の開始前，アスカは，韓国で暮らしていると韓国人から「日本から来たんですか」と質問されることがあると発言した．そして，他の参与者2人（リカと調査者）にそのように質問されるのは不愉快ではないかと尋ねる．調査者とリカは明確な返答を返さなかったが，アスカ自身はその質問に対し「何の意味」，「何を聞きたいの」と感じると話した．それに対し調査者が，韓国人からそのような質問を頻繁に受けるのかと聞くと，アスカとリカはよく質問されると答えた．続けて2人は，公園や市場などで質問されること，質問してくる韓国人には2通りのタイプが存在する事を述べた．そして，前者は日本（人）に興味があり好意的な人物，後者は日本（人）に対し否定的な感情を抱いている人物であることを説明した．その際にリカは，自分が日本人だとわかったからといって質問してきた相手から特別に何かされたことはないと付け加えた．その後，調査者がそのような質問をされた際には緊張するか，それとも普通に対応するかと尋ねる．するとアスカが，「私最初答えないんです」と発言する．データ1はアスカのその発言から始まる．アスカが語ったスモール・ストーリーは三つ（S1：453-456，S2：460-463，S3：467-477）である．

〈データ1〉：日本人なのかと質問される
　　453. アスカ：私最初答えないんです
　　454. 調査者：((驚いた表情))え？
　　455. リカ　：((アスカを見る))
　　456. アスカ：ウェヨ？（왜요？：なぜですか？）って言うんです
　　457. リカ　：[@@@@@@ ¥-ほんと::？怖い怖い-¥
　　458. 調査者：[おお:::（身構えるようなポーズをして笑う）
　　459. アスカ：((二人のリアクションを笑みを浮かべながら交互に見る))
　　460. 　　　：それでその人が：(..) 日本人に見えるんだけど
　　461. 　　　：[私日本に行ったことがあって
　　462. 調査者：[((何度も頷く))
　　463. アスカ：っていってくれたら　　[::(..) そうですって言うし：
　　464. 調査者：((頷きつつ))ああ::　　[(((何度も頷く))

第 5 章　韓国（人）との関わり合いに見る日韓問題

465. リカ　：((何度も頷く))
466. 調査者：((何度も頷く))
467. アスカ：なんかなんにも言わなくて ::［なんか (.)　なんか (.)　なんか気持
468. 　　　　　ちのっ
469. 調査者：　　　　　　　　　　　　　　　［(((頷く))
470. アスカ：［気持ち良くない発言をしそうな人の時には :
471. 調査者：［(((頷きながら聞いている))
472. リカ　：［(((頷きながら聞いている))
473. 調査者：(2)　うん
474. アスカ：モ：ヨギ　(..)　タルンナラサラムド　(.)　サルジャナヨ
475. 　　　：(뭐 여기 다른 나라 사람도 살잖아요.)
476. 　　　：(ここ別に他にも外国人住んでるじゃないですか)
477. 　　　：［¥- みたいな　［感じで誤魔化す -¥
478. 調査者：［うん :::
479. リカ　：　　　　　　　　［@@@@@@
480. 調査者：うんなるほど

　まず，各スモール・ストーリーに示されたアスカの位置付け（ポジショニング・レベル1）について述べる．S1では，日本から来たのかと尋ねてきた韓国人に対し「なぜですか？」(456) と尋ね返すアスカの様子が描かれ，質問してきた韓国人を警戒しその理由を問いただす私（レベル1）というアスカの位置付けが提示される．S2では，そのようなアスカの質問に対し「日本人に見えるんだけど，私日本に行ったことがあって」(460, 461) と返答する韓国人と，それを受け自身が日本人であることを相手に告げるアスカのやり取りが示され，日本に対して肯定的な韓国人の前では質問に答える私（レベル1）というアスカの位置付けが提示される．S3では，アスカの質問に対し何の返答もしない韓国人と，相手のその態度から「気持ち良くない発言をしそうな人」(470) という印象を抱くアスカが描かれ，彼女が「ここ別に他にも外国人住んでるじゃないですか」(474) と発言する様子が示される．S3の状況はS2とは真逆であり，2人のやり取りを通じて日本に対し否定的な韓国人の前では質問に答えない私

83

（レベル 1）というアスカの位置付けが提示される．

　次に相互行為の場におけるアスカの位置付け（ポジショニング・レベル 2）について述べる．データの冒頭でなされた「私最初答えないんです」（453）というアスカの発言に対し，調査者とリカは驚いたような反応を示す（454, 455）．さらに，質問してきた韓国人に対し「なぜですか？」（456）と聞き返すというアスカの発言に，アスカの友人であるリカは笑いながらも「ほんと::？怖い怖い」（457）と述べ，調査者も身構えるような仕草を見せる．ここからは，他の参与者にとってアスカの言動は驚きを伴うものであるとともに，マイノリティ側がマジョリティに対して抵抗姿勢を見せる恐ろしい行為と認識されていることが窺える．アスカは笑みを浮かべてそのような 2 人の言動を交互に見つめ（459），続けて自身の質問に対する韓国人の 2 通りの対応を示すとともに，それによって変化する自身の返答を提示する．アスカが提示した前者の対応に対し，他の参与者は何度も頷きつつ同意する姿勢を示しており，それらのやりとりからは 3 人の参与者が日本に対して肯定的な韓国人の前では質問に答える私（たち）（レベル 2）という位置付けを共有していることがわかる．しかし，アスカが S3 を通じて，日本に対し否定的な感情を持つ韓国人に対しては相手の質問に答えず，むしろ相手に対して意見するかのような姿勢を見せると，調査者は考え込む様子（478）を見せ，リカはアスカが最後に示した笑い（477）を受け笑う様子を見せる（479）．このような 3 人のやり取りからは，自身の国籍を明示する際に韓国人が日本に対してどのような印象を抱いているかを 3 人が共通して気にかけている現状が明らかになると同時に，彼女たちが韓国人の日本に対する印象に注意深くなる私（たち）（レベル 2）という位置付けを共通して所持していることがわかる．しかしながら，それと同時にそれを直接韓国人に聞き返せるアスカと，気にしつつもできない調査者とリカというように 3 人の位置付けが分裂する様子も観察された．また，459 行目と 477 行目で見せたアスカの微笑みと笑いは，どちらとも彼女が韓国人の質問に対して常に受け身の姿勢を取るのではなく気になる点がある場合には自分からもアクションを起こすという姿勢を見せた後に提示されている．そして，そのようなアスカの対応に他の 2 人が驚いたり，考え込むなどの様子を見せたりしていることから，ここでは

アスカが語ることを通じて韓国人と平等にやりあうことのできる私（レベル2）という自身の位置付けを他の参与者に提示していることがわかった．また，それと比例して，韓国人と平等にやりあうことができない私（たち）（レベル2）という調査者とリカの位置付けも明らかとなった．

最後にレベル1とレベル2の位置付けをもとにアスカが表出・構築する文化的・社会的自己（アイデンティティ）（ポジショニング・レベル3）について述べる．データ1でアスカは，韓国人から日本から来たのかどうか質問された際の自身の対応について他の参与者に対し説明していた．韓国人から日本人である可能性が高い人物として位置付けられたアスカは，質問し返すことを通じて相手が日本や日本人に対してどのような印象を抱いているのかを明らかにしようと試みる．その後に示されたアスカの2通りの対応からは，韓国人の中には日本に対して肯定的な興味や関心を抱いているものと否定的な感情を抱いているものの2種類が存在していると彼女が認識していること，そして後者に対しては日本人であることを明かしたくないと思っていることが理解できる．また，同時に，彼女の韓国人に対する言動からは，マイノリティでありながらも社会的マジョリティの韓国人に対してアクションを起こせる自身の姿を聞き手に示したいという姿勢も見受けられた．以上の点から，ここではアスカによってマジョリティに抵抗できるマイノリティというアイデンティティが実践されていることが明らかとなった（レベル3）．

データ1で示されたアスカの言動と他の参与者の反応からは，日本に対し否定的な印象を持つ韓国人に日本人であること明言したくないと彼女たちが認識していることが明らかとなった．また，同時に，韓国生活を送る中で彼女たちが共通して，韓国人が日本や日本人に対してどのような印象を持っているのかを注意深く観察していることがわかった．また，調査者とリカがアスカの実践したマジョリティである韓国人に対しマイノリティでありながら自分の意見をぶつけるという行為に対し恐ろしいという印象を抱いていることからも，そのようなことができるアスカのような存在は彼女たちの中でも珍しいケースとして認識される可能性が高いことも示唆された．

データ2は在韓歴7年のエリと9年のチヒロへのインタビューにおいて収集

された．データ2の開始前，調査者はチヒロとエリに韓国生活の中で日本人であるがゆえに遭遇したと思われる出来事があるかと質問した．2人にはすぐに思い浮かぶような出来事がなく，それを見ていた調査者が「特にそんな嫌な経験は日本人だからってしたことない」と言いかける．すると，チヒロが調査者の発言の途中でデータ2を話し始める．ここではチヒロによって，彼女がソウルのショッピングモールで経験した出来事（S1：633-651）と，その際に子どもが物心のつく年頃であったらどうであったかという仮定の状況（S2：673-676）が語られる．

〈データ2〉：日本に対する否定的な発言を聞かされる
　　633. チヒロ：(2) ソウルのモールで：
　　634. 調査者：((何度も頷きつつ)) うん
　　635. チヒロ：エレベーターで：
　　636. 　　　 ：(1) 日本人のお友達と (..) 子どもがまだちっちゃい時にっ (.) 2
　　637. 　　　 ：歳3歳ぐらいの (.) 2歳ぐらいの (..) 1人目が2歳ぐらいの時に
　　638. 調査者：((何度も頷く))
　　639. チヒロ：そのお友達の子どもも2歳 (..) で4人で (.) 乗って (.) 日本語で
　　640. 　　　 　喋ってたら
　　641. 調査者：((何度も頷く))
　　642. チヒロ：(..) 中年男性の [(..) の方に韓国人男性の
　　643. 調査者：　　　　　　　　[((何度も頷く))
　　644. チヒロ：(3) 日本語で喋るな (..) 日本っ (.) 日韓関係悪いの (.) 知ってる
　　645. 　　　 　やろお前らっ
　　646. 　　　 ：((男性の声を真似るときは険しい表情))
　　647. 調査者：う::ん (..) はあ::
　　648. チヒロ：っていうの言われたこと (..) あります
　　649. 　　　 ：で子どもが (.) 子ども同士で喋っ (.) 日本語で喋ってるときも
　　650. 調査者：((頷く))
　　651. チヒロ：(..) お前らも日本語喋るなっ (..) [て子どもにも言ってた
　　652. 　　　 ：((男性の声を真似るときは険しい表情))
　　653. エリ 　：　　　　　　　　　　　　　　　[((頷き)) う::::ん

654. チヒロ：(2) のが（..）ちょっと¥-忘れられない-¥ [@@@@
655. エリ　：　　　　　　　　　　　　　　　　　[それ怖い（((エリは
656. 　　　　　笑わない))
657. 調査者：それ同じおじさんですか？
658. チヒロ：ああそうです 1 人のおじさんが：
659. 調査者：((頷く))
660. チヒロ：ん::: (.) 密室のとこでわーって
661. 　　　：((険しい表情になる))[キレだして（(笑顔)）
662. エリ　：　　　　　　　　　　[怖いね（(エリは笑わない)）
663. 調査者：それは怖い
664. エリ　：((頷きつつ)) う::::ん
665. チヒロ：@@@@
666. 調査者：子どもいると特にね
667. エリ　：[う::ん
668. チヒロ：[そうなんですね（(チヒロは笑顔だがエリ・調査者は笑わない)）
669. 　　　：(2) でも (..) ねえ？子どもは多分 (.) 全く覚えてない [と思うん
670. 　　　　　ですけど
671. エリ　：　　　　　　　　　　　　　　　　　　　　　　　　　[う::ん：
672. 調査者：　　　　　　　　　　　　　　　　　　　　　　　　　[((頷く))
673. チヒロ：(1) それ (.) ちょっとおっきかったりしたらね？
674. 調査者：う:::ん：
675. エリ　：[((何度も頷きつつ)) う:::ん
676. チヒロ：[衝撃を受けるんじゃないかと（(徐々に声が小さくなる)）

　まず，各スモール・ストーリーに示されたチヒロの位置付け（ポジショニング・レベル 1）について述べる．S1 の最初の部分でチヒロは，自分が遭遇した出来事の詳細について説明する（633, 635-637, 639-640, 642）．そこでは，それぞれ 2 歳前後という幼い子どもを連れたチヒロと友人がエレベーターという「密室」(660) の中で「中年男性」(642) と居合わせる状況が描かれる．そして，チヒロと友人が日本語で会話をしていると中年の韓国人男性が「日本語で喋るな (..) 日本っ (.) 日韓関係悪いの (.) 知ってるやろお前らっ」(644, 645) と発

87

言し，さらに続けて子どもたちに対しても同様に「お前らも日本語喋るなっ」(651) と言い放つ．チヒロは男性の発言を怒鳴るや叫ぶと言った表現ではなく「言われた」(648) や「言ってた」(651) と描写しているが，発言を再現する際には険しい表情を浮かべていた．このような彼女の表情や話し方からは，男性の言動が日本語を話しているチヒロたちに対する否定的な感情に起因したものであることが理解できる．そして，チヒロの語りからは日本語を話していたことで韓国人から怒鳴られた私（レベル1）という彼女の位置付けが窺える．次に，S2 ではその出来事に遭遇した際に子どもが「ちょっとおっきかったりしたら」(673) と仮定の状況が設定される．さらに，韓国人男性の発言に対し「衝撃を受けるんじゃないか」(676) というチヒロの推測が示される．ここからは，日韓にルーツを持つ子どもを思い不安になる母親としての私（レベル1）というチヒロの位置付けが見受けられた．

　次に，相互行為の場におけるチヒロの位置付け（ポジショニング・レベル2）について述べる．データ1の中でチヒロが自身の経験について語っている際，チヒロは自身と友人の子どもの年齢に関して何度も言及する様子を見せる (636-637)．そこからは，自身が遭遇した出来事が2歳前後という幼い子どもを連れた状況で起きたという点を聞き手に提示しようと心がける姿勢が窺える．インタビュー当時まさに同じような年頃（2歳前後）の子どもを育てていた他の参与者は，そのようなチヒロの話に対し黙って頷きつつ耳を傾けていた．その後，S1 を語り終えたチヒロは笑いを伴いつつ自身の経験した出来事について「忘れられない」(654) という評価づけを行う．しかし，彼女の笑いに被さるように「それ怖い」(655) と述べたエリは全く笑みを見せなかった．ここでは，同じ年頃の子どもを韓国で育てているエリが，チヒロの経験を怖いと感じる私（レベル2）という位置付けを他の参与者に対し明確に提示する．その後，調査者はその言動は同一人物によるものかという質問を行い，それに対しチヒロが同一人物であること，その人物が「密室」(660) で「わーって」(660)，「キレだし」(661) たことを説明する．ここでもチヒロは，幼い子どもを連れた女性に対し密室の中でキレ出す韓国人男性という図式を，詳細な状況説明を通じて他の参与者の前に提示する．また，654 行目と同様チヒロはここでも「キレ

第5章　韓国（人）との関わり合いに見る日韓問題

だして」(661) と述べた後に笑みを浮かべる様子を見せるが，その後に続いて発言したエリと調査者は全く笑う様子は見せなかった (662, 663)．これらのやり取りからは，詳細な状況説明を通じて自身が体験した出来事の怖さを他の参与者に提示したい私（レベル2）というチヒロの位置付けとともに，チヒロの経験を怖いと感じる私（たち）（レベル2）という他の参与者2人の位置付けが見受けられる．同様の反応は調査者が「子どもといると特にね」(666) と発言した際にも見られ，ここでもチヒロは笑みを浮かべつつ「そうなんですね」(668)と同意を示す．しかし，笑みを浮かべつつもここで初めてチヒロは自身も男性の言動に対し怖いという感情を抱いていることに言及し (668)，韓国人男性の行動に対し怖いという感情を参与者3人が共有する様子が見られた．その後，チヒロが今度は仮定の設定のもと子どもの母親という立場に立ってS2を語り始める．その際には「衝撃を受けるんじゃないかと」(676) という自身の推測を述べながらチヒロの声が徐々に小さくなる様子が観察され，彼女がそれまでとは異なる反応を示す姿が観察された．チヒロのこのような変化は，彼女が自分視点から出来事を捉えた際の感覚と，母親という立場から同じ出来事を捉えた際の感覚に異なりが存在する可能性が窺えるとともに，韓国生活では子どもが傷つけられる可能性もあることを提示したい私（レベル2）という位置付けをここでチヒロが他の参与者に対して提示している様子が見られた．また，同時に，「衝撃を受けるんじゃないかと」(676) という発言からは，自分が遭遇した出来事が日本にルーツを持つものにとっては「衝撃」(676) 的な内容であったと彼女が認識していることもわかる．このように，チヒロは相互行為の場において，相手の性別や幼い子どもを連れているという状況，密室という環境などにはお構いなしに，日本人という理由だけでキレたり怒鳴りつけてくる韓国人が存在するという現実を浮き彫りにし，そこで自身が感じた恐怖感を他の参与者と共有しようと試みる．そして，そのようなチヒロの試みは他の参与者に受け入れられ，彼女の体験が同じ在韓日本人女性である他の2人にも恐ろしい体験として認定・共有される様子が見られた．また，他の2人がチヒロの語りに対し「本当に？」「そんなことあるんだ」といったような懐疑的な様子を一度も見せていない点からは，ある程度そのようなことが起こる可能性があると他

89

の2人も共通して認識している可能性も示唆された．ここからは，データ内でチヒロが語ることを通じて日本人であるがゆえに遭遇した出来事の怖さを共有したい私（レベル2）という位置付けを提示していることが明らかとなった．

　こうした位置づけをもとに，チヒロが表出・構築する文化的・社会的自己（アイデンティティ）（ポジショニング・レベル3）について述べる．データ1は，調査者の「特にそんな嫌な経験は日本人だからってしたことない（ですか）」という発言が契機になってチヒロが話し始めたものである．つまり，データ内でチヒロは，嫌な経験という単語に反応しS1を語り始めたのである．それゆえに，データの冒頭でチヒロは，韓国で日本人であるがゆえに嫌な経験をしたものという位置付けからS1を語り始めたと言える．さらにチヒロはその出来事を「忘れられない」（654）と形容するとともに，衝撃的な内容であったと間接的に言及しており（676），そのような彼女の様子からはその1回の体験が強烈な印象を伴って彼女の中に刻み込まれたことが理解できる．また，チヒロの経験談からは，日本人であることが韓国人に知られた際には韓国人が抱いているネガティブな感情をぶつけられる危険性があるという認識の枠組みが読み取れる．彼女が提示したこのような認識の枠組みは，データ内で他の参与者にも共有されると共に，それによって発生した出来事が「怖い」（655，662，663）事件として他の参与者に伝播していく様子も見受けられた．さらに，チヒロが我が子の心情を慮った時だけ声が先細るという反応を見せていた点からは，韓国で成長していく子どもの境遇を思いやった際には自身の中に存在する不安感を直接的に表現せざるを得ないチヒロの様子も観察された．以上の点から，データ2の中ではチヒロによって韓国人の言動を警戒せざるを得ない日本人というアイデンティティが実践されていることが明らかとなった（レベル3）．

　データ3は在韓歴19年になるユナと2年半のマリコへのインタビューで収集されたものである．ユナは韓国の大学院で韓国語を勉強するなど熱心に韓国語の習得に取り組み，現在は韓国人と変わらない韓国語能力を所持していると言える．データ2の開始前，ユナは幼い我が子と公園で遊んでいた時の話をした．ユナは，公園で彼女が子どもに日本語で話しかけている際，周囲の韓国人はそれを見ていてもなお彼女に韓国語で話しかけてくるという．また，彼女も

それに対し韓国語で返答できるため，最近は子どもと外で日本語を話しにくくなってきていると述べた．それを受け調査者が日本語を話しにくいと感じるのは，韓国語が堪能であるがゆえにその状況で日本語を話す自分に違和感を感じるためかと質問する．データ3はその質問に対するユナの返答から始まる．同データの中でユナは違和感を感じる際の自身の感情やその理由について三つのスモール・ストーリー（S1：873-876, S2：878-881, S3：884-896）を用いて説明する．S2でユナが言及する嫌な経験とは，街中で日本語を話すと大声で怒鳴られた，唾をかけられたなどの体験を指している．なお，データ3ではインタビューに同席していた子どもの世話のためマリコが一時退席していた．

〈データ3〉：日本人であることを知られることを警戒する
870. ユナ ：((顔を顰めて考え)) ヌンチ (눈치：機転[1]) というものでしょうか
871.　　　ね？
872. 調査者：[あっ##
873. ユナ ：[なんか相手の人が::心の中で
874. 　　　：[日本人ってばれたくない部分も::[あるし::
875. 調査者：[((何度も微かに頷く))　　　　[((何度も頷きつつ)) ああ::
876. ユナ ：まあ日本語で話したい部分もあるし::
877. 調査者：((何度も頷く))
878. ユナ ：で (..) 結構 (.) 私も：(.) 韓国で::
879. 　　　：[(.) その日本語を話してるときに言われたりとか::
880. 調査者：[((頷く))
881. ユナ ：嫌な経験もたくさんしたことがある [こうトラウマも
882. 調査者：　　　　　　　　　　　　　　　　　[ああ::
883. ユナ ：あるので::
884. 　　　：でなんか私とこの子が日本語で話してて:: 後で (..) なんかこうあ
885. 　　　　っ日本人の家族だとか::
886. 調査者：((何度も頷く))
887. ユナ ：こう私たちに悪い影響が

1　눈치：（人の気持ち・物事の気配などを）すぐに感じ取る能力，勘，直感，機転，センス．（小学館 朝鮮語辞典 参照）

888.　　　　　：[(..)　((一瞬考えるように目を閉じ))　あるかもしれないっていう
889. 調査者：[(((頷く))
890. ユナ　　：こう::　((頭の辺りで右手をひらひらさせる))　[確率を考えると::
891. 調査者：　　　　　　　　　　　　　　　　　　　　　　　　　[(((何度も頷きつつ))
892.　　　　　う::ん
893. ユナ　　：むしろなんか韓国語で
894.　　　　　：[(.)　こうなんか　(.)　流して　[話した方が::
895. 調査者：[(((何度も頷く))　　　　　　　　　[(((何度も頷きつつ))　う:::ん
896. ユナ　　：いいのかなぁ::っていう　((ニッコリ微笑む))
897.　　　　　：[(((何度も頷きつつ))　うんうんうんうんうん
898. 調査者：[(((微かに頷き))　ああ::

　ユナはS1で韓国人を前にして生じる葛藤を再現し日本人であるとばれたくない気持ちと子どもと日本語で話したい気持ちの間で葛藤する日本人母の私（レベル1）という位置付けを提示する．S2では日本語が契機となり不快な思いをした経験に言及し，日本人とばれたことで韓国で攻撃された経験が忘れられない日本人の私（レベル1）という位置付けを示す．S3では確率の問題だとしつつも日本語を使用することへの不安を拭い去れない心情を述べ，トラウマの影響が根深い私（レベル1）という位置付けを提示した．
　また，相互行為の場では外出時に日本語を話すことを躊躇する自身の行動を「눈치（機転）」(870) と説明し，周囲の状況を気にして体が反応してしまう様子を示す．そして，S1を挿入することでその際の心情，S2を挿入することで躊躇してしまう原因をそれぞれ調査者に対し提示する．ここでは，S1, S2を話すことを通じて，過去の経験により韓国人を警戒してしまう私（レベル2）という自身の位置付けをユナが提示していることがわかった．続くS3でユナは，子どもと日本語で話したことで自分や家族に悪影響が及ぶ可能性があることに言及する．しかし，「かもしれない」(888) や「確率」(890) という発言からは，韓国人全員が日本人だからという理由で危害を加えてくるわけではないと理解していることを示そうとするユナの様子も見受けられた．彼女の言動からは，S3を挿入することでユナが仮説のシナリオとして自身の憂慮に言及しつつも韓国

人を一括りにして非難しているわけではない自身の立ち位置を調査者に提示し，中立的な立場を保っている私（レベル2）という位置付けを示していることがわかる．そして，調査者もそのような彼女の見解を共有する様子を示していた(898)．

以上の点から，ここではユナによって日韓関係の悪化に影響を受ける日本人というアイデンティティが実践されていることが明らかとなった（レベル3）．ユナの位置付けやアイデンティティからは日韓関係の悪化で過去のトラウマが呼び起こされる彼女の様子が窺えるとともに，「ばれたくない[2]」(874)という表現からは彼女が日本人であるということを秘密にする，または隠す方が良いことと認識していることがわかる．これらの点から，データ3では日韓関係の悪化という外的要因に巻き込まれ，ありのままの自分で生活できない社会状況に彼女が身を置いていることが明らかとなった．

第2節　独島問題と関連のある出来事

竹島／独島問題（以下，「独島問題」）とは，日本では竹島，韓国では独島と呼称されている同一の島をめぐる問題であり，日本においては日韓の間の領有権紛争として認識されている．しかし，韓国においては「独島は日本の韓国侵略に対する最初の犠牲」(新城ほか 2019：105)と言われ，領有権というよりも歴史認識フレームの中で捉えられる問題であると言える（大石ほか 2016）．在韓日本人女性に関する先行研究によれば，彼女たちは韓国生活の中で頻繁に独島問題に関する意見を韓国人から求められるという状況に遭遇しているという（야마모토 노부히토 2013, 나리타 마미 2020）．また，彼女たちにとってそのような質問を受けることは在韓歴の長さに関係なく自身のナショナル・アイデンティティを強く否定されるストレス経験になるとともに，相手に試されているのではと感じることにより精神的ストレスを被ることにもつながるという（야마모토 노부히토 2013, 나리타 마미 2020）．また，韓国では幼稚園・保育園の段階から独島

---

2 「ばれる」には，「秘密や隠し事などが露見する．発覚する．」（デジタル大辞泉）という意味がある．

に関連した教育が開始される．それゆえに日常生活の中で彼女たちは，教育テレビや教育機関を通じて独島問題に関して学んできた我が子から質問を受ける機会も多い．こういった状況を考慮すれば，彼女たちにとって独島問題は過去の歴史ではなく現在進行形の非常に現実的な悩みであることがわかる．第 2 節では，このような独島問題に関しこれまでの先行研究とは異なり韓国人に独島問題に関して意見を求められた例ではなく，在韓日本人女性たちが韓国人から一方的に謝罪を求められたり意見を聞かされたりした経験についての語りを取り上げる．

　本研究では，自分自身が独島問題に関連した質問を韓国人から受けた，もしくは意見を聞かされたという語りが 9 件存在した．そのうち韓国人から独島はどちらの国のものだと思うか，独島問題に関してどう思うかといった質問をされたという語りが 5 件，一方的に韓国のものだという意見を聞かされた語りが 3 件，謝罪しろと言われた語りが 1 件存在した．以降，データ 4 で謝罪を求められた語り，データ 5 では韓国のものだという意見を一方的に聞かされた語りをそれぞれ取り上げ分析・考察する．

　データ 4 は在韓歴 10 年のハナと 11 年のツグミのペアとのインタビュー調査に現れたものである．データ 4 の開始前，ハナは夫の大学の先輩たち（40 代・50 代の中年の韓国人男性）から独島問題に関して質問されたと話した．ハナは最初，相手は興味本位で質問しているだけで，そのことで自分を責めようと考えたりしているわけではないと説明した．ただ，その流れの中で，一度だけ過去に日本人なのだから謝れと言われたことがあったと明かす．しかし，その出来事に関して自身は飲酒していたこともあり明確な記憶がなく，後になって夫を通じてその時のことを知ることになったと述べた．そして，その時のことを振り返りながら，記憶にないぐらいなので自分はあまりショックではなかったのだと思うと話した．調査者はそれを聞いた上で，そのようなことを言われたときはどんな気持ちが起こるのかとハナに尋ねる．すると，記憶にないと言っていたハナが自身の心情に関して説明し始める．データ 4 ではハナによって三つのスモール・ストーリー（S1：966-972, S2：980-991, S3：994-999）が語られる．

〈データ4〉：韓国人との正面対決を回避したい
965. 調査者：そっそれ（..）そういうこと言われるとどんな気持ちが起こる？
966. ハナ　：((少し考えて))でも何だろう（1）立場上みんな韓国人で1人日本
967. 　　　　 人だから::
968. 調査者：((頷きつつ))う::ん
969. ハナ　：なんか（..）怒りとかよりも（.）((微かに体を揺らして))なんか
970. ツグミ：((真顔で微かに頷く))
971. ハナ　：いつも（.）もっ申しあげ（.）¥-申し訳ありませんみたいな感じ-¥
972. 　　　　 になっちゃい［ますね
973. ツグミ：　　　　　　　［((真顔で頷く))
974. 調査者：　　　　　　　［((頷きながら))う:::ん
975. ハナ　：((微笑みながら頷き))うん::((頷き))ねぇ？立場上どうしても
976. 子ども：((ハナを呼ぶ))
977. 調査者：心の中でイラッとかそんなんよりもう［パッと
978. ハナ　：　　　　　　　　　　　　　　　　　［イラッと:::
979. 調査者：［((頭を下げて))もうすみませんみたいな感じ？
980. ハナ　：［((少し首をかしげて))ん::いやでもでも((小さく頷き))確かに
981. 　　　　：あのほんと知らない人：（.）例えばタクシーの運転手とかに::
982. ツグミ：((頷く))
983. 調査者：((頷く))
984. ハナ　：言われたりとか
985. 調査者：ああ::
986. ツグミ：((頷く))
987. ハナ　：なんか結構（..）そういうのは確かに［イラッとしてるけど:
988. ツグミ：　　　　　　　　　　　　　　　　　［((頷く))
989. ハナ　：ただ((頷きながら))はいはいって聞いてる
990. 調査者：((頷き))う:::ん
991. ハナ　：時は（.）ありますね
992. ツグミ：((頷く))
993. 調査者：なんて切り返すの@@まあ¥-人によるけど:-¥
994. ハナ　：((少し考えて))でも（..）何だろあんまりこう（..）こっちも攻撃
995. 　　　　 的にならない

95

996.　　　　　：喧嘩になっ¥- なりたくないので ::-¥
997. ツグミ　：[((小さく何度も頷く))
998. 調査者　：[(((頷く))
999. ハナ　　：(..) そうですよね ::　[みたいな感じで合わせちゃいますね
1000. 調査者：　　　　　　　　　　[(((何度も頷きつつ)) うんうんうん ::: ん
1001. ハナ　：((調査者を見ながら何度も頷き)) うんうんうん

　まず，各スモール・ストーリーに示されたハナの位置付け（ポジショニング・レベル１）について述べる．S1 でハナは自身の置かれた状況について「立場上みんな韓国人で１人日本人」(966, 967) と描写し，数人の韓国人の中で日本人代表として謝罪を求められる自身の様子を他の参与者に提示する．そして，そのような状況下において「怒り」(969) を感じるよりも「申し訳ありません」(971) と謝罪する自身の様子を描き出し，日本人代表として韓国人たちの中で謝罪せざるを得ない私（レベル１）という自身の位置付けを提示する．また，ここでハナが「いつも」(971) と発言していることから同様の状況を彼女が複数回経験している可能性が示唆されるとともに，データ４開始前に記憶がないと回答していたハナがそのような質問を受けた際の状況を説明できた理由が理解できる．続く S2 では，タクシーの運転手との間で独島問題に関するやり取りが行われた時の様子が語られる．ここでハナは運転手のことを「知らない人」(981) として形容しており，そのような「知らない」(981) 人から独島問題に関して質問された際には「イラッとし」(987) ながらも相手の意見を「はいはいって聞いてる」(989) と述べる．ここでの彼女の発言からは，初対面の韓国人の言動を不愉快に思いつつも耐えることを選ぶマイノリティの私（レベル１）という位置付けが観察された．最後の S3 では同様の状況に置かれた際にハナがどのように切り返すのかが例示され，質問してきた韓国人と「喧嘩になっ¥-なりたくないので ::-¥」(996),「そうですよね ::　[みたいな感じで合わせ」(999)てしまう様子が説明される．ここでは，独島問題で韓国人と衝突するよりは韓国人の意見に同調する私（レベル１）という彼女の位置付けが読み取れると同時に，彼女が韓国人に意見することを「攻撃」(994) と認識していること，韓

国人との間で意見をやりとりすることは「喧嘩」(996) に発展する可能性があると捉えていることも明らかとなった．

　次に相互行為の場におけるハナの位置付け（ポジショニング・レベル2）について述べる．S1 を語る際にハナは自身の置かれた状況を俯瞰的な視点で表現するとともに，韓国人の発言に怒りを感じるよりも「¥-申し訳ありませんみたいな感じ-¥になっちゃいますね」(971, 972) と説明する．ここでハナは「ーてしまう」の音韻縮約形である「ーちゃう」を使用し，主体の後景化を図るとともに自分の置かれた状況がそのような言動をする原因となるという状況的要因の前景化（一色 2011）を試みている．他の参与者2人はハナの発言に対し頷き同意を示しており (973, 974) ここでは3人がその状況であれば憤るよりも謝る私（レベル2）という位置付けを共有する様子が見られた．さらにハナは 975 行目で再度「うん::（（頷き））ねぇ？立場上どうしても」(975) と発言し，S1 で示した自分の反応に対する他の参与者の共感を再度確認しようと試みる．また，「立場上」(975) という彼女の発言からは，多勢に無勢な状況が彼女の言動の要因であるということを強調しようとする姿勢も見受けられた．ハナの発言に対し調査者は，その状況において「心の中でイラッととかそんなんよりもう［パッと」(977)，「もうすみませんみたいな感じ？」(979) と尋ね，再度視点を感情的な方向に持っていこうと試みる．するとハナは調査者の発した「イラッと」(977) という表現に発言の途中で反応する様子を見せ (978)，調査者の発言にかぶさるようにして S2 を語り始める．S2 の中でハナは「確かに」(980, 987) という表現を使用し，調査者に質問されたことで過去の関連した記憶を遡れば「知らない人」(981) から質問された場合には「イラッと」(987) した感覚が自分の中に生じていたことに気づく様子を見せる（李澤熊 2009[3]）．ただし，直後にハナは接続詞「ただ[4]」を挿入し「イラッと」(987) とはするものの相手の意見を「はいはい」(989) と聞いていることを他の参与者に伝える．ハナの気づ

3　李澤熊（イ・テグウン）(2009) によれば，「確かに」という表現は「話し手が問題となっている事柄に対して，それが実現・成立していると断定するさま」（李澤熊 2009：84）を表すという．断定を行う際に話し手は，過去の自身の経験や自身が所持する何らかのデータに基づき目の前の事柄に関する確認を行ったのち，その結果として何らかの断定を下すというプロセスを踏んでいると李は説明する．

97

きとその後の対処法は他の参与者にも受け入れられ，特に調査者は「ああ」(985) や「う::::ん」(990) といった相槌を打ちながらハナの発言に共感を示す様子を見せる．ここでは3人が初対面の韓国人から独島問題について質問されるのは不愉快である私（たち）（レベル2），不愉快ではあっても韓国人の意見に反論しない私（たち）（レベル2）という位置付けを共有する様子が見受けられた．そして調査者が「人によるけど」(993) と前置きした上で具体的にどのように返答するのかをハナに尋ねると，ハナはS3でどのような相手であってもこの問題で韓国人と「喧嘩」(996) になることは回避したいので「そうですよね::[みたいな感じで合わせちゃいますね」(999) と返答する．ここでもハナは「―ちゃう」を再度使用し，韓国社会で生活する身の上として韓国人と喧嘩になることを回避したいという自身の思いが韓国人の意見に反論しないという自身の行動の要因であるという姿勢を示す（一色 2011）．ハナの姿勢は他の2人にも共有され（1000，1001）ここでは3人が揉めたくないので独島問題に関する韓国人の意見に反論しない私（たち）（レベル2）という位置付けを共有する様子が観察された．このようにデータ内でハナは一貫して，独島問題に関して質問されることにより自身の中に湧き上がる感情的な側面よりも，その時に自身が身をおく状況（多勢に無勢の状況）やそのような状況下で韓国人と喧嘩になることを避けたいという心情を前景化しようとする姿勢を見せる．そして，感情的な面に焦点を当てて意見を聞こうと試みる調査者に対し，S1-S3を語ることを通じて上述した状況や心情を反復して提示し，最終的に調査者の同意を得る (1000)．このような点から，データ内ではハナが語ることを通じてマイノリティである自身の位置付けを理解してもらいたい私（レベル2）という位置付けを示していることがわかった．

　最後にレベル1とレベル2の位置付けをもとにハナが表出・構築する文化的・社会的自己（アイデンティティ）（ポジショニング・レベル3）について述べる．データ4の冒頭で調査者は，韓国人から独島問題に関し謝罪するように迫られた際に湧き上がる感情に関する質問を行う．それに対しハナは，自身の置かれ

4　接続詞「ただ」：前述の事柄に対して，条件をつけたりその一部を保留したりする時に用いる．（デジタル大辞泉）

た状況を俯瞰的な視点から描写し，多勢に無勢な状況では謝る他に手がないという立場を明示する．こうしたハナの姿勢は語りを通じて反復提示され，その過程を通じて他の参与者もハナの姿勢を受け入れる様子を見せる．ここからは，彼女たちが韓国社会の中で独島問題に関する質問を受ける際の自分たちの状況をどのように認識しているのかが理解できる．また，データ4では，彼女たちが，独島問題に関して韓国人の意見に反論することは喧嘩につながる可能性が高い攻撃的な行為である．そのような状況を回避することが自分の感情を相手に伝えるよりも重要である，と認識していることが明らかとなった．以上の点から，データ4ではハナによって韓国生活に波風を立てずに暮らす方法を身につけているマイノリティというアイデンティティが実践されていることが明らかとなった（レベル3）．

　データ5は，在韓歴12年のマイコと9年のエミのペアとのインタビュー調査に現れたものである．データ5の開始前，調査者は2人に韓国で生活する中でショックを受けたり驚いたりした出来事はあったかという質問を行う．それを受けマイコは，タクシーに乗った際に初対面の運転手から独島問題のことで意見されたことが何回かあると話した．マイコによれば，彼女の場合は日本人として意見を求められるというよりも，独島は韓国のものだという運転手の意見を一方的に聞かされるケースが多いという．また，発言の際にマイコは自身の中に生じる感情に関する言及は行わず，代わりにため息をつく様子をみせていた．そして，同様の質問を韓国人の友人からも受けたことがあると話した．データ5はマイコのその発言から始まる．データ5ではマイコによって二つのスモール・ストーリー（S1：753-769，S2：774-791）が語られる．

〈データ5〉：回避したくてもできない話題
　　753. マイコ：それお友達にも言われたことあります
　　754. エミ　：（（驚いた表情でマイコを見て））えっ？
　　755. 調査者：[まあ
　　756. エミ　：[えっ友達に？
　　757. マイコ：旦那さんの::

758. エミ　　：[((頷く))
759. 調査者：[((何度も頷く))
760. マイコ：お友達（.）カップルとか夫婦［とかでなんかどっか行った時にそ
761. 　　　　の話が出て::
762. エミ　　：　　　　　　　　　　　　　　［((頷きつつ))ああ::((何度も頷
763. 　　　　く))
764. 調査者：((何度も頷く))
765. マイコ：なんかそういう話:とか（.）するとやっぱり
766. エミ　　：((何度か頷き))@@@
767. マイコ：避けたいというか::
768. 調査者：((何度も頷きつつ))う:::ん
769. マイコ：うんあまりされた［くない
770. エミ　　：　　　　　　　　［うんされたくない
771. 調査者：どんな感情が湧いてくるんですか？
772. 　　　　：このう::んってなるっていうのはその悲しんですか？それとも（.）
773. 　　　　腹が立つ？
774. マイコ：そもそも私に言われてももう［どうしようもできない話だし::
775. エミ　　：　　　　　　　　　　　　　［((何度も頷く))
776. 調査者：　　　　　　　　　　　　　　［((何度も頷く))
777. 　　　　：うんうんうん
778. マイコ：そんな韓国韓国って言われたら逆に私もじゃあ日本のものだよって
779. 　　　　：なんか言いたく［なっちゃって::
780. エミ　　：　　　　　　　　［((何度も頷く))
781. 調査者：　　　　　　　　［((大きく頷き))う::::ん
782. マイコ：イライラというか::
783. エミ　　：((何度も頷く))
784. マイコ：今更この話をして私にしても::
785. 調査者：[((何度も頷く))
786. エミ　　：[((何度も頷く))う:::ん
787. マイコ：[何もならないのに言わないでよって思うし::
788. 調査者：((頷きつつ))う:::ん
789. エミ　　：((何度も頷く))

100

第 5 章　韓国（人）との関わり合いに見る日韓問題

790. マイコ：韓国韓国って言われるとじゃあ日本のものっていうそういう感情も
791. 　　　　：(..)［生まれるというか ::
792. エミ　　：　　　［((何度も頷く)) う :::ん
793. 調査者　：　　　［((何度も頷き)) う :::ん
794. マイコ：((何度も頷く))

　まず，各スモール・ストーリーに示されたマイコの位置付け（ポジショニング・レベル1）について述べる．S1でマイコは，韓国人の夫の友人たちと出かけた際に独島問題の話題が取り上げられた出来事を描写する．ここでマイコは，独島問題の話題を「避けたい」(767)，「あまりされたくない」(769) ものであると述べ，独島問題に関する話題を回避したい私（レベル1）という自身の位置付けを提示する．続くS2では，S1で描写された状況下においてマイコがどのような感情を抱いていたのかが説明される．774行目でマイコは独島問題に関する話題を「私に言われてももう［どうしようもできない話」(774) と表象するとともに，韓国人から独島は韓国のものだと言われ続けると「私もじゃあ日本のものだよって」(778)，「なんか言いたく」(779) なってしまい「イライラ」(782) すると述べる．続く784, 787行目，790-791行目では同様の見解が反復されており，このような彼女の発言からは個人の力が及ばない問題を自分に投げかける韓国人の言動に苛立ちを感じる私（レベル1），韓国のものだと繰り返し主張されることで反論したくなる私（レベル1）という彼女の位置付けが読み取れた．

　次に相互行為の場におけるマイコの位置付け（ポジショニング・レベル2）について述べる．データ5の冒頭でマイコが韓国人の友人から独島問題に関して意見された経験があると発言した際，調査者とエリは共通して驚く様子を見せる(754-756)．2人の言動からは，韓国人の友人との間において独島問題に関する話題が取り上げられるという状況が，同じ在韓日本人女性2人にとって珍しい事象であることが理解できる．その後，マイコが友人というのはマイコ自身の友人ではなく韓国人の夫の友人であるということを告げると，調査者とエミは同時に頷きながらマイコの置かれた状況を理解した様子を見せる (758,

759）（韓国人の友人とは独島問題に関して話をしない私（たち）：レベル2）．全体を通じて調査者とエミはマイコの語りを頷きつつ共感する姿勢で聞いていたが，特にエミは769行目でマイコが独島問題に関して話題に「されたくない」(769)と述べた際，彼女の発言を繰り返すようにして同意を示すとともに彼女の気持ちを支持する姿勢を明確に打ち出す(770)．このようなやりとりからは，彼女たちが独島問題の話題を回避したいという認識を共通して所持している様子が読み取れる（独島問題の話題を回避したい私（たち）：レベル2）．さらに，マイコが独島問題に関して自分に話を振られてもどうすることもできないと発言した際には(774)，他の2人が「どうしようもできない話」(774)の部分で何度も頷く様子を見せる．同様の現象は，マイコが778，779行目で独島は韓国のものだという主張を繰り返し聞かされることで自分も日本のものだと主張したくなるという見解を示した際にも観察された．この時，マイコは「ーてしまう」の縮約系である「ーちゃう」というと表現を使用し，韓国人に対し独島は日本のものだと主張したくなるのは韓国人がそれを韓国のものだと自分の前で何度も主張するからであるという状況要因を前景化する（一色 2011）．そのようなマイコの見解に対して示された調査者とエミの頷き(780，781)からは，彼女たちがマイコの見解を支持する姿勢を持っていることが窺えるとともに，韓国人の主張が原因で反論したい気持ちが起こってしまう私（たち）（レベル2）という位置付けを彼女たちが共有していることが明らかとなった．マイコは同様の見解をその後にもう一度反復して提示しており，ここでも調査者とエミは1回目と同様彼女の見解を共有する姿勢を見せていた．以上の点から，データ5ではマイコが語ることを通じて，自らは避けたいと感じている話題を相手側が一方的に突きつけてくる状況を顕在化させるとともに，韓国人の言動により韓国人に悪印象を抱くようになる私（レベル2）という自らの位置付けを提示していることがわかった．

　最後にレベル1とレベル2の位置付けをもとにマイコが表出・構築する文化的・社会的自己（アイデンティティ）（ポジショニング・レベル3）について述べる．データ5でマイコは，独島は韓国のものであるという韓国における支配的言説を日本人代表として一方的に聞かされる自身の状況を他の参与者の前で再現す

る．そしてできるならば回避したいそのような状況に強制的に曝されることは自分にはどうしようもできない問題に巻き込まれることを意味すると同時に，自分の中に韓国人の主張に反論したいという気持ちを生じさせる契機にもなるという見解を示す．また彼女の見解は同様の境遇で生活している他の参与者にも共有されており，このような3人のやりとりからは韓国社会の中で日本人代表として独島問題の話題を振られた際，彼女たちが自らの置かれている社会状況や関係性をどのように捉えているのか，そのような経験が彼女たちの中にどのような感情を引き起こしているのかが窺える．同時に，彼女たち3人が独島問題を，話題を振られたところで自分たちが具体的にできることは何もない問題として認識していることもわかった．以上のことから，ここではマイコによって韓国人の言動に巻き込まれる日本人というアイデンティティが実践されていることが明らかとなった（レベル3）．

第3節　慰安婦問題と関連のある出来事

　慰安婦問題とは，「帝国内に設置された『慰安所』」（Ching 2019/2021：105）で「性奴隷」（Ching 2019/2021：105）として働かされた韓国，中国，タイ，フランス領インドネシア，シンガポール，マレーシア，ビルマ，インドネシア，フィリピン，台湾出身の女性たちと関連した問題である（Ching 2019/2021）．女性たちの80％から90％は朝鮮半島出身者であり，1991年には元慰安婦である金学順が自身の体験を公にした．それ以降，慰安婦問題は日韓両国において大変重要な外交問題として注目を浴びることとなる（木村 2020）．本節では，韓国生活の中で在韓日本人女性がこの問題と関連した出来事に遭遇した体験に関する語りを対象に分析・考察を行う．本研究のインタビュー調査では，慰安婦の問題に関して深く言及したのは協力者28名のうち在韓6年目のフミエのみであった．
　データ6は在韓歴6年のフミエと8年のヨリのペアとのインタビューにおいて収集されたものである．フミエは，海外のアメリカンスクールと日本の教育機関の両方で教育を受けており英語が非常に堪能である．ヨリは大学時代の専攻が韓国語であり，韓国語の能力はかなり高い．データ6の開始前にヨリは，

韓国で暮らす中で初めて日韓関係の悪化を肌で感じたのは 2012 年ごろであったと話し，その時は精神的にかなり辛かったと述べた．それを聞いていたフミエは，ヨリの発言に続くようにして自身が釜山に語学留学していた際の体験について語り始める．フミエが体験した出来事とは，韓国の高速鉄道に乗車した際に車内のモニターで慰安婦に関する放送がずっと流されていたというものである．データ 6 はフミエの発言を聞いた調査者が「う :::ん」（593）と唸る様子を見せた直後から始まる．データ内では，フミエによって一つのスモール・ストーリー（S1：594-615，623-631，639-646）が語られる．

〈データ6〉：教育の仕方に疑問を感じる
 593. 調査者：う :::ん
 594. フミエ ：（（ヨリを見て））なんかあの時本当に降りたいって
 595.   ：[本当に思って
 596. ヨリ ：[（（フミエを見て表情だけ微笑む））
 597. フミエ ：（（ヨリを見て））（（両腕を抱きしめさるようにして））
 598.   ：私もその時肌で感じましたなんか
 599. ヨリ ：（（フミエを見て何度も頷く））う :: んうんうん
 600. フミエ ：ああ:なんか（（首を傾げ））もう本当に（1）なんかこう（2）（（何
 601.   度も頷き））なんか映像見せつけられ（..）てる感じで::
 602. 調査者：[（（小さく頷く））
 603. ヨリ ：[（（フミエを見て頷き））うん
 604. フミエ ：う ::::ん（..）（（両手で顔を覆い））もうやめてって思いました
 605.   ：（（両手をバンとテーブルに置く））
 606. 調査者：う ::::ん
 607. フミエ ：（（調査者を見て何度も頷き））（（両手をバンとテーブルに置く））
 608.   ：ああもうやめてって思いました
 609.   ：（（一旦広げ下げた両手を再びテーブルにバンとおく））
 610.   ：なんかもう（.）でなんかみんな他の乗客見たら（（ヨリを見て））
 611.   普通に見てるし
 612. ヨリ ：[（（フミエを見て頷き））うん
 613. 調査者：[（（頷く））

614. フミエ：これずっと見てたら（（両目をぎゅっと瞑り））そりゃあなんかこ
615. 　　　　　う（（ヨリに視線を向け））日本めっちゃ悪だよね［みたいな
616. ヨリ　：　　　　　　　　　　　　　　　　　　　　　　［（（フミエを見
617. 　　　　　て頷き））うん
618. 調査者：（（何度も頷く））
619. フミエ：（（何かの落下音がしてテーブルの下を見ながら））
620. 　　　：もっもちろん悪でいいんですけど::なんか::その::あああれなん
621. 　　　　　かじんど::人道的なあれだなって思うので
622. 調査者：（（何度も頷く））
623. フミエ：(.)でもそれとは別に自分の感情としてはああもう本当にやめて欲
624. 　　　　　しいなと思いました
625. 調査者：[###
626. フミエ：[もうなんかこれ以上なんか行為のを放映したり見せたり::（（何度
627. 　　　　　か頷く））もしくはなんかこうちっちゃい子たちに::(..)歴史の一
628. 　　　　　環（（右手の指先をテーブルに打ち付ける））として教育？（（頷く））
629. 調査者：（（何度も頷く））
630. フミエ：こんなに(.)（（目を見開いて））こんなにしなくてもって本当に思
631. 　　　　　いました（（ヨリを見る））
632. ヨリ　：（（フミエを見て何度も頷き））う:::ん
633. フミエ：（（ヨリを見て））なんかこう(.)もちろん教えていいんですけど
634. 調査者：[（（頷く））
635. ヨリ　：[（（フミエを見て頷く））
636. フミエ：（（視線を前方にやり俯き加減で））教える(.)べきだと思うんです
637. 　　　　　けど
638. 調査者：（（頷く））
639. フミエ：(1)なんかもう1時間2時間ずっと流しっぱなしで::（（頷く））
640. 　　　　　（（頷きながら調査者を見る））
641. ヨリ　：[1（（笑みを浮かべる））
642. 調査者：[1（（小さく頷く））
643. フミエ：[2（（調査者を見ながら一度ため息））
644. 調査者：[2う:::ん
645. フミエ：これちょっとな洗脳に近いかもって（（ヨリに視線をやり））[3思い

105

646.　　　　ました
647. ヨリ　：　　　　　　　　　　　　　　　　((前方に線をやり)) [3 う ::
648.　　　　ん

　まず，スモール・ストーリーに示されたフミエの位置付け（ポジショニング・レベル1）について述べる．語りの中でフミエは，乗車した車両のモニターで慰安婦に関する放送が継続して流されるという状況に身を置く自身の姿を描写する．そして，その際にどのような感情が生じていたのかを心内発話の引用という形で他の参与者の前に提示する．まず，594行目に現れた「本当に降りたい」(594) というフミエの心の声からは自分が身を置く状況から脱出したい私（レベル1）という彼女の位置付けが読み取れる．また，その直後に再度「本当に」(595) を反復する様子からは，彼女がそのような思いを相当強く感じていた様子が窺える．次に「映像見せつけられ (..) てる感じで::」(601) という「見せつける[5]」の受け身表現からは，彼女が自分は望まないにも関わらず強制的にそのような映像を見なければいけない状況に身を置いていると感じている様子も見られ，嫌でも回避できない状況下に置かれる私（レベル1）という彼女の位置付けが読み取れる．さらに，フミエは604行目，608行目で「もうやめて」(604, 608) という心の声を引用するとともに，発話の際には顔を両手で覆ったり (604)，両手でテーブルを叩く (605, 607, 609) などの動作を見せ，そのような映像を自分に見せるのはもうやめてほしいと強く思った当時の様子を再現する．そのようなフミエの言動は，その直後に彼女が説明した他の乗客の様子（「普通に見てるし」(611)）とは対照的であり，同じ状況に身を置いているフミエと他の乗客の映像に対する反応の仕方のギャップを他の参与者の前で浮き彫りにする．そして，「これずっと見てたら ((両目をぎゅっと瞑り)) そりゃあなんかこう ((ヨリに視線を向け)) 日本めっちゃ悪だよね［みたいな］(614, 615) という彼女の心の声からは，数時間継続してこのような放送を見続けていたら日本を「めっちゃ悪」(615) と感じるであろうとフミエが認識していることが

---

5 「見せつける」には，「わざと人目につくようにする．いやでも見えるようにする」という意味が存在する．（デジタル大辞泉）

第 5 章　韓国（人）との関わり合いに見る日韓問題

わかる．ここからは，放送を見ていたら日本を悪と思うようになると感じる私（レベル 1）という位置付けを彼女が提示していることが読み取れる．このような感情を抱いた上で，最終的にフミエは「ああもう本当にやめてほしいな」(623, 624) という自身の感情を吐露する．そして，続く 626-631 行目では日本が行った行為を放映して見せたり (626)，小さな子どもに歴史の一環として教育する (627, 628) というやり方に対して「こんなに (.)((目を見開いて))こんなにしなくてもっ」(630) と自らが感じている様子を提示する．このようなフミエの感情が起こった要因として，彼女が実際に慰安婦に関する放送が「1 時間 2 時間ずっと流しっぱなし」(639) の状況に身を置いていたこと，その中でその行為を「これちょっとな洗脳に近いかもっ」(645) と自らの体験を通じて感じていたことが挙げられる．つまり，ここではフミエが，自身の体験を通じて韓国の日韓問題に関する教育の仕方（支配的言説の普及のさせ方）に対し疑問を抱くようになったプロセスが提示されるとともに，韓国の日韓問題に関連した情報の普及のさせ方に疑問を感じる私（レベル 1）という位置付けを提示していることが明らかとなった．

次に相互行為の場におけるフミエの位置付け（ポジショニング・レベル 2）について述べる．594 行目でフミエがその車両から降りたいと感じたと発言した際，ヨリは笑みを浮かべつつフミエを見つめ頷く様子を見せていた (596)．そして，フミエが「私もその時肌で感じました」(598) と発言した際には，何度も頷きながら強く同意を示す (599)．ここでフミエが「私も」(598) と表現しているのは，データ 6 が始まる前にヨリが韓国で日韓関係の悪化を肌で感じた話をしていたことと関連があると思われ，ここでは 2 人が韓国生活の中で日韓関係の悪化を肌で感じた私（たち）（レベル 2）という位置付けを共有している様子が観察できる．また，フミエが映像を「見せつけられてる感じ」(601) と表現した際にも，他の参与者 2 人はフミエの認識に同意を示しており，韓国において日韓問題に関連した話題に触れる際に自らが不快であってもその状況を回避できない私（たち）（レベル 2）という位置付けを 3 人が共有する様子も見られた．また同じ内容であっても韓国人と自分たちでは受け取り方が全く異なるというフミエの認識も同様に他の 2 人から支持されており (612, 613)，韓国で日韓問

107

題に関する話題に向き合う際の韓国人と自分たちとの間の異なりを3人が共通して感じていることも理解できる．同様の状況は，「これずっと見てたら（（両目をぎゅっと瞑り））そりゃあなんかこう（（ヨリに視線を向け））日本めっちゃ悪だよね［みたいな］」(614，615)とフミエが発言した際にも見受けられ，特にヨリはフミエの発言の途中で頷きつつ同意を示す．ここでは，同じ映像を見たわけではない3人が放送される内容をずっと見ていたら日本を「めっちゃ悪」(615)と感じるようになるものだと共通して認識していることから，彼女たちが韓国における日韓問題に関する支配的言説は日本を悪として描き出す内容であると共通して認識していることがわかる．ただし，620行目，621行目のフミエの発言からは彼女が日本の「悪」(615)としての側面を全く否認しているわけではないことも理解でき，「人道的なあれだと思う」(621)という発言からは日本が行った行為を人権の尊重に関わるような行為であるとフミエが感じている様子も窺える．また調査者もフミエの発言に同意を示しており，彼女たちが日韓という枠組みだけではない視点から慰安婦問題について考える姿勢を所持していることがわかる．そして，623行目の「でもそれとは別に自分の感情としてはああもう本当にやめて欲しいなと思いました」(623，624)というフミエの発言からは，日本の行為の問題性を頭では理解できてもどうしようもなく「ああもう本当にやめて欲しいな」(623，624)という感情が湧き上がってくるフミエの位置付けが提示される．また，その後に続く発言からは彼女が何をやめてほしいと感じているのかが他の参与者に具体的に提示される．ただ，ここでもフミエは「もちろん教えていいんですけど」(633)，「教える（.）べきだと思うんですけど」(636，637)と述べ，そのような教育をすること自体を否定しているわけではないという姿勢を見せる．けれども，633行目，636，637行目の発言のどちらも語尾が接続詞「けれども[6]」の縮約形「けど」で終わっており，その後に続く639行目，645，646行目のフミエの発言を加味すれば，彼女が教育をすること自体を否定はしないがやり方には疑問を感じると考えていることが理解できる．このようなフミエの主張は他の参与者2人にも共有され，

---

6 接続詞「けれども」は，「前に述べた事柄と相反する内容を導く語」であり，だが，しかしなどと同様に使用される．（デジタル大辞泉）

第 5 章　韓国（人）との関わり合いに見る日韓問題

ここでは 3 人が韓国で実施されている日韓問題に関する教育のやり方に疑問を抱く私（たち）（レベル 2）という位置付けを共有している様子が観察された．以上のやりとりからは，フミエが語られる世界では自身の主観的な側面（日本人としての感情）を提示しつつも，語りの場では客観的な側面（人として，女性としての感情）を示すというやり方を反復していることがわかる．ここからは慰安婦問題が彼女にとって日本人としての感情（主観的な側面）と，人として女性としての感情（客観的な側面）とが交錯する非常に複雑な問題であることが理解できる．また同時に彼女が最終的に日本人としての視点で語りを終えていることからは，複雑な思いを抱きつつも言わずには居れない日本を悪者にしてほしくない日本人の私（レベル 2）という彼女の位置付けが読み取れた．

　最後にレベル 1 とレベル 2 の位置付けをもとにフミエが表出・構築する文化的・社会的自己（アイデンティティ）（ポジショニング・レベル 3）について述べる．データ 6 の冒頭でフミエはヨリの話題を引き継ぎ，日韓関係の悪化を肌で感じたものとして語り始める．フミエはデータの前半で自身が実際に身を置いた状況を再現することを通じて，韓国では日本を悪と感じるような内容の日韓問題に関する支配的言説が普及されているという認識を提示する．そして，後半では韓国社会の中で実施されている教育の方法が，フミエの目には洗脳に近いものに映っている様子が示される．また，フミエはデータの随所で韓国の主張やそのような教育を行うこと自体を否定しているわけではないという姿勢を見せつつも，一貫してそのやり方には疑問を感じるという姿勢を貫いていた．データ 6 の中で提示された彼女の発言や姿勢からは，教育というものはトップダウン方式で一方的に与えるようなものではないという彼女の認識や，そのような彼女の認識とは真逆の形で実施されている韓国の日韓問題に関する教育への疑問が読み取れる．それと同時に，フミエの目を通じて，韓国人がそのような支配的言説の普及方法に疑問を感じていない様子が窺える．以上の点から，データ 6 ではフミエによって韓国の日韓問題の扱い方を受け入れられない私というアイデンティティが実践されていることが明らかとなった（レベル 3）．

第4節　日本製品不買運動（2019）と関連のある出来事

　インタビュー調査を実施した 2019 年の 8 月，9 月，韓国では大規模な日本製品不買運動が実施されていた．韓国ではこれまでにも数回に渡り日本製品不買運動が行われてきた．しかしながら，一部の運動団体による派手なパフォーマンスはあったものの，そのどれもが大事に至ることなく終息した（澤田 2020）．ただ，2019 年の夏に起こった不買運動はその規模が韓国全土に及び，公共交通機関やスーパーなどに No Japan などの横断幕やステッカーが貼られるなど，過去のものとは異なる様相を見せた．不買運動が開始されたそもそもの発端は，韓国政府の元徴用工訴訟の判決への対応に当時の安倍内閣が反発し韓国への輸出規制を強化したことにある（澤田 2020）．澤田（2020）によれば，そのような日本側の措置は，元徴用工訴訟に関心のない一般の韓国人の中に日本が理由もなく韓国を攻撃してきたという印象や，日本の措置により自身の生活が脅かされるという不安を生じさせたという．そして，そのような認識や感情が不買運動を引き起こす要因となったという．また，SNS による情報拡散や韓国社会の同調圧力などがそのような社会的雰囲気をさらに加速・増長させたことで不買運動の規模が韓国全土へと広がり，その影響は韓国と日本の観光業界などに大きな経済的打撃を与えることとなった（澤田 2020）．

　そのような状況下で調査が実施されたこともあり，インタビュー内では不買運動に関する話題も自然と持ち上がった．調査協力者 28 名のうち不買運動に関して深く言及したものは 25 名おり，その中で一番多く聞かれたのは早く終わってほしいという意見であった．しかし，それ以外にも日本語を話しづらい（8 名），怒りが湧く（3 名），悲しくなる（4 名），仕方ない（2 名），怖い（2 名）といったより彼女たちの感情に即した回答も見受けられた．本節では，その当時韓国で生活していた在韓日本人女性たちが遭遇した不買運動と関連のある体験に関する語りを対象に，上述した 5 項目に関する代表的なデータをそれぞれ取り上げ分析・考察を行う．

　データ 7 は在韓歴 13 年のヒサコと 3 年のユリへのインタビュー調査の中で

第5章　韓国（人）との関わり合いに見る日韓問題

収集されたものである．データ7の開始前，調査者は不買運動に関する話を2人から聞いていた．その中で調査者は，街中で不買運動に関連したポスターなどを目にした際にはどのような感情が湧いてくるのかと2人に尋ねる．その質問に対し，まずユリが生まれ育った国（母国とも表現）を非難するメッセージを目にすると悲しい気持ちになると話した．ユリの発言が終わると，調査者はヒサコに対して「どうですか？」と同じ質問を行う．データ7は，それに対するヒサコの回答から始まる．データ内でヒサコは，三つのスモール・ストーリー（S1：630-634，S2：634-638，S3：641-645）を語る．

〈データ7-1〉：悲しみ
621. ヒサコ：あでも (..) 私もやっぱり [(..) 見ると悲しいですやっぱりなんか
622. 　　　　うん
623. ユリ　：　　　　　　　　　　　　[((頷く))
624. ヒサコ：自分の国っていうのもあるし [やっぱり子どもも ::　[半分は
625. 調査者：　　　　　　　　　　　　　[((頷く))
626. ユリ　：　　　　　　　　　　　　　　　　　　　　　　　　[((頷く))
627. ヒサコ：(..) あの日本のルーツがあるの (..) で：
628. 調査者：((頷く))
629. ユリ　：((頷く))
630. ヒサコ：(.) だからなんか直接自分には言われてるわけじゃないけど ::
631. 　　　　[やっぱり悲しい
632. 調査者：[((頷く))
633. ユリ　：[((頷く))
634. ヒサコ：(..) 感情が一番先に来ますねまっ普段乗ってるバスで ::
635. 調査者：((何度も頷く))
636. ヒサコ：((ユリの方を見て)) ねえ？
637. ユリ　：((頷く))
638. ヒサコ：なんかボイコットジャパンの張り紙あったり ::
639. 調査者：[((何度も頷く))
640. ユリ　：[((ヒサコを見て)) うん
641. ヒサコ：(1) 寄ったスーパーの前に :: 何か日本お酒は売ってませんとかかわ

111

642.　　　　　ざわざ書いてるのを見ると：
643. ユリ　　：うん::
644. 調査者：((何度も頷きつつ))　うん::
645. ヒサコ：ちょっと悲しい((頷きながら))　はい
646. 調査者：悲しみなんですね？怒りとかよりも
647. ヒサコ：((ユリをチラッと見て))　うん::　私は［そうですね
648. ユリ　　：　　　　　　　　　　　　　　　　　［(((頷きつつ))　うん#####
649.　　　　　思う
650. ヒサコ：一番初めの感情はそうですよね
651. 調査者：((何度も頷きつつ))　ああなるほどなるほど
652. ユリ　　：((何度も頷く))

　まず，各スモール・ストーリーに示されたヒサコの位置付け（ポジショニング・レベル1）について述べる．S1においてヒサコは，街中で不買運動に関連のあるポスターなどを目にした際の状況を再現する．その中でヒサコは，副詞「やはり[7]」の音変化である「やっぱり」を使用し，非難の言葉が自分に向けられているものではないと頭ではわかっていても「悲しい」(631)という思いが湧き上がってくることを訴え，不買運動のメッセージに悲しみを感じる私（レベル1）という位置付けを提示する．続くS2，S3ではより具体的な状況描写が行われ，そのようなメッセージをヒサコがどのような場所で目にしているのか，メッセージの中身はどのようなものかといった情報が示される．そして645行目の「悲しい」(645)は，そのどちらの状況においても同様に彼女の中に生じる感情として吐露されており，ここでも再度ヒサコが不買運動のメッセージに悲しみを感じる私（レベル1）という自身の位置付けを反復しながら提示していることがわかる．

　次に相互行為の場におけるヒサコの位置付け（ポジショニング・レベル2）について述べる．データ7の冒頭でヒサコは不買運動に関連したポスターなどを目にすると悲しみを感じると述べ，その理由について「自分の国っていうのも

---

7 「やはり」には「さまざまに考えてみても，結局は同じ結果になるさま」といった意味がある．（デジタル大辞泉）

あるし［やっぱり子どもも :: ［半分は (..) あの日本のルーツがあるの (..) で :」(624, 627) と説明する．ヒサコの発言に対し調査者とユリは頷きつつ共有する姿勢を見せており，ここでは3人が自分の母国であり我が子とも関連のある日本を非難されることに悲しみを感じる私（たち）（レベル2）という位置付けを共有する様子が見られた．その後ヒサコは，自分を否定されているわけじゃないとわかっていても「悲しい感情が一番先にきますね」(631, 634) と発言し，頭で理解していることと自分の中に湧き上がる感情が異なった動きをしていること，またその際には一番先に悲しみが湧き上がってくることを他の参与者に伝える．またヒサコは636行目でユリを見ながら確認を求めるように「ねぇ？」(636) と言い，ユリもそのようなヒサコの問いかけに頷くことで同意を示す (637)．ここでも，3人が日本を非難されることに悲しみを感じる私（たち）（レベル2）という位置付けを再度共有する様子が観察された．またヒサコは645行目で自らが感じる悲しみの程度を「ちょっと悲しい」(645) と表現し，最初に湧き上がってくる感情ではあるがその程度はそこまで重度な悲しみではないことを他の参与者に示す．その後，調査者は悲しみ以外の感情として「怒りとかよりも」(646) といった表現で間接的に怒りの感情に言及するが，ヒサコは「一番初めの感情」(650) は怒りではなく悲しみであると明示する (650)．以上のやりとりから，相互行為の場において語ることを通じて，ヒサコが日本非難に対して湧き上がる悲しみを理解してほしい私（レベル）という位置付けを他の参与者に提示しようとしていることがわかった．

　最後にレベル1とレベル2の位置付けをもとにヒサコが表出・構築する文化的・社会的自己（アイデンティティ）（ポジショニング・レベル3）について述べる．ヒサコは自分の生まれ育った国を非難されることは悲しいというユリの発言の後，調査者からヒサコはどう感じるのかと意見を求められる．ここでの調査者の質問は，タイミング的に母国を非難されていることについてどう思うのかとも受け取れる内容であった．それゆえに，データ7の冒頭でヒサコは不買運動に関する自身の意見を述べるというだけでなく，母国が非難されていることに関する自身の意見を述べるという状況にも立たされる．その後のヒサコの発言からは，彼女が複数回に渡り「やっぱり」という表現を使用する様子が見受け

られ，ここからは彼女がどちらかというと母国が非難されていることに関する自身の意見を求められていると認識している可能性が窺える．また同時に，自分自身も日本人であり，日本にルーツを持つ子どもを持つ母として日本が非難されることは悲しいという彼女の認識も窺えた．そして，データ内ではそのような彼女の認識を他の参与者も疑問なく受け入れている様子が見られた．ただし，ヒサコの発言からは，不買運動のメッセージは自分個人に向けられたものではないと彼女が理解していることや，日本を非難する韓国人に対し怒りを感じているわけではないことが読み取れ，複雑な思いを感じつつも彼女が冷静な視点から状況を受け止めている様子も見受けられた．以上の点から，ここではヒサコによって母国非難に反応してしまう日本人というアイデンティティが実践されていることが明らかとなった（レベル3）．

　データ7-2は，7-1が終了した直後の内容である．ここではヒサコによって一つのスモール・ストーリー（S4：659-666）が語られる．

〈データ7-2〉：怒り
　　650. ヒサコ：それよりそういうそういうのは：(..) あっだから街中の人は多分：
　　651. 　　　　そういうのはやっぱり (.) こう (.) メディアとかで煽られてると
　　652. 　　　　思うし [:: あれなんですけど
　　653. 調査者：　　　 [((何度も頷く))
　　654. ユリ　：　　　 [((何度も頷く))
　　655. ヒサコ：でも政治家の人とか見るとちょっといっ怒りの感情が [あるかも
　　656. 　　　　しれません
　　657. 調査者：　　　　　　　　　　　　　　　　　　　　　　　　　[うん政治
　　658. 　　　　家の人にはどっどんな風な？
　　659. ヒサコ：なんか大統領とか [: なんかニュース (.) そのYahooニュースで見
　　660. 　　　　たんですけど::
　　661. 調査者：　　　　　　　　　 [((何度も頷く))
　　662. ユリ　：　　　　　　　　　 [((何度も頷く))
　　663. 調査者：[((何度も頷く))
　　664. ユリ　：[((何度も頷く))

```
665. ヒサコ：あの::一回謝ったから［(..)とか一回同意したからといって
666.      ：　　　　　　　　　［それは同意じゃないみたいな
667. 調査者：                              ［(((頷く))
668. ユリ　：［(((ヒサコを見て頷き))　うん:
669. 調査者：((何度も頷きつつ))　うんうん::
670. ヒサコ：ことを言ったって聞いてなんでと￥-思って［政治家がそんなんゆ
671.　　　　うてたら-￥
672. ユリ　：　　　　　　　　　　　　　　　　　　　［@@@@@@@
673. ヒサコ：ダメなんじゃないの？とか((何度も頷く))　(.)　はいそう
674.      ：((ヒサコとユリが視線を合わせユリが頷く))
```

まず，スモール・ストーリーに示されたヒサコの位置付け（ポジショニング・レベル1）について述べる．S4でヒサコは，Yahooニュースを通じて韓国の大統領（当時の文在寅大統領）の発言を目にした際の出来事を描写する．そこでは「一回謝ったから［(..)とか一回同意したからといって」(665)，「それは同意じゃない」(666)という大統領の発言が直接引用の形で挿入されているとともに，その発言に対し「なんで」(670)，「政治家がそんなんゆうてたら」(670,671)，「ダメなんじゃないの？」(673)と感じるヒサコの様子が提示される．語りの中で再現されたこれらの情景からは，韓国の政治家の発言に怒りを感じる私（レベル1）というヒサコの位置付けが読み取れた．

次に相互行為の場におけるヒサコの位置付け（ポジショニング・レベル2）について述べる．データ7-2の冒頭でヒサコは街中の韓国人を「メディアとかで煽られてると思う」(651,652)と説明し，不買運動を行っている一般の韓国人たちは自分の意思でというよりもメディアの影響でそのような行為に走っているという自身の認識を提示する．そのようなヒサコの認識に対し他の2人は交互に頷く様子を見せており(653,654)，参与者3人が全ての韓国人が一様に日本を非難しているわけではないと認識していることがわかる．また，データ7-1でヒサコは，怒りよりも悲しみの感情が湧くのかという調査者の質問に対し一番先に感じられるのは悲しみであると話していた．7-2の冒頭でなされた発言はその直後のものであり，二つのデータをつづけて読むと彼女がここで口

にする「そういうのは」(650) が怒りの感情を指し示していることがわかる．つまり，7-2 の冒頭でヒサコは，街中の韓国人はメディアの影響から不買運動に参加しているだけであり，そのような彼らに対し怒りを感じることはないといった内容の発言をしているのである．続けてヒサコは，街中の人には感じない怒りを政治家の言動に対しては感じているかもしれないと話す (655, 656)．ここからは，彼女の中で「政治家の人」(655) と「街中の人」(650) とが明確に切り分けられており，政治家に対してのみ彼女が「怒りの感情」(655) を抱いている様子が窺える．また，ヒサコは日本のメディアを通じて入手した韓国大統領の発言 (665, 666) を例に挙げ，日韓関係をより複雑にさせる原因となるような彼らの発言を非難する姿勢を見せる (670, 671, 673)．このようなヒサコの主張は他の参与者にも共有され，特にユリは「政治家がそんなんゆうてたら」(670, 671)，「ダメなんじゃないの？」(673) とヒサコが発言した際に笑いを見せたり (672)，ヒサコと目を合わせて頷き合う様子を見せるなど (674) 自分より年上で在韓歴も長いヒサコの意見に強く同調する様子を見せていた．これらのやりとりから，ここでは 3 人が共通して政治家に対しては怒りを感じる私（たち）（レベル 2）という位置付けを共有している様子が見受けられた．さらに，データ内でのヒサコの言動からは，彼女が語ることを通じて政治家に対して抱く憤りを共有したい私（レベル 2）という位置付けを提示していることもわかった．

　最後にレベル 1 とレベル 2 の位置付けをもとにヒサコが表出・構築する文化的・社会的自己（アイデンティティ）（ポジショニング・レベル 3）について述べる．データ 7-2 の冒頭でヒサコは，街中の人々がメディアの影響を受けて不買運動を行っているという認識を提示する．そして，そのような人々に対しては怒りを感じないと話す．ヒサコの発言からは，彼女が韓国のメディアは日本への反発を煽るような報道を行っていると認識している可能性が窺える．さらに，そのような彼女の発言を他の参与者も受け入れている様子からは，3 人が共通して韓国メディアに対し同様の印象を所持していることが示唆された．その一方で，国と国の外交を担う立場である政治家に対しては，日韓関係をより悪化させるような発言をすることに対し怒りを感じる様子が示されており，このようなヒサコの姿勢は他の参与者にも共有されていた．データ 7-2 でなされたヒサ

第5章 韓国(人)との関わり合いに見る日韓問題

コの発言からは，彼女が韓国の政治家と一般人を別物として捉え，一般の韓国人の日本(人)への反発はメディアが日本に対する反発を煽るような報道を行うがゆえのものであると認識していることが理解できる．つまり，ヒサコの中には日韓関係を悪化させる要因を作り出しているのは韓国の政治家やメディアであるという認識が存在しており，それらに対し彼女が怒りを感じているということがわかる．また，データ内で示された参与者のやりとりからは，このような認識がヒサコだけでなく他の参与者にも共有されていることが明らかとなった．以上の点から，ここではヒサコによって韓国の政治家とメディアに怒りを感じる在韓日本人というアイデンティティが実践されていることが明らかとなった(レベル3)．

データ8は在韓歴19年になるユナと2年半のマリコへのインタビューで収集されたものである．データ8の開始前，マリコは日韓問題に関する話題を日韓にルーツを持つ我が子との間でどう扱っていこうと考えているのか調査者に話していた．その中でマリコは，子どもには幼い頃からそれぞれの国にはそれぞれの言い分や立場というものが存在しており，国が変わればその中身も変化するということを伝え，いろいろな角度から物事を考えられるように導いていきたいという旨の発言をする．それを聞いていた調査者は，マリコ自身は不買運動のポスターなどを見た際にはどんな気持ちになるのかと質問する．データ8は質問に対するマリコの返答から始まる．データ8でマリコが語ったスモール・ストーリーは三つ(S1：592-593，S2：599-605，S3：618-624)である．なお，データ8ではインタビューに同席していた子どもの世話のためユナは退席していた．

〈データ8〉：仕方ない
    592. マリコ：いや::別に::@@¥- なんかいやない人いるんだなあ::っていう
    593.   -¥@@
    594. 調査者：((頷きつつ)) ああ::
    595. マリコ：なんなんだろ？あんまりその韓国人が[持ってる感情を::
    596. 調査者：   [((何度も頷きながら))うん
    597. マリコ：否定もしたくなくて::
    598. 調査者：((何度も頷く))

117

599. マリコ：(1) なんか (..) それしか知らない人が見たら：[例えば日本がやっ
600. 　　　　　たことだけに
601. 調査者：　　　　　　　　　　　　　　　　　　　　　　[((何度頷きつつ))
602. 　　　　　う：ん
603. マリコ：[ずっとフォーカスしている人だけにしたらきっと::
604. 調査者：[((何度も頷きながらずっと聞いている))
605. マリコ：すっごい日本って嫌な国って思うやろうなぁって
606. 調査者：((何度も頷く))
607. マリコ：[(..) ただ一方で日本のことすごい大好きで日本語勉強して日本に
608. 　　　　　何回も旅行して日本に住んでっていう韓国人の友達も知ってるか
609. 　　　　　ら::
610. 調査者：[((発言の間中こまめにずっと頷いている))
611. 　　　：((何度も頷きつつ)) う:::ん
612. マリコ：だからなんか No Abe とか No Japan とかやってる[人たちだけ
613. 　　　　　を見て
614. 調査者：　　　　　　　　　　　　　　　　　　　　　　　　[((頷く))
615. マリコ：韓国がみんなそうっていうふうには思っ((自分の胸に手を当て))
616. 　　　　　思ってない [ので:: ((何度も頷く))
617. 調査者：　　　　　　　[((何度も頷きつつ)) うんうん
618. マリコ：まあ一部の嫌な人たちが [こういうの ¥- 頑張ってやってるんやな
619. 　　　　　ぁって -¥
620. 調査者：　　　　　　　　　　　[((頷く))
621. 　　　：[((何度も頷きつつ)) うん:::
622. マリコ：[思うだけ:: ((何度も頷く)) ですね今
623. 調査者：((何度も頷きつつ)) う::ん
624. マリコ：仕方ないなぁって思って ((何度も頷く))
625. 調査者：((何度も頷きつつ)) うん:: なるほど
626. マリコ：はい

　まず，各スモール・ストーリーに示されたマリコの位置付け（ポジショニング・レベル1）について述べる．S1でマリコは，不買運動関連のポスターを目にした際の情景を描写する．ここでは「なんかいやない人いるんだなあ::」

118

第 5 章　韓国（人）との関わり合いに見る日韓問題

(592) という彼女の心の声が提示されるとともに，日本が嫌いな韓国人の存在を実感する私（レベル 1 ）という彼女の位置付けが提示される．続く S2 では「それしか知らない人が見たら：［例えば日本がやったことだけに］」(599, 600)，「ずっとフォーカスしている人だけにしたらきっと ::」(603)，「すっごい日本って嫌な国って思うやろうなぁ」(605) と彼女が考えている様子が描写され，見方によっては日本が大変嫌な国と認識されることが理解できる私（レベル 1 ）という彼女の位置付けが提示される．最後の S3 では，再び S1 と同じ状況に身を置くマリコが描写され，「一部の嫌な人たちが［こういうの¥- 頑張ってやってるんやなぁ」(618, 619)，「仕方ないなぁ」(624) と彼女が感じる様子が示される．ここではマリコが，韓国人全員が不買運動に参加しているのではなく，一部の日本を嫌いな韓国人たちが熱心に不買運動を行っていると認識していること，また嫌いな人の状況も理解できるため仕方のないことだとしてその現象を捉えていることがわかる．S1 と S3 におけるマリコの発言からは，マリコが不買運動を行っているのは日本を嫌いな韓国人だけであると考える私（レベル 1 ），韓国人の置かれた状況によってはそのような行動も仕方がないと思う私（レベル 1 ）という位置付けをそれぞれ提示していることがわかった．

　次に相互行為の場におけるマリコの位置付け（ポジショニング・レベル 2 ）について述べる．データ 8 の前半でマリコは「韓国人が［持ってる感情を ::」(595)，「否定もしたくなくて ::」(597) と述べるとともに，韓国において日本が韓国にしてきたことだけに焦点を合わせて日本という国を捉えてきた人たちは「すっごい日本って嫌な国って思うやろうなぁ」(605) と発言する（韓国人の言動を理解できる私：レベル 2 ）．ここでマリコは，一部の韓国人が日本を悪く思うことまでも否定したいとは思わないという姿勢を示すとともに，見方によっては日本を嫌いな韓国人が存在することも理解できるという見解を調査者に対して示す．そして，自分の友人には日本に対して大変好意的な韓国人もおり (607-609) そのような韓国人の存在も知っているからこそ，「No Abe とか No Japan とかやってる［人たちだけを見て］」(612, 613)，「韓国がみんなそう」(615) と自分は捉えないと話す（韓国人を一括りにして捉えない私：レベル 2 ）．彼女の発言からは，韓国人の日本に対する感情は多様であることを自身の経験上知っている

119

がゆえに，一部の韓国人の言動が全ての韓国人に通じるものであると受け止めることはしないという彼女の姿勢が見てとれる．データ開始前，マリコは国ごとに主張したい言い分や立場が存在することを理解した上で物事を受け止め判断してほしいと子どもに伝えたいと話していた．データ8でなされたマリコの言動からは，彼女が自身が子どもに望むことを自らも実践している様子を調査者に示そうとする姿勢が見受けられる．また，韓国人は全員日本が嫌いだという単純な認識に対し彼女が否定的な感情を抱いている様子も窺える．これらの点から，ここでは彼女が語ることを通じて韓国人の言動を冷静に受け止めている私（レベル2）という自身の位置付けを調査者に対して提示していることがわかった．

　最後にレベル1とレベル2の位置付けをもとにマリコが表出・構築する文化的・社会的自己（アイデンティティ）（ポジショニング・レベル3）について述べる．マリコはデータ開始前，日韓にルーツを持つ我が子には日本と韓国にはそれぞれ言い分や立場というものがあり，同じ事象も立ち位置が変われば異なって見えることを伝えたい，多様な角度から日韓問題と向き合っていっていけるよう導いていきたいという思いを語っていた．そんなマリコに対し，調査者は不買運動に関連するポスターなどを街中で目にした時マリコ本人はどのような気分になるのかと質問する．それは母親として子どもに望む視点を語っていたマリコにとって，では自分はそれを体現しているかという問いかけのよう認識された可能性がある．そのような状況下で始まったデータ8でマリコは，韓国人が抱く日本に対する嫌悪感はその当人が日本をどのような視点から捉えているかによって変化するという認識を提示する．そして，日本が韓国に対して行ってきた悪行にフォーカスして日本を捉えてきた韓国人の場合は日本に対し嫌悪感を抱くようになるのは仕方がないことであるという理解を示す．また，同時に自身がそのように考える根拠として，同じ韓国人であっても日本に対して好意的な感情を抱いている人物も実際に存在している点を挙げ，一部の人々を見て韓国人が全員そうであると判断するようなやり方を自分は行わないと主張する．データ8でマリコが見せた言動や認識はデータ開始前に彼女が語った我が子への望みと重なっており，これらの点から，ここでは規範意識や支配的言説に惑

第 5 章　韓国（人）との関わり合いに見る日韓問題

わされない私というアイデンティティがマリコによって実践されていることが明らかとなった（レベル3）。

データ9は在韓歴8年のユキと2年のナオへのインタビューにおいて収集されたものである。データ9の開始前、参与者3人は不買運動に関して話をしていた。2011年に韓国に移住してき

図 5-1　ステッカーの例[8]

たユキは、移住当初は韓流ブームの影響で周囲の人間からも韓国に住んでいることを羨ましがられた。しかし、2012年に李明博（イミョンバク）元大統領が竹島／独島に上陸した事件以降日韓関係が悪くなり始め、その当時は日本人の嫁として韓国で生活しづらかったという。また、何度も繰り返される日韓の関係悪化に「またか」という思いを抱いていることや馬鹿馬鹿しいと感じていることなどについても言及していた。データ9はそのような流れのなかで、ユキが2019年当時の現状を指して、過去の日韓関係悪化と比較しても今が一番ひどい状況であると指摘した直後から始まる。データ9では、ユキによって三つのスモール・ストーリー（S1：576-583，S2：594，S3：599-608）が語られる。なお、データ9の中でユキが言及している国旗をかたどったポスターとは、この当時韓国の公共交通機関の中などに貼られていたステッカーの一種を指している（図5-1 参照）。

〈データ9〉：怖い
576. ユキ　　：なんか（1）（（頷きつつ））うん::（..）怖くないですか？こう（（顔
577.　　　　　の前に両手で四角））
578.　　　　　：赤い（..）丸い [1 のが [2 バッて（（ナオを見る））見えると（（丸
579.　　　　　いのがで両手で丸））
580. 調査者：　　　　　　　　 [1（（何度も頷きつつ））うん::

---

[8] 韓国の検索サイト Naver（https://www.naver.com）で「No Japan」で検索すると図5-2に示すような画像がイメージのページに表示される（アクセス日 2021/3/1）。ボイコットジャパンの下には、韓国語で「行きません」「買いません」という内容の文章が記載されている。

581. ナオ　　：　　　　　　　　　　　　　　[2（（頷きつつ））うんうん
582. ユキ　　：やっぱり（1）見てきたもの（.）んっその視覚として怖さを感じる
583. 　　　　　（（視覚で手で四角））
584. ナオ　　：[（（何度も頷きつつ））うん:::
585. 調査者：[（（何度も頷きつつ））うん::
586. ユキ　　：怖くないあれ？（（ナオを見て））
587. ナオ　　：怖い［です
588. ユキ　　：　　　［こうなんか
589. 調査者：あのポスター？
590. ユキ　　：（..）丸い［の:
591. 　　　　　：　　　　　［いっ電車にももう貼って［ありますよね？最近
592. 調査者：　　　　　　　　　　　　　　　　　　［（（何度も頷く））
593. ナオ　　：　　　　　　　　　　　　　　　　　　［うんうんうん
594. ユキ　　：＞No Japanもいいんですけど別に勝手にしてって思う::てる反面
595. 　　　　　その赤い国旗？＜
596. ナオ　　：[（（頷く））
597. 調査者：[（（何度もこまめに頷きながらユキの発言を聞いている））
598. 　　　　　：（（何度も頷きつつ））うんうん
599. ユキ　　：って（.）ねえ？（..）自分のその国の国旗がそう［なっ（.）こう出
600. 　　　　　てて:
601. ナオ　　：　　　　　　　　　　　　　　　　　　　　　　［（何度も（頷く））
602. ユキ　　：で読めるじゃないですかねぇ［もう文字が（.）書いてあることも
603. 調査者：　　　　　　　　　　　　　　［（（何度も頷きつつ））うんうんうん
604. ナオ　　：　　　　　　　　　　　　　　［（（何度も頷く））
605. ユキ　　：ってなると（..）う::::ん
606. 調査者：（（頷く））
607. ユキ　　：嫌って（（右の方を首を傾げながら見て））いう表現（.）とまたな
608. 　　　　　んか（.）もやっなんかなんてゆったらいいんだろうな::思いつい
609. 　　　　　たらまた言います
610. 調査者：[（（何度も頷きつつ））うんうん[3 うんうんうんうん
611. ナオ　　：[（（何度も頷きつつ））うんうん
612. ユキ　　：　　　　　　　　　　　　　　　　[3 言葉が（.）¥-なんかいい言葉

第5章　韓国（人）との関わり合いに見る日韓問題

613. 　　　　　があると思うんにゃけどな :::-¥@@@
614. ナオ　：@@@@ ¥- そうね -¥ @@

　まず，各スモール・ストーリーに示されたユキの位置付け（ポジショニング・レベル1）について述べる．S1 でユキは，日本の国旗を模した No Japan のステッカーを目にした際の状況を再現する．ユキはステッカーの「赤い丸」(578) が目に入ると「視覚としての怖さを感じる」(582) と述べ，不買運動のステッカーを見ると恐怖を覚える私（レベル1）という自身の位置付けを提示する．S2 では不買運動に対し「別に勝手にして」(594) と感じる自身の姿を描写し，不買運動そのものには関心のない私（レベル1）という位置付けを示す．最後の S3 では，再度 No Japan のステッカーを目にしている状況が描かれる．ここでは，自分の母国の「国旗」(599) を模したステッカーに否定的なメッセージが書かれているのを目にし，嫌だという単純な拒否感とは違う複雑な感情が湧き上がる自身の様子を再現する．これらの点から S3 ではユキが，ステッカーを目にして複雑な思いを抱く私（レベル1）という位置付けを提示していることがわかった．

　次に相互行為の場におけるユキの位置付け（ポジショニング・レベル2）について述べる．ユキはデータ9の冒頭で No Japan のステッカーに怖さを感じないかと他の参与者に尋ねる (576)．そして，自身の感じる恐怖はステッカーの形像からくる視覚的な恐怖であることを明示する (578, 579, 582)．その後，586 行目ではナオに向かって「怖くないあれ？」(586) と再度確認する様子を見せる．また，調査者とナオは，冒頭のユキの質問以降，継続して彼女の発言に頷きを返し，その内容を共有する姿勢を見せていた．彼女たちのこのようなやりとりからは，不買運動のステッカーに怖さを覚える私（たち）（レベル2）という位置付けを3人が共有する様子が見られた．その後，ユキは「No Japan もいいんですけど別に勝手にしてって思う :: てる」(594) と発言し，不買運動自体に特別な関心がない自身の姿を打ち出す．ただ，その直後に不買運動で使用されているステッカーには複雑な感情が生じる様子を述べる．その際ユキは「赤い国旗？」(595)，「ねぇ？」(599) と他の参与者に対して確認し，他の参与者が

123

同意する様子を確認する．そして，自身の中に引っ掛かりを生じさせる要因として，ステッカーが日本の国旗を模したデザインであること（599），そこに日本に対する否定的なメッセージが記入されていること（602）という 2 点を挙げる．そして，そのような視覚的な要因によって引き起こされる感情について「なんてゆったらいいんだろうな」（608），「なんかいい言葉があると思うんにゃけどな」（612，613）と思案する様子を見せるが，最終的に言語化することなく終わる．このような一連のユキの発言に対し調査者とナオは常に頷きつつ共有する姿勢を見せており，このような 3 人のやり取りからは母国の国旗に母国への批判的メッセージが書かれているのを見ると複雑な感情を抱く私（たち）（レベル 2）という位置付けを彼女たちが共有している様子が見受けられた．また，相互行為の場におけるユキと他の参与者とのやりとりからは，ユキが語ることを通じて日本への非難を直視することで生じる怖さや複雑な感情を共有したい私（レベル 2）という位置付けを提示している様子も観察された．

　最後にレベル 1 とレベル 2 の位置付けをもとにユキが表出・構築する文化的・社会的自己（アイデンティティ）（ポジショニング・レベル 3）について述べる．データ 9 の開始前，ユキは今回の日韓関係悪化は過去のものと比較しても一番ひどい状況であると話していた．それゆえに，その流れから始まったデータ 9 の冒頭でユキは現在の日韓関係を今までの中でも最悪であると感じている理由を説明することとなる．その後になされたユキの発言からは，彼女が不買運動それ自体に不快感や恐怖を覚えている様子は見られず，むしろ母国の国旗が母国を非難するための媒体として韓国の公共交通機関などに張り出されている状況に視覚的な怖さを感じていることがわかる．ここからはユキが，不買運動自体ではなく，今回の日韓関係悪化の中で，直接的な日本への非難が自分の目に入る場所で行われていることに恐怖や複雑な感情を抱いている様子が理解できる．以上のことから，ここではユキによって目の前で母国を非難される日本人というアイデンティティが実践されていることが明らかとなった（レベル 3）．

　データ 10 はデータ 9 と同じユキとナオへのインタビューの中で収集された．データ 9 の終了後，調査者はユキに日韓関係が悪化した際に日本人の嫁として韓国で生活しづらいと感じる要因は何かと質問する．それに対しユキは，その

ような状況になると「日本人であることをあまり前に出せない」状況になると述べる．そして，具体的な例として電車の中などで幼い我が子と日本語で会話する際に周りの視線が気になるようになることを挙げた．ユキの発言に対しナオは「わかりますそれ」と同意を示し，公共交通機関の中でも子どもとは日本語で会話をしたいが日本語を話すと自分たちをじっと見てくる人もいるため居づらさを感じると話す．データ10はナオのその発言の直後にユキが話し始めたところから始まる．ユキが語ったスモール・ストーリーは二つ（S1：876-881，S2：884-891）である．

〈データ10〉：日本語を話しづらい
　876. ユキ　　：[日本語って思ってるのか外国語って思ってるのか
　877. 調査者：[((何度も頷きつつユキの発言を聞いている))
　878. ユキ　　：[わかんない [けれども：
　879. 調査者：[((何度も頷きつつ))　うんうん
　880. ナオ　　：　　　　　　　[((頷きつつ))　うん
　881. ユキ　　：(..)((自分の胸を叩き))受ける側としたらそういう印象
　882. 調査者：((何度も頷きつつ))　うん：：：：
　883. ナオ　　：((何度も頷きつつ))　うんうん
　884. ユキ　　：今は：：(2)　それがこう(..)　ちょっと [何年か前とかって比べると
　885. 調査者：　　　　　　　　　　　　　　　　　　　　[なるほど
　886. ナオ　　：[1 ((頷き))　うん：：：：
　887. ユキ　　：[1 あっ日本人って感じじゃない感じじゃないかなって＞被害妄想
　888. 　　　　　かもしれへんけど：＜
　889. 調査者：[2 ((何度も頷く))
　890. ナオ　　：[2 ((何度も頷く))
　891. ユキ　　：(1) 思っちゃう
　892. 調査者：[3 ((何度も頷きつつ))　う：：：ん
　893. ナオ　　：[3 ((何度も頷く))
　894. ユキ　　：[3 ((大きく頷く))
　895. 　　　　　：うん(..)ていう面は住みにくい(..)ねえ？((ナオの方を見て頷
　896. 　　　　　　く))

897. ナオ 　：((ユキに見られて頷く)) うん
898. ユキ 　：((何度も大きく頷く)) うん
899. 調査者：ああなるほど

　まず，各スモール・ストーリーに示されたユキの位置付け（ポジショニング・レベル1）について述べる．S1 でユキは，子どもと日本語を話していると韓国人の視線を感じるという状況を描写し，それに対し自身がどのような印象を抱いているのかを述べる．ここでユキは視線を向けてきた相手が「日本語って思ってるのか外国語って思ってるのか」(876)，「わかんない」(878) と前置きしつつも，視線を受けている身としては日本語を話しているせいで注目されているのではないかという「印象」(881) を受けると話し，日本語のせいで韓国人から注目されているように感じる私（レベル1）という自身の位置付けを提示する．続く S2 でユキは，韓国人からの視線を受ける中で生じる感情について「何年か前とかって比べると」(884)，「あっ日本人って感じじゃない感じじゃないかなって」(887)，「思っちゃう」(891) とより踏み込んで言及する．そして，単に日本人がいるという意味合いだけでない何かが視線に含まれているのではと思ってしまう韓国人の視線に疑心暗鬼になる私（レベル1）という自身の位置付けを示す．

　次に相互行為の場におけるユキの位置付け（ポジショニング・レベル2）について述べる．ユキはデータ9の冒頭でまず，日本語を話す自分と子どもを見つめる韓国人が，実際にどのような思いを抱いているのかはわからないと述べる (876, 878)．そのように前置きした上で，そのような韓国人の反応に対し，日本語に反応して自分たちのことを見ているのだという印象を個人的に受けると述べる (881)．さらにユキは続けて，現在の状況下では向けられる視線の中身が単なる日本人への関心ではないのではと感じてしまう (887) と話す．ただし，ここでも自身の発言の直後に「被害妄想かもしれんけど」(887, 888) と発言し，他の参与者の前で自分の感覚はあくまでも個人的に感じている印象であるという点を強調する．また，ここまでのユキの主張に対し調査者とナオは頷いたり相槌を打ったりしながらその内容に理解を示す姿勢を見せる．このような3人

のやり取りからは，彼女たちが韓国人の視線に対し過敏になる私（たち）（レベル2）という位置付けを共有している様子が見受けられる．その後，ユキは895行目でナオに対し「ていう面は住みにくい (..) ねえ？」(895) と尋ね，ナオはユキの視線を受け頷きながら同意を示す (897)．ここでは韓国の公共交通機関の中で類似した状況を経験しているユキとナオが，韓国において住みづらさを感じている私（たち）（レベル2）という位置付けを共有していることが明らかとなった．以上の点から，ここではユキが語ることを通じて自身の感じる住みづらさを理解してほしい私（レベル2）という位置付けを提示していることがわかった．

最後にレベル1とレベル2の位置付けをもとにユキが表出・構築する文化的・社会的自己（アイデンティティ）（ポジショニング・レベル3）について述べる．データ10においてユキは，韓国の人々の反応に疑心暗鬼になりながら暮らさなければいけない状況，日本人であるということを隠しながら暮らさなければいけない状況は日本人の嫁として暮らしにくい状況であるということを調査者に説明しようとしていた．また，他の参与者もユキの主張に同意を示す様子を見せており，ここからは彼女の認識が彼女だけでなく他の在韓日本人女性たちにも共有できるものであることも明らかとなった．以上の点から，データ10ではユキによって気軽に自身のナショナリティを表出できない日本人というアイデンティティが実践されていることが明らかとなった（レベル3）．

第5節　日本人暴行事件（2019）と関連のある出来事

本節で取り上げる日本人暴行事件とは，インタビュー調査を実施していた2019年の8月に韓国の弘大（홍대：ホンデ）で起こった事件である．事件が起こったのは8月23日で，友人と旅行中だった日本人女性が道で声をかけてきた韓国人男性との間でトラブルになり，男性から髪を摑まれて転倒し首や手などに怪我をしたという内容であった．この事件は日韓両国でもニュースとして取り上げられ，在韓日本人女性たちも関心を示していた．インタビュー調査では，日本人暴行事件に関して自ら語り始めた協力者が28名中4名存在した．本節

では，在韓日本人女性たちが，この事件を通じて自身の中に生じた韓国側への感情・感覚を語っているデータを対象に分析・考察を行う．

　データ 11 は在韓歴 13 年のヒサコと 3 年のユリへのインタビュー調査の中で収集されたものである．データ 11 の開始前，調査者はヒサコとユリに現在の韓国の状況に対し日本の家族や友人から心配されないかと尋ねた．質問を受けたヒサコは暴行事件のことに言及し，それが日本でも報道されたため心配した日本の家族から連絡が来たと話した．それを聞いていたユリは，自分も同様に日本の家族から連絡があったと発言する．そして，自身は韓国で生活する中で反日の人に遭遇した経験がなく，日本の家族にもいつも通り生活していると説明したと述べた．ただし，日本大使館から韓国で日本の施設を訪れる際などは注意するようにという内容のメールが届いたりすると，外出時はやはり気をつけたほうがよいだろうと感じるという発言も見られた．このように，ユリの発言からは，日本の家族への発言と現実の彼女の行動や心情が異なっている様子が観察された．データ 11 は，外出時には気をつけたほうがいいと思っているというユリの発言の直後から始まる．データ 11 の中では二つのスモール・ストーリー（S1：882-883，S2：891-905）がユリによって語られる．

〈データ 11〉：日本人であることを出しにくい
```
882. ユリ　　：で：この前もそのホンデのニュース見た瞬間
883. 　　　　　［あっやっぱり気をつけなあかんなっていうのが
884. ヒサコ：［（（頷きながら））うん::
885. 調査者：［（（何度も頷く））
886. ヒサコ：ああ::
887. ユリ　　：実際その（..）やっぱりあったんで::
888. ヒサコ：［（（何度も頷く））
889. 調査者：［（（大きく頷く））うん::
890. ユリ　　：でそっからまあ：その::外で：その：子どもに：（.）日本語で話しか
891. 　　　　　ける時とかもやっぱりちょっと（（周りを見渡す仕草のあとヒサコ
892. 　　　　　を見て））ああ何？¥-ヌンチ（눈치）っていうんですかね？
893. 　　　　　［ね？-¥
```

894. ヒサコ ：[＠＠＠＠＠
895. ユリ　：[1（（ヒサコを見て））¥-見ながら:-¥
896. 調査者：[1（（何度も頷きつつ））うん::
897. ユリ　：（（ヒサコを見て））うん::なるべく話さないようにしたりとか::
898. 調査者：（（大きく頷く））
899. ヒサコ：（（大きく頷く））
900. ユリ　：（（調査者を見て））もう小声で話したりとか
901. 調査者：（（大きく頷く））
902. ユリ　：やっぱりそういうのは:やっぱり無意識に（（自分の胸に手を当て
903. 　　　　て））
904. 調査者：（（何度も頷きつつ））うん::
905. ユリ　：自分自身うん::（（ヒサコを見て頷きながら））
906. ヒサコ：（（何度も頷く））
907. ユリ　：やっぱちょっと（..）あるっちゃあるんですけどでもまあ生活する
908. 　　　　分には特に私は不自由（.）なく［今はうん（.）［（（何度も大きく頷
909. 　　　　いたあと））過ごしてます
910. 調査者：　　　　　　　　　　　　　　　　　［（（頷く））
911. ヒサコ：　　　　　　　　　　　　　　　　　　　　　　　［（（何度も頷く））
912. ユリ　：（（頷く））

　まず，各スモール・ストーリーに示されたユリの位置付け（ポジショニング・レベル1）について述べる．S1でユリは，暴行事件のニュースを目にした際の自身の様子を再現する．そして，最近の情勢を受け外出時には気をつけたほうが良いのではと考えていたが，報道を見て「あっやっぱり気をつけなあかんな」（883）と認識を新たにしたことを他の参与者に伝える．ここでは自身の心内発話を挿入しながら，ユリが外出時は行動に気をつけた方が良いと再認識する私（レベル1）という位置付けを提示していることがわかった．続くS2では，幼い子どもと日本語を話す際に周りの目を気にするユリの姿が描かれる．ユリは外出時の自身の様子について韓国語で「人の気持ち・物事の気配などをすぐ感じ取る能力」（小学館朝鮮語辞典参照）の意味を持つ「ヌンチ（눈치）」（892）という単語を使用しながら「¥-ヌンチ（눈치）っていうんですかね？」（892）と表

129

現し，周りの韓国人の反応を気にする自身の状況を描き出す（韓国人の反応を気にする私：レベル1）．さらに外出時は日本語を「なるべく話さないようにしたり」(897)，「もう小声で話したり」(900)，「無意識に」(902) してしまうと述べ，韓国人に日本人であることを知られたくない私（レベル1）という自身の位置付けを提示する．ユリの提示した位置付けからは，データ開始前には3年間の韓国生活の中で反日の人に遭遇したことはないと話していたユリの中に，大使館からのメールや暴行事件の報道が契機となり韓国人の中には日本人であることがわかると自分たちに危害を加える人もいるという認識が顕在化していく様子が見受けられる．そして，そのような事情から，自分たちが日本人であることが露呈する日本語を話すという行為に対し彼女が注意深くなっていく様子が観察できた．

　次に相互行為の場におけるユリの位置付け（ポジショニング・レベル2）について述べる．ユリはデータ11の冒頭で，暴行事件の報道に触れ改めて外出時は気をつけなければいけないと再確認したことを他の参与者に告げる．そして「実際その（..）やっぱりあったんで：」(887) という彼女の発言からは，家族の心配や大使館のメールのような可能性に対する注意喚起とは異なり，暴行事件は実際に生じた出来事であるという点を強調する様子が見受けられる．また，他の参与者も外出時には気をつける必要があると改めて感じたユリの認識を受け入れる姿勢を見せる (888, 889)．ここでは3人が，現在の韓国では外出時に気をつける必要があると感じる私（たち）（レベル2）という位置付けを共有していることがわかった．その後，ユリはどのような点に気をつけるのかという例として，外出時に日本語を話すという行為を取り上げる (890-892)．ここでユリは，子どもと外出する時には日本語を使用する際に周りの韓国人の目を気にしてしまう自身の様子を描写し，ヒサコに対し「ね？」(893) と同意を求める．ユリの問いかけに対しヒサコは笑う様子 (894) を，調査者は頷き (896) を見せるなど，2人がユリの心情を受け入れる姿勢を提示する．それを受けユリは，外出時には日本語の使用を控えたり小声で話したりするなどの対処法をとっていることを告げ，他の参与者もそのようなユリの行動に理解を示す (896, 898, 899, 901)．また，ユリはそのような行動を自分自身が無意識にとってしまって

いる（902，903，905）と述べ，今までは特に気にせず行っていた行為を無意識に控えるようになっている自身の状況に言及する．しかし，907-909 行目では「やっぱちょっと（..）あるっちゃあるんですけどでもまあ生活する分には特に私は不自由（.）なく［今はうん（.）［（（何度も大きく頷いたあと））］過ごしてます」(907-909) と言い，気になる部分は存在するが日常生活に大きな支障をきたすほどではないという点を明示する．他の参与者もそのようなユリの見解に同意しており，彼女たちが韓国生活全般にわたって不自由さや不安を感じているというよりも，韓国人の前で日本人であるということが露呈するような行動に関して注意深くなっているということがわかる．ここでは3人が部分的な不自由さはあるものの韓国生活を普通に送れている私（たち）（レベル 2）という位置付けを共有している様子が明らかとなった．また，データ内でのユリの発言や語りからは，彼女が語られる世界では韓国（人）を警戒する自身の姿を提示し，語りの世界ではそのような自身の警戒や不安を打ち消す発言をする様子が観察された．ここからは，相互行為の場において彼女が語ることを通じて生活に不自由さはないがどこかで警戒心や不安感を抱きつつ韓国で生活している私（レベル 2）という位置付けを提示していることがわかった．

　最後にレベル1とレベル2の位置付けをもとにユリが表出・構築する文化的・社会的自己（アイデンティティ）（ポジショニング・レベル3）について述べる．データ11の冒頭でユリは，暴行事件の報道に触れたことにより，それまでは気をつけたほうが良いかもしれないという程度であった自身の認識を，外出時は気をつけるべきだと改めたものとして話し始める．データ内でユリは暴行事件に関する詳細な説明は行わないが，その後の彼女の発言からは実際に日本人が韓国人から攻撃されたという事実が彼女の認識に変化を生じさせた要因であることが理解できる．そして，事件が契機となり韓国人の中には日本人に対し攻撃してくるような人もいるという認識が彼女の中に構築され，韓国人の前で日本語を話すという行為を彼女が躊躇するようになる様子も観察された．また，そのようなユリの認識の枠組みを他の参与者も共有する姿勢を見せており，同様の認識を彼女たちが共通して所持しつつ韓国生活を送っている様子が窺える．その一方で，データの最後では，韓国人への警戒心は存在するものの韓国生活

131

全般に対し不自由さを感じているわけではないという点も3人が共有する様子が見られた．このような3人のやりとりからは，ユリが，今現在韓国で生活することに関しては大きな不自由さを感じてはいないが，不特定多数の韓国人の前で日本人であることが前景化するような行為には注意深くあるべきだと認識していることが明らかとなった．以上の点から，データ11ではユリによって自身のナショナリティを気軽に表出できない日本人というアイデンティティが実践されていることが明らかとなった（レベル3）．

第6節　日韓問題そのものと関連のある出来事

　本節では，在韓日本人女性たちの身の回りで起こった具体的な事件ではない事柄で日韓問題と関連した内容に関して彼女たちが話をしているデータを取り上げる．本書では，このような枠組みに当てはまるデータが3件見られた．うち1件は，第4節で提示したデータ7-2と同様に韓国人の思想とメディアの関係性に関して言及しているものであった．本節では，その1件を除外した残り2件のデータを対象とする．

　データ12は在韓歴8年のノゾミと6年のアカネへのインタビューで収集されたものである．データ12の開始前，参与者3人は日韓にルーツを持つ我が子が日韓問題に関する話題に接触した際にどのように対応するかという話をしていた．その際にアカネは，可能な限り子どもには客観的な視点から日韓問題を見つめられるようになってもらいたいと述べ，両国どちらの言い分も理解できるように第三の視点から問題を捉えられるように導いていきたいと話した．アカネの発言を聞いていた調査者は，アカネ自身も日韓問題に関して考える際には第三の視点から物事を見ようと心がけているのかと尋ねる．それに対しアカネは，日韓関係が拗れた際には両国のメディアから情報を入手するように心がけ，公平な視点から状況を見つめることを心がけていると話す．彼女の発言を受け，調査者とノゾミは「すごいねぇ」と感嘆する．データ12はその直後から始まる．データ12では，二つのスモール・ストーリー（S1：968-973，S2：976-981）がアカネによって語られる．

第5章　韓国（人）との関わり合いに見る日韓問題

〈データ 12〉：日本寄りになった状態で韓国にいるのは苦しい
964. アカネ：やあ::なんかでもそうじゃないと::苦しいんですよね苦しくない
965. 　　　　ですか？
966. 調査者：ああ:::
967. ノゾミ：[まあね
968. アカネ：[なんか::いつだって公平な自分でいたいんですけど::
969. 調査者：((何度も頷く))
970. アカネ：やっぱり日本人んだから::
971. 調査者：((何度も頷き))　うん
972. ノゾミ：((頷く))
973. アカネ：日本寄りになっちゃって::
974. 調査者：((何度も頷き))　うんうん
975. ノゾミ：((何度も頷く))
976. アカネ：でも日本寄りになった状態で韓国にいることが::例えば苦しくな
977. 　　　　いですか？
978. 調査者：[1((ハッとしたように自分の胸に手を当ててノゾミを見る))
979. ノゾミ：[1まあそれは確かにそうと思う
980. 調査者：[2((胸に手を当てたまま))　なるほど
981. アカネ：[2すごい苦しいんですよね
982. 調査者：(2)(((はあっと息をついてノゾミをみる))
983. ノゾミ：((調査者を見て))　素晴らしい
984. 調査者：((ノゾミを見て))　すごいね

　まず，各スモール・ストーリーに示されたアカネの位置付け（ポジショニング・レベル1）について述べる．S1の冒頭でアカネは，日常生活の中では日韓問題に関して「いつだって公平な自分でいたい」(968)と思っていると発言する．しかし，実際には「やっぱり日本人んだから::」(970)，「日本寄りになっちゃって::」(973)と述べ，公平性を保ちたくても日本寄りになってしまう日本人の私（レベル1）という位置付けを示す．続くS2では「日本寄りになった状態で韓国にいる」(976)という状況が提示される．そして，そのような状況の中で「すごい苦しい」(981)と感じるアカネの様子が語られる．ここでは，アカ

ネが日本寄りの状態で韓国に住むことがすごく苦しい私（レベル1）という位置付けを提示していることがわかった．

　次に相互行為の場におけるアカネの位置付け（ポジショニング・レベル2）について述べる．データ12の開始前に自身の姿勢を素晴らしいと他の2人から称賛されたアカネは，データ12の冒頭で「でもそうじゃないと::苦しいんですよね苦しくないですか？」(964, 965) と今度は他の2人に対して問いかける（公平性を保たないと韓国生活が苦しい私：レベル2）．その問いかけに対し，他の2人は曖昧な返答を返すだけで強く同意する姿勢を見せなかった (966, 967)．2人の反応を受けアカネは，今度は公平な自分でいたいが日本人なので日本寄りになってしまうという意見を述べる．ここでのアカネの発言に対して調査者とノゾミは966-967行目で見せた曖昧な反応とは異なり頷きながら理解を示す様子を見せており，ここでは3人が日本人なので日本寄りになってしまう私（たち）（レベル2）という位置付けを共有する様子が観察された．しかしながら，976行目でアカネが再度「でも日本寄りになった状態で韓国にいることが::例えば苦しくないですか？」(976, 977) と質問した際には，調査者とノゾミは異なった反応を示す．調査者は，アカネの問いかけに対しハッとしたような表情を浮かべながら自分の胸に手を当て「なるほど」(980) と彼女の意見に同意する様子を見せる．一方のノゾミは，そのような調査者に視線を向けられても表情を変えず「まあそれは確かにそうと思う」(979) と述べるだけであった．ここではアカネの意見を新鮮な驚きを持って受け入れる私（レベル2）である調査者と，一旦同意を示す私（レベル2）であるノゾミといったように他の参与者2人の位置付けに異なりが見られる様子が観察される．その後，2人の発言にかぶさるようにアカネが「すごい苦しいんですよね」(981) と発言すると，まず調査者が感嘆した様子でため息をつきつつノゾミを見る (982)．調査者の視線を受けたノゾミは「素晴らしい」(983) と述べ，それに続くように調査者も「すごいね」(984) とアカネの考え方を称賛する．ここでは，日韓問題に向き合う姿勢としてだれが見ても正論である発言をするアカネと（日韓問題はなるべく公平な視点から向き合うほうが良いと考える私（レベル2）），それに対し感嘆しながら同意を示しアカネを称賛する調査者（アカネの意見は素晴らしいものであると同

第 5 章　韓国（人）との関わり合いに見る日韓問題

意する私（レベル 2）），曖昧な反応と同意を混淆して表示するノゾミ（頭では理解できるが曖昧な反応になる私（レベル 2））というように 3 人の位置付けに再度異なりが生じる様子が観察された．また，調査者の言動（978, 980, 982）がノゾミの発言に影響を与えている可能性も見受けられ，ノゾミが示した同意や称賛（979, 983）は彼女が自発的に発言したものであるかどうか不明確な状況であった．また，データ内でアカネは何度も「苦しい」（964, 976, 977, 981）という表現を使用し，公平性を失った状態で韓国で暮らすことの苦しさを他の参与者に強調して提示する姿勢を見せていた．これらのやりとりから，相互行為の場においてアカネが語ることを通じて公平性を保つことの重要性を共有したい私（レベル 2）という位置付けを提示していることがわかった．

　最後にレベル 1 とレベル 2 の位置付けをもとにアカネが表出・構築する文化的・社会的自己（アイデンティティ）（ポジショニング・レベル 3）について述べる．データ 12 の開始前，日韓問題に関する話題に触れた際はなるべく公平な視点から状況を把握しようと心がけているというアカネに対し，調査者とノゾミが「ああ::すごいね::」，「偉い」というように称賛する様子が見られた．データの冒頭でアカネは，そのような 2 人の反応に対し「そうじゃないと::苦しいんですよね苦しくないですか？」（964, 965）と逆に問いかける．そして，そうしなければ韓国で生活することが苦しくなるということを他の 2 人に説明し始める．まず，アカネは公平性を保ちたいが日本人だからどうしても日本寄りになるという発言を通じて（968, 970, 973），母国の側を支持したいという思いが自分の中にも存在することに言及する．その一方で，そう発言した直後に母国側を支持したいという思いのせいで公平でいようとする自身の姿勢が妨害されることを他の参与者に伝える．他の 2 人はアカネが提示した構図に同意する様子を見せ，同様の認識が在韓日本人女性 3 人の中に共通して存在していることがわかる．しかしながら，アカネがどちらかの国に偏った認識を所持して生活することは二つの国の間で生きるものとして苦しみであるという自身の見解を調査者とノゾミに提示した際には，2 人から異なった反応が観察された．ここでアカネは 2 人の反応の違いには特に注意を向けず，そのような状態が自分にとってはすごく苦しいことであると述べる．そして，そのようなアカネの姿勢に他の

2人は再度賞賛を示していた．以上のことから，データ12ではアカネによって公平な視点から日韓を見つめたい在韓日本人というアイデンティティが実践されていることが明らかとなった（レベル3）．

　データ13-1，13-2はデータ12の終了後しばらくしてからの内容である．データ12の終了後，調査者はアカネに対しそのように考えるようになった契機となる出来事があるのかと質問する．その質問に対しアカネは，インタビュー開始直後に一度語った出来事が要因だと返答する．その出来事とは，アカネが韓国に移住してしばらくした時に通った陶芸教室での体験を指す．その中でアカネは韓国人の教師や他の生徒から日本に関していろいろと不愉快な発言をされ，韓国や韓国人に対して湧き上がる自身の否定的な感情に大変苦しみ葛藤していた．調査者の質問を受けアカネは，韓国人に対する否定的な感情と向き合った際に自分の中に生じた強い苦しみについて再び言及し，既に出来事の詳細を知っていた調査者とノゾミはその経験がアカネにとっては深い意味があるのだと話した．データ13-1は，そのようなやりとりが3人の間でなされた直後から始まる．データ13-1ではアカネによって四つのスモール・ストーリー（S1：1109-1111，S2：1118-1120，S3：1124-1129，S4：1131-1133）が語られる．なお，ノゾミはこのデータの収集中，横に座らせていた幼い子どもにイチゴを食べさせておりインタビューと子どもの両方に意識を向けている状況であった．

〈データ13-1〉：公平性を試される韓国生活
　1102. アカネ：(2)で韓国にすっ(..)韓国ってそれが試されません？自分の公平
　1103. 　　　　　性とか::
　1104. 調査者：((頷き))う::ん
　1105. アカネ：試される国じゃないですか？
　1106. 　　　　：((ノゾミの方を見て))なんか結構::
　1107. 調査者：((微かに頷く))
　1108. ノゾミ：((微かに頷く))
　1109. アカネ：何だよ韓国人とか::なんか::
　1110. 調査者：((頷く))
　1111. アカネ：簡単に思えちゃうじゃないですか

1112. 調査者：((小さく頷き)) う::ん
1113. アカネ：で本当はそうっそういうふうに思うのって (.) よく¥- ないじゃ
1114. 　　　　ないですか -¥
1115. 調査者：((小さく頷き)) うんうんうん
1116. アカネ：でも自然なことなんですけど (.) [なんか
1117. 調査者：　　　　　　　　　　　　　　　[((何度も頷く))
1118. アカネ：日本人として何かをこう傷つけられた時に::
1119. 調査者：((何度も頷く))
1120. アカネ：何だよっとこう::韓国に対して::[思うことはやっぱり::
1121. 調査者：　　　　　　　　　　　　　　　[((頷く))
1122. アカネ：日本人としてだったらまあ自然なことだと思うんですけど
1123. 調査者：((頷きつつ)) うん
1124. アカネ：それをうまくこう (..) コントロールしないと::
1125. 調査者：((頷く))
1126. アカネ：その先に行ったらやっぱりすごい苦しい [ってのが::
1127. ノゾミ：　　　　　　　　　　　　　　　　　　[((小さく頷き)) う::ん
1128. 調査者：　　　　　　　　　　　　　　　　　　[((頷き)) う::ん
1129. アカネ：わかっ¥- たんで::-¥
1130. 調査者：((何度も頷きつつ)) う::ん
1131. アカネ：なるべくなるべく ((何度も頷きつつ)) う:::ん
1132. 調査者：((小さく頷き)) う::ん
1133. アカネ：試されるな::って思いますなんか
1134. 調査者：(..) ああでも言われたら本当そうだね:: ((何度も頷きつつ)) 試
1135. 　　　　される試される
1136. アカネ：¥- 試されますね -¥
1137. 調査者：試されて負けてる感じ¥- がする -¥
1138. アカネ：@@@@@@

　まず，各スモール・ストーリーに示されたアカネの位置付け（ポジショニング・レベル1）について述べる．S1でアカネは「何だよ韓国人」(1109) と簡単に思ってしまう自身の様子を描写する．そして，自身の心内発話を引用し韓国人を非難する感情を反射的に持つ私（レベル1）という位置付けを提示する．

137

S2 では，そのような気持ちが湧き上がる際の状況がより詳しく描写される．ここでは「日本人として何かをこう傷つけられた時に ::」(1118)，「何だよっとこう :: 韓国に対して ::［思う］」(1120) アカネの状況が浮かび上がるとともに，韓国人に日本のことを非難され腹を立てる日本人の私（レベル 1）というアカネの位置付けが示される．そして，S3 ではそのような感情に囚われてしまった場合に自分自身が「すごい苦しい」(1126) ということに気づくアカネの姿が描かれ，韓国人に対する怒りに飲み込まれると苦しい私（レベル 1）という彼女の位置付けが見受けられた．続く S4 では，アカネが「なるべくなるべく」(1131) と述べながら自分の感情をコントロールしようと心がける様子が提示される．また，そのような状況下で「試されるな ::」(1133) と実感しているアカネの姿が描写され，韓国生活の中で公平性を試される私（レベル 1）という位置付けが提示されていた．

　次に相互行為の場におけるアカネの位置付け（ポジショニング・レベル 2）について述べる．データの冒頭でアカネは韓国について，日本人という立ち位置から向かい合った場合に自身の公平性が試される存在ではないかと他の 2 人に問いかける（1102, 1103, 1105）．これに対し調査者はアカネが質問をしている最中から既に頷きを示し始めるが（1104），ノゾミは質問受けた後に微かに頷きを示しただけであった（1108）．その後アカネは韓国人に対して「何だよ」(1109) という感情を簡単に抱いてしまう状況を提示し，自然な反応だという理解を示しつつもそのような考え方をすることは本当は良くない（1113, 1114, 1116）と発言する（簡単に韓国人を否定することは良くないと思う私：レベル 2）．ここで調査者はアカネの意見に同意する様子を見せるが（1115），ノゾミは何の反応も示さなかった．さらにアカネはより詳細に状況を説明することで感情の中身を限定し，日本のことを傷つけられたときに韓国人に対して「何だよ」(1120) という感情が湧くという構図を描き出す（1118, 1120）．アカネはその直後に，1116 行目と同様にそのような感情が生じるのは「日本人としてだったらまあ自然なこと」(1122) だと思うと発言し，そのような感情が生じること自体を否定しているわけではない私（レベル 2）という位置付けを明示する．ここまでの 3 人のやり取りからは，韓国人に対して反射的に否定的な反応を示すことを良くないこ

とと考えるアカネ，冒頭から継続してアカネの主張に同意を示す調査者と，微妙な反応を示すノゾミというそれぞれの立ち位置が見えてくる．それと同時に，アカネが相互行為の場でS1とS2を語ることを通じて，韓国人に対して瞬間的に湧き上がる否定的な感情の提示，否定，日本人としての理解の提示というやり方を反復していることがわかる．さらに，アカネはS3を通じて反射的に韓国人に対して悪印象を抱くことは理解できるが，その気持ちはコントロールする必要があり，それができないと自分自身がすごく苦しくなることに気がついたと話す（1124, 1126, 1129）．また，アカネの「すごい苦しい」（1126）という発言に対し調査者とノゾミの両方が同時に頷く様子を見せ，ここでは3人が日本人としての感情をコントロールできないと韓国生活が苦しい私（たち）（レベル2）という位置付けを共有している様子が見られた．その後，アカネは1131行目で「なるべくなるべく」（1131）と述べ，自身もコントロールを完全にできているわけではないことや公平性を保てているか常に試されているように感じることを述べる（1133）（公平性を保てているか常に試されている私（レベル2））．調査者はそのようなアカネの見解に同意を示すが（1134, 1135），「言われたら本当そうだね」（1134）という発言からは調査者自身はアカネの意見を聞く前にはそのような視点を所持していなかったということがわかる．また，その後の試されて負けているという調査者の発言からは，韓国生活を送る中で日韓問題に関する話題に向き合う際の2人の位置付けの異なりも明らかとなった．以上のやりとりを通じて，ここではアカネが語ることを通じて公平性を保つことの重要性を理解してもらいたい私（レベル2）という位置付けを提示していることがわかった．

最後にレベル1とレベル2の位置付けをもとにアカネが表出・構築する文化的・社会的自己（アイデンティティ）（ポジショニング・レベル3）について述べる．アカネはデータの冒頭で日本人として日韓問題に関する話題に向き合う際，韓国という存在は自身の公平性を試してくると話す．そして，日本人として日本のことを非難された場合に韓国に対して否定的な感情が湧き上がることは自然なことだとしながらも，そのように簡単に韓国を否定することは間違っているという自身の認識を示す．彼女の認識の中ではそのような感情はコントロール

するべき対象であり，それをしなかった場合韓国で生きていくことは大変苦しい作業になると受け止められている．アカネの見解に対し調査者とノゾミは異なった反応を示すが，調査者はアカネの見解を支持する様子を見せており彼女の言う苦しみは他の在韓日本人女性にも理解できるものであることがわかる．ただ，頭ではそのように考えていても実際に行うのは簡単ではないようで，アカネの発言からは彼女が常に意識しながらできる範囲内で公平性を保ちつつ韓国に対し向き合っている様子が窺える．以上の点から，ここではアカネによって公平性を保つ努力をしている在韓日本人というアイデンティティが実践されていることが明らかとなった（レベル3）．

　データ13-2は13-1が終了した直後から始まる．ここではそれまで子どもにイチゴを食べさせながら調査者とアカネのやりとりを聞いていたノゾミが中心となり話題が展開していく．ノゾミが語ったスモール・ストーリーは二つ（S1：1145-1149，S2：1153-1155）である．

〈データ13-2〉：私だって，日本人なのに
　　1136. ノゾミ：そうそうだからやっぱその ［移民考える人とかも::そういうので
　　1137. 調査者：　　　　　　　　　　　　　　［飲み込まれてるかも(.)ねえ
　　1138. アカネ：　　　　　　　　　　　　　　［((笑みを浮かべている))
　　1139. ノゾミ：辛くなって
　　1140. アカネ：辛く［なるんですよねそれはもうすごいわかります
　　1141. ノゾミ：　　　［出ていくのかなって
　　1142. 　　　　：そういうふうに公平に思おうって思える人の方が少数な気はしま
　　1143. 　　　　　すけどね
　　1144. 調査者：うんそりゃそうだと［思うよ
　　1145. ノゾミ：　　　　　　　　　　　［思いっ思いたくないみたいな::
　　1146. 調査者：((頷く))
　　1147. ノゾミ：プライドが邪魔して::
　　1148. 調査者：((頷き))う::ん
　　1149. ノゾミ：私だって::日本人なのに::(..)みたいな::
　　1150. 調査者：う:::ん

1151. ノゾミ：その私は（..）結構そういうのもちょっと（.）あって
1152. 調査者：((頷く))
1153. ノゾミ：やっぱでも子どもたちの前ではそれ見せないようにしようとか::
1154. 調査者：((何度も頷く))
1155. ノゾミ：思っちゃうんですけど::
1156. 調査者：((小さく頷く))
1157. アカネ：((小さく何度も頷く))
1158. ノゾミ：なんかねぇ
1159. 調査者：う:::ん
1160. ノゾミ：感情はなかなか
1161. 調査者：う:::ん
1162. ノゾミ：変えられない
1163. 調査者：そうだね::

　まず，各スモール・ストーリーに示されたノゾミの位置付け（ポジショニング・レベル１）について述べる．S1 でノゾミは，韓国生活では日韓問題に関連した話題において公平であろうと「思いたくない」(1145) と感じる自身の様子を描き出す．またそのように感じる理由として，「プライドが邪魔して::」(1147)，「私だって::日本人なのに::」(1149) という自身のプライドや感情を指摘し，公平であろうなどと思いたくない私（レベル１）という自身の位置付けを提示する．しかし，その後に現れた S2 ではそのように思いつつも「子どもたちの前ではそれ見せないようにしよう」(1153) と「思っちゃう」(1155) 自分の姿を描写する．ここでノゾミは「ーてしまう」の音韻縮約形である「ーちゃう」を使用し，主体の後景化を図るとともに自分の置かれた状況がそのような言動をする原因となるという状況的要因の前景化（一色 2011）を試みており，自身のそのような行動は公平であろうという自分の意思によるものというよりも日韓にルーツを持つ我が子への自分の発言の影響を考えてのものであるということを言外に主張する．ここではノゾミが，子どものために自分の本心を隠す私（レベル１）という位置付けを提示していることがわかった．

　次に相互行為の場におけるノゾミの位置付け（ポジショニング・レベル２）に

ついて述べる．データの冒頭でノゾミは「移民考える人」(1136)という存在に言及する．これは，その後の調査者の発言「飲み込まれてるかも (.) ねえ」(1137)やアカネの「辛く［なるんですよねそれはもうすごいわかります」(1140)という発言から，韓国から出ていこうと考える日本人を指していると考えられ，ノゾミはそういう人たちが「辛くなって」(1139),「出ていくのかな」(1141)と発言する．ここでノゾミが言及している辛い状況とは，データ13-1でアカネが言及したように，韓国に対する否定的感情に飲み込まれてしまい韓国生活がつらくなった状況を意味していると理解できる．ここまでの流れにおいて調査者とアカネはノゾミの主張を支持するような姿勢を見せており，ここでは3人が韓国に対する否定的な感情に飲み込まれ韓国生活が苦しくなり出ていく人もいるという認識を共有していることがわかる．ただ，この直後，ノゾミは「そういうふうに公平に思おうって思える人の方が少数な気はしますけどね」(1142, 1143)と発言し，アカネのような考え方をする人の方が珍しいのではないかと間接的に指摘する（アカネのようなタイプは珍しいと思う私：レベル2）．また，調査者も「うんそりゃそうだと［思うよ」(1144)とノゾミの意見に同意を示し，ここでは2人が公平性を保とうと考える人は少数派だと思う私（たち）（レベル2）という位置付けを共有していることが観察された．アカネは2人の意見に反応を示す仕草は見せず，ノゾミはさらに続けて試されるような状況において自分はどう感じるかについて率直に述べる．そこでノゾミは，自分は日本人なので公平であろうとは思いたくないという自身の感情に言及し「私は (..) 結構そういうのもちょっと (.) あって」(1151)と自分はアカネとは異なる考え方をするという姿勢を明確に打ち出す（公平性を保つことはできない私：レベル2）．しかし，自分にとって例外にあたる状況も存在しており，日韓にルーツのある子どもの前ではそのような自身の内情を見せないようにすると話す (1153, 1155)．ノゾミのこの発言に対しては，それまで反応を示さなかったアカネが調査者とともに頷く様子を見せ，ここでは3人が日韓にルーツのある子どもの前では自身の感情を隠そうとする私（レベル2）という位置付けを共有する様子が見られた．そしてデータの最終部分でノゾミは，「感情はなかなか」(1160),「変えられない」(1162)と発言し，頭では色々と考えても湧き上がって

くる感情をコントロールすることは簡単ではないという姿勢を打ち出し，調査者もそれに同意を示していた（1161，1163）．ここでは2人が，日本人としての感情を殺すのは難しいと感じる私（たち）（レベル2）という位置付けを共有していることが明らかとなった．データ13-2では，それまで曖昧な反応を示すだけであったノゾミが，アカネの発言に対し自分はアカネとは異なるという姿勢を明確に提示する．また，その際にノゾミは，アカネのように公平性を保てないのは日本人としてのプライドのためだと言及し，調査者もノゾミの意見を支持する様子を見せる．その後，日本人としてのプライドも子どもの前でだけは一旦横に置かれるという例外が提示されるが，最終的にノゾミは日本人としての感情は簡単には変えられないという主張を反復しデータが終了する．以上の点から，ここではノゾミが語ることを通じて自分は日本人であることを主張したい私（レベル2）という位置付けを提示していることがわかった．

　最後にレベル1とレベル2の位置付けをもとにノゾミが表出・構築する文化的・社会的自己（アイデンティティ）（ポジショニング・レベル3）について述べる．データ13-2の冒頭ではそれまで黙ってアカネと調査者のやりとりを聞いていたノゾミが発話権を取り，アカネが言うように感情のコントロールができずに韓国生活が苦痛になり韓国から出ていく人々がいるようにも思うと言及する．しかしながらその直後，ノゾミはアカネのような考え方をする人は少数派であるという主張を行い，データ12から継続して行われてきたアカネの主張に対し対立する姿勢を見せる．データ13-1でアカネは日本人として韓国に対して怒りが生じるということ自体を否定していたわけではないが，二つの国の間で生きるものとして簡単に韓国に対し否定的な感情を持つことは良くないことだとも主張していた．そのようなアカネに対し，13-2でノゾミはそもそも公平であろうと思いたくないという主張を行い，アカネのような考え方ができるものは少数派であると述べる．ノゾミの「私だって :: 日本人なのに」（1149）という発言からは，母国である日本を非難してきた相手に簡単に否定的な感情を持つことを良くないことと評価づけしたアカネに対し，母国を非難した相手との関係性において公平であろうと思っても日本人としてのプライドがそれを「邪魔」（1147）すると訴える彼女の姿勢が読み取れる．また，ノゾミが日本を非難

されても公平であろうと思うなど自分にとっては日本人としてのプライドの問題に関わると感じていることがわかる．ノゾミはアカネに対し日本人としてのプライドがないのかなどと直接的に尋ねたりはしていないが，自分にはそういう部分があるということを率直に認めるとともに，例外として子どもの前でだけはそのような部分を見せないように気を付けると話す．ここでもノゾミはそのように自分が心がけるのは子どもへの影響という外的要因によるものであり，本心では日本人として公平であろうなどと思いたくないという姿勢を貫く．上述したようにデータ 13-2 の中でノゾミは，直接的にアカネの意見を否定する様子は見せないものの，人間の感情（ここではナショナル・アイデンティティと関連のある感情）をコントロールすることは簡単ではなく，実際の生活においては正論を貫き通すことは困難であると継続して主張していた．また，調査者もノゾミの主張に同意を示しており，ここからは二つの国の間で生きていても日韓問題に関する話題と向き合う際には彼女たちの中に日本人としての感情が湧き上がってくるという状況が明らかとなった．以上の点から，データ 13-2 ではノゾミによって韓国で生きる日本人というアイデンティティが実践されていることが明らかとなった（レベル 3）．

第 7 節　考察

　まずは，リサーチ・クエスチョン 1（ナラティブ領域とそれが語られる相互行為の場において彼女たちが自らをどのように位置付けているのか）について考えたい．第 1 節では，在韓日本人女性たちが自身の体験と自身が日本人であることに関連性があると考える出来事について，日本人なのかと質問されたケース，日本に対する否定的な発言を聞かされたケース，日本人であると知られることを警戒するケースをそれぞれ取り上げ分析・考察した．日本人なのかと質問されたケースでは，日本に対し否定的な韓国人の前では質問に答えない私（レベル 1），韓国人と平等にやりあうことができる私（レベル 2）といった位置付けが観察された．語り手の示した位置付けからは，彼女が日本に対し否定的な感情を持っている韓国人の前では日本人であることを明かさないだけでなく，日本人か

第 5 章　韓国（人）との関わり合いに見る日韓問題

どうかを確認する理由を韓国人に対して質問し返す姿勢が窺える．また，他の在韓日本人女性たちがこのような彼女の言動に対し驚きを示すとともに，彼女のような存在が少数派として位置付けられる様子も見られた．日本に対する否定的な発言を聞かされるケースでは，日本語を話していたことで韓国人から怒鳴られた私（レベル 1）や，日本人であるがゆえに遭遇した出来事の怖さを共有したい私（レベル 2）といった位置付けが見られた．語り手の提示した位置付けからは，幼い子どもや女性であっても日本人であるというだけで怒鳴りつけるような韓国人が存在するという事実を他の参与者に示そうとする語り手の姿勢が窺える．また，語り手が日韓にルーツを持つ我が子も危険な目に遭う可能性があるという点を提示した際には，他の参与者が彼女の経験や感情を共有し同じ認識の枠組みを構築していく様子も見られた．日本人であると知られることを警戒するケースでは，トラウマの影響が根深い私（レベル 1）や，中立的な立場を保っている私（レベル 2）といった位置付けが観察された．ここからは，語り手が長い韓国生活の中で日本人であるというだけで唾をかけられたり怒鳴りつけられたりするといった体験をしつつも，そのような言動をしない韓国人が存在することも認識し，中立的な立場から韓国人を見ようと心がける様子が示された．

　第 2 節では，在韓日本人女性たちが韓国人との間で独島問題に関連するやりとりを行った体験に関する語りを取り上げた．具体的には，データ 4 で謝罪を求められた語り，データ 5 では韓国のものだという意見を一方的に聞かされた語りを取り上げ分析・考察した．謝罪を求められたケースでは，独島問題で韓国人と衝突するよりは韓国人の意見に同調する私（レベル 1）や，マイノリティである自身の位置付けを理解してもらいたい私（レベル 2）という語り手の位置付けが見られた．ここからは，彼女が韓国生活の中で何度も独島問題に関して意見を求められるような体験をしていること，その際に不愉快になってもマジョリティである韓国人とマイノリティの自分が揉める状況を避けようと黙って耐えたり，同調する，謝罪するといった対応をしたりしていることが明らかとなった．韓国のものだという意見を一方的に聞かされるケースでは，個人の力が及ばない問題を自分に投げかける韓国人の言動に苛立ちを感じる私（レベ

145

ル1）や，韓国人の言動により韓国人に悪印象を抱くようになる私（レベル2）といった語り手の位置付けが示された．ここからは，語り手が独島問題に関して個人的な力ではどうにもできない問題という認識を持っていることが窺える．また，そのような問題を一介の日本人である自分に振ってくるだけでなく，韓国のものであるという意見をぶつけてくる韓国人に対し苛立ちや対抗心を抱いていく様子も観察された．

第3節では，在韓日本人女性が韓国生活の中で慰安婦問題と関連した出来事に遭遇した体験に関する語りを対象に分析・考察した．データ内では嫌でも回避できない状況下に置かれる私（レベル1）や，日本を悪者にしてほしくない私（レベル2）という位置付けが語り手によって提示された．語り手の位置付けからは，韓国で日韓問題の存在に触れることは彼女にとって回避したい現象であること，しかしながら心ではそう思っていてもそれを回避することは難しく，時として強制的に向き合わされるような状況下に彼女が身を置いていることなどが理解できる．そして，韓国で日韓問題の存在に接触する際には，そこに内在化している韓国側の支配的言説にも接触せざるを得ないこと，また，彼女にとってその内容はそれを聞く側が日本を悪として認識せずにはいられないような内容であることもわかった．さらに，これらの認識は他の在韓日本人女性2人にも共有され，彼女たちが同じような状況下に身を置き，韓国の支配的言説に対しても同様の認識を抱いていることも明らかとなった．

第4節では，在韓日本人女性たちが不買運動の行われている韓国で生活する中で遭遇した不買運動と関連のある体験に関する語りを対象に分析・考察した．具体的には，悲しくなるケース（データ7-1），怒りが湧くケース（データ7-2），仕方がないと感じるケース（データ8），怖いと感じるケース（データ9），日本語を話しづらいと感じるケース（データ10）をそれぞれ取り上げた．悲しくなるケースでは，不買運動のメッセージが自分たちに対して向けられたものではないことを彼女たちが理解した上で，不買運動のメッセージに悲しみを感じる私（レベル1），自分の母国であり我が子とも関連のある日本を非難されることに悲しみを感じる私（レベル2），日本非難に対して湧き上がる悲しみを理解してほしい私（レベル）といった位置付けを提示する様子が観察された．ここか

第 5 章　韓国（人）との関わり合いに見る日韓問題

らは，不買運動の中で使用される日本に対する否定的なメッセージに対しても彼女たちが冷静な視点から関わり合っていること，しかしながら自身の母国を非難されるという現象に対しては反射的に悲しみが生じてしまうという状況に身を置いていることがわかった．怒りが湧くケースでは，韓国の政治家の発言に怒りを感じる私（レベル 1），政治家に対して抱く憤りを共有したい私（レベル 2）といった位置付けが見られた．ここからは，韓国人を一括りにするのではなく政治家と一般の韓国人を別物と区別した上で，政治家や韓国のメディアは日韓関係の悪化を促進するような言動をするため怒りが湧くと訴える語り手の姿が見受けられた．仕方がないと感じるケースでは，不買運動を行っているのは日本を嫌いな韓国人だけであると考える私（レベル 1），韓国人の置かれた状況によってはそのような行動も仕方がないと思う私（レベル 1），韓国人の言動を理解できる私（レベル 2），韓国人を一括りにして捉えない私（レベル 2），韓国人の言動を冷静に受け止めている私（レベル 2）といった位置付けが語り手によって提示された．それらの位置付けからは，語り手が韓国人の中には日本に対して否定的なものもいれば肯定的なものもおり，不買運動は否定的な印象を持つ韓国人によって行われているのだと認識していることが理解できる．また，どのような視点から日本を見るのかによって韓国人の抱く日本イメージが変化する点にも語り手が気づいており，見方によっては日本を否定的に捉えるのも仕方がないと認識していることがわかった．怖いと感じるケースでは，不買運動そのものには関心のない私（レベル 1），不買運動のステッカーを見ると恐怖を覚える私（レベル 1），母国の国旗に母国への批判的メッセージが書かれているのを見ると複雑な感情を抱く私（レベル 2），日本への非難を直視することで生じる怖さや複雑な感情を共有したい私（レベル 2）といった位置付けが見られた．ここからは，語り手が不買運動そのものよりもその中で使用されているステッカーやポスターに対し視覚的な怖さや複雑な感情を抱いている様子が観察された．特に母国の国旗が日本を非難する媒体として使用されていることに対しては強い反応を示しており，彼女たちが普段利用する公共交通機関の中という日常生活の領域内で母国への非難を目にせざるを得ないという状況の中で恐怖や複雑な感情を抱きながら生活していることもわかった．最後の日

本語を話しづらいと感じるケースでは，日本語のせいで韓国人から注目されているように感じる私（レベル1），韓国人の視線に疑心暗鬼になる私（レベル1），韓国において住みづらさを感じている私（たち）（レベル2），自身の感じる住みづらさを理解してほしい私（レベル2）といった位置付けが提示された．これらの位置付けからは，当時の韓国において日本人であるということを不特定多数の韓国人の前で明らかにすることに彼女たちが不安を覚えている様子が理解できる．ただし，語り手はデータの中で自身のそのような感覚について被害妄想かもしれないと発言しており，自分が感じている不安が取り越し苦労である可能性があるという点も自覚していた．しかしながら，そのような不安感（もしかしたら何かあるかもしれない）という思いを常に心のどこかに持ちながら韓国生活を送らなければないないことに対し彼女たちが生活しづらさを感じていたことも明らかとなった．

　第5節では，不買運動が行われていた当時の韓国で発生した日本人暴行事件に関して在韓日本人女性が言及したデータを対象に分析・考察した．データ11では，韓国人に日本人であることを知られたくない私（レベル1）や，生活に不自由さはないがどこかで警戒心や不安感を抱きつつ韓国で生活している私（レベル2）といった位置付けが観察された．語り手の示した位置付けからは，不買運動や日本人暴行事件が実際に起こっている韓国で生活するという状況において，生活的な不便さはないものの自身のナショナリティを気軽に韓国人の前で表出できない状況下に彼女が身を置いている様子が窺えた．

　第6節では，在韓日本人女性たちが日韓問題と関連した話題を話すことを通じて韓国や韓国人に対しどのような印象を抱き，どのように関わっているのかに関して言及しているデータを取り上げた．具体的には，データ12で日本寄りになった状態で韓国にいるのは苦しいと感じる語り，データ13-1で韓国での生活は自身の公平性を試されると感じる語り，データ13-2で日本人として韓国に対し公平に向き合えない語りを取り上げ分析・考察を行った．データ12では，日本寄りの状態で韓国に住むことがすごく苦しい私（レベル1）や，公平性を保つことへの重要性を共有したい私（レベル2）といった位置付けが観察された．語り手（アカネ）によって提示された位置付けからは，彼女が日本

寄りのまま韓国で生活することは苦しいと実感していることが明らかとなった．しかしながら，そのような語り手の感覚に対し他の参与者からは肯定的な反応と曖昧な反応という異なった対応が見られた．次に，データ 13-1 では，韓国生活の中で公平性を試される私（レベル 1）や，公平性を保つことの重要性を理解してもらいたい私（レベル 2）という位置付けが見られた．データ 12 と同様，語り手はデータ 13-1 でも韓国に対する怒りに飲み込まれると韓国で生活することは苦しくなるという見解を提示する．また，日本人ゆえに日本寄りの見方になってしまいがちではあるが怒りに対して怒りで応答するのではなく，そのような気持ちをコントロールしつつ公平な視点から日韓問題に向かい合う方が良いという姿勢を明示する．データ 13-1 に続くデータ 13-2 では，公平であろうなどと思いたくない私（レベル 1），自分は日本人であることを主張したい私（レベル 2）といった位置付けが提示された．語り手（ノゾミ）の示した位置付けからは，データ 12，13-1 を通じてなされたアカネの見解に対し，自分は日本人なのだから日本寄りであることを悪いとは思わないという姿勢を明確に打ち出す語り手の姿勢が窺えた．また，語り手が自分と同じ考え方の在韓日本人女性の方が多数派であると認識している様子も読み取れた．このような語り手の認識は調査者にも共有されており，ここではアカネが少数派として他の参与者から位置付けられる様子が見られた．けれども，日韓にルーツを持つ子どもの前では日本人の立場から発言することを控え，なるべく公平であろうと心がけるという点においては参与者 3 人が共通した認識を所持している様子が観察された．また，アカネの言及する苦しみには理解を示しつつも，個人的な関わりにおいては日本人としての感情があるため公平性を保つことは難しいと語り手や調査者が感じていることがわかった．

　次にリサーチ・クエスチョン 2（語ることを通して表出・構築される彼女たちのアイデンティティとはどのようなものか）について考えたい．第 1 節で取り上げた三つのケースの中では語り手によって，マジョリティに抵抗できるマイノリティ（データ 1），韓国人の言動を警戒せざるを得ない日本人（データ 2），日韓関係の悪化に影響を受ける日本人（データ 3）といったアイデンティティが実践されていた．彼女たちの提示したアイデンティティからは，彼女たちがマイノ

リティや日本人という位置付けから韓国人の日本（人）に対する認識を注意深く観察したり，韓国人の前で自分が日本人であることが発覚した場合には自分や子どもに悪影響が及ぶ可能性があると認識したりしている様子が見受けられた．さらに，データ内で示された彼女たちの言動からは，彼女たちのこのような見解がある程度実体験に基づいたものであり，彼女たちの一方的な思い込みではないこともわかる．そして，実体験に基づき構築された認識の枠組みが不特定多数の韓国人の前で日本語を話すことを控えようと彼女たちが心がける要因となっていることも明らかとなった．また，データ１，データ２を通じて，誰か１人が経験した出来事が３人の在韓日本人女性たちの間で共有される中で，その出来事が生じさせる衝撃や恐怖，そこに内在化している認識の枠組みを彼女たちが共有する様子も見られた（データ２）．そして，データ１では，見知らぬ韓国人の日本（人）に対する言動に言い返す語り手の様子に対し他の参与者が驚きを示す様子なども見られ，彼女たちがマジョリティである韓国人の日本（人）に対する否定的な感情に接触した際にも，基本的にはマイノリティとしてそれを受けとめる姿勢をとっている可能性が示唆された．

　第２節で取り上げた二つのデータ内では，語り手が韓国生活に波風を立てずに暮らす方法を身につけているマイノリティ（データ４），韓国人の言動に巻き込まれる日本人（データ５）というアイデンティティを実践する様子が見られた．彼女たちが示したアイデンティティからは，複数の韓国人の中でたった１人の日本人という多勢に無勢な状況下では相手の意見を不愉快に思っても反論することは難しいと語り手が感じている様子や，マジョリティである韓国人に反論し喧嘩になるような状況は回避したいためマイノリティとして同調する・謝罪する・黙って聞くなどの行為を選択して実行している様子が見受けられた．また，二つのデータでは，語り手が自身の置かれた状況が自分の言動の要因であるという姿勢を言語的に示す様子が共通して見受けられ，自身の中に個人的に湧き上がる感情よりも，韓国人が作り出す状況が自分たちにそのような言動（反射的に謝る・同調する・黙って聞く）や心情（苛立ちや韓国に対する対抗心）を起こさせるのだという点に彼女たちが聞き手の関心を向けたいと意識している様子が観察された．そして，インタビューに参加した参与者全員が独島問題に関

する話題を回避したい話題として認識していること，にも関わらず時として強制的にその話題に巻き込まれ意見を求められたり，謝罪を要求されたり，相手の批判を一方的に聞かされるような状況にさらされていることが明らかとなった．

　第3節では，語り手によって韓国の日韓問題の扱い方を受け入れられない私（データ6）というアイデンティティが実践される様子が観察された．そこからは，人として，女性として，慰安婦問題に関しては日本の行いを悪いものと頭では認識するものの，絶対悪の日本を半ば強制的に創造しようとする韓国側のやり方に日本人として複雑な感情を抱かずには居られない語り手の立ち位置が読み取れた．ただし，彼女の発言からは，語り手が韓国人全体を否定しているのではなく，幼い頃からトップダウン方式で絶対悪の日本（人）というイメージを構築するような言説を韓国の人々に与え続ける韓国の教育方法に疑問を抱いている様子が見受けられた．

　第4節で取り上げた五つのケースでは，母国非難に反応してしまう日本人（データ7-1：悲しくなるケース），韓国の政治家とメディアに怒りを感じる在韓日本人（データ7-2：怒りが湧くケース），規範意識や支配的言説に惑わされない私（データ8：仕方ないと感じるケース），目の前で母国を非難される日本人（データ9：怖いと感じるケース），気軽に自身のナショナリティを表出できない日本人（データ10：日本語を話しづらいと感じるケース）といったアイデンティティの実践が観察された．悲しくなるケース，怒りが湧くケースの中で示されたアイデンティティからは，語り手が一般の韓国人と政治家やメディアの存在を切り離して捉えていることが明らかとなった．また，一般の韓国人は後者の影響を受けて日本批判を行うよう煽られる存在，政治家やメディアは日韓関係を悪化させるような発言をする存在として認識されていることもわかった．それゆえに，日常生活の中で目にする日本への非難に対しても，日本人として反射的に悲しくはなるものの，韓国人とも関わりのある在韓日本人として彼女たちが冷静に対処している様子が見られた．仕方ないと感じるケースでは，韓国人は日本（人）が嫌いであるという認識の枠組みに対し，自身の経験に基づき批判的な姿勢を示す語り手の様子が認められた．彼女の示したアイデンティティからは，

151

日本に好意的な韓国人の存在など実体験に基づく状況判断を心がけている様子が見受けられ，不買運動に関連した様々な現象にも語り手が冷静に対処する姿勢を持っていることが理解できた．怖いと感じるケース，日本語を話しづらいと感じるケースで語り手が示したアイデンティティからは，日常生活の中で直接的な日本への非難を目にするという状況が，彼女たちの中に韓国人や韓国に対する不安感を生じさせる要因となっていることがわかった．また，不買運動を行うことの是非よりも，その中で示される直接的な日本非難が彼女たちに影響を与えていること，それを目にすることで生じる恐怖心や複雑な感情を理解してほしいと彼女たちが訴えていることも明らかとなった．

　第5節では，語り手が自身のナショナリティを気軽に表出できない日本人（データ 11）というアイデンティティを実践する様子が見られた．語り手が示したアイデンティティからは，3年間の韓国生活の中で日本人であることを理由に韓国人から危害を加えられたことも反日的な思想を持つ韓国人に会ったこともないと発言していた語り手が，日本大使館から送られてくるメールや暴行事件の報道を受け外出先で日本語を話すことを躊躇するようになる様子が観察された．このような彼女の言動からは，メディアの報道や大使館からのメールで発信される韓国（人）に関する印象が，語り手の中に存在する実体験に基づく韓国（人）に対する印象を凌駕する様子が見受けられた．同時に，メディアなどを通じて発信される情報が彼女たちの韓国（人）イメージの構築に与える影響の強さが観察された．

　第6節で取り上げた三つのデータでは語り手たちが，公平な視点から日韓を見つめたい在韓日本人（データ 12），公平性を保つ努力をしている在韓日本人（データ 13-1），韓国で生きる日本人（データ 13-2）というアイデンティティを実践する様子が観察された．彼女たちが示したアイデンティティを通じて，日韓問題に関してどのように向き合っていくべきかという点に関する在韓日本人女性の意見の異なりを垣間見ることができた．データ 12 とデータ 13-1 の語り手であるアカネが示した公平な視点から日韓問題に向き合いたいという見解は，他の参与者から素晴らしい考え方であると評価されるものの，在韓日本人女性たちの中では少数派として位置付けられていた．それに対し，データ 13-2 の

第 5 章　韓国（人）との関わり合いに見る日韓問題

　語り手であるノゾミが提示した日本人なのだから日本寄りの立ち位置から日韓問題を見てしまうという見解は，在韓日本人女性たちの中での多数派の考え方として位置付けられていた．ここからは，日韓問題に関する話題において日本を非難されるような発言を耳にした場合，彼女たちの多くが日本人としてそのような発言をする韓国人に対し反射的に不快感を抱いている様子が窺える．それと共に，日本人としてのプライドがそのような対応を導き出している可能性が高いことも示唆された．しかしながら，データ内で示された彼女たちの言動からは，唯一我が子の前でだけは3人が共通して日韓にルーツを持つ子どもへの影響を配慮し日本人としての感情を伏せて接しようと心がけていることもわかった．

　最後にリサーチ・クエスチョン3（彼女たちは日常生活に介入してくる日韓問題を周囲との関係性の中でどのように受け止め関わっているのか）について考えたい．彼女たちの位置付けやアイデンティティを分析する中で，彼女たちの中に共通して日韓問題に関する話題を回避したいという思いが存在している様子が見られた．しかしながら，実際にはその話題を回避することは難しく，時として強制的にその問題に対して向き合わされ韓国人から意見を求められたり，謝罪を求められたりするといった状況に彼女たちが身を置いていることも明らかとなった．データ内で示される在韓日本人女性たちの発言からは，多くの場合，韓国人から日本（人）を非難された際には公平な視点から問題に向き合おうという姿勢よりも，日本人として韓国人の意見に抵抗したいという思いが湧き上がる様子が見られた．例えば，データ内では強制的に日韓問題の話題に向き合わされた際に，彼女たちが日本人として反射的に韓国人に対し不快感を抱いたり苛立ちを感じたりする様子が観察された．ただし，そのような場合であっても彼女たちが自分の中に湧き上がる日本人としての感情を韓国人に対し直接ぶつけることはなかった．彼女たちはマイノリティという自身の位置付けを自覚し，韓国生活に波風を立てないためにもマジョリティである韓国人と揉めるのを避けることを優先させていた．それゆえに，韓国人との間で日韓問題に関する話題を扱う際には，相手の意見に同調する，黙って聞く，謝罪するといった対応をしていることが明らかとなった．また，データ内では，自分たちの中に生じ

る感情や言動を引き起こす要因は自分たちが身を置く状況側にあるということを彼女たちが聞き手側に提示する様子が頻繁に観察された．ここからは，日本人として思うところはあるものの，その思いを前景化させることは社会的マイノリティである自分には難しいということを理解してほしいと彼女たちが感じていることが読み取れた．その一方で，日本人として韓国（人）に対し複雑な心情を抱いていても，韓国人は全員日本（人）が嫌いであるといった認識の枠組みを彼女たちが提示する様子はデータ内では見られなかった．むしろ，自分たちがこれまで出会ってきた韓国人の中には日本に対して好意的な人物もいたという実体験に基づき，韓国人の中の日本（人）への印象も多様であるという感覚を彼女たちが所持している様子が観察された．そして，韓国人が日本（人）に対する悪印象を抱いたり対抗心を持ったりするのは，韓国の政治家やメディア，教育の影響によるものだという認識を抱いている様子も観察された．このような彼女たちの認識は韓国（人）と関わりを持つ在韓日本人女性として，自らの経験を通じて彼女たち自身が構築してきたものであった．けれども，1人が経験した出来事が在韓日本人女性の集まりなどで共有された際，その内容が衝撃的あるいは自分たちの子どもに被害が及ぶような内容である場合は，彼女たちが個人的な体験に基づき韓国（人）に対する否定的な認識枠組みを協働構築，共有する様子も見受けられた．他にも，彼女たち自身が韓国生活の中で直接的な日本への非難を目にする，韓国人と日本人が揉めるような事件を実際に目にする，日本大使館や日本のメディアを通じた韓国（人）への警戒を促す内容の情報を目にするといった体験を通じて，自身のナショナリティを気軽に韓国人の前で表出することに不安感を感じるようになっている様子も見られた．ここからは，実体験に基づいて構築された韓国（人）に対するイメージも，外的要因からの影響により時として変化する場合があるという実態が理解できる．特に日韓関係の悪化が深刻化した際には，自身のナショナリティを表出することで周りの韓国人からどのような目で見られるのか，どのような対応をされるのかといった不安を常時抱えながら生活することに，彼女たちが生きづらさを感じていることも明らかとなった．そして，そのような生きづらさを日本の家族や友人に対して率直に伝えるのではなく，むしろ家族や友人に対しては韓国

生活に大きな問題がないかのような言動を見せている様子も見られた．また，日韓にルーツを持つ我が子の前においても同様に，自分たちの個人的な感情を隠し，日本と韓国の間で公平性を保とうと心がける様子も観察された．このような彼女たちの言動からは，日本の家族や友人，日韓にルーツを持つ我が子が，韓国（人）に対し偏った認識を持つようになることを彼女たちが警戒している様子が窺える．さらに，日韓に関わりを持つものとして，周囲の人が韓国に対し否定的な印象を持つような状況を回避したいと彼女たちが考えていることが理解できる．それと同時に，自分たちの不安や生きづらさを他の在韓日本人女性との間以外では気軽に口にできない状況に彼女たちが身を置いていることも明らかとなった．

第8節　両国間で揺れ動く気持ちと，明かせない思い

　本章では，日本人であることと関連があると思われる出来事，独島問題と関連した出来事，慰安婦問題と関連した出来事，日本製品不買運動や日本人暴行事件と関連のある出来事などに関する在韓日本人女性たちの語りを取り上げ分析・考察を行った．彼女たちの示した位置付けやアイデンティティ，そしてデータ内で見られた相互行為からは，彼女たちが現在所持している韓国（人）への印象が渡韓前に日本で構築されたものというよりも，渡韓後に彼女たちの実体験に基づいて構築されたものであることがわかった．そして，同じ日韓問題に関する話題について会話をするときでも，日韓にルーツを持つ我が子との間で行う時と，韓国人との間で行うときでは彼女たちの姿勢に異なりが生じていることが明らかとなった．彼女たちの言動からは，日韓問題に関する話題について子どもとの間でやりとりする際には，日韓にルーツを持つ子どもの母親という位置付けのもと，公平な視点から話題に関わろうと心がける様子が見られた．一方，韓国人との間でやりとりする際には，日本人という位置付けが前景化する可能性が高いことがわかった．しかしながら，それと同時に，日本人として韓国（人）の発言に複雑な心情を抱きつつも，韓国人も多様であること，韓国人の言動はメディアや教育の影響を受けていること，などの点を自身の経

験に基づき考慮し冷静に状況を受け止め対応している彼女たちの在韓日本人女性としての側面も見受けられた．このような彼女たちの実態は，彼女たちが韓国（人）と関わりのあるものとして韓国（人）を理解しようという気持ちと，日本（人）と関わりあのあるものとして日本を守りたいと思う気持ちの狭間で揺れ動きながら生きている現状を浮かび上がらせる．また，彼女たちが自分の気持ちが日本に偏りすぎた状態で韓国生活を送ることへの苦しみを共有する様子や，日韓の狭間で公平性を保とうとしても日本人としての感情をそう簡単に消すことはできないという思いを共有する様子からは，彼女たちが冷静に自身を取り巻く状況に対応していながらもその内面では複雑な心境を抱えて生きている実態も明らかとなった．また，相手の中に韓国（人）に対する悪印象が生じることを避けたいという思いから，そういった複雑な心情，韓国生活の中で感じる不安や生きづらさを，日本の家族や友人，自身の子どもの前では見せないように気を使い，自分たちの仲間内でだけしか話せないという状況下に身を置いていることもわかった．さらに，本章で示されたデータからは，親しい韓国人の知り合いよりも見ず知らずの韓国人男性の方が在韓日本人女性に対し謝罪を求める，一方的に意見を言うといった行為に及んでいる可能性が高いことが推察された．ここからは，マジョリティの韓国人とマイノリティの日本人や，被害国出身の韓国人と加害国出身の日本人というだけでなく，男性と女性という位置付けも彼女たちの言動に何らかの影響を与えている可能性が示唆された．

第 6 章

日本（人）との関わり合いに見る日韓問題

　当たり前のことだが，在韓日本人女性たちが第三者から日韓問題の話題を振られるという状況は韓国でのみ生じるわけではない．彼女たちが日本に帰ってきた際に，日本の人々から話題を振られることもある．日本の非営利団体である言論 NPO と韓国のシンクタンクである東アジア研究院は，2013 年から毎年共同で日韓共同世論調査を実施している．2019 年から 2021 年に行われた調査によれば，韓国に対する悪印象の原因として日本人が最も多く口にする理由が「歴史問題などで日本を非難し続けるから」，2 番目が「竹島をめぐる領土対立があるから[1]」であるという．このような結果からは，韓国に対して日本人が悪印象を抱く原因と日韓問題との関連性の深さが理解できる．では，実際に彼女たちは，日本において，どのような人々から，どのような状況下で日韓問題に関連した話題を振られているのだろうか．本章では，前章とは反対の状況，つまり在韓日本人女性たちが日本人との間で日韓問題に関連した話題を扱った際の語りに焦点を当て，誰が，どのような状況において彼女たちにその話題を振っているのか，また，その際に彼女たちはどのような対応をしたのかについて見ていきたい．

1　「歴史問題などで日本を非難し続けるから」を選択した割合は，2019 年で 52.1％，2020 年で 55.7％，2021 年で 44.9％となっており，回答者のほぼ半数が日韓の間の歴史問題が原因で韓国に対しよくない印象を持つようになっていることがわかる．2 番目に多い「竹島をめぐる領土対立があるから」は，2019 年が 25.7％，2020 年が 29.4％，2021 年が 30.7％となっており，日韓の間の竹島／独島をめぐる領有権争いもまた日本人が韓国に対し悪印象を抱く要因となっていることがわかる．

第 1 節　韓国（人）に対する否定的発言

　第 1 節では日本の家族や友人・知人から韓国に対する否定的な印象や発言を聞かされた際に在韓日本人女性たちがどのようにその状況に対処し，その際にどのような社会状況や関係性に身を置いていたのかについて，彼女たちの語りとそれを取り巻く相互行為を分析・考察することを通じて検証していく．まず，1. では 2019 年に韓国で起きた日本製品不買運動に関連した語りのデータ，2. では 1. と同時期に韓国で起こった日本人暴行事件に関連した語りのデータ，3. では特定の出来事とは関連なく彼女たちが日本の家族や知人から韓国に対する否定的な発言を聞かされた語りのデータをそれぞれ取り上げ分析・考察を行う．

1.　日本製品不買運動（2019）と関連のある出来事

　1. では，インタビュー調査実施時（2019 年の 8 月～9 月）に現地で行われていた日本製品不買運動に関連して，在韓日本人女性たちが日本の家族や友人・知人から韓国に対する否定的な印象や発言を聞かされた際の語りを取り上げる．本研究では，彼女たちが自分自身や韓国の家族のために言い返す語りが 1 件，自分の目で見た韓国の様子を説明する語りが 2 件見られた．以下では，それぞれの代表的なデータを取り上げ分析・考察を行う．

　データ 14 は在韓歴 8 年のユキと 2 年のナオへのインタビューにおいて収集されたものである．データ 14 の開始前，ユキは調査者とナオに対しインタビューの少し前に日本に帰省した話をしていた．その中でユキは，帰省中に知り合いから現在の韓国の状況について質問された出来事に言及する．そして，知り合いとのやりとりを通じて日本に住む日本人から韓国がどのように見られているのかを身をもって実感したと述べた．また，ユキは特に自分の母親世代はニュースで流れるデモの映像などを見て韓国に対するイメージを構築する傾向があると言い，そのような相手に対して実際に韓国で暮らしているものとして韓国生活は至って普通であることを説明したと話した．ユキの発言を受け調査

者は，知り合いにそのような質問をされた際にはどんな気持ちになるのか，韓国の生活は至って普通だと説明したくなる理由は何かをユキに尋ねる．データ14は調査者の問いかけに対するユキの返答から始まる．データ内でユキは三つのスモール・ストーリー（S1：421-425，S2：429-430，S3：435-454）を語る．

〈データ14-1〉：自分と家族のために言い返す

421. ユキ　　：あっでもか:::んこく（（韓国））の家族の（.）
422. 　　　　：[一応ねぇ家族（.）が韓国人に [なるので::
423. 調査者：[（（何度も頷く））
424. ナオ　　：　　　　　　　　　　　　　　[（（何度も頷く））
425. ユキ　　：悪く言われたときは言い返すっします
426. 調査者：[ああああ:::
427. ナオ　　：[（（何度も頷きつつ））う::::ん
428. 調査者：あっだっどんなふうに悪く？言われたことあります？
429. ユキ　　：(2) んっなんかっ（.）ちゃんと説明しとかなあかんなと思ったこ
430. 　　　　とがあるんやな（（腕を組む））[なんか
431. 調査者：　　　　　　　　　　　　　　[（（何度も頷きつつ））う::::ん
432. ユキ　　：例えば [今の状況とかでも::（.）
433. 調査者：　　　　[（（頷く））
434. ナオ　　：（（頷く））
435. ユキ　　：大変なんやろ？って言われたら：
436. 調査者：[1 [（（何度も頷く））
437. ナオ　　：[1 （（頷く））
438. ユキ　　：[2 えっ（..）ちょっとまってって（.）ニュースではそう出てるかも
439. 　　　　しれんけど
440. 調査者：[2 （（何度も頷きつつユキの発言を聞いている））
441. ユキ　　：私が住んでるところに [::デモしてる人まずい [いいひん
442. 調査者：　　　　　　　　　　　[（（何度も頷く））
443. ナオ　　：　　　　　　　　　　　　　　　　　　　　　[（（大きく頷く））う::
444. 　　　　ん
445. 調査者：（（大きく頷く））う::ん

446. ユキ　　：みんな優しくしてくれる::
447. 調査者　：[(((何度も頷く))
448. ナオ　　：[((頷く))
449. ユキ　　：(..) なんかその：(1) 私とか (.) その子どもが [:: (..) なんか
450. 調査者　：　　　　　　　　　　　　　　　　　　　　　[((頷く))
451. ユキ　　：(..) 日本人やろお前>みたいなことを絶対ゆわれることはないし:: <
452. 調査者　：[((何度も頷く))
453. ナオ　　：[((頷く))
454. ユキ　　：(..) てゆうことはいいっ言います絶対に
455. 調査者　：((何度も頷きつつ)) う:::ん
456. ナオ　　：((頷く))
457. ユキ　　：((大きく頷き)) う::ん

　まず，各スモール・ストーリーに示されたユキの位置付け（ポジショニング・レベル 1）について述べる．S1 でユキは，「家族 (.) が韓国人に [なるので::」(422)，「悪く言われたときは言い返すっします」(425) と述べ，韓国人の家族を持つものとして韓国が悪く言われた時には言い返す私（レベル 1）という位置付けを示す．S2 では「ちゃんと説明しとかなあかんなと思ったことがあるんやな」(429, 430) と述べ，韓国を悪く言われた際には意見したくなる私（レベル 1）という位置付けを提示する．最後の S3 では，韓国で不買運動が行われている中で，韓国に関する情報を日本のニュースなどから得ている日本人に「大変なんやろ？」(435) と言われる状況を描写する．そして，「えっ (..) ちょっとまってって (.) ニュースではそう出てるかもしれんけど」(438, 439) と前置きしてから，相手に対し実際の韓国の様子 (441, 446, 449, 451) を伝えようと試みる自身の様子を再現する．その際にユキはそのような説明を「言います絶対に」(454) と強調し，ここからは韓国（人）に対する誤解を放置できない私（レベル 1）というユキの位置付けが見受けられた．

　次に相互行為の場におけるユキの位置付け（ポジショニング・レベル 2）について述べる．データ 14-1 の開始前，ユキは調査者から韓国を悪くいう相手に実際の韓国はそうではないと言いたくなるのは何故なのかと質問される．その

質問に対し，ユキはデータの冒頭でS1を語り，その中で自身を韓国人の家族を持つものとして位置付ける．そして，韓国が自分にとって単なる外国ではなく自身の夫や子どもと関連のある特別な国であることを示す．また，S1を語り始める際にユキは「あっでも」(421)と発言している．接続詞「でも」は，「前述の事柄に対して，その弁解・反論などに用いる語」(小学館　デジタル大辞典参照) である．それゆえに，ここでは，韓国について偏ったイメージを構築している日本人に自分の目で見た韓国を伝えたいと思う理由を尋ねる調査者に対し，ユキが韓国人の家族を持つものとして自分の行為は当たり前のことではないのかと弁解，もしくは反論しようとしていることが読み取れる．ここからは，同じ在韓日本人女性の1人として自身の行為の正当性を訴えたい私（レベル2）というユキの位置付けが読み取れた．また，データの冒頭でユキが「家族が韓国人」(422)であると発言した際，在韓日本人女性として同様の立場である調査者とナオはそれぞれ頷き (423, 424) 3人が韓国人の家族を持つ私（たち）（レベル2）という位置づけを共有する様子が見られた．同様の現象は，「悪く言われたときは言い返す」(425)とユキが発言した際にも見受けられた (426, 427)．そこでは，他の2人がユキの見解に理解を示すとともに，韓国人の家族を持つものとして韓国（人）が非難された際には言い返す私（たち）（レベル2）という位置付けを共有する様子が観察された．その後，調査者は悪く言われた出来事に関してその具体的な内容をユキに質問する．それに対し，ユキは相手に説明しなければいけないと感じた出来事があったと述べた (429, 430)．ここでユキは「説明」(429) という単語を使用し，韓国（人）を非難してきた相手を非難し返すのではなく，相手に対して説明するという姿勢を示す．そして，彼女が提示したスモール・ストーリー (S3) の中では，日本のニュースが報道している内容と実際の韓国の状況には差異が存在することを説明するユキの姿が描き出される (438, 439, 441, 446, 449, 451)．ユキが発言している間，調査者とナオはユキの語りを頷きながら聞いており，ここでも3人が韓国（人）を誤解していることを日本人に知ってもらいたい私（たち）（レベル2）という位置付けを共有する様子が観察された．その後，ユキは非難してきた相手に対しそのような説明を自分は必ず行うと述べ (454)，調査者とナオもまたその主張を頷

きながら受け止める様子を見せていた．ここでは，偏った情報でしか判断しない日本の人々に実際の韓国（人）の様子を伝えたい私（たち）（レベル2）という位置付けを3人が改めて共有していることがわかった．特にユキは「絶対に」(454) と発言したり，データの最後で大きく頷く様子を見せたりするなど，そのような思いを強く抱いている様子が窺えた．以上の点から，ここではユキが語ることを通じて韓国（人）が誤解されることが我慢ならない私（レベル2）という自身の位置付けを提示していることがわかった．

　最後にレベル1とレベル2の位置付けをもとにユキが表出・構築する文化的・社会的自己（アイデンティティ）（ポジショニング・レベル3）について述べる．データ内でユキは，韓国人を家族に持つものとして自分自身を位置付けるとともに，韓国が自分にとって単なる外国ではなく自身の夫や子どもと関連のある特別な国であることを示す．そして，韓国を非難された際には言い返したい気持ちが湧いてくると述べる．ただし，その後のユキの発言からは，韓国に対して偏った印象を抱いている日本人と言い合いをしたいのではなく，あくまでも自分の目に映る韓国の状況と日本での報道内容が異なることを相手に説明したいと彼女が考えていることが理解できる．これらのユキの主張からは，彼女が日本のメディアは韓国（人）に関して偏った情報を報道していると感じていること，そしてそのようなツールからしか韓国に関する情報を得られない日本人は韓国（人）に対し偏った印象を構築してしまっていると認識していることが窺える．同時に，韓国人を家族にもつものとしてそのような現状を放置することはできないと強く感じている様子も見られた．さらに，そのような見解を他の参与者に対しても提示し確認しようとするユキの姿勢からは，韓国人を家族に持つものは韓国（人）が誤解されている際には訂正すべきだと彼女が考えている可能性も示唆された．以上の点から，データ14-1ではユキによって韓国（人）への誤解を放置できない韓国と関わりを持つ私というアイデンティティが実践されていることが明らかとなった（レベル3）．

　データ14-2は14-1が終了した直後から始まる．データ14-2では，ユキによって一つのスモール・ストーリー（S4：462）が語られる．

〈データ14-2〉：自分と家族のために言い返す

```
456. 調査者：それは［：そう聞いてきた人 ::: ［に安心してもらいたいからです
457.        か？
458. ユキ  ：      ［((頷く))           ［((頷く))
459.       ：((驚いたような表情でナオを見る))(1) え ::::((腕を組み))どう
460.        なんやろ？安心もあるし::
461. 調査者：((頷く))
462. ユキ  ：(..) いや違うよちゃんとそこわかってって
463. 調査者：う::::: ［:ん
464. ユキ  ：     ［いうわかって (.) 欲しい ［気持ちですかね？
465. ナオ  ：                          ［((何度も頷きつつユキをチラッ
466.        と見る))
467. ユキ  ：それが韓国を守ろうに入るのかはわからへんけれども::
468. 調査者：［((何度も頷く))
469. ナオ  ：［((何度も頷く))
470. ユキ  ：誤解を解きたいんでしょうね ［きっと
471. ナオ  ：                      ［((何度も頷きつつ)) う:::ん
472. 調査者：((何度も頷きつつ)) う::::::::::: ［::ん:
473. ユキ  ：                          ［((頷き)) うん
474. 調査者：なるほど: ［(2) 誰のために？
475. ナオ  ：       ［((頷く))
476. ユキ  ：誰のため？((驚いた表情を浮かべナオの方を見つめる・苦笑する
477.        ナオ))
478.       ：(2) 自分と自分の家族かな
479. 調査者：［((笑みを浮かべて何度も頷きつつ)) ふ::::::: ん
480. ナオ  ：［((何度も頷きつつ)) う::::ん
```

　まず，スモール・ストーリー（S4）に示されたユキの位置付け（ポジショニング・レベル1）について述べる．S4においてユキは，「大変なんやろ？」（データ14-1：435）と聞いてきた相手に対し自身の目で見た韓国の様子を説明する状況を描写する．そして，その際に自分を突き動かす感情に関して言及する．ここ

163

でユキは「いや違うよちゃんとそこわかって」(462) という心内発話を引用し，認識が偏っていることを相手に気づいてほしい私（レベル1）という位置付けを提示する．

　次に相互行為の場におけるユキの位置付け（ポジショニング・レベル2）について述べる．データ14-1でユキは，韓国に対し偏った印象を抱いている相手に現実の韓国の様子は全然違うということを必ず説明するという姿勢を明示する．それを受け調査者はデータ14-2の冒頭でユキに，それは質問者に正確な情報を提供し自分が危険な環境にいるわけでないことを知って安心してもらいたいからなのかと尋ねる．それを聞いたユキは驚いた表情を浮かべ，ナオの方に視線を向ける (459)．そして，「え::::((腕を組み))どうなんやろ？」(459, 460) と腕組みをして考えこむ様子を見せ，「安心もあるし」(460) と調査者の意見を一旦肯定する様子を見せる．それと同時にS4を通じてその時の状況を再現しながら，自分の中に生じている感情を「いや違うよちゃんとそこわかってって」(462) と表現し「わかってほしい気持ちですねかね？」(464) と説明する（韓国（人）に対する誤解を自覚してほしい私：レベル2）．ユキの発言を聞いていたナオは，ユキが「わかってほしい」(464) と発言した時点で何度も頷きつつユキに視線をやり，ここでは2人が韓国（人）に対する誤解を自覚してほしい私（たち）（レベル2）という位置付けを共有する様子が見られた．その後，ユキは自身の思いが「韓国を守ろうに入るのかはわからへん」(467) と前置きしつつも「誤解を解きたいんでしょうね」(470) と話し，他の参与者2人もそのようなユキの見解に頷きながら理解を示す (468, 469, 471, 472)．彼女たちのこのようなやりとりからは，同じ在韓日本人女性である3人が韓国を守るためかどうかはわからないが韓国に対する誤解を解きたい私（たち）（レベル2）という位置付けを共有している様子が観察された．続いて調査者は，自身の言動が韓国を守るためのものなのかわからないというユキの発言を受け，では「誰のために？」(474) 誤解を解きたいという思いが生まれてくるのかと質問する．ユキはここでも驚いた様子を見せると，ナオと視線を合わせた後にしばし考え「自分と自分の家族」(478) のためではないかと回答する．ユキの回答を受け他の2人は何度も頷く様子を見せ，ここでは3人が自分と自分の家族のために韓国

に関する誤解を解きたい私（たち）（レベル 2 ）という位置付けを共有している様子が観察できた．このようにデータ 14-2 では，3 人がユキの語りに耳を傾けながら語ることを通じて明確化していく彼女の心情を共有し，韓国を非難してくる日本人に対し自分たちはどのようにアプローチしていこうと思うのか，またそれは何故なのかについてともに考える様子が見られた．また，同時に彼女たちが韓国人を家族に持つものとして自分と自分の家族のために韓国に関する誤解を解きたいと共通して認識していることも明らかとなった．以上の点から，ここではユキが語ることを通じて，韓国（人）を誤解していることに気づいてほしい私（レベル 2 ）という位置付けを提示していることがわかった．

最後にレベル 1 とレベル 2 の位置付けをもとにユキが表出・構築する文化的・社会的自己（アイデンティティ）（ポジショニング・レベル 3 ）について述べる．調査者に質問されたことにより，データの冒頭でユキは韓国を非難してきた相手に自分の目で見た韓国の様子を説明したくなる理由について改めて考えることとなる．データの中で調査者はユキに対し 2 回質問するが（456，457，474），その両方の質問に対しユキは驚く様子を見せる．そのような彼女の反応からは，彼女が自分の中に反射的に生じる感覚に関して今まで深く考察したことがなく，調査者の質問が契機となり相互行為の場において改めて自身の内面に向き合い考えている様子が見受けられる．そして前者の質問に対してはそのような言動に出る動機として韓国を非難してくる人が所持している誤解を解きたい気持ちがあることに言及し，後者の質問に対しては韓国人を家族に持つ自分自身や夫や子どものためにそのような行動にでると発言する．このようなユキの言動からは，自分や自分の家族にとって重要な場所である韓国に関する誤解を解きたいという彼女の気持ちが理解できる．また，同じ在韓日本人女性である他の 2 人の参与者もデータ内で示されたそのようなユキの見解を共有する様子を見せていた．以上のことから，データ 14-2 ではユキによって韓国側に立つ必要性を感じる韓国と関わりを持つ私というアイデンティティが実践されていることが明らかとなった（レベル 3 ）．

2. 日本人暴行事件（2019）と関連のある出来事

　本研究では，2019 年に韓国で起こった日本人暴行事件と関連して，韓国を庇いたくなる語りが 1 件，自分の目で見た実際の韓国の様子を説明する語りが 1 件見られた．2. では，それら 2 件の語りを対象に分析・考察する．
　データ 15 は在韓歴 6 年のフミエと 8 年のヨリへのインタビューにおいて収集されたものである．データ 15 の開始前，調査者はフミエとヨリに対し日本の家族から現在の韓国の状況を心配されたり何か言われたりすることがあるかと質問した．これに対しヨリは，夏に日本に帰省した際に日本のニュースを見て情報を入手した母親から報道内容に関していろいろと質問を受けたと話した．そして，母親に対し日本の報道はあくまでも日本の見方からなされたものであって，韓国ではまた韓国の見方に沿った報道がなされているということを説明したと述べた．それを聞いた調査者は，日本の家族から韓国の現状に関して質問されるとどんな気持ちになるのかと 2 人に質問する．それに対しフミエは，そういう時は不思議と韓国を庇いたくなると返答する．続けてフミエは「必死と (.) なんか (.) [大丈夫だよ :: 心配しないでねの意味も込めて」，「結構大丈夫だよそんな：あれじゃないよ」と日本の家族に説明すると述べる．しかし，その直後「だからこそあの :: こないだホンデのあの映像は（（体を倒し））ああ ::: って思った」と発言すると，日本人暴行事件について話し始める．データ 15 はそのフミエの発言から始まる．データ内でフミエが語ったスモール・ストーリーは四つ（S1：883-885, S2：891-892, S3：895-896, S4：902-906）である．

〈データ 15〉：韓国を庇いたくなる
　　883. フミエ：えっだからこそあの :: こないだホンデのあの映像は（（顔を顰め項
　　884. 　　　　垂れるように体を倒し））ああ ::: って思ったんですよね（（ヨリに
　　885. 　　　　視線を向ける））
　　886. ヨリ　：（（頷きつつ））う :::: ん
　　887. フミエ：（（ヨリを見て））なんか映像って強い（（調査者を見て））から :: イン
　　888. 　　　　パクトが

889. ヨリ　　：((前方を見ながら微かに頷き))う::::ん
890. 調査者：((何度も頷きつつ))う:::ん
891. フミエ：まあ言葉で言ってもなんかあれ見て((首を傾げ))ああって思う
892. 　　　　人いるじゃないですか
893. 調査者：((何度も頷く))
894. ヨリ　　：[1((前方を見ながら微かに頷き))うん
895. フミエ：[1どんなに(..)大丈夫だよって言っても((何度も頷く))
896. 　　　　：[2でもほら実際さ::みたいになるから::
897. 調査者：[2((何度も頷く))
898. ヨリ　　：((フミエを見ながら微かに頷き))う::ん
899. フミエ：あの::しょっ((前方を見て首を傾げ))だからショックだったのか
900. 　　　　な::?わかんないですけどでもうんなんかこう
901. 子ども：[(((フミエの子ども))ママ::
902. フミエ：[なんとなく日本人の人にそうやって聞かれると::((子どもの方
903. 　　　　に向かうため席を立つ))(..)なんか大丈夫だよ韓国でもそうはい
904. 　　　　ってもみんないい人だからって言っている自分がたまに
905. ヨリ　　：う:::ん
906. フミエ：たまにっていうか結構います
907. ヨリ　　：う:::ん

　まず，各スモール・ストーリーに示されたフミエの位置付け（ポジショニング・レベル1）について述べる．S1でフミエは，暴行事件に関する報道を目にした際に「あ あ:::っ」(884)と体を倒しながら衝撃を受ける自身の様子を描写する．その際にフミエは，顔を顰め項垂れるように体を前に倒す仕草を提示し暴行事件の報道に衝撃を受ける私（レベル1）という自身の位置付けを提示する．続くS2では，日本のメディアが報じる暴行事件の内容を目にした日本人が「ああ」(891)と言いながら韓国（人）に対し何らかの印象を持つ様子を仮定的に再現する．また，「言葉で言ってもなんかあれ見て」(891)という発言からは，自身がいくら言葉で説明しても日本のメディアが報道する内容を見た日本人に内容に沿った韓国（人）イメージを持たれてしまう私（レベル1）というフミエの位置付けが見て取れる．その後に現れたS3では，日本のメディアによって

普及される韓国（人）イメージを所持した日本人とフミエが会話する様子が描かれる．ここでフミエは「どんなに～ても[2]」(895) の表現を使用し，「どんなに大丈夫だよ」(895) と相手に伝えても偏った韓国（人）イメージが出来上がっている日本人から「でもほら実際さ::」(896) と反論される自身の様子を提示する．このようなフミエの語りからは，彼女がメディアの影響に太刀打ちできない私（レベル1）という位置付けを提示するとともに，そのように構築された日本人の中の韓国（人）イメージがどれくらい強固なものであるかを言外に訴える様子が見てとれる．最後のS4では，そのような日本人に対し「大丈夫だよ韓国でもそうはいってもみんないい人だから」(903, 904) と説明するフミエの様子が描写される．そして，自分が日本人の前で結構な頻度でそのような発言をしているという説明がなされる (904, 906)．ここでは，フミエが日本人の偏った韓国（人）イメージに抵抗したい私（レベル1）という位置付けを提示する様子が観察された．

　次に相互行為の場におけるフミエの位置付け（ポジショニング・レベル2）について述べる．データ開始前，フミエは日本の家族や知人から現在の韓国のことについて何か言われた際には不思議と韓国を庇いたくなると発言していた．そして，その発言に続き暴行事件の報道に衝撃を受ける自身の様子をデータの冒頭で描写する．そして，「なんか映像って強い（（調査者を見て））から::インパクトが」(887, 888) と述べ，事件の内容（日本人女性が韓国人男性に暴行を受けた）というよりもその事件が映像を伴って報道されることで視聴者に与える影響に自身の意識が向いていることを明示する（事件の映像が日本人に与える影響が気掛かりな私：レベル2）．また，フミエはS2, S3を語ることを通じて報道のインパクトによって自分と日本人との間でどのような状況が生じる可能性があるかに関して言及する（メディアの影響を受けた日本人の韓国（人）に対する言動を共有したい私：レベル2）．そこでは，実際に韓国に住むフミエがどんなに大丈夫だと説明しても報道の影響を受けている日本人に理解してもらえないという状況が描き出される．フミエの発言に対し，調査者とヨリは全体を通じて頷き

---

2 「どんなに～て（で）も」には，「程度を強調する逆説の条件句を作って下に続ける」働きがある．（デジタル明鏡国語辞典）

第 6 章　日本（人）との関わり合いに見る日韓問題

つつフミエの意見を共有する様子を見せており，ここでは 3 人が偏った韓国（人）イメージを持つ日本人と対峙する私（たち）（レベル 2）という位置付けを共有している様子が見られた．その後フミエは「だからショックだったのかな::？」(899, 900) と発言し，この事件の映像を見た日本の家族や知人がどのような反応をするか想像することにより自身がショックを受けた可能性に言及する．しかし，その直後に「わかんないですけど」(900) と述べ，報道を目にした際に自身の中に明確に言語化できない複雑な心境が生じたことを示す．ここでインタビューに同席していたフミエの子どもがフミエを呼んだため，フミエは席を立ち子どもの方に移動しながら S4 を語る．S4 では報道を目にした日本人とフミエとの間でのやりとりが描写されるが，その中でフミエは「大丈夫だよ韓国でもそうはいってもみんないい人だから」(903, 904) と韓国を擁護する自身の姿を描写する．そして，そのような発言をする自分が「結構います」(906) と述べ，自身が偏った韓国（人）イメージを持った日本人の前で韓国を擁護するような出来事が頻繁に生じていることを言外に示す（日本人の偏った韓国（人）イメージに抵抗する私：レベル 2）．このようなフミエの発言はヨリによって共有され (905, 907)，ここでは 2 人が日本人の偏った韓国（人）イメージに抵抗する私（たち）（レベル 2）という位置付けを共有していることがわかった．データ 15 ではこのように，日本でなされる韓国（人）に関する報道が，時として日本人の中に偏った韓国（人）イメージを構築するという状況が指摘される．それと同時に，そのような報道の影響により，在韓日本人女性たちが日本の家族や知人との間でどのような社会状況や関係性に身を置くことになるのかについての具体例が示される．また，データ内では，他の参与者 2 人もフミエの見解を共有する姿勢を継続して見せていた．ここからは，彼女たちが日本人との間で類似したやりとりを経験している可能性が推察されるとともに，日本人の中に存在するメディアによって構築された韓国（人）イメージに対し彼女たちが共通して抵抗する姿勢を見せている可能性が示唆された．以上の点から，データ内ではフミエが語ることを通じて日本のメディアの報道内容により被害を受けている私（レベル 2）という位置付けを提示していることが明らかとなった．

　最後にレベル 1 とレベル 2 の位置付けをもとにフミエが表出・構築する文化

的・社会的自己（アイデンティティ）（ポジショニング・レベル3）について述べる．データの冒頭でフミエは，暴行事件の報道に衝撃を受けたものとして自らを位置付け，自分が何に衝撃を受けたのかについて説明する．ここでフミエはスモール・ストーリーを挿入しながら，日本で報道されている韓国に関する情報が日本人に偏った韓国像を構築させているという認識を言外に提示する．そして，その認識が実際に韓国に住んでいる自分の言葉をも跳ね返す強固なものであるという見解を示す．そのようなフミエの意見は他の参与者にも共有されており，ここからは在韓日本人女性3人が共通して同様の見解を所持していることが明らかとなった．また，フミエは覆すことが無理だとわかっていても，やはり同様の状況に身を置くと自分は韓国を庇いたくなると述べ，無駄とはわかっていても日本のメディアの構築する偏った韓国像に抵抗を示したいという自身の意思を明示する．以上の点から，データ15ではフミエによって支配的言説に抵抗したいマイノリティというアイデンティティが実践されていることが明らかとなった（レベル3）．

　データ16-1，16-2は同じフミエとヨリのインタビューにおいて収集されたものである．データ15の終了後調査者は，今度はヨリに対してフミエと「同じ感じですか？」と問いかける．データ16-1はそれに対するヨリの返答から始まる．データ内ではヨリによって四つのスモール・ストーリー（S1：912-916，S2：919-920，S3：923-928，S4：937-947）が語られる．なお，データ15の最後に席を立ったフミエは，データ16-1，16-2が収集された最中は子どもの相手をするため退席したままの状態であった．

〈データ16-1〉：自分の目で見た韓国の姿を説明する
```
910. ヨリ    ：そうですね (..) 確かに (..) 日本でそういうふうに言われると ::
911.           (3) 庇う？庇うっていう言葉が適切なのかどうかわからないです
912.           けど (..) 韓国はこういう意見で [:: こういう状況が [あって :: (..)
913.           ていうこっち側の ::
914. 調査者：                                 [(((頷く))     [(((何度も頷
915.         ：く)) [1 ((頷く))
```

916. ヨリ　　：　　　［1 情報を伝える努力はしますね
917. 調査者：う::::ん
918. ヨリ　　：(1) 中立であっ((目を閉じて首を傾げ))う::ん中立というか(..)
919. 　　　　　う::んまあ二つの国の意見::を聞いて::［(.) 判断して欲しいって
920. 　　　　　気持ちになるのか:
921. 調査者：　　　　　　　　　　　　　　　　　　［((頷きつつ))う::ん
922. 　　　　：((何度も頷きつつ))う::::んうんうんなるほどなるほど
923. ヨリ　　：何も知らないで非難するのと［:(..) 知ってから::(..) やっぱりみ
924. 　　　　　たいに
925. 調査者：　　　　　　　　　　　　　　　［((何度も頷く))
926. 調査者：［((大きく頷き))うん
927. ヨリ　　：［やっぱり (2) 私はこう思うって言われるのとはちょっと違うの
928. 　　　　　で::
929. 調査者：((何度も頷きつつ))う:::ん
930. ヨリ　　：(..) そうですね相手と (1) 共感できる部分を探すというか
931. 調査者：((何度も頷く)) (1) そうですね
932. 　　　　：心配してくれる相手と共感する［ってことですか
933. ヨリ　　：　　　　　　　　　　　　　　［((何度も頷き))うんうん(.) 共
934. 　　　　　感できるっ (1) ((目を閉じて考える))共感のなんていうの
935. 　　　　：共感の材料を提供するというか
936. 調査者：((何度も頷きつつ))う::ん
937. ヨリ　　：((左手をまっすぐ前に突き出し))まあそれで共感するかしないか
938. 　　　　　は(..) あの::お任せしますけど
939. 調査者：((頷く))
940. ヨリ　　：(1) 何も知らないで言うのとはちょっとまた違うから::
941. 調査者：[2 ((何度も頷きつつ))う:::ん
942. ヨリ　　：[2 こっちから渡せる情報は渡して::みたいな((頷く))
943. 調査者：[3 (何度も頷き)) う::ん
944. ヨリ　　：[3 やっぱりすれ違ったまま::よりかは［(..) 何かしら::(2) 合致
945. 　　　　　する部分を見つけたいっ
946. 調査者：　　　　　　　　　　　　　　　　　［((頷く))
947. ヨリ　　：ていう気持ちがあるんだと思います((何度も頷く))

948. 調査者：((大きく頷き))う∷ん
949. ヨリ　：((何度も頷く))

　まず，各スモール・ストーリーに示されたヨリの位置付け（ポジショニング・レベル1）について述べる．S1 でヨリは，偏った韓国（人）イメージを持つ日本人に対し「韓国はこういう意見で［∷こういう状況が［あって］(912) と説明する自身の様子を描写する．そしてそのような自身の行為を「努力」(916) と表現し，偏りをなくすための努力をする私（レベル1）という自身の位置付けを提示する．次の S2 では「二つの国の意見∷を聞いて∷［(.) 判断して欲しいって気持ちになるのか：」(919, 920) と述べ，努力する際に自身の中にどのような気持ちが生じているのかについて説明する．ここでは，ヨリが自身の心内発話を引用しながら，偏った視点から韓国（人）を判断してほしくない私（レベル1）という位置付けを示していることがわかった．続く S3 では，韓国を深く知らないのに非難してくる日本人と対峙するヨリと，ある程度情報を得てから「やっぱり (2) 私はこう思う」(927) と発言する日本人と対峙するヨリが対比的に描かれる．そして，二つの状況において自身の中に生じる思いが「ちょっと違う」(927) と説明するヨリの様子からは，相手の姿勢によって発言への印象が異なる私（レベル1）という彼女の位置付けが見受けられた．また，最後の S4 では，実体験に基づく韓国（人）の情報を日本在住の日本人に提供する際にヨリの中に沸き起こる感情が描写される．ここでは「それで共感するかしないかは (..) あの∷お任せしますけど」(937, 938) と前置きしつつも，「こっちから渡せる情報は渡して∷」(942)，「やっぱりすれ違ったまま∷よりかは［(..) 何かしら∷ (2) 合致する部分を見つけたい」(944, 945) というヨリの感情が心内発話を利用しつつ提示される．ここでなされたヨリの発言からは，日本人が持つ偏った韓国（人）イメージを改善したいというよりも，自身が所持する韓国（人）に関する情報を日本在住の日本人と共有したいと感じている彼女の心情が理解できる．以上の点から，S4 ではヨリが自分と同じ視点から韓国（人）を見てほしい私（レベル1）という位置付けを提示する様子が見られた．
　次に相互行為の場におけるヨリの位置付け（ポジショニング・レベル2）につ

いて述べる．データの冒頭でヨリは「日本でそういうふうに言われると」(910)と発言する．ヨリの発言に見られる「そういうふう」(910) とは，データ16-1の直前に収集されたデータ15でフミエが再現した「でもほら実際さ::」(データ15：896) という日本人の発言を指していると思われる．その後ヨリは3秒ほど沈黙し，そのような日本人に対峙した際の自身の行動に関して思案する様子を見せる．そして，最初に「庇う？」(911) と発言した後に「庇うっていう言葉が適切なのかどうかわからない」(911) と前置きした上でS1を語る（フミエと同じではないことを示したい私：レベル2）．S1でヨリは，偏った韓国（人）イメージを持つ日本人に対し自身がどのように対応するのかを例示し，自身の行動を「努力」(916) と評価付けする（偏りを調整する努力をする私：レベル2）．続いてヨリは自身がそのような努力をする理由として，日韓双方の意見を聞いて韓国（人）のことを判断してほしいという思いを明示する (919, 920)．また，その際には「中立」(918) という表現を使用するか思案する様子を見せ，中立的というよりも一方の意見だけで判断してほしくないという立場を示す．ここでは調査者が何度も頷きながら「なるほどなるほど」(922) とヨリの意見に強く同意する姿勢を見せ，2人が偏った視点から韓国（人）を判断してほしくない私（たち）（レベル2）という位置付けを共有する様子が観察された．また，ヨリはS3を語ることを通じて，韓国（人）を非難してくる相手の姿勢によってその内容を受け止める自分の感覚も異なるという点を提示し，何かを非難する際には非難の対象について知った上で行うべきだという自身の見解を示す（韓国（人）を知らずに非難してほしくない私：レベル2）．さらに「相手と（1）共感できる部分を探すというか」(930) という発言からは，偏った視点から韓国（人）を判断してほしくないという思い以外に，韓国（人）に対し偏ったイメージを持つ日本人と自分との間で共感できる部分を持ちたいとヨリが感じていることがわかる．調査者はヨリの発言に対し同意を示すとともに (931)，そのようなヨリの行動は彼女を「心配してくれる相手と共感する」(932) ためのものかと尋ねる．ここで調査者は「相手と（1）共感できる部分を探す」(930) というヨリの発言を受け，それまでヨリが語りの世界において対話していた相手が，韓国（人）に対し偏ったイメージを構築している日本人というだけでなく彼女の母親を意味

しているのかと考える．なぜなら，ヨリはデータ15が開始される前，夏に日本に帰省した際，日本のニュースを通じて情報を入手した母親から報道内容に関していろいろと質問を受けたこと，母親に対し日本の報道はあくまでも日本の見方からなされたものであって，韓国ではまた韓国の見方に沿った報道がなされているということを説明したことなどを話していたからである．ヨリもそのような調査者の質問 (933) を自然に受け止め，自分はそのような相手に対して「共感の材料を提供する」(935) ために自身の所持する情報を伝えるのだと話す．ただし，その直後に自分の意見に共感するかどうかは相手次第であるという見解も同時に提示する (937, 938)．その上で，何も知らずに非難するのと知った上で非難することは違うと述べ，「やっぱりすれ違ったまま:: よりかは [(..) 何かしら:: (2) 合致する部分を見つけたい」(944, 945) という思いが自分の中に存在すると発言する（日本の人々に自分と同じように韓国（人）を見てほしい私：レベル2）．調査者もまた，そのようなヨリの見解に大きく頷く様子を見せ，ここでは2人が日本の人々に自分と同じように韓国（人）を見てほしい私（たち）（レベル2）という位置付けを共有する様子が観察された．このようにデータ16-1では，どのような理由から日本の人々に韓国の情報を伝えたいと考えるのかについてヨリと調査者がともに考察していく様子が見られた．その中でヨリは，日本在住の日本人に韓国（人）と向き合う際にどのような姿勢でいてほしいのかについて言葉を選びながら表現するとともに，日本の人々と韓国（人）に関して共通の見解をもてることを望んでいる様子を示す．そして，調査者もまたヨリのそのような姿勢に理解を示す様子を見せる．以上の点から，ここではヨリが語ることを通じて自分の持つ韓国（人）イメージを日本の人々と共有したい私（レベル2）という位置付けを提示していることがわかった．ただし，ヨリが想定する日本人というのが，自分の家族や知人など韓国に住むヨリを心配して意見してくる特定の日本人を指している可能性があるため，彼女の心情や行動が見ず知らずの日本人にも適応されるかどうかは不明確であった．

　最後にレベル1とレベル2の位置付けをもとにヨリが表出・構築する文化的・社会的自己（アイデンティティ）（ポジショニング・レベル3）について述べる．データの冒頭でヨリは「でもほら実際さ::」（データ15：896）というフミエの発

言を引き継ぎつつ S1 を語り始める．そして，そのような相手に対し，実体験に基づく韓国（人）の情報を提供しようと努力するものという位置付けに立つ．さらにヨリは S2，S3 を語ることを通じて自分自身がなぜそのような行動をするのかを調査者に説明する．ヨリの発言からは，韓国（人）に対し何らかの判断を下す際や，非難する際には偏りのない情報に基づいて行うべきだという認識を彼女が持っていることが理解できる．また，相手に自分の意見に対する共感を強制するつもりはないが，相手との間で韓国（人）に関して何らかの合致点を見つけたいという思いをヨリが所持していることも明らかとなった．以上の点から，データ 16-1 ではヨリによって，日本の人々に自分と同じ目線から韓国（人）を見てほしい在韓日本人というアイデンティティが実践されていることが明らかとなった（レベル3）．

　データ 16-2 は 16-1 が終了した直後からのものである．ここではヨリによって三つのスモール・ストーリー（S5：951-952，S6：954-958，S7：963-966）が語られる．

〈データ 16-2〉：自分の目で見た韓国の姿を説明する

```
946. 調査者：それは韓国に対する何か思いから（.）生まれてくるかん（.）感情
947. 　　　　ですか？
948. ヨリ　：（(視線を上にやり考えて)）（4）韓国に対する思いっというよりか
949. 　　　　は
950. 調査者：（(何度も頷く)）
951. ヨリ　：（(両目を閉じて)）韓国に住んでる私を（..）無駄に心配しないでっ
952. 　　　　ていう気持ちですね
953. 調査者：（(何度も頷きつつ)）う:::んなるほどね
954. ヨリ　：（(自分の肩に左手を置き)）私に対する心配を（..）してくれるのは
955. 　　　　嬉しいけど:
956. 調査者：（(大きく頷き)）う:::ん
957. ヨリ　：それが:（2）取り越し苦労::（..）かもしれないよ？っていうこと
958. 　　　　を伝えたいの［かもしれないですね
959. 調査者：　　　　　　　　［((頷きつつ))う:::んなるほどね::
```

960. ヨリ　　：別に韓国のあの（..）国とか政府自体を弁護したいという気持ちで
961. 　　　　　はないです
962. 調査者：（（何度も頷きつつ））う :::ん
963. ヨリ　　：(2) 私に（..）（（笑みを浮かべながら））私のことを心配しすぎない
964. 　　　　　でっていう
965. 調査者：[（（何度も頷きつつ））う:ん
966. ヨリ　　：[意図で言ってるんだと思います
967. 調査者：（（何度も頷きつつ））う:ん
968. ヨリ　　：今話しながら気がついたのがはい
969. 調査者：（（何度も頷きつつ））う:ん (3) はあ::そうなんですね::

　まず，各スモール・ストーリーに示されたヨリの位置付け（ポジショニング・レベル1）について述べる．S5 でヨリは「韓国に住んでる私を（..）無駄に心配しないで」(951) という自身の心内発話を引用し，不必要に心配されたくない私（レベル1）という位置付けを提示する．続く S6 では「私に対する心配を（..）してくれるのは嬉しいけど：それが：(2) 取り越し苦労::（..）かもしれないよ？」(954-957) という心内発話を挿入し，過剰に心配されている私（レベル1）という位置付けを提示する．最後の S7 では再度「私のことを心配しすぎないで」(963, 964) という心情を再現するとともに，過剰に心配されたくない私（レベル1）という位置付けを示す．またヨリが三つのスモール・ストーリーの中で提示した位置付けからは，彼女が普段日本の家族や知人から韓国での生活を心配されていること，それについて感謝しつつもその必要はないと感じている様子が観察された．

　次に相互行為の場におけるヨリの位置付け（ポジショニング・レベル2）について述べる．データの冒頭で調査者は，データ16-1で示されたヨリの気持ちが「韓国に対する何か思いから（.）生まれてくるかん（.）感情ですか？」(946, 947) と質問する．それを受けヨリは，「韓国に対する思い」(948) というよりかは韓国に住む自分自身のことを無駄に心配しないでほしいという思いによるものであると話す (951, 952)．そのようなヨリの見解に調査者が理解を示すと (953)，ヨリは再度，今度は心配してくれる相手への感謝をしっかりと明示した

第 6 章　日本（人）との関わり合いに見る日韓問題

上で，偏った韓国（人）イメージに基づいて自分を心配することは「取り越し苦労かもしれない」(957) と感じていることに言及する（家族の心配に対する思いを共有したい私：レベル 2）．さらに，ヨリは 960 行目で「別に韓国のあの (..) 国とか政府自体を弁護したいという気持ちではないです」(960, 961) と述べ，自分の行動は自分自身の個人的な感情によるものであるという点を明示する（自分の言動の要因を明確にしたい私：レベル 2）．そして，S7 を通じて再度「私のことを心配しすぎないで」(963, 964) という思いに言及し，その思いが自分の目に映る韓国の情報を相手に伝えたいと思う要因であることを示す（自分の立ち位置を正確に理解してもらいたい私：レベル 2）．調査者もまた，そのようなヨリの見解に対し何度も頷く様子を見せ (967)，ここでは 2 人が家族に無駄に心配される私（たち）（レベル 2）という位置付けを共有していることがわかった．また，ヨリはそのような思いが自分の中にあることに「今話しながら気がついた」(968) と言い，自身の言動の動機に関して調査者との会話を通じて気づいたことを明らかにする．このようにデータ 16-2 では，調査者とのやり取りを通じて，ヨリが自分の行動の裏にどんな感情が存在していくのかを発見してく過程が観察された．また，ヨリがデータ内で心配しないでほしいという思いを何度も反復している様子からは，彼女の日本の家族や知人がヨリのことを非常に心配している状況が窺えるとともに，そのような心配を引き起こす要因として日本のメディアなどを通じて発信される偏った韓国（人）イメージの影響が示唆された．そして，家族や知人の中に構築された偏った韓国（人）イメージに対し，ヨリが個人的に抵抗を示している実態も見受けられた．以上の点から，ここでは偏った韓国（人）イメージにより被害を受ける私（レベル 2）という位置付けをヨリが語ることを通じて提示していることがわかった．

　最後にレベル 1 とレベル 2 の位置付けをもとにヨリが表出・構築する文化的・社会的自己（アイデンティティ）（ポジショニング・レベル 3）について述べる．データの冒頭からヨリは調査者の質問がきっかけとなり，自身の行動の裏にある感情に関して考え始める．そして，スモール・ストーリーを語ることを通じて日本の家族や知人に自分のことを不必要に心配しすぎないでほしいという強い思いが自身の中に存在していることに気づいていく．また，それが韓国に対

する特別な感情に基づくものではなく自分の個人的な感情であること，インタビューの前まではそのような感情が自分の中に存在していることには無自覚であったことを知る．さらに，データ内でヨリは過度に心配しないでほしいという思いを何度も口にしており，そこからは彼女がこれまで日本の家族や知人との間で何度もそのように感じる出来事を経験してきた可能性も示唆された．以上の点から，データ16-2ではヨリが母国の支配的言説によって被害を受ける在韓日本人というアイデンティティを実践していることが明らかとなった（レベル3）．

3. 韓国（人）に対する非難と関連のある出来事

3.では特定の事件と関連した訳ではなく，在韓日本人女性たちが帰省中の日本や韓国生活の中で韓国に対する否定的な感情や発言に触れた際の語りを取り上げる．本研究では，そのような状況に遭遇した際に，日本人の反応に悲しくなる語りが2件，偏った韓国（人）イメージに基づき韓国（人）を非難する様子に疑問を感じる語りが4件，自分や自分の家族を非難されているように感じる語りが2件，自分が韓国を非難するのはいいが日本在住の日本人にされるのは嫌だという語りが2件見られた．3.では，それぞれの代表的なデータを取り上げ分析・考察する．

データ17はデータ15とデータ16-1，16-2同様フミエとヨリへのインタビューにおいて収集されたものである．データ17の開始前，フミエは日韓問題に関して韓国人の夫と話をする際には日韓以外の国のリソースに基づいて話をすることに決めていると話した．またその理由として，両国が発信する情報には偏りが存在していること，読者を一定の認識に誘導しようという姿勢が見受けられることなどを挙げた．その一方で，そのような問題点を認識していても情報を見てしまう時もあると述べた．フミエの意見を聞いていた調査者は，韓国の情報を確認するのかとフミエに質問する．調査者の質問に対しフミエは，日本（人）のリアクションは想像しやすいが韓国（人）に関してはわからないので，時折韓国のメディアの日本語翻訳版サイトで見出しなどをチェックすることがあると話した．その後，別の話題がしばらく話されるが，フミエが再び，

第6章　日本（人）との関わり合いに見る日韓問題

夫婦間で日韓問題に関する話題を話すとき夫は中立的で自身は日本寄りの自覚があると発言する．その発言を聞いた調査者は，フミエが想像する日本（人）のリアクションとはどのようなものなのかと彼女に尋ねる．データ17はそれに対するフミエの回答から始まる．データ内ではフミエによって三つのスモール・ストーリー（S1：712-719，S2：734-736，S3：736-744）が語られる．

〈データ17〉：日本人の反応に悲しくなる
```
712. フミエ ：((ヨリを見て))多分一般的な::なんかYahoo!ネットのなんかコ
713.       メント欄みたら::
714. ヨリ  ：((フミエを見て頷き))うん
715. フミエ ：((ヨリを見て))もう断交(.)　[1なんか:(左手を振り上げて))
716.       応援しますみたいな[2こう:
717. ヨリ  ：　　　　　　　　[2((頷く))[1@@@@@
718. 調査者 ：((何度も頷く))
719. フミエ ：((ヨリの方に体を向けて))[このままお願いしますとかこう:
720. ヨリ  ：                       [((フミエを見て何度も頷きながら))
721.       うんうん
722. 調査者 ：((何度も頷く))
723. フミエ ：記事を(.)記事にわざわざ書き込みする[ような人たちのコメン
724.       トで一番多いのは
725. 調査者 ：                                [((何度も頷きつつフミ
726.       エの発言を聞いている))
727. フミエ ：きっとそういうこう(..)((ヨリを見て))[韓国イヤイヤ系
728. ヨリ  ：                                   [((フミエを見て何度も
729.       頷きながら))
730.       ：うんうんうん
731. 調査者 ：                                   [((何度も頷く))
732. フミエ ：((調査者に視線を戻し))だと思ってるので::
733. 調査者 ：((何度も頷く))
734. フミエ ：(1)それを見ると私も((頷きながら))悲しくはなるので一応
735. 調査者 ：う:::ん
```

179

736. フミエ：((何度も頷く))なので (.) あえて見ないように (.) まったまに見
737.　　　　　ちゃうんですけど
738. 調査者：((何度も頷く))
739. フミエ：でもたまにその中でもこうまともな意見も((ヨリを見て))たま::
740.　　　　　に[あったりするので::
741. ヨリ　：　　　　　　　　　　　　　((フミエを見て何度も頷き))
742.　　　　　[う::ん
743. フミエ：(..) まあそこはなんか((小さく頷き))救われたり:(..) でもやっ
744.　　　　　ぱへこんだり::はい((調査者を見て頷く))
745. 調査者：((何度も頷く))ああへこんだり悲しくなる気持ちも湧いてくるん
746.　　　　　ですね
747. フミエ：((頷きつつ))はいはい

　まず，各スモール・ストーリーに示されたフミエの位置付け（ポジショニング・レベル1）について述べる．S1でフミエは，例え話として自身が日本のネット記事のコメント欄に目を通す状況を描写する．そして，その中で「もう断交 (.) [なんか:((左手を振り上げて))応援します」(715, 716)や「このままお願いします」(719)といった日本人の韓国（人）に対する否定的な意見を目にする様子を描写する．フミエによるこのような状況描写からは，日本人の韓国（人）に対する否定的な感情に触れる私（レベル1）という彼女の位置付けが見受けられる．また，S2ではそのようなコメントに触れた際に「悲しく」(734) なる自身の心情に言及し，日本人に韓国（人）を非難され悲しくなる私（レベル1）という位置付けを提示する．最後にS3では，見れば悲しくなることがわかっていても日本人の反応をつい確認してしまう自身の行動を描写する．そして，その際に「まともな意見」(739)を発見し「救われ」(743)ることがあること，しかしその一方で見たことによって結果的に「へこんだり」(744)する場合もあることなどに言及する．彼女の語りからは日本人の反応に気持ちが左右されるフミエの姿が見受けられ，ここでは彼女が日本人の韓国（人）に対する発言に影響を受ける私（レベル1）という位置付けを提示していることがわかった．
　次に相互行為の場におけるフミエの位置付け（ポジショニング・レベル2）に

第6章　日本（人）との関わり合いに見る日韓問題

ついて述べる．データ開始前，フミエは彼女が想像する日本（人）の韓国（人）に対するリアクションとはどのようなものか調査者から尋ねられる．それを受けフミエは，データの冒頭でS1を語ることを通じてその質問への回答を示す．フミエはまず，仮定の話であるS1の中で自身がイメージする日本人のリアクションの具体例を提示する（715，716，719）．そして，日韓問題に関する記事にコメントを書き込む日本人を「記事にわざわざ書き込みする［ような人たち］」（723）として位置付けるとともに，そのような人たちのコメントの中で一番多いものを「韓国イヤイヤ系」（727）と表象する（コメント欄に書き込みをする日本人への印象を共有したい私：レベル2）．フミエの見解に対しヨリと調査者は何度も頷きながら理解を示し，ここでは3人が韓国イヤイヤ系コメントを目にしている私（たち）（レベル2）という位置付けを共有している様子が見られた．続けてフミエはそのようなコメントを見るとどのような気持ちになるかについて言及し（734），それゆえに「あえて見ないように」（736）しているがそれでもたまに見てしまうと発言する（736，737）（コメントに書き込まれる意見を無視できない私：レベル2）．ただし，コメント欄を見たことで「まともな意見」（739）に遭遇して気持ちが「救われ」（743）ることもあると述べ，悪いことばかりではない様子も示唆する．しかし，最終的には「やっぱへこんだり」（743，744）と発言し，コメントの内容に一喜一憂する自身の心情を表現する（コメントが自分に与える影響を共有したい私：レベル2）．調査者とヨリはそのようなフミエの心情を共有する様子を見せるが（735，738，741，742，745，746），調査者がフミエの悲しみに対し意識を向けながら発言を聞いている様子が見られるのに対し（745，746），ヨリはフミエがまともな意見に救われると発言した際に理解を示す様子を見せるなど（741，742），2人が注目するポイントが異なる様子も観察された．このような3人のやり取りから，ここでは3人が日本人の韓国（人）に対するコメントに影響を受ける私（たち）（レベル2）という位置付けを共有していることがわかった．以上の点から，データ内ではフミエが語ることを通じて日本（人）の反応から受ける影響を共有したい私（レベル2）という位置付けを提示していることが明らかとなった．

　最後にレベル1とレベル2の位置付けをもとにフミエが表出・構築する文化

的・社会的自己（アイデンティティ）（ポジショニング・レベル3）について述べる．調査者に日本（人）のリアクションに関して質問されたフミエは，データの冒頭で具体例を挙げながらそれに対する回答を提示する．フミエの発言からは，日韓問題に関連した記事に書き込みをする日本人の多くは韓国に関して否定的なコメントを残していると彼女が認識していることがわかる．また，そのようなコメントを目にすると悲しい気持ちが生じ，それによって気落ちしてしまうフミエの様子も読み取れる．その一方でフミエは，「まともな意見」(739)も存在すると述べ，そのようなコメントには救われると話す．ただし，そのようなコメントを目にするのは「たまに」(739, 740)であると説明する．そして，「へこんだり」(744)する内容のコメントが多いことを知っているがゆえに普段はあえてコメント欄を見ないようにしているものの，「たまに見ちゃう」(736, 737)自身の状況を明示する．このような彼女の言動からは，悲しい気持ちになる可能性が高いにも関わらず日本人のリアクションを確認することをやめられない彼女の現状が窺えるとともに，見たことにより気落ちするという状況を彼女が反復している可能性も示唆された．また，他の参与者2人の反応からは，コメント欄にある韓国に対する否定的なコメントの存在を他の2人も目にしていることや，他の2人も共通してそれを見ることで様々な感情が湧き上がってくる体験をしている様子が垣間見られた．しかし，どのようなコメントの存在に注目し，それによってどのような影響を受けているかに関しては3人それぞれに若干の異なりが生じている様子も観察され，この部分には個人差が存在していることが明らかとなった．以上のことから，データ17ではフミエによって日本人の韓国（人）に対する反応が気がかりな在韓日本人というアイデンティティが実践されていることが明らかとなった（レベル3）．

　データ18-1，18-2は在韓歴9年のエミと12年のマイコへのインタビューにおいて収集されたものである．データ18-1の開始前，調査者とエミは不買運動のせいで日本の家族が韓国訪問を取りやめたというマイコの語りを聞いていた．その中でマイコは家族の訪韓中止を受け悲しい気持ちになったと発言し，調査者がその悲しみは韓国のことを否定的に見られたことに関する悲しみかと尋ねる．すると，マイコは調査者の質問に対し「それはない」と回答した．続

第6章　日本（人）との関わり合いに見る日韓問題

いて調査者はインタビュイー2人に対し，日本帰省中に韓国に関する否定的な報道などを目にした場合はどのような気持ちになるのかと質問する．データ18-1はそれに対するエミの回答から始まる．データ内ではエミにより一つのスモール・ストーリー（S1：627-634）が語られる．

〈データ18-1〉：実際に韓国に住んだこともないのに非難する様子に疑問を感じる
- 622. エミ　　：ああでも私は嫌かもそれは逆に
- 623. 調査者：((何度も頷きつつ))ああ::
- 624. エミ　　：((目をつむり首を傾げ))あっアンチコリアのニュースとかじゃな
- 625. 　　　　　くて::
- 626. 調査者：((頷く))うん
- 627. エミ　　：友達とかが::
- 628. マイコ：((エミを見て))ああ::
- 629. エミ　　：よく韓国行ったね::とか::((何度も頷く))
- 630. 調査者：((頷く))うん
- 631. エミ　　：なんか韓国やだ::とかそういうふうに何も知らない人が::言うと::
- 632. マイコ：うんうんそれは［嫌だ
- 633. エミ　　：　　　　　　　　［それは::(..)((首を傾げて))ん？って
- 634. 　　　　　：住んだこともないのに？［((首を傾げて))って思っちゃう((何度
- 635. 　　　　　　も頷く))
- 636. 調査者：　　　　　　　　　　　［((頷く))
- 637. マイコ：［うんうんうん((何度も頷く))
- 638. エミ　　：［((マイコを見て))時はあるかなそれはやかな((何度も頷く))
- 639. 調査者：((頷き))うん
- 640. エミ　　：((何度も頷き))うん((何度も頷く))
- 641. 調査者：う:::ん
- 642. エミ　　：((何度も頷く))
- 643. マイコ：((何度も頷く))

　まず，スモール・ストーリーに示されたエミの位置付け（ポジショニング・レ

ベル1）について述べる．エミはS1で日本の友人から「よく韓国行ったね::」(629)，「なんか韓国やだ::」(631) と言われる状況を再現する．そして，エミに対し「よく韓国行ったね::」(629) と発言した「友達とか」(627) に対し「何も知らない人」(631) という評価付けを行う．このようなエミの発言からは，彼女が韓国について何も知らない友人から韓国に関する否定的な発言を聞かされた経験があることが理解できる（韓国（人）に関して何も知らない人から韓国（人）を非難される私：レベル1）．また，エミはそのような状況下において自分の中にどんな感情が起こるのかに関しても言及する．その際にエミは首をかしげる仕草をして「ん？」(633) と発言するとともに「住んだこともないのに？」(634) という自身の心内発話を引用し，相手の言動に引っ掛かりを覚える私（レベル1）という位置付けを示す．

　次に相互行為の場におけるエミの位置付け（ポジショニング・レベル2）について述べる．データの冒頭でエミは，データ開始前になされた調査者の質問に対し「私は嫌かも」(622) という意見を提示する．ただしその直後に「アンチコリアのニュースとかじゃなくて」(624, 625) と発言し，自身が嫌悪感を抱くのはメディアの発信する情報ではないという点を明示する．そして，S1を挿入することで韓国に関して何も知らない友人などから韓国に対する否定的な発言をされる状況を描写する．その際，語り手であるエミではなく聞き手であるマイコがエミの友達の言動に対し「うんうんそれは［嫌だ］」(632) と先取りして評価付けを行う様子も見られた．マイコの評価付けを受け，今度はエミが自身の心内発話を引用しながら住んだこともない相手から韓国（人）を否定されることに疑問を感じる自身の様子を提示する．それを聞いていた調査者はエミの言動に頷く様子を見せ，マイコも再び何度も頷きながら「うんうんうん」と理解を示す (636, 637)．3人のやり取りからは，ここではエミが語ることを通じて韓国（人）を知りもしない相手に韓国（人）を非難された際の嫌悪感を共有したい私（レベル2）という位置付けを，調査者とマイコがエミの嫌悪感を理解できる私（たち）（レベル2）という位置付けを提示していることがわかる．その後，エミが韓国を知らない人物から韓国に対する否定的な発言を聞くという状況を「やかな」(638) と評価付けすると，それに続くように3人が交互に同意

184

を示し合う様子が見られた (639-643). ここでは 3 人が, 韓国を（人）知らない相手の韓国（人）非難に嫌悪感を感じる私（たち）（レベル 2）という位置付けを共有していることがわかった.

　最後にレベル 1 とレベル 2 の位置付けをもとにエミが表出・構築する文化的・社会的自己（アイデンティティ）（ポジショニング・レベル 3）について述べる. データ開始前, 調査者はエミとマイコに対し日本帰省中に韓国に関する否定的な報道を目にした場合はどのような気持ちになるのかと質問する. それに対しエミは, データ 18-1 の冒頭で嫌な気持ちになると述べ, 続けて S1 を語る. S1 で示されたエミの位置付けからは, 彼女が韓国を知らない人から韓国を非難された場合に嫌悪感を感じていることが理解できる. ここでエミは, 実際の韓国の姿ではなく日本に存在する韓国に対する否定的なイメージだけで韓国を非難する相手に対し, 住んだこともないのになぜそのようなことが言えるのかと引っ掛かりを覚える自身の気持ちとそのような言動を不快に思う自身の感情を表現する. このようなエミの言動からはイメージだけで物事を判断するべきではないという彼女の見解が窺えるとともに, 否定的な韓国（人）イメージの存在が彼女自身をそんな国に嫁に行った人物として位置付けている実態が見受けられた. 以上の点から, データ 18-1 ではエミによって否定的な韓国（人）イメージの被害を受ける在韓日本人というアイデンティティが実践されていることが明らかとなった（レベル 3）.

　データ 18-2 は 18-1 が終了した直後から始まる. データ 18-1 の 632 行目でエミは, 韓国について実際には何も知らない人から韓国を否定された際に「ん？」（データ 18-1：632）と思うと発言した. 調査者は, エミに対してその時のことをさらに詳細に質問する. データ 18-2 は調査者のエミに対する質問から始まる. データ内では, エミによって一つのスモール・ストーリー S2（646-663）が語られる.

〈データ 18-2〉：自分や自分の家族を非難されているように感じる
　　642. 調査者：それに対してのん？って思うのは
　　643. エミ　：((何度も頷く))

644. 調査者：それは (..) なっなんでですかね？ [それは
645. エミ　：　　　　　　　　　　　　　　　[なんですかね (.) やっぱり
646. 　　　　 (..) ちょっと韓国人と結婚している [私を認めて欲しいって言う
647. 　　　　 のもあるし ((何度も頷く))
648. 調査者：　　　　　　　　　　　　　　　　[((大きく頷く))
649. 　　　：う :::ん ((何度も頷く))
650. エミ　：やっぱり子どもは日韓ハーフ [なわけだから
651. マイコ：　　　　　　　　　　　　　[((小さく頷き)) う :::ん
652. 調査者：　　　　　　　　　　　　　[((何度も頷きつつ)) う :::ん
653. エミ　：なんか韓国やだ::とか言われる ¥-と:::-¥ ((何度も頷く))
654. マイコ：[う :::ん ((小さく頷く))
655. 調査者：[((何度も頷く))
656. エミ　：((マイコの方を見て)) ねぇ？
657. マイコ：非難 [されてるような感じを受ける
658. エミ　：　　[((頷き)) うんそうそう ((何度も頷く))
659. 調査者：自分自身がですか？
660. マイコ：[自分もだし ((自身を指差す)) 子どももだし [旦那さんもだし::
661. 　　　　 ((頷く))
662. エミ　：[自分自身もだし ((マイコを見る))　　　　 [((何度も頷きつつ))
663. 　　　　 う :::ん
664. 　　　：((何度も頷く))
665. 調査者：((何度も頷き)) う :::ん
666. エミ　：[((何度も頷く))
667. マイコ：[((何度も頷く))
668. 調査者：ああ::なるほど複雑ですね

　まず，スモール・ストーリーに示されたエミの位置付け（ポジショニング・レベル1）について述べる．S2はデータ18-1でエミが語ったS1と同じ状況をエミの気持ちに焦点を当てて描写した内容である．S1においてエミは，韓国に関して「何も知らない」（データ18-1：631）人から韓国を非難される自身の様子を描写した．その際にエミは「ん？」（データ18-1：633）と発言するとともに

「住んだこともないのに？」（データ 18-1：634）という自身の心内発話を引用し，相手の言動が理解できない私（データ 18-1：レベル 1）という位置付けを示す．S2 では彼女が「ん？」（データ 18-1：633）と感じた際に生じる感情がより詳細に説明される．まず，エミは「韓国人と結婚している［私を認めて欲しい］」(646) という思いを述べ，韓国人と結婚している自分を認めてほしい私（レベル 1）という位置付けを示す．続けて今度は「子どもは日韓ハーフ［なわけだから」(650) と自身の子どもに関して言及し，「韓国やだ :: とか言われる ¥- と :::-¥」(653) と口籠る様子を見せる．ここでエミはそのような発言に対し，どのような感情が湧くのかに関して自分の口から説明せず「ねぇ？」(656) と隣で聞いていたマイコに同意を求める．そして，マイコが行なった「非難されてるような感じを受ける」(657) という評価付けをそのまま使用し，韓国（人）を非難されることにより自分や家族が非難されているように感じる私（レベル 1）という位置付けを提示する．

　次に相互行為の場におけるエミの位置付け（ポジショニング・レベル 2）について述べる．データ 18-2 の冒頭で調査者はエミに対し，S1 で彼女が首を傾げつつ発した「ん？」（データ 18-1：633）という発言についてより詳細な説明を求める．質問を受けたエミは，その状況下で自分の中にどのような感情が湧き上がるのかについて，自身の心内発話（「韓国人と結婚している［私を認めて欲しい］」(646)）や「韓国やだ ::」(653) と口にした相手の発言を引用しつつ説明する．まず，質問を受けた際，エミは最初「なんでですかね」(645) と述べ，改めてその時の自分の感情を振り返る様子を示す（自分の感情について改めて内省する私：レベル 2）．そして，まず「韓国人と結婚している［私を認めて欲しい］」(646) という感情 (646, 647) に言及する．彼女の発言からは，韓国を否定する発言を向けられたエミが相手から韓国人配偶者を持つ自分自身を否定されているように感じ取っている様子が理解できる（韓国（人）非難を自分への非難のように受け止める私：レベル 2）．さらに，エミは続けて「子どもは日韓ハーフ［なわけだから」(650) と自身の子どもの位置付けに関して言及し，そのような子どもを持つ自分が「韓国やだ ::」(653) という発言をぶつけられるという状況に言及する．またその際には，同じ日韓にルーツを持つ子どもを育てる調査者とマイコがエ

187

ミの発言に対し頷きを示す様子が見られた(651, 652, 654, 655).ここでエミは,マイコの方を見ながら「ねぇ?」(656)と声をかける様子を見せ,日韓にルーツを持つ子どもの母親として韓国を非難された際にどのような感情が生じるのかに関しマイコの意見を引き出そうと試みる(自身の位置付けや感情が個人的なものでないことを確認したい私:レベル2).そして,マイコが「非難されてるような感じを受ける」(657)と発言した際には,「非難」(657)という単語に反応を示し「((頷き))うんそうそう((何度も頷く))」(658)と強く同意する.このような2人のやりとりからは,自分たちが耳にした韓国非難に対し日韓にルーツを持つ子どもの母としてどのような感情を抱くのかについて彼女たちが協働で考察する様子が観察されるとともに,韓国(人)非難を子どもへの非難のように感じる私(たち)(レベル2)という位置付けを2人が共有する様子が窺える.その後,2人のやりとりを聞いていた調査者は,非難されている人物が誰なのかを確認するため「自分自身がですか?」(659)と質問する.それに対し2人はほぼ同時に自分自身だけでなく韓国人の夫や日韓にルーツを持つ子どもも非難されているように感じると発言する(660-663).これらの2人の言動からは韓国(人)非難を自分や自分の家族に対する非難のように受け止める私(たち)(レベル2)という位置付けを2人が共有している姿が読み取れた.調査者はそのような2人の発言に対し何度も頷きつつ理解を示すものの(665),668行目では「ああ::なるほど複雑ですね」(668)と2人の身を置く社会状況や関係性に関し外側からその状況を見たものという位置付けから意見を述べていた.以上の点から,ここではエミが語ることを通じて,韓国(人)非難の持つ影響力を示したい私(レベル2)という位置付けを提示していることがわかった.

最後にレベル1とレベル2の位置付けをもとにエミが表出・構築する文化的・社会的自己(アイデンティティ)(ポジショニング・レベル3)について述べる.データ18-2においてエミは語ることを通じて,同じ在韓日本人女性であり日韓にルーツを持つ子どもの母であるマイコとともに日本人から韓国に関する否定的な発言を聞かされた際の状況に改めて向き合っていく.そして,マイコの意見を組み込みながら,その中で生じる自身の感情について考察していく.彼女たちの発言からは,韓国を非難されることを,自分自身への非難,自分の家

族に対する非難として彼女たちが受け止めていることが明らかになるとともに，日本人の中に存在する韓国への否定的なイメージが彼女たちの立場まで否定的なもののように感じさせる影響力を所持していることが理解できる．また，彼女たちの語りを通じて，韓国人配偶者や日韓にルーツを持つ子どもがいることを知っている友人や知人から，彼女たちが韓国を否定する発言を投げかけられている可能性も示唆された．またその際に，相手の発言の根拠となっているのが韓国に対するイメージでしかないという可能性も示された．以上の点から，18-2 ではエミによって偏った韓国（人）イメージの被害を受ける在韓日本人というアイデンティティが実践されていることが明らかとなった（レベル 3）．

　データ 19-1，19-2 は在韓歴 12 年のユウキと 4 年のマオへのインタビューで収集されたものである．データ開始前，参与者 3 人は日本で韓国に関する否定的な発言を聞いた際にどのような感情が湧くかという話をしていた．ユウキとマオはそのような発言を聞くと腹が立つと述べ，そういう発言をする日本人は大体韓国に行った経験もなくメディアの情報などから一方的な韓国に対する印象を構築し「本当の韓国」を知らないにも関わらず否定してくる人間だと思うと話す．また，韓国に住んで韓国社会と関わりを持ちながら生活している日本人同士で韓国に対する文句を言うのは容認できると述べ，そのような状況が一番楽であると話した．調査者はそのような 2 人の見解に理解や共有する姿勢を示しつつ，知らないにも関わらず否定するという相手の姿勢に腹が立つのか，それともそこには韓国への愛があるのかと 2 人に質問する．データ 19-1 は調査者の質問に対するユウキの回答から始まる．データ 19-1 ではユウキによって一つのスモール・ストーリー（S1：841-845）が語られる．

〈データ 19-1〉：嫌いだけど憎めない
　819. ユウキ：((マオを見て)) いや愛もある
　820. マオ　：((頷き)) うんちょっとあるのかも
　821. 調査者：あっ愛もあるんだ？
　822. マオ　：@@¥- [ちょっとある -¥ やっぱり住んでるし
　823. ユウキ：　　　[((頷き)) うんある

824. 調査者：ああ::
825. マオ　：なんか憎めない
826. ユウキ：((頷き))うん
827. マオ　：嫌いだけど [((さっとユウキを見て))憎めない @@@@
828. ユウキ：　　　　　　[((マオと目が合う)) @@@@@@@@@@
829. 調査者：えっどんなとこが？えっ嫌いだけど憎めない
830. マオ　：((首を傾げ))嫌いだけどって言うのもおかしいけど
831. 　　　　：そんな好きにはなれないんですけど::
832. 調査者：[((頷く))
833. ユウキ：[((頷く))
834. マオ　：大好きにはなれないけど::
835. 調査者：((頷く))
836. マオ　：でもなんか((何度か小さく頷く))気になっちゃう人((さっとユ
837. 　　　　　ウキを見る))¥-みたいな感じ-¥
838. ユウキ：わかる::
839. 調査者：[えっ何それ？
840. ユウキ：[わかる::在韓日本人が## 韓国の悪口わ::って言っててもいいけ
841. 　　　　　どもう日本人から::
842. マオ　：((ユウキを見て頷きつつ))はい
843. ユウキ：もうほんとに日本在住の日本人から言われると
844. 　　　　：((不愉快そうな表情で))絶対なんやろ韓国もそこまで悪くないみ
845. 　　　　　たいな @@@@@@
846. マオ　：((ユウキを見て頷き))ああそう思っちゃう
847. 調査者：う:::ん

　まず，スモール・ストーリーに示されたユウキの位置付け（ポジショニング・レベル1）について述べる．S1でユウキは「日本在住の日本人」(843)から韓国の悪口を言われる状況を描きだし，相手の発言に「韓国もそこまで悪くない」(844)と抵抗を示す自身の様子を提示する．ユウキの語り口からは，彼女が韓国を非難した相手に対し直接「韓国もそこまで悪くない」(844)と反論したのか，それとも心の中でそのような感情が湧き上がったのかは言及されていない．

第 6 章　日本（人）との関わり合いに見る日韓問題

　しかし，彼女の引用した発言からは，ユウキが日本在住の日本人の韓国（人）非難に抵抗する私（レベル 1）という位置付けを提示する様子が見受けられた.
　次に相互行為の場におけるユウキの位置付け（ポジショニング・レベル 2）について述べる．調査者の質問を受けたユウキとマオは，データの冒頭で，程度の差はあるものの韓国に対する愛ゆえに韓国を非難してきた相手の発言に腹が立つという見解を示す（韓国（人）に対する愛を感じる私（たち），愛ゆえに韓国（人）非難を看過できない私（たち）：レベル 2）．2 人の反応に対して調査者が「あっ愛もあるんだ？」(821) と確認するように問いかけると，2 人は再度「ちょっとある -¥ やっぱり住んでるし」(822)，「((頷き)) うんある」(823) と自身の発言を反復する．その後マオは，自分の中に存在する「ちょっとある」(822) 韓国への愛に関して「嫌いだけど [((さっとユウキを見て)) 憎めない」(827) と説明する．マオの説明に対し調査者は，「えっどんなとこが？えっ嫌いだけど憎めない」(829) とより詳細な質問を求める様子を見せる．すると，マオは「大好きにはなれないけど::」(834)，「なんか ((何度か小さく頷く)) 気になっちゃう人」(836) と説明する．その発言を聞いていた調査者は再度「えっ何それ？」(839) といった反応を見せるが，ユウキは「わかる」(838) とマオの見解に同意を示す (838)（韓国（人）に対する愛を共有する私（たち）：レベル 2）．さらに，ユウキは調査者の「えっ何それ？」(839) という発言にかぶさるように再度「わかる」(840) と発言し，調査者と異なりマオの感覚を自分は理解できるという姿勢を明示する．このような 3 人のやり取りからは，韓国に対する複雑な心情を共有し合うマオとユウキに対し，マオの比喩の意味が理解できない調査者というように 3 人の位置付けに異なりが生じる様子が観察された．その後，ユウキは「在韓日本人が ## 韓国の悪口わ:: って言っててもいいけど」(840, 841) と発言し，その直後に S1 を挿入すると日本在住の日本人に韓国（人）を悪く言われた際に自分の中に湧き上がる感情に関して言及する（日本在住の日本人と自分たちは違うと主張したい私：レベル 2）．ここでなされた「在韓日本人が ## 韓国の悪口わ:: って言っててもいいけど」(840, 841) というユウキの発言からは，日本在住の日本人と在韓日本人が彼女の中で異なる存在として位置付けられていることが理解できる．それと同時に，前者から聞かされる韓国に対する悪口に

は腹が立つが，後者が発する韓国に対する悪口は容認できるという認識をユウキが所持している様子も見受けられた．また，マオはこのようなユウキの見解に対し846行目で「ああそう思っちゃう」(846) と同意する様子を見せる．そのような2人のやりとりを調査者は「う::::ん」(847) と言いながら見つめており，ここではユウキとマオの2人が日本在住の日本人の韓国（人）非難は容認できない私（たち）（レベル2）という位置付けを共有していることがわかった．以上の点から，ここではユウキが語ることを通じて日本在住の日本人への抵抗感を明示したい私（レベル2）という位置付けを提示していることがわかった．

　最後にレベル1とレベル2の位置付けをもとにユウキが表出・構築する文化的・社会的自己（アイデンティティ）（ポジショニング・レベル3）について述べる．データ19-1では，調査者の質問を受けたユウキとマオが自分たちの中に存在する韓国への愛がどのようなものかに関して言語化していく．マオが感覚的な側面から自身の中に存在する韓国への愛を表現するのに対し，ユウキは自身の行動の中に内在する韓国への愛を描き出そうと試みる．そして，データ内でなされた2人の発言からは，韓国への愛を感じつつもその一方で韓国への悪口も言いたくなるという彼女たちの複雑な立ち位置が垣間見られる．そのような彼女たちの複雑な立ち位置は，彼女たちが自分たちを取り巻く状況に即して自身の位置付けを変化させる様子からも垣間見られた．例えば，在韓日本人同士で韓国に関する悪口を言い合う状況下では，韓国に対する悪口は言っても良いものと認識され，彼女たちが在韓日本人側，もしくは日本（人）側に自らを位置付ける様子が観察された．その一方で，日本在住の日本人から韓国に関する悪口を言われるという状況下では，韓国に対する悪口は抵抗を示したくなるものとして認識され，それに反論したい気持ちが湧き上がる（反論する）ものとして彼女たちが自分たちを韓国（側）位置づける様子が観察された．このように，在韓日本人と日本在住の日本人を明確に切り分け，言う相手によって韓国に対する悪口の印象にも変化が生じる彼女たちの言動からは，実際に韓国と関わる中で生じてくる韓国非難と単なる韓国イメージに基づく韓国非難を彼女たちが別物として認識している可能性が示唆された．また，マオとユウキの2人が後者のようなイメージに基づく非難に関しては実際に韓国に住むものとして反論

したくなると感じていることが明らかとなった．以上の点から，データ 19-1 ではユキによって韓国と関わりを持たない日本人の韓国非難を受け入れられない在韓日本人というアイデンティティが実践されていることが明らかとなった（レベル3）．

データ 19-2 はデータ 19-1 が終了した直後から始まる．ここではユキによって二つのスモール・ストーリー（S2：848-855，S3：861-870）が語られる．

〈データ 19-2〉：韓国を庇いたくなる
848. ユウキ：なんかほら旦那の悪口も自分で言っといて::
849. 調査者：((頷く))
850. マオ　：((頷きつつ)) うん
851. ユウキ：でも他の人が (.) 言ったら::
852. 調査者：((頷きつつ)) うん
853. ユウキ：ちょっと弁解したくなる？
854. マオ　：((頷きつつ)) う::::んうん
855. ユウキ：なんかそんな感じ (.) そこまででも
856. マオ　：@@@@@
857. 調査者：旦那と同じ？ (..) なの？
858. 　　　　[旦那と似てる？
859. ユウキ：[でもそんな感じじゃない？
860. マオ　：(頷きながら) まあでもそんな
861. ユウキ：いや旦那のことは私が一番知ってるし::¥- みたいな -¥
862. マオ　：(頷きつつ) う::::ん
863. 調査者：[ああ::
864. ユウキ：[旦那ことは私が::
865. 　　　　：私が旦那の悪口言ってもいいけど
866. 　　　　：全然私の友達が::
867. マオ　：うん
868. ユウキ：言ったら:: (.) ちょっとイラッとくる
869. マオ　：(何度も頷く)
870. ユウキ：いっいやっ (.) そこまで悪くないよ ¥- みたいな -¥ 急に

871. マオ　：（何度も頷き）う::んそういうそういう気持ちわかります
872. ユウキ：う::ん

　まず，各スモール・ストーリーに示されたユウキの位置付け（ポジショニング・レベル1）について述べる．S2は，データ19-1の終了直後にユウキによって語られた．データ19-1の終結部分では，ユウキが語ることを通じて在韓日本人と日本在住の日本人を分離させ，前者を韓国に関する「悪口」（データ19-1：840）を言っていいもの，後者を悪口を言ってほしくないものとして位置付ける様子が見られた．また，その際にユウキは自身が身を置く状況によって韓国に対する悪口を容認する姿勢を見せたり，抵抗する姿勢を見せたりするなど複雑な立ち位置を示す様子も観察された．その際，調査者とともにユウキの語りを聞いていたマオはユウキが言おうとしていることを即座に理解した様子を見せるが（データ19-1：846），調査者は「う:::ん」（データ19-1：847）と言うだけで明確な反応を示さなかった．S2はその直後にユウキによって語られたものである．ここでユウキは仮定の話として，自身は夫の悪口を言いつつも他人から言われた際には弁解したくなるという状況を例示する（自分以外が行う夫への非難は看過できない私：レベル1）．続くS3では，弁解するという状況下でユウキの中に生じる感情に焦点が置かれる．ここでユウキは，「いや旦那のことは私が一番知ってるし」（861）と感じる自身の様子を心内発話の引用という形で示す（夫について誰よりも知っている私：レベル1）．さらに，S2では「他の人」（851）と表象されていた悪口を言う相手がS3では「私の友達」（866）というようにより限定的に表象される様子も見られた．また，友人から夫の悪口を言われたら「ちょっとイラッとくる」（868）自身の感情の動きや（友人の夫非難が不快な私：レベル1），「そこまで悪くないよ」（870）と「急に」（870）発言するユウキの様子が描写される（友人の夫非難には抵抗する私：レベル1）．

　次に相互行為の場におけるユウキの位置付け（ポジショニング・レベル2）について述べる．データ19-1の終結部分でユウキは，自らが所持する韓国への愛を自身の行動を通じて表現しようと試みていた．その際，マオはユウキの見解に同意を示す様子を見せたものの（データ19-1：846）調査者は「う:::ん」（デ

―タ 19-1：847）と発言するのみであった．そこで 19-2 の冒頭でユウキは S2 を
挿入し，夫に対する悪口を他人に言われる状況を例示しながら自分の感覚を再
度調査者に伝えようと試みる（自分の中に存在する感覚を調査者に伝えたい私：レベ
ル 2）．またその際にユウキは「弁解[3]」（853）という単語を使用して夫の悪口を
言う相手に対して言い訳したくなる自身の様子を提示する．ただし，ここでユ
ウキは「弁解したくなる？」（853）と問いかけるような言い方をしており，彼
女自身自分の表現に確信を持てていない様子も見受けられた．他の 2 人はユウ
キの語り（S3）に耳を傾けつつ共通して頷く様子を見せていたが，ユウキの
「弁解したくなる？」（853）という問いかけるような発言に対してはマオが頷き
つつも微妙な反応を示すのみであった（ユウキの比喩を共有できない私（たち）：レ
ベル 2）．それを受けユウキは「なんかそんな感じ」（855）と述べ，続けて「そ
こまででも」（855）と何か言いかける様子を見せる．しかし，調査者が「旦那
と同じ？（..）なの？旦那と似てる？」（857，858）と言いつつ韓国と旦那を同列
に配置するユウキの例えに理解しづらい様子を見せたため（ユウキの比喩が理解
できない私：レベル 2），ユウキは「[でもそんな感じじゃない？」と（859）再度
誰とはなしに問いかけるような発言をする（自分の感覚に同意を得たい私：レベル
2）．調査者の反応に対しユウキは「いや旦那のことは私が一番知ってるし」
（861）という自身の心内発話を挿入し，S3 の中で悪口を言う相手を友人と限定
した上で再度自身の感覚を説明しようと試みる（自分の感覚を理解してもらいた
い私：レベル 2）．S3 を語る中でユウキは，非難される対象を旦那，非難する人
物を自分と自分の友人と設定する．そして，自分のことを夫（非難する対象）を
熟知しているものとして位置付けると同時に，自分ほどは非難する対象につい
ての知識がないものとして言外に自分の友人を位置付ける．また，非難する対
象を熟知しているものは非難しても良いのに対し，知らないものが非難した場
合は不快に感じるという認識を提示する．それと同時に，知らないものの非難
には知っているものとして「いっいやっ（.）そこまで悪くないよ」（870）と抵

3　弁解には，「言い訳をすること．言いひらき．」（デジタル大辞泉）という意味がある．
　また，言い訳には「自己の事情を説明して，弁解すること．弁明．」（デジタル大辞
　泉）という意味が存在している．

抗する自身の姿を描写する．S3 を通じたユウキの説明はマオからは強い共感を得るが（871），調査者からは理解できたという反応を得ることはできなかった．このような参与者間のやり取りからは，マオとユウキが韓国に対する感情に関してかなり類似した感覚を所持しているのに対し，それを共有することが困難な調査者というように 3 人の位置付けが分裂する様子が観察された（韓国に対する感情が相容れない私（たち）：レベル 2）．以上の点から，ここではユウキが語ることを通じて韓国に関する複雑な愛情を理解してほしい私（レベル 2）という位置付けを提示していることが明らかとなった．

　最後にレベル 1 とレベル 2 の位置付けをもとにユウキが表出・構築する文化的・社会的自己（アイデンティティ）（ポジショニング・レベル 3）について述べる．データ 19-2 でユウキは韓国を「旦那」（848）に置き換えて再度調査者に対し自身が韓国に対して抱く複雑な愛情を説明しようと試みる．データ内のユウキの発言からは彼女にとって韓国は言語上「旦那」（848）と置き換え可能な存在であることがわかるとともに，彼女と類似した感覚を同じ在韓日本人女性であるマオもまた所持していることがわかる．さらに，データ 19-2 でユウキが提示した二つのスモール・ストーリーをデータ全体の流れの中で比較すると，S2 と S3 が構造上は似通っているものの内容に微妙な異なりが見られることがわかった．S2 でユウキは自身のことを「旦那の悪口も自分で言っといて::」（848）と述べるとともに，悪口を言う相手を「他の人」（851）と表象する．そしてその場合，自身は自分の矛盾性を自覚しつつも，相手が夫の悪口を言った際には「弁解」（853）したくなると説明する．けれども，S3 では悪口を言う相手を「私の友達」（866）と限定して表象し，自身について「私が旦那の悪口言ってもいいけど」（865）と述べるなど自分は悪口を言うことが許されるが友人が言うのは容認できないという姿勢を明示する．またここでは「ちょっとイラッとくる」（868）と発言することで，相手の夫非難により自身の中に不快感が生じている様子を明らかにする．このような S2 と S3 に見られる表現の仕方の相違からは，ユウキが面識のない他人から非難される場合と友人から非難される場合では異なった受け取り方をしている可能性があることが示唆されるとともに，「旦那」（848）を韓国として考えた場合，赤の他人と友人の両方から韓国を非難

されるような体験を彼女がしている可能性が示された．以上の点から，データ19-2 ではユウキによって韓国（人）と関わりのない日本人の韓国（人）非難を受け入れがたい在韓日本人というアイデンティティが実践されていることが明らかとなった（レベル 3）．

第 2 節　考察

　まずは，リサーチ・クエスチョン 1（ナラティブ領域とそれが語られる相互行為の場において彼女たちが自らをどのように位置付けているのか）について，第 1 節 1. では，2019 年に韓国で起きた日本製品不買運動に関連した語りのデータを取り上げ分析・考察を行った．データ 14-1, 14-2 では，韓国に対して否定的な発言をした相手に対し，自分自身や自分の韓国の家族のために自分の目で見た韓国の姿を伝えようとする語り手の様子が観察された．データ 14-1 では，韓国に対する誤解を放置できない私（レベル 1），韓国（人）が誤解されることが我慢ならない私（レベル 2）などの位置付けが，データ 14-2 では認識が偏っていることを相手に気づいてほしい私（レベル 1），韓国（人）を誤解していることに気づいてほしい私（たち）（レベル 2）といった位置付けがそれぞれ観察された．語り手が提示した位置付けからは，彼女が自分のことを韓国人の家族を持つものとして位置づけ，日本の家族や知人によって韓国が非難された際には相手が韓国に対して抱いているイメージが誤解であることを説明し，相手の誤解を解きたいと強く感じている様子が観察された．また，日本のメディアは韓国に関して偏った情報を報道していると語り手が認識していること，そのような情報を目にするせいで偏った韓国（人）イメージが日本人の中に構築されていると考えていることも明らかとなった．またそのような認識が，他の在韓日本人女性たちにも共有される様子も見受けられた．

　2. では，韓国で起こった日本人暴行事件に関連した語りを取り上げた．データ 15 では韓国を庇いたくなる語り，データ 16-1 と 16-2 では自分の目で見た実際の韓国の様子を説明する語りをそれぞれ分析・考察した．韓国を庇いたくなる語りでは，日本人の偏った韓国（人）イメージに抵抗したい私（レベル 1）

やメディアの影響に太刀打ちできない私（レベル1），日本のメディアの報道内容により被害を受けている私（レベル2）といった位置付けが観察された．実際の韓国の様子を説明する語りでは，自分と同じ視点から韓国（人）を見てほしい私（レベル1），（日本の家族や知人から）過剰に心配されたくない私（レベル1），過剰に心配されている私（レベル1），自分の持つ韓国（人）イメージを日本の人々と共有したい私（レベル2），偏った韓国（人）イメージにより被害を受ける私（レベル2）といった位置付けが観察された．データ15とデータ16-1と16-2において語り手の示した位置付けからは，メディアを通じて日本人の中に構築される偏った韓国（人）イメージの存在により彼女たちが被害を受けていると感じる様子が見受けられた．その一方で，実際に自分たちが知っている韓国（人）の姿を日本人側に伝達することで，自分たちに被害を及ぼす偏った韓国（人）イメージに対し彼女たちが抵抗する様子も見られた．しかしながら，メディアの影響に太刀打ちできない私（レベル1）や，過剰に心配されている私（レベル1）という位置付けからは，抵抗したところで日本人の中に構築された偏った韓国（人）イメージを覆すことができるわけではないと彼女たちが認識している様子も観察された．また，データ内でなされた語り手の発言からは，偏った韓国（人）イメージに対する抵抗が生じる要因に関して，二つのデータの語り手に明確な異なりが存在していることがわかった．データ15の語り手は日本人の偏った韓国（人）イメージに接した際には不思議と韓国を庇いたい気持ちになると言及したのに対し，データ16-1と16-2の語り手は韓国という国や政府を弁護したい気持ちはないと発言し，日本の家族や知人との間で韓国（人）に関して共感できる部分を持ちたいという個人的な思いから自分の知る韓国（人）の姿を相手に伝えたいという感情が生じると説明していた．このような彼女たちの発言からは，偏った韓国（人）イメージに抵抗する彼女たちがそれぞれ異なった動機に基づき行動している様子が窺えた．また，データ15で示された理由がわからないながらも韓国（人）を庇おうとする語り手の姿勢からは，彼女が偏った韓国（人）イメージを所持する日本人と向かい合う際に自分自身を韓国（人）側に位置付ける様子が読み取れた．対して，データ16-1と16-2で示された家族が不必要に自分を心配せずに済むように情報を共有し

第6章　日本（人）との関わり合いに見る日韓問題

たいという語り手の姿勢からは，日本の家族や知人と韓国（人）に関して共感できる部分を持ちたいと思う語り手個人の気持ちが読み取れるとともに，語り手が韓国（人）側か日本（人）側のどちらか一方ではなく韓国で暮らす私という立ち位置から意見する様子が見られた．

3.では，在韓日本人女性たちが日本へ帰省した際や韓国生活の中で韓国に対する否定的な感情や発言に触れた出来事に関する語りを取り上げた．具体的には，データ17では日本人の反応に悲しくなる語り，データ18-1ではイメージに基づき韓国（人）を非難する様子に疑問を感じる語り，データ18-2では自分や自分の家族を非難されているように感じる語り，データ19-1と19-2では自分が韓国を非難するのはいいが日本在住の日本人にされるのは嫌だという語りをそれぞれ取り上げ分析・考察した．日本人の反応に悲しくなる語りでは，日本人の韓国（人）に対する否定的な感情に触れる私（レベル1）や，日本人の韓国（人）に対するコメントに影響を受ける私（レベル1），日本（人）の反応から受ける影響を共有したい私（レベル2）といった位置付けが見られた．イメージに基づき韓国（人）を非難する様子に疑問を感じる語りでは，韓国（人）に関して何も知らない人から韓国（人）を非難される私（レベル1），相手の言動に引っ掛かりを覚える私（レベル1），韓国（人）を知りもしない相手に韓国（人）を非難された際の嫌悪感を共有したい私（レベル2）などの位置付けが観察された．自分や自分の家族を非難されているように感じる語りでは，韓国（人）を非難されることにより自分や家族が非難されているように感じる私（レベル1）や，韓国（人）非難の持つ影響力を示したい私（レベル2）といった位置付けが見られた．自分が韓国を非難するのはいいが日本在住の日本人にされるのは嫌だという語りでは，日本在住の日本人の韓国（人）非難に抵抗する私（レベル1）や，日本在住の日本人への抵抗感を明示したい私（レベル2），韓国に関する複雑な愛情を理解してほしい私（レベル2）などの位置付けが観察された．各データにおいて語り手が示した位置付けからは，日本在住の日本人が偏った韓国（人）イメージに基づいて韓国（人）への非難を行っていると彼女たちが認識している様子が見受けられた．また，自分の中のイメージだけを根拠に韓国（人）非難を行う相手に対し，彼女たちがその姿勢に引っ掛かりや嫌悪感を感じたり，

自分たちや自分たちの家族を非難されているかのように感じるなど不快な思いをしている現状が明らかとなった．また，そのような相手からなされる韓国（人）非難に対しては，韓国（人）を知るものとして抵抗したいという気持ちを所持している様子も観察された．そして，韓国（人）に対する一方的な非難と向き合った際には日本在住の日本人に対し自分たちを在韓日本人として位置付け，韓国と関わりのあるものという視点から意見する様子も見られた．それと同時に，在韓日本人同士で話をする際には自分たちを韓国の外から来たものとして位置付け，韓国に対する不満を口にすることを容認する姿勢を見せるなど，遭遇した出来事によって自身の立ち位置を変化させながら彼女たちが目の前の状況に対応している様子も見受けられた．

　次にリサーチ・クエスチョン2（語ることを通して表出・構築される彼女たちのアイデンティティとはどのようなものか）について，第1節1.で取り上げた二つのデータの中で語り手が実践していたアイデンティティには，韓国（人）への誤解を放置できない韓国と関わりを持つ私（データ14-1），韓国側に立つ必要性を感じる韓国と関わりを持つ私（データ14-2）といったものが見られた．ここからは，彼女たちが自分たちの所属先を韓国の方に位置付け，そこから日本人に対して訴えかけるという構図が読み取れる．そして，自分と自分の韓国の家族のために，日本人が所持している韓国イメージが誤解であることを説明するとともに，韓国のことを正しく理解してほしいと強く感じている様子が見受けられた．また，データ14-1と14-2で提示されたアイデンティティからは，彼女たちの日本の家族や知人が韓国について偏ったイメージを所持している可能性があることが示唆されるとともに，そのような状況が生じる原因がメディアなどによって拡散される韓国に対する偏った情報にあると彼女たちが認識していることが明らかとなった．さらに，そのような社会的な力によって生じる韓国（人）に関する誤解に対し，彼女たちが個人的に対抗しようと努力している様子も見受けられた．また，韓国人の夫や日韓にルーツを持つ子どもの存在が日本の家族や知人の誤解を解きたいと彼女たちが強く思う動機となっていることもわかった．

　2.で取り上げたデータ15とデータ16-1と16-2では，語り手によって支配

的言説に抵抗したいマイノリティ（データ15），日本の人々に自分と同じ目線から韓国（人）を見てほしい在韓日本人（データ16-1），母国の支配的言説によって被害を受ける在韓日本人（データ16-2）といったアイデンティティが実践される様子が観察された．彼女たちの示したアイデンティティからは，日本のメディアが報道する韓国（人）に関する否定的な報道（日本人女性が韓国人男性に暴行される）がそれを視聴する日本人の中にどのような韓国（人）イメージを構築するのか，構築されたイメージがどのような社会状況や関係性の中に彼女たちを追い込むのか，そして追い込まれた状況の中で彼女たちがどのように対応しているのかが垣間見られる．彼女たちはデータ内で日本の家族や知人がどのような報道を目にし，韓国（人）に関してどのような意見を述べたのかについては具体的に言及していない．しかしながら，データ15では「大丈夫だよ韓国でもそうはいってもみんないい人だから」（データ15：903, 904），データ16-1と16-2では「何も知らないで非難する」（データ16-1：923），「私のことを心配しすぎないで」（データ16-2：963, 964）という語り手の日本側の人々に対する発言や印象が述べられており，彼女たちが日本のメディアの報道を見た家族や知人から韓国は日本人が住むには危険な場所であるといった内容の発言を聞かされている可能性が窺える．そして，危険な場所（＝韓国）に暮らすものとして位置付けられた彼女たちが，実際に韓国で暮らすものとして自分の目で見た現実を相手に提示するものの，聞き手には理解してもらえない様子も見受けられた．しかしながら，抵抗しても敵わない，情報を提供したところで必ず共感してもらえる部分を見つけられるわけではないという現実と直面しつつも，彼女たちが偏った韓国（人）イメージや，そのようなイメージを日本人の中に構築する支配的言説に対し継続して抵抗する姿も観察された．

　3. で取り上げた五つのデータでは，日本人の韓国（人）に対する反応が気がかりな在韓日本人（データ17：レベル3），否定的な韓国（人）イメージの被害を受ける在韓日本人（データ18-1：レベル3），偏った韓国（人）イメージの被害を受ける在韓日本人（データ18-2：レベル3），韓国と関わりを持たない日本人の韓国非難を受け入れられない在韓日本人（データ19-1：レベル3），韓国（人）と関わりのない日本人の韓国（人）非難を受け入れがたい在韓日本人（データ

19-2：レベル3）といったアイデンティティが実践される様子が見られた．彼女たちの実践したアイデンティティからは，彼女たちが日本在住の日本人が行う韓国（人）に対する非難に不快感を持ったり，自分や家族が非難されているように感じるなど，マイナスの影響を受けていることが明らかとなった．また，彼女たちが自分たちの被る影響を理解していながらも，日本在住の日本人が行う韓国（人）に対する非難を無視できず気にしてしまう様子なども見受けられた．ただし，彼女たち自身も常に受け身の姿勢でそのような非難を聞いているわけではなく，韓国（人）と関わりのあるものとして相手の意見に対し抵抗しようという姿勢を見せていることもわかった．

　最後にリサーチ・クエスチョン3（彼女たちは日常生活に介入してくる日韓問題を周囲との関係性の中でどのように受け止め関わっているのか）についてはどうだろうか．データ内で示された彼女たちの位置付けやアイデンティティからは，在韓日本人女性たちが韓国（人）非難を行う日本人の存在ではなく，そのような人々が内在化させている偏った韓国（人）イメージに対し抵抗する様子が見えてくる．そして，日本のメディアを通じてなされる韓国に関する否定的な報道（偏った韓国（人）イメージの根拠となる支配的言説）が，そのようなイメージを日本人の中に構築する要因であると彼女たちが認識し警戒していることもわかった．また，データ内では自分たちの家族や知人・友人から韓国（人）を非難された際，相手の意見に同調し一緒になって韓国（人）を非難する在韓日本人女性は1人も存在しなかった．むしろ，韓国（人）側や韓国に住んでいるものという立ち位置から相手の意見に抵抗を示す姿が観察された．抵抗したいと感じる動機には，自分自身だけでなく韓国人の夫や日韓にルーツを持つ我が子のためにも韓国（人）に対する誤解を解きたい，韓国（人）を庇いたい，韓国（人）に関して共感できる部分を相手と持ちたいなど，人により異なる様相が見受けられた．しかしながら，抵抗する動機には個人的な相違があっても，その根底には自分自身や自分自身を取り巻く人々，環境を日本側の人々に正しく理解してもらいたいという共通した思いが存在していることもわかった．ただし，実際に韓国（人）と関わりのあるものとして自分の目で見た韓国（人）の姿を相手に伝えようと努力するものの，現実的には日本人の中に構築された偏った韓国

（人）イメージを変容させることは難しく，社会的な力へ対抗することに彼女たちが苦戦している現状も明らかとなった．そのような状況下において，彼女たちが相手の発言に対し抵抗するための手段として，実際に住んだことがないのになぜそんなことが言えるのかというロジックを構築するとともに，実際に韓国に住んでいる自分たちと日本在住の日本人を明確に切り分け，前者は韓国を非難しても良いもの，後者は非難してはいけないものというように位置付ける様子が見られた．彼女たちの位置付けやアイデンティティからは，日本とも関わりがあると同時に韓国とも関わりがあるものとして，彼女たちが韓国を否定された際には韓国側を自らの所属する場所と位置づけ，そこから日本側に対し自分たちの意見を訴えるという姿勢を示していることが明らかになった．

第3節　韓国に関する支配的言説への危機感
　　　　―彼女たちの抵抗と苦戦―

　本章の分析結果からは，日本のメディアなどが報じる韓国に関する支配的言説が日本の人々の否定的な韓国（人）イメージの構築を促進していると彼女たちが認識していること，それゆえにその存在に警戒心を抱いていることがわかった．彼女たちは実際に韓国（人）と関わり合いのあるものとしてメディアの影響に対抗しようと試みるものの，日本人の中に構築されてしまっている韓国イメージを覆すことは相当に困難で，苦戦する様子が見られた．インタビュー内では，彼女たちが日本側の人々に対し，実際に住んだことも話したこともないのにどうして韓国（人）を頭から非難するような発言ができるのかという感情を吐露する様子が多数観察された．そして，彼女たちの中で自分たちと日本に在住している日本人が明確に切り分けられるとともに，韓国人にも多様な人々がいることを知った上で批判するのと一括りのイメージで決めつけて非難することは違うと彼女たちが認識していることがわかった．このような彼女たちの姿勢からは，日本に住む日本人から韓国を非難された際には，彼女たちが自らを韓国に所属するものとして位置付けるというアイデンティティの複層性がみてとれた．

第 **7** 章

韓国（人）・日本（人）との関わり合いに見る日韓問題

　インタビューをしていると，在韓日本人女性たちが，日韓問題に関する話題と関連して，韓国人か日本人どちらか一方への思いを口にするという状況の他に，同時に両方に対する感情を口にするという場面に遭遇することが何度かあった．そのようなとき，彼女たちは自分のナショナリティをこえ，日韓双方の人々と関わりを持つものとして湧き上がる自らの気持ちを口にしているように見えた．第 7 章では，そのような状況下でなされた彼女たちの語りを取り上げる．そして，上述したような立ち位置から，日韓問題に関する話題と関連して，彼女たちが日韓両国の人々に対しどのような感情を抱いているのかを見ていきたい．

第 1 節　日韓の狭間で

1. 日本人暴行事件（2019）と関連のある出来事

　ここでは，2019 年に韓国で起こった日本人暴行事件に対する韓国（人）と日本（人）の反応について在韓日本人女性たちが言及しているデータを取り上げる．本研究では，暴行犯に対する韓国のネット上の反応に安堵した語り 2 件，被害者女性に対する日本のネット上の反応に冷たさを感じた語り 1 件，事件が起こったタイミングを憂う語り 2 件が観察された．
　データ 20-1, 20-2 は在韓歴 13 年のヒサコと 3 年のユリへのインタビュー調査の中で収集されたものである．データ開始前，調査者はヒサコとユリから，

205

彼女たちが目にした事件に関する韓国のネット記事やそれに対する大量のコメントに関する話を聞いていた．その中では，韓国人のコメントの多くが暴行事件を起こした韓国人男性に対し否定的であること，被害に遭った日本人女性への謝罪なども見受けられることなどがインタビュー2人によって話された．そして，ヒサコが流し読みした程度の感覚と断った上で，犯人に対する韓国人のコメントは言いたい放題な状況でもあると発言する．データ20-1はその直後から始まる．データ20-1ではヒサコによって一つのスモール・ストーリー（S1：540-552）が語られる．

〈データ20-1〉：暴行犯に対する韓国人の反応に安堵する
531. ヒサコ：でもやっぱり皆（.）あの::（..）その
532. 　　　　：（..）日本が嫌いだからじゃなくって［ただっ
533. ユリ　：　　　　　　　　　　　　　　　　　［（（何度も頷く））
534. ヒサコ：（.）なんかナンパして
535. 　　　　：[::断られた腹いせみたいなんで［1（.）でもこのじっこの時期に::
536. 調査者：[（（頷く））　　　　　　　　　　［1（（頷く））
537. ユリ　：　　　　　　　　　　　　　　　［1（（頷く））
538. ヒサコ：[それをしたら::印象が悪いって［2わかってるから::
539. ユリ　：[（（頷きながら））うん::　　　　［2（（頷く））
540. ヒサコ：だから（..）そのネットのコメントを全部あれでした（..）なんかも
541. 　　　　う（..）その男の人が悪いみたいな
542. 調査者：[3（（何度も頷く））
543. ユリ　：[3（（ヒサコを見て））ねぇ？
544. 　　　　：[4みんななんかそういう方向に行ってますよね
545. ヒサコ：[4（（何度も頷きながら））うんみんな（..）そうそうそうそう
546. 　　　　：ちゃんと罰を受けたらいいし（.）もう:こんな人なんか（1）すっ
547. 　　　　　すぐ（..）そんな出てきたあかんみたいな（（メモを書くような仕
548. 　　　　　草））
549. ユリ　：（（ヒサコを見て）うん
550. ヒサコ：わ:::ってなってて::あっだからそれであっ（.）なんか（.）そっそ
551. 　　　　　つそれなんかその事件が起こったのは［5残念やけど::まあそっ韓

第 7 章　韓国（人）・日本（人）との関わり合いに見る日韓問題

552.　　　　　国の人もそういう反応でよかったなと
553. ユリ　　：　　　　　　　　　　　　　　　　　　　［5（（頷く））
554.　　　　　：［うんうん :::
555. 調査者：［（（何度も頷く））

　まず，スモール・ストーリーに示されたヒサコの位置付け（ポジショニング・レベル1）について述べる．S1でヒサコは，暴行事件のネット記事についた韓国人のコメントを読む自身の様子を描写する．そして「その男の人が悪い」(541)，「ちゃんと罰を受けたらいいし (.) もう：こんな人なんか (1) すっすぐ (..) そんな出てきたあかん」(546-548)といったコメントを例示し，ネットで自分が目にしたコメントの全てが類似した内容であったと述べる (540)．また，そういった韓国人の反応に触れ「事件が起こったのは［残念やけど :: まあそっ韓国の人もそういう反応でよかったな」(551, 552) という思いが自分の中に湧き上がってきたと話す．このようなヒサコの発言からは，彼女がS1において暴行犯を非難する韓国人の反応に安堵する在韓日本人の私（レベル1）という位置付けを提示する様子が見受けられた．

　次に相互行為の場におけるヒサコの位置付け（ポジショニング・レベル2）について述べる．データ20-1の冒頭でヒサコは暴行事件が発生した理由について説明する (532, 534, 535)．ヒサコの発言からは，韓国ではこの事件の犯人について日本に対する悪意から日本人女性旅行客を襲ったのではなく，ナンパを断られた腹いせに暴行したというように報道されていることがわかる．また，ヒサコはデータの冒頭で「皆」(531) と発言し，日韓関係が悪化している「この時期に ::」(535)，「それをしたら :: 印象が悪いって［わかってるから ::］」(538) と述べている．ここで彼女がいう「皆」(531) とは韓国の人々を指している．そして，「皆」(531) が「わかってる」(538) こととは，不買運動が実施されている中で起きた暴行事件に対し，韓国の人々が「それをしたら :: 印象が悪い」(538) と認識しているということを意味する．また，ここまでの発言を受け540行目でヒサコは「だから (..) そのネットのコメントを全部あれでした」(540) と発言し，続けて暴行事件の犯人を非難する具体的な韓国人のコメント

207

を例示する．小学館デジタル大辞泉によれば，接続詞「だから」には，「だから」に続いて述べられる後件の理由を前件の内容が示すという働きがある．つまり，ここでは事件についてあまり詳しくない調査者に対し，韓国の人々がどのような理由から暴行犯を非難しているのかをヒサコが説明していることがわかる（暴行犯を非難する韓国人の認識を伝えたい私：レベル2）．さらに，ヒサコの発言を受けユリは「みんななんかそういう方向に行ってますよね」(544)と述べ，ヒサコも「うんみんな(..) そうそうそうそう」(545)と自身の見解を支持してくれたユリに対し彼女の見解を支持し返す様子を見せる（韓国人の認識を共有し合う私（たち）：レベル2）．ここでの2人のやり取りからは，彼女たち2人が共通して暴行事件発生後に事件に関する韓国のメディアの報道とそれに対するネット上の反応を確認していることが窺える．また，ヒサコが「ちゃんと罰を受けたらいいし(.) もう::こんな人なんか(1) すっすぐ(..) そんな出てきたあかん」(546, 547)というコメントの引用をした際にも，ユリは「うん」(549)とそれを受け入れる様子を見せていた．ここからは，2人が事件の詳細を知らない調査者に対し，共通して韓国人が客観的に状況を分析していることを伝えたい私（たち）（レベル2）という位置付けを提示していることがわかる．その後，ヒサコは韓国の人々のコメントに対する自身の感情について心内発話を引用し「事件が起こったのは[残念やけど::まあそっ韓国の人もそういう反応でよかったな」(551, 552)と説明する．ヒサコの発言に対しユリと調査者は頷きながら理解を示し，ここでは3人が事件に対する韓国人の反応に安堵する私（たち）（レベル2）という位置付けを共有する様子が観察できた．以上の点から，ここではヒサコが語ることを通じて，韓国人は暴行事件と日韓問題を混同していないと伝えたい私（レベル2）という位置付けを提示していることがわかった．

　最後にレベル1とレベル2の位置付けをもとにヒサコが表出・構築する文化的・社会的自己（アイデンティティ）（ポジショニング・レベル3）について述べる．データの冒頭でヒサコは事件の詳細について知らなかった調査者に対し，実際に事件に関する韓国の報道やネット上での韓国人のコメントを見たものとして，そこから得た自身の認識について説明し始める．ヒサコの発言からは，ネット記事にコメントを残した韓国人たちが状況を俯瞰的に観察し，日韓の間に存在

する対立的な構造に惑わされることなく事件にコメントをしていると彼女が認識している様子が伝わってくる．また，そのような韓国人の対応に彼女が安心する様子からは，このような事件が起こった際に韓国人がどのようなリアクションを起こすかに関して彼女が何らかの不安を感じていること，それが今回見られたリアクションとは異なったものであることが示唆される．そしてユリもまたヒサコと同じようなコメントの傾向に注目しており，今回の事件を通じて韓国人の反応に2人が共通して一定の安心感を持っていることも明らかとなった．これらの点からは，韓国（人）と日本（人）の間に起こった出来事を日韓問題に起因する両国間の認識の枠組みに巻き込まれずに観察し意見するような韓国人の反応に対し，同じ在韓日本人女性の2人が一定の安心感を抱いていることがわかった．以上の点を考慮し，データ20-1ではヒサコによって韓国（人）の反応に気をくばる在韓日本人というアイデンティティが実践されていることが明らかとなった（レベル3）．

データ20-2はデータ20-1の終了直後の内容である．ここではヒサコによって三つのスモール・ストーリー（S2：557-563，S3：564-577，S4：577-582）が語られる．

〈データ20-2〉：被害者女性に対する日本人の対応に冷たさを感じる
555. ヒサコ：それでねぇ？なんか［おっおっ女の人なんかこんな時に旅行き
556. ユリ　：　　　　　　　　　　　［((何度も頷く))
557. ヒサコ：[日本の方がなんかコメントが冷たかったですこんな時に旅行に
558. 　　　　いくなんてみたいな
559. 調査者：[((何度も頷く))
560. ヒサコ：だからそんな目にあうんだみたいな
561. ユリ　：((頷きつつ))うん：
562. 調査者：[うん
563. ヒサコ：[日本(.)Yahoo!ニュースの::コメントの方が冷たかったです(.)
564. 　　　　かっ韓国の::ネットのコメントの方が::[1なんかすっごめんなさい
565. 　　　　[2みたいな女の人になんか
566. ユリ　：　　　　　　　　　　　　　　　　　　[1((ヒサコを見て頷く))

567.　　　　　[2（（頷き））うん
568. 調査者：（（頷く））
569. ヒサコ：（..）その人へべっ（..）その男の人が悪い韓国が悪いんじゃなく
570.　　　　　てその男の人が悪いんだよみたいな
571. 調査者：[（（何度も頷く））
572. ユリ　　[うん：なんか同じ韓国人として　[謝りますみたいなうんうんうん
573. ヒサコ：　　　　　　　　　　　　　　　　[あっそう恥ずかしいとか[謝り
574.　　　　　ますみたいな
575. 調査者：　　　　　　　　　　　　　　　　　　　　　　　　　　　　[（（何
576.　　　　　度も頷く））
577. ヒサコ：コメントが多くて[::（.）でも（..）日本の::その事件に対するコ
578.　　　　　メントは::
579. 調査者：　　　　　　　　　[（（何度も頷く））
580. ヒサコ：（（冷たい感じの声音で））何でこんな時に韓国行ったの？みたいな
581. ユリ　：（（頷き））うん::
582. ヒサコ：感じで冷たかった

　まず，各スモール・ストーリーに示されたヒサコの位置付け（ポジショニング・レベル1）について述べる．S2でヒサコは，暴行事件に関する日本のメディアの報道を目にする自身の姿を描写する．そして自身が目にした「こんな時に旅行にいくなんて」（557，558），「だからそんな目にあうんだ」（560）といったコメントを取りあげ，「日本（.）Yahoo!ニュースの::コメントの方が冷たかったです」（563）と発言する．ヒサコの発言からは，彼女が被害にあった女性に対する日本人の反応を見てショックを受ける在韓日本人の私（レベル1）という位置付けを提示していることがわかった．次に，S3では今度は韓国側の反応を目にするヒサコの姿が示され，彼女が目にした「ごめんなさい」（564），「その男の人が悪い韓国が悪いんじゃなくてその男の人が悪いんだよ」（569，570），「恥ずかしい」（573），「謝ります」（573，574）などのコメントが例示される．そして，ヒサコは韓国側にはそのような「コメントが多くて」（577）と述べ，韓国側の反応に日本との違いを感じる私（レベル1）という自身の位置付け

第 7 章　韓国（人）・日本（人）との関わり合いに見る日韓問題

を提示する．最後の S4 では再度日本のコメントを閲覧するヒサコの様子が描写され，「何でこんな時に韓国行ったの？」(580) というコメントが取り上げられるとともに S2 と同様に日本人の反応に壁を感じショックを受ける在韓日本人の私（レベル 1 ）というヒサコの位置付けが示された．

　次に相互行為の場におけるヒサコの位置付け（ポジショニング・レベル 2 ）について述べる．データ 20-1 の最後でヒサコは，暴行事件の犯人に対して否定的な韓国人の反応を見て安心したという発言をしていた．そして，続く 20-2 の冒頭で今度は日本のコメントを目にした際の話をし始める．ヒサコは 555 行目で「女の人」(555) がこんな時期に旅行に来てという旨を発言しかけるが全て言い終わる前に言葉を切り，557 行目で「日本方がなんかコメントが冷たかったです」(557) と自分が日本人のコメントに対して抱いた印象にまず言及する．その後，ヒサコは自身が目にした日本人のコメントを例示するが (557, 558, 560)，その内容からは日本人が被害者である女性旅行客を非難している様子が見受けられる．また，コメントをした日本人が，日韓関係が悪化している時期に日本人が訪問すれば暴行を受ける可能性がある場所といった認識を韓国に対して抱いている様子も窺えた．さらにヒサコは S2 の終結部分で「日本 (.) Yahoo! ニュースの :: コメントの方が冷たかったです」(563) と，再度日本のコメントの冷たさに言及する様子が見られた（日本人の反応の冷たさを訴えたい私：レベル 2 ）．このようなヒサコの見解に対し調査者とユリは頷きながら理解を示し，3 人が日本人のコメントを冷たく感じる私（たち）（レベル 2 ）という位置付けを共有する様子が観察された．次にヒサコは，上述した日本人のコメントと比較する形で「韓国の :: ネットのコメントの方が ::」(564) と再度韓国人のコメントに話題を転じる．そして，女性に対して謝罪する姿勢を見せる韓国側のコメントをいくつか取り上げる．ヒサコの発言を聞いていたユリもまた，「うん：なんか同じ韓国人として［謝りますみたいな］」(572) とヒサコの発言を支持するかのように自分が目にしたコメントを例示する．それを受けヒサコも，続く発言の中でユリの発言にあった「謝ります」(573, 574) を反復するなど，ここでは 2 人が協働で韓国人の対応と日本人の対応の違いを明示したい私（たち）（レベル 2 ）という位置付けを構築する様子が見られた．そして，この直後ヒサ

コは「日本の :: その事件に対するコメントは ::」(577, 578) と再度日本人のコメントに話題を戻し,「何でこんな時に韓国行ったの？」(580) と事件の内容や事件を起こした犯人ではなく被害者の女性の行動を非難するコメントを再提示する．また，それに対し「冷たかった」(582) とデータの前半で見せた (557, 563) ものと同様の評価づけを再度行う (日本人の反応の冷たさを強調したい私：レベル 2)．ユリはヒサコの発言の途中で頷く様子を見せ (581)，ここでは 2 人が日本人の反応の冷たさを強調したい私 (たち) (レベル 2) という位置付けを共有する様子が見られた．以上の点から，ここではヒサコが語ることを通じて，日本人の反応へのわだかまりを共有したい私 (レベル 2) という位置付けを提示していることがわかった．

　最後にレベル 1 とレベル 2 の位置付けをもとにヒサコが表出・構築する文化的・社会的自己 (アイデンティティ) (ポジショニング・レベル 3) について述べる．データ 20-2 ではヒサコとユリの 2 人によって暴行事件に対する韓国人と日本人のコメントの比較が行われる．ヒサコは，データの冒頭で韓国人のコメントと比較して日本人のコメントを冷たく感じたものという位置付けをとり，被害者女性を非難する日本人に対し謝罪する韓国人という認識の枠組みを打ち立てていく．また，ユリはそのようなヒサコの認識を支持するとともに，自身も同様のコメントを目にしたという反応を差し込むことでヒサコの見解をより強固にする．さらに，データ 20-1 とデータ 20-2 を連続的に捉えると，ヒサコがデータ 20-1 では犯人である韓国人男性の行動を非難する韓国人のコメントを，20-2 では被害者女性に謝罪している韓国人のコメントをそれぞれ取り上げていることがわかった．ここからは韓国では犯人への非難と，被害者への謝罪が同時に意識されているのに対し，日本では被害者への非難が目立ったとヒサコが認識していることが窺える．そして，そのような日本側の反応に対し彼女が繰り返し「冷たかった」(557, 563, 582) と発言していることからは，韓国で被害にあった日本人女性に対する日本人の冷ややかな対応に対し，韓国に住む日本人女性として彼女がショックを受けている可能性も示唆された．以上の点から，20-2 ではヒサコによって日本人の嫌韓反応に不安になる在韓日本人女性というアイデンティティが実践されていることが明らかとなった (レベル 3)．

第7章 韓国（人）・日本（人）との関わり合いに見る日韓問題

　データ21 は，在韓歴6年のフミエと8年のヨリとのインタビューにおいて収集されたものである．データ21 の開始前，フミエは日本の友人家族が不買運動などの行われている最中に韓国に遊びに来て気分良く帰っていったという話をした．そして，そのような友人の姿を見て安心し嬉しく思うと同時に，国同士が揉めても日本人と韓国人という個人間で問題が起こるとはみんな考えていないのだと感じたと述べた．しかしその直後に暴行事件に言及し，事件の一部始終を撮影した動画がメディアでも流されたことを受け，日本のメディアであの映像が流されると日本の人々はショックを受けるのではないかと話した．同様の事件に対しヨリも，観光客が減る原因になるとともに，「大丈夫だ大丈夫だって聞いていたけど大丈夫じゃないじゃん」というような意見を日本側の人々から聞かされる要因になると述べた．その後，話題は同事件に対する韓国側の反応へと移り，犯人があっという間に捕まえられた，対応がとても早かったなどの意見が2人から聞かれた．また2人は，そのような迅速な対応がなされたのは韓国側にも今回の事件が日韓関係悪化の象徴として扱われることを回避したいという思いがあったからではないかと話した．その後，それに続くようにしてヨリが韓国人の夫との間でこの事件について話した際の出来事を語りはじめる．データ21 はその時にヨリが語ったスモール・ストーリーから始まる．データ内ではヨリによって二つ（S1：794-795, S3：812-813），フミエによって一つ（S2：809-811）のスモール・ストーリーが語られる．

〈データ21〉：事件が生じたタイミングを憂う
```
794. ヨリ   ：でうちの夫 (.) 私の夫も [::(1) あれは :: [あれは :: だめだよねぇ
795.         ((フミエを見て)) みたいな
796. 調査者：                      [((頷く))
797. フミエ：                                  ((ヨリを見て)) [あれはね :: (.) このタ
798.         イミングでね ::@@
799. ヨリ   ：((目を閉じて微かに何度も頷きつつ)) う ::: ん
800. フミエ：((首を傾げながら)) でもあれは日本人の女の子もなんかこう
801.         ((息を吸いこみ考えて)) う ::: ん ((ヨリを見て)) ねぇ？
802. ヨリ   ：まあ若い (.) 若い [1 女の子でしょ？
```

803. フミエ：　　　　　　　　　[1 （（ヨリを見て）） 若いからね
804. 調査者：[（（何度も頷く））
805. ヨリ　：[（（頷く））
806. フミエ：そう若いから（（頷き））（（視線を前方に戻し））そう::::（..）まあ
807. 　　　　それはね私たちの（（ヨリを見て））しりえない部分だけど
808. ヨリ　：（（前方を見て頷き））そう
809. フミエ：（（前方を見て））あの映像自体としてはなんか（（大きく息を吸っ
810. 　　　　てため息をつき））（（ため息をつくように））ああこのタイミングで
811. 　　　　[2 あなたたち::（（ヨリを見て頷き））んね
812. ヨリ　：（（両目をぎゅっと瞑って））
813. 　　　　[2 このタイミングか:::みたいなね
814. フミエ：（（調査者を見て））と思いました
815. 調査者：ふ:::ん（2）ねえ本当に
816. フミエ：（（調査者を見て））ねえ
817. 調査者：複雑ですよね::
818. ヨリ　：（（調査者を見て））@@@
819. 調査者：[本当にねぇ::
820. フミエ：[そうですよね:

　まず，各スモール・ストーリーに示されたフミエとヨリの位置付け（ポジショニング・レベル1）について述べる．S1ではヨリとヨリの韓国人の夫が暴行事件について話をしている状況が描写され，ヨリの夫が「あれは::[あれは::だめだよねぇ」(794)と発言する様子が再現される．ヨリがデータ開始前に言及していた韓国側の心情を加味すると，ヨリの夫の発言からは，不買運動などが起こっている現在の状況下でこのような事件が起きたことに対し，日韓関係の悪化がより深刻になる可能性を生むと彼が否定的な感情を抱いている様子が窺える．ここではヨリが，メディアの反応だけでなく実際に夫ともこの話題を話した自身の姿を提示することで，夫の反応を通じて暴行事件に対し同じ感覚を共有できる夫を持つ私（レベル1）という位置付けを提示していることがわかる．次のS2では，メディアを通じて暴行事件の一部始終を録画した動画を目にした際のフミエの様子が描写される．そこでは「ああこのタイミングで[あなた

第7章　韓国（人）・日本（人）との関わり合いに見る日韓問題

たち」(810, 811)というフミエの心内発話が引用され，日韓関係が著しく悪化している状況下で暴行事件を起こした当事者たちに対する複雑なフミエの心境が提示される．また，ここでフミエは「あの映像自体としては」(809)と述べており，事件の内容よりもメディアでその映像が流されることによって生じる影響の方に彼女が意識を向けていることがわかる．以上の点から，ここではフミエが暴行事件の報道が日韓両社会にもたらす影響を心配する在韓日本人の私（レベル1）という位置付けを提示していることがわかった．最後のS3では，ヨリが両目を閉じて項垂れるように「このタイミングか::」(813)と発言する様子が描かれる．ここでは，ヨリがその映像を自身が目にした際の心情を再現している様子が見られるとともに，暴行事件の報道が日韓両社会にもたらす影響を心配する在韓日本人の私（レベル1）というヨリの位置付けが観察された．

　次に相互行為の場におけるフミエとヨリの位置付け（ポジショニング・レベル2）について述べる．データ21の冒頭でヨリが自身の夫の発言を再現した際(794)，夫の発言を彼女が言い切る前にフミエが「あれはね::(.)このタイミングでね::」(797, 798)と被せるように発言する様子が見られた．フミエの発言に対しヨリは「(((目を閉じて微かに何度も頷きつつ))う:::ん」(799)と同意を示し，ここでは2人が事件の起こったタイミングの悪さを強調したい私（たち）（レベル2）という位置付けを共有する．その後，800行目でフミエが「でもあれは日本人の女の子もなんかこう」(800)と発言するが，女性に対する明確な評価には言及せずに考え込む仕草を見せ，最終的にはヨリに対して「ねぇ？」(801)と問いかける．ヨリはそのようなフミエの発言を受け「まあ若い(.)若い［女の子でしょ？］」(802)とフミエに確認する．ここでヨリが指摘した「若い」(802)という部分を，フミエはその直後に「若いからね」(803)，「そう若いから」(806)と2度連続して反復し，「まあそれはね私たちのしりえない部分だけど」(806, 807)と述べる（被害者女性を自分たちとは別物として位置付ける私：レベル2）．ヨリはフミエの発言に頷きながら「そう」(808)と返答し，ここではフミエとヨリの2人が被害者女性を自分たちとは別物として位置付ける私（たち）（レベル2）という位置付けを共有する様子が観察された．またフミエの発言(806, 807)とそれに対するヨリの返答(808)からは，彼女たちが事件の内実

に対しては自分たちが知り得ないことと判断し，そこまで深く関心を示していない様子も見受けられた．以上の点から，ここでは2人が日本人女性側にも何らかの要因があるのではと考える私（たち）（レベル2），暴行事件の内実には関心がない私（たち）（レベル2）という位置付けを協働構築していることがわかった．その後2人は，データの前半で言及した事件が起こったタイミングについて再度話題を戻す．そして，日韓関係がひどく悪化している今，日韓両国で事件の映像が流れることに複雑な心境を抱く自分たちの様子を交互に提示する．2人の発言からは，彼女たちが事件の起こったタイミングの悪さを憂う私（たち）（レベル2）という位置付けを再度提示・共有する様子が見られた．また，そのような2人のやりとりを見ていた調査者が「ねえ本当に複雑ですよね::」(815, 817) と発言すると，フミエは同意 (816, 820) をヨリは笑う様子を見せ (818) 参与者3人が自分たちを取り巻く状況の複雑性を実感する私（たち）（レベル2）という位置付けを共有する様子も見られた．以上の点から，ここではフミエとヨリが語ることを通じて暴行事件のタイミングの悪さを愚痴りたい私（たち）（レベル2）という位置付けを提示していることがわかった．

　最後にレベル1とレベル2の位置付けをもとにフミエとヨリが表出・構築する文化的・社会的自己（アイデンティティ）（ポジショニング・レベル3）について述べる．データ21の中で2人は共通して事件の起こったタイミングを気にする様子を見せる．また彼女たちの発言からは，事件の内実よりも事件の映像が持つ影響力に2人が注意を向けている様子も観察された．さらに，事件を引き起こす何らかの要因が日本人女性側にもあったのではと考える彼女たちの見解からは，暴行事件の犯人である韓国人男性も被害者である日本人女性も彼女たちの中では同じ事件の当事者として位置付けられている様子が見受けられた．このような彼女たちの見解からは，事件の当事者は彼女たちにとって，日韓関係をより悪化させる要因となるようなことを引き起こした人々であって，どちらが悪いというような判断を下す対象ではないということが理解できる．また，データ開始前に彼女たちはこの事件が日本側の家族や知り合いから自分たちの韓国に対する見解を覆される（大丈夫だと言っているが実際はそうではないではないかと追求される）原因になると話していた．その点を考慮すれば，この事件によ

って日韓関係がさらに悪化し，それにより自分たちが日本側の人々との間でより複雑な立ち位置に立たされることに彼女たちが不安や疲労を感じている可能性も窺える．以上の点から，ここではフミエとヨリによって日韓関係の悪化による自分の立場の複雑化を憂う在韓日本人というアイデンティティが実践されていることが明らかとなった（レベル3）．

2．日韓両国や両国の人々の言動と関連のある出来事

　ここでは，在韓日本人女性たちが日韓両国に関わりを持つものとして韓国（人）や日本（人）に関して言及している事例を取り上げる．本研究では，そのような事例として日韓関係が悪化した際に両国で身の置き場のなさを感じる語り1件，両国のメディアの偏った報道に呆れる語り1件，両国の人々の実体験に基づかない知ったかぶりや決めつけに腹が立つ語りが2件観察された．2. ではそれらの代表的なデータをそれぞれ取り上げて分析・考察する．

　データ22は在韓歴7年のエリと9年のチヒロへのインタビューにおいて収集された．データ22の開始前，参与者3人は韓国で日本非難を耳にした時，または日本で韓国非難を耳にした時に自分の中にどのような感情が湧いてくるかに関して話をしていた．エリとチヒロはどちらの場合も悲しい気持ちが湧いてくると話し，前者の場合の悲しみは自分の生まれ育った国を悪く言われる日本人としての悲しみであると説明した．それを聞いていた調査者は，韓国のことを否定された際に湧き上がってくる悲しみはどのような理由から生じるのかと2人に尋ねる．データ22は，調査者の質問に対するエリの返答から始まる．データ内ではエリによって二つのスモール・ストーリー（S1：453-458，S2：460-466）が語られる．

〈データ22〉：日韓関係が悪化した際には両国で身の置き場のなさを感じる
　　451. エリ　　：(4) ああっ (.) わかった（右手で机の上を指す）
　　452. 調査者：((エリの方に顔を向ける))
　　453. エリ　　：なんやろう (.) 例えば:: (.) 日本::No Japan を見て生まれるのは：
　　454. 調査者：((頷く))

455. エリ　：自分:::(.)が:((右肩を叩く))
456. 調査者：((何度も頷く))
457. チヒロ：((何度も頷きつつ))う::::ん
458. エリ　：傷つく感じで::
459. 調査者：((大きく頷き))[う:::[1:ん:
460. エリ　：　　　　　　　　[日本:::で::(..)あの韓国の過激なやつ(.)を見
461. 　　　　るとなんかかぞっく:::(家族)
462. チヒロ：　　　　　　　　　　　　[1((何度も継続して頷きつつエリの発言
463. 　　　　を聞いている))
464. 調査者：[ああ:なる[2ほど:
465. チヒロ：[((何度も頷きつつ))う:::ん
466. エリ　：　　　　　　[2に対する悲しみみたいな感じ
467. チヒロ：　　　　　　[2((何度も継続して頷きつつエリの発言を聞き))
468. 　　　　((頷きながら))う:::んそうかもそうかも
469. 調査者：[3((何度も頷きつつ))ん::::
470. エリ　：[3自分というよりかは
471. チヒロ：[3((何度も頷きつつ))う:::ん
472. エリ　：[4自分の家族をなんかこう
473. チヒロ：[4((何度も頷きながらエリの発言を聞き))((パッと顔をあげ))
474. 　　　　そうかも
475. エリ　：ちょっと¥-虐められてるっていうか-¥
476. チヒロ：[@@@@@
477. 調査者：[((何度も頷く))
478. エリ　：そういう感じの[悲しみかな？って
479. チヒロ：　　　　　　　[そうかも
480. エリ　：[今考えてみたら((何度も頷く))
481. 調査者：[((何度も頷きつつ))ん::::
482. チヒロ：[((何度も頷く))
483. エリ　：思いました(.)¥-だから多分自分の方が((チヒロを見て))((胸
484. 　　　　のあたりに手を置く仕草))もっとむかつくし
485. 調査者：[5((何度も頷きつつ))う::::ん
486. エリ　：[5もっと悲しいしっていうのが

第7章　韓国（人）・日本（人）との関わり合いに見る日韓問題

487. チヒロ　：［5（(何度も頷く))
488. エリ　　：［6 (..) あるのかも (2) ［うん
489. チヒロ　：［6 ((何度も頷く))
490. 調査者　：　　　　　　　　　［なるほどね :::: (2)　ああ :: なるほど ::

　まず，各スモール・ストーリーに示されたエリの位置付け（ポジショニング・レベル1）について述べる．S1 でエリは，不買運動で使用されていた「No Japan」(453) のステッカーなどを目にする自分の様子を再現する．そして，「自分が傷つく感じ」(455, 458) とその際の感情に言及する（韓国側の日本非難に自身が傷つけられたように感じる私：レベル1）．それとは対照的に，続く S2 では日本において韓国の「過激な」(460) 側面ばかりをクローズアップして報道するメディアの情報などを目にする状況を再現する．また，その中で「家族に対する悲しみ」(461, 466) を感じる自身の心情に言及する（日本側の韓国非難に家族を傷つけられたように感じる私：レベル1）．

　次に相互行為の場におけるエリの位置付け（ポジショニング・レベル2）について述べる．データ開始前になされた調査者の質問を受け，エリはまず「ああっ (.) わかった」(451) と発言し自分の気づきについて話し始める．そして，自身が韓国で日本非難に触れた状況 (S1)，日本で韓国非難に触れた状況 (S2) を続けて再現しながら，その際にどのような感情が湧き上がってきているのかについて言及する（身を置く状況で非難に対する感じ方に違いがある私：レベル2）．その際，エリの発言を聞いていた調査者とチヒロは，それぞれ何度も頷いたり「ああ : なる［ほど :」(464) とつぶやいたりしながら理解を示す様子を見せる (454, 456, 457, 459, 462, 463, 464)．さらにチヒロは，エリが S2 を話し終わった際に何度も頷きながら「う :::ん そうかもそうかも」(467, 468) と強く同意する様子も見せ，ここでは調査者とチヒロが身を置く状況で非難に対する感じ方に違いがある私（たち）（レベル2）という位置付けを共有する様子が見られた．その後，エリは S2 で再現した状況で生じる悲しみに関してより詳細に「自分というよりかは」(470)，「自分の家族をなんかこう」(472)，「ちょっと ¥- 虐められてるっていうか -¥」(475)，「そういう感じの［悲しみかな？」(478) と説明

219

し，そのような要因が自分の中に悲しみを生じさせていたのだと「今考えてみたら」(480)，「思いました」(483) と発言する（日本側の韓国非難からも被害を受ける私：レベル2）．エリのこのような発言からは，日本側の韓国非難が彼女の中で自分の家族に対する攻撃のように受け止められていること，そのような状況に対し彼女が悲しみを感じていることがわかる．また，他の参与者もエリの見解を支持する様子を見せており，特にチヒロは「そうかも」(474, 479) と繰り返しながら明確な同意を示していた．このようなやりとりからは，在韓日本人女性3名が日本で行われる韓国非難に対し同様の感覚を抱いている可能性も示唆された．ただし，エリはその後「だから多分自分の方が」(483)，「もっとむかつくし」(484)，「もっと悲しいしっていうのが」(486)，「あるのかも」(488) と述べ，直接自分が傷つけられるように感じる前者（韓国で日本非難に触れる）の方がより腹立たしく悲しい気持ちになるということを明示する．このようなエリの見解に関し調査者とチヒロは同様に頷きを示し，特に調査者は「なるほどね::::(2) ああ::なるほど::」(490) と「なるほど」(490) という表現を反復しながら深い共感を示していた．3人のやり取りからは，韓国で日本（人）非難を耳にする際と，日本で韓国（人）非難を耳にする際では彼女たちの中に異なった感情が生じている可能性が示唆された．以上の点から，ここではエリが語ることを通じてどちらの国でも非難されることを免れない自身の状況を提示する私（レベル2）という位置付けを示していることがわかった．

　最後にレベル1とレベル2の位置付けをもとにエリが表出・構築する文化的・社会的自己（アイデンティティ）（ポジショニング・レベル3）について述べる．データ22ではエリが自身の体験を振り返りながら，韓国で日本非難に触れた際と日本で韓国非難に触れた際の両方で生じる悲しみの中身について考察していく．その際，エリは両方の場合において悲しみを感じるものとして，前者では自分自身が傷つけられる，後者では韓国人の夫や自身の子どもが虐められるという自身の認識を提示する．ここからは，両方の状況が直接的か間接的かの異なりはあってもエリにとって悲しみを感じる状況であることがわかるとともに，日本と韓国の両方の国で時として身の置き所のなさを感じる彼女の様子が窺える．ただ，どちらの方が自分にとって強い影響力を持つかに関しては，直

第 7 章　韓国（人）・日本（人）との関わり合いに見る日韓問題

接的に自分自身が傷つくことになる前者の状況を指摘し，日韓関係が悪化した際に韓国に身を置くことが日本にいることよりも負担が大きいという見解を示す．さらに，他の参与者もエリの見解を共通して支持する様子を見せており，ここからは彼女の認識や感覚が他の在韓日本人女性にも共有される内容であることが理解できた．データ内で示された 3 人のやり取りからは，両国に存在する相手国への否定的な発言が内容的には特定の個人に向けられたものでなかったとしても，その二つの国に関わりのある人々にとっては自分を傷つけられたり，自身の家族を否定されたりしているような内容として受け止められる可能性が高いことが明らかとなった．以上の点から，データ 22 ではエリによって日韓の諍いに巻き込まれ傷つきを感じている在韓日本人というアイデンティティが実践されていることが明らかとなった（レベル 3）．

　データ 23 は在韓歴 12 年のユウキと 4 年のマオへのインタビューで収集されたものである．データ 23 の開始前，調査者はユウキとマオに日韓関係が著しく悪化する中で日本の家族から心配されたりしないかと尋ねた．それを受けマオは，家族から何かあればいつでも日本に帰ってくるように言われたと述べる．ただ，その直後に，そのような心配をされてはいるが実際の韓国生活はこれまでと変わらず普段通りであると話す．それを聞いたユウキは日本のメディアが煽っているせいで日本側の人々にそのような誤解が生じると言い，日本の人々は「何見てんのかな」と発言する．ユウキの発言を受け調査者は，日本のメディアが偏っているという感覚を持つようになったのは韓国で暮らすようになってからかと質問する．するとユウキとマオの両者が，今回の日韓関係悪化を通じてそのように感じるようになったと述べた．特に日韓両国のメディアの情報を見ているユウキは，日本だけでなく韓国も含め両国のメディアが偏っていると強く感じるようになったと述べた．データ 23 ではユウキによって彼女がそのように感じる契機になった出来事が語られる．なお，データ内で彼女が言及している出来事は 2019 年に起きたものであり，日本が特定の日本製品に関する韓国の課税措置に関して WTO に提訴した問題を指す．データ内ではユウキによって一つのスモール・ストーリー（S1：892-898）が語られる．

〈データ 23〉：両国のメディアの偏った報道に呆れる
```
862. ユウキ：大体おんなじ :: 結果が出て日本が勝訴って韓国も勝訴って
863. 調査者：んん :: ？［((驚いた表情で)) そうなの？
864. ユウキ：　　　　　　［#### ((笑みを浮かべて頷き)) うん
865. 　　　　：((首を傾げ)) なんか日本がなんか提訴した WTO に
866. 調査者：((何度も頷く))
867. マユ　：((チラッとユウキを見て頷く))
868. ユウキ：こういう理由で 9 個くらい理由あげて ::
869. 調査者：((何度も頷く))
870. ユウキ：これだから韓国がおかしいって言って
871. 調査者：((何度も頷く))
872. ユウキ：それでなんかこう世界がそういうそこの (..) 機関が ::
873. 調査者：［((何度も頷く))
874. マユ　：［((チラッとユウキを見る))
875. ユウキ：そのうちの 9 個のうち 1 個か 2 個？
876. 調査者：((何度も頷く))
877. ユウキ：ああこれが本当に韓国が ::
878. 調査者：[1 ((何度も頷く))
879. マユ　：[1 ((ユウキを見て頷く))
880. ユウキ：[1 間違ってるから :: 是正してください ::
881. マユ　：[2 ((ユウキを見て頷く))
882. 調査者：[2 ((何度も頷く))
883. ユウキ：[2 直してください :: て言って ::
884. マユ　：((ユウキを見て頷く))
885. ユウキ：韓国に言ったから :: 日本は ((右手でガッツポーズ)) ああ日本が勝
886. 　　　　った :: っつって言ったのに
887. 調査者：((何度も頷く))
888. ユウキ：韓国は 9 個のうち 2 個しか認められなかったから
889. 調査者：［((何度も頷く))
890. ユウキ：［¥- ((両手でガッツポーズ))　［韓国が勝ったっつって -¥@@@@@
891. マオ　：　　　　　　　　　　　　　　［@@@@@@@
892. ユウキ：おんなじ勝訴 :: っつってバ :: ンって新聞の見出しで ((チラッとマ
```

第 7 章　韓国（人）・日本（人）との関わり合いに見る日韓問題

893.　　　　　　オを見る））
894. マオ　　：（（ユウキを見ながら））へえ :::　[@@@@@
895. 調査者：　　　　　　　　　　　　　　　[¥- それ見た時どう思った？-¥
896. ユウキ：@@@@（（マオを見てため息を吐くように））¥- はあって -¥
897. マオ　　：（（ユウキを見ながら））@@@@
898. ユウキ：（（マオを見ながら））@@@@@ すごいなあ :: って ##（（チラッとマ
899.　　　　　オを見る））思う
900. マオ　　：（（ユウキを見ながら笑顔で頷きつつ））@@@@@
901. 調査者：すごいっていうのは？
902. ユウキ：どっちも ::（（マオを見て））どっちが正しいんだろ（.）まあ私はそ
903.　　　　　ういう時は日本派だから ::@@@@
904. 調査者：（（何度も頷く））

　まず，スモール・ストーリーに示されたユウキの位置付け（ポジショニング・レベル 1）について述べる．S1 でユウキは，日韓両国でなされた同じ出来事に関する報道を見比べた時の自身の様子を描写する．そして，「（（マオを見てため息を吐くように））¥- はあって -¥」（896），「すごいなあ :: って」（898）とその際に生じた自身の心内発話を提示する．ユウキの発言内容やその際の振る舞いからは，彼女が両国のメディアの報道内容や姿勢に対し呆れかえる様子が窺え，ここではユウキが両国の報道内容に触れる中で自己本位なその内容に呆れかえる私（レベル 1）という位置付けを提示していることがわかった．
　次に相互行為の場におけるユウキの位置付け（ポジショニング・レベル 2）について述べる．データの前半でユウキは，自身が目にした報道内容を説明する．彼女が目にしたのは日本が WTO に韓国を提訴した一件で，日本と韓国の両方が「勝訴」（862）したと主張する報道である．ユウキの説明を聞いた調査者は，内容がすぐには理解できず「んん ::？ [（（驚いた表情で））そうなの？」（863）とユウキに問いかける．それを受けユウキは，日本が WTO に「9 個くらい」（868）の「理由」（868）を提示して，韓国の行動を是正するように「提訴」（865）したという事件の全貌を簡単に説明する．そして，その訴えに対し「9 個のうち 1 個か 2 個？」（875）は「本当に韓国が :: 間違ってるから :: 是正してくださ

い::」(877, 880),「直してください」(883) と WTO が韓国に対して意見したという結論を述べる．さらに，そのような結果に対する両国のメディアの反応として，日本は「((右手でガッツポーズ)) ああ日本が勝った::」(885, 886) といい，韓国は「9個のうち2個しか認められなかったから」(888),「((両手でガッツポーズ))［韓国が勝った］」(890) といい，どちらの新聞にも「勝訴」(892) という見出しが大々的に掲載されたと話した（両国メディアの歪みを共有したい私：レベル2）．他の2人はユウキの説明に対し最初から継続して頷きつつ耳を傾けていたが，890行目でユウキが「((両手でガッツポーズ))［韓国が勝った」(890) と発話した際にマオが笑い出し (891) ユウキもマオに続くようにして笑う様子が見られた（韓国側の報道の内容が滑稽に見える私（たち）：レベル2）．また，マオはユウキが新聞の見出しに関して言及した際にも笑う様子を見せ (894)，その際には調査者も笑いながら「¥- それ見た時どう思った？-¥」(895) とユウキに問いかけていた．このような笑いの連鎖はその後にユウキが自身の感情に関して言及した際にも見られており (896-900)，ここでは3人が両国のメディアの姿勢を滑稽に感じる私（たち）（レベル2）という位置付けを共有している様子が観察された．その後，898行目のユウキの「すごいなあ::って」(898) という発言に対し調査者が「すごいっていうのは？」(901) とユウキに尋ねる．すると，ユウキは「どっちも」(902) と述べ，韓国だけでなく日本のメディアの報道に対しても同様の印象を持っていることを明示する（両国のメディアに大差はないと感じる私：レベル2）．ただ，ここまで一貫して両国のメディアの歪みを指摘していたユウキが，902行目で急に「どっちが正しいんだろ」(902) と呟く様子を見せる．そして，「まあ私はそういう時は日本派だから」(902, 903) と内容の真偽というレベルでは自身は日本を支持するという立場を明確にする（自分が日本サイドであることを明示したい私：レベル2）．以上の点から，ここではユウキが語ることを通じて両国のメディアを信じられない私（レベル2）という位置付けを他の参与者に提示している様子が見られた．

　最後にレベル1とレベル2の位置付けをもとにユウキが表出・構築する文化的・社会的自己（アイデンティティ）（ポジショニング・レベル3）について述べる．データの冒頭でユウキは日韓のメディアに偏りを感じるものという位置付けか

第 7 章　韓国（人）・日本（人）との関わり合いに見る日韓問題

ら，自身がそう感じる契機となった出来事について話し始める．彼女の発言内容からは，日韓両国のメディアが WTO の下した決定に関して客観的な報道をするのではなく，自分たちの視点から良いように見方を調整して報道している様子が垣間見られる．それと同時に，その報道スタイルからは読者に対しどちらが勝つか負けるかという日韓の対立の枠組みの中で事象を捉えさせようとする両国メディアの姿勢が見受けられる．そのような両国のメディアのやり方に対しユウキはため息をつく様子を見せ「すごいなあ ::」(898) という印象を述べる．さらに，自分たちの主張が認められたという流れを作り出そうとする両国の報道内容に対しては笑う様子を見せる．そのようなユウキの態度は他の参与者にも伝染し，ここでは 3 人の在韓日本人女性が共通して両国のメディアの報道姿勢を滑稽なものとして笑いの対象とする様子も観察された．ユウキの発言からは，彼女が日韓の両方に関わりのあるものとして，日韓両国のメディアによって煽られる日韓対立や相手に勝利することに価値を置く姿勢を非難するとともに，そのような社会的雰囲気に対し馬鹿馬鹿しさを感じている様子が観察された．以上の点から，ここではユウキによって日韓メディアの報道により迷惑を被る在韓日本人というアイデンティティが実践されていることが明らかとなった（レベル 3）．

　データ 24 は在韓歴 5 年のヨシミと 7 年のレイへのインタビューにおいて収集されたものである．レイは韓国で大学院の修士課程をでており，日韓の近代史などに関して勉強していた経験がある．データの開始前，調査者はレイから日本で韓国の悪口を言われた時も韓国で日本の悪口を言われた時も同様に腹が立つという話を聞いていた．レイの発言を聞いていた調査者は，韓国で日本に関して否定的な発言を耳にした際に腹が立つのはなぜなのか，どういう点に腹が立つのかという質問をする．データ 24 はそれに対するレイの回答から始まる．データ内ではレイによって三つのスモール・ストーリー（S1：682-685，S2：689-697，S3：714-720）が語られる．

〈データ 24〉：両国の人々の実体験に基づかない知ったかぶりや決めつけに怒りが湧く

682. レイ　　：そう例えばテレビとか見て [:て :: 例えば反日のその運動があると
683. 　　　　　か
684. 調査者：　　　　　　　　　　　　　　[((何度も頷く))
685. レイ　　：そういうのは腹立たないんですよ
686. 調査者：((大きく頷き)) うん
687. レイ　　：で例えば :: 韓国人に日本人はこうだって決めつけられるのとかが
688. 　　　　　やなんですよ
689. 　　　　：日本人は :: こうだよな :: ((一瞬ヨシミを見て)) みたいな ::
690. 調査者：一括りにされることが嫌ってことですか？
691. レイ　　：とか知ったかぶられるっていうか ::
692. 調査者：((何度も頷きつつ))　ああ ::
693. レイ　　：[1 じゃああなた日本に何年も住んでて :: 日本人のお友達がいて：
694. 調査者：[1 ((何度も頷きながら継続してレイの発言を聞いている))
695. レイ　　：[2 日本と深く話したことあります？
696. 調査者：[2 ((何度も頷きながら継続してレイの発言を聞いている))
697. レイ　　：そこまで知ってて言ってくださいってなるんですよ
698. 調査者：[3 ((頷きつつ)) う :::ん
699. ヨシミ：[3 ((レイの話を頷きつつ聞く))
700. レイ　　：[3 逆もあり
701. ヨシミ：[4 @@@@@
702. 調査者：[4 ((何度も頷きつつ)) ああ ::
703. ヨシミ：[5 @@@@
704. 調査者：[5 ああ逆も
705. レイ　　：[6 逆もある
706. 調査者：[6 ((頷く))
707. ヨシミ：[6 @@@@@@ ((レイと調査者のやり取りの間中小さくずっと笑っ
708. 　　　　　ている))
709. レイ　　：だから日本だからはい母親とかに腹が立つのもそこなんですよ
710. 調査者：[((何度も頷く))
711. ヨシミ：[その日本にいて :: ワイドショーをばあ :::っと見てるぐらいの

```
712.         ：(..)［知識で::¥-色々言ってくるなと？-¥((発言の間表情は笑って
713.           いる))
714. レイ    ：   ［知識で::(..) 日本のほんとに［韓国人と腹を割って::話した
715.           ことありますか？
716. ヨシミ：                                      ［うん::それはでもわかるね::
717. 調査者：[((頷く))
718. ヨシミ：[う::ん
719. レイ   ：[それも::((左手をドンと机に叩きつけて))相手の国の言葉で
720.           (..)とか
721. ヨシミ：((笑みを浮かべて頷いたり，再度頷こうとしてやめたりする))
```

　まず，各スモール・ストーリーに示されたレイの位置付け(ポジショニング・レベル1)について述べる．S1でレイは，テレビで反日運動が行われているのを目にした際の自身の様子を再現する．そして「そういうのは腹立たない」(685)と述べると，反日運動を目にしても怒りを感じない日本人の私(レベル1)という位置付けを示す．次のS2では，「日本人は::こうだよな::」(689)と発言する韓国人の様子が再現される．また，その相手に対し「じゃああなた日本に何年も住んでて::日本人のお友達がいて:」(693)，「日本と深く話したことあります？」(695)，「そこまで知ってて言ってください」(697)と発言する(感じる)レイの様子が描かれる．これらの発言からは，彼女が日本(人)に対するイメージと実物を混同されるのが許せなかった日本人の私(レベル1)という位置付けを提示していることがわかる．最後のS3では日本の母親に韓国に関して意見される状況が示される．ここでは，「韓国人と腹を割って::話したことありますか？」(714, 715)，「それも::((左手をドンと机に叩きつけて))相手の国の言葉で」(719, 720)と発言する(感じる)レイの様子が提示される．母親に対する彼女の発言からは，彼女が再度韓国(人)に対するイメージと実物を混同されるのが許せなかった在韓日本人の私(レベル1)という位置付けを示していることが読み取れた．

　次に相互行為の場におけるレイの位置付け(ポジショニング・レベル2)について述べる．データの開始前，調査者は韓国で日本に関して否定的な発言を耳

にした際に腹が立つのはなぜなのかという質問を行う．それに対しレイは，反日運動が行われている様子をテレビで見たりする際には腹が立たないと述べる（682，683，685）．そして，韓国人から「日本人はこうだって決めつけられるのとかがやなんですよ」（687，688）と述べS1を語り始める（日本非難全てを目の敵にしているわけではない私：レベル2）．ただ，調査者が「一括りにされる」（690）ことが嫌なのかと確認すると，それもあるとしつつも「知ったかぶられる[1]」（691）のが不愉快だと発言する．ここまでのレイの発言からは，反日運動のような日本（人）非難に対しては怒りを感じることはないが，日本（人）と関わりのない人から日本人はこうだと決めつけられることには怒りを感じると彼女が主張していることがわかる．そのようなレイの認識はS1，S2での彼女の発言にも見受けられ，これらの点から母国非難に腹を立てているわけではない私（レベル2）という彼女の位置付けが理解できる．また，調査者とヨシミもそのようなレイの見解に頷く様子を見せており（692，694，696，698，699），ここでは他の2人もレイの提示した位置付けを共有する様子が見受けられた．さらにレイは続いて「逆もあり」（700）と発言し，自身の母親を例に挙げ説明しようとする（韓国だけを批判したいわけではない私：レベル2）．しかし，彼女が説明を始める前にヨシミが笑いながらメディアの情報だけで色々と意見してほしくない（711，712）とレイの意見を先取りするような発言を見せる．レイはヨシミの見解をそのまま受け取り，S7ではそのような行為に対しどのような感情が湧くのかを例示する．ここでレイは韓国人に対する思いと日本人に対する思いをS6とS7を挿入することで例示し，両国の人々の同じような言動への怒りを共有したい私（レベル2）という自身の位置付けを他の参与者の前に提示していた．レイはまた，719行目で「((左手をドンと机に叩きつけて))相手の国の言葉で」（719）という条件も付加する．これらのレイの発言からは，直接関わりを持ち，相手の言葉で互いに語り合うことができるような人物以外は韓国人（もしくは日本人）に関して安易に意見すべきではない，という強い思いを彼女が所持していることが理解できる．以上の点から，ここではレイが語ることを通じ

---

[1] 「知ったかぶる」には「本当は知らないのに，いかにも知っているようなそぶりをすること．また，その人．」（デジタル大辞泉）という意味がある．

て日韓両国の人々の相手側への非難のやり方に物申したい私（レベル2）という位置付けを提示していることがわかった．

最後にレベル1とレベル2の位置付けをもとにレイが表出・構築する文化的・社会的自己（アイデンティティ）（ポジショニング・レベル3）について述べる．データ24の中でレイは，日本と韓国の双方で相手側の国や人々に関する否定的な発言を耳にした際に腹が立つ理由について説明していく．そこでレイは，直接韓国人もしくは日本人に会ったこともなく，相手の言語でその人物と腹をわって会話をした経験もないのに，相手のことを決めつけたり知ったかぶったりする態度に怒りを感じるという姿勢を明示する．それと同時に，彼女の発言を通じて，レイが韓国（人）もしくは日本（人）と実際に関わりを持ち，相手の言語で会話ができるような人物以外は安易に相手側への意見を述べるべきではないという認識を所持していることもわかった．そして，インタビューの場にいる3人が彼女の提示する条件に該当していることから，逆説的に見れば，自分たちのような立場でない限り日本（人）や韓国（人）に関して意見することは認められないと彼女が認識している可能性も示唆された．このような彼女の言動からは，日韓両国の人々が想像の相手に対して非難していると彼女が感じている様子が窺える．そして，そのような認識が彼女の中に自分の目で見て相手の言葉で話した経験もないのに意見するなという怒りを生み，それが非難してくる人々に対して彼女がやり返す際の抵抗の切り札のようになっていった可能性が示唆された．さらに，ヨシミがレイの見解を先取りした際には2人が同様の見解を相互行為の中で協働構築する様子も観察され，レイが提示した抵抗の切り札が同じ在韓日本人女性のヨシミの中にも存在している様子が観察された．以上の点から，データ24ではレイによって支配的言説の影響に抵抗したいマイノリティというアイデンティティが実践されていることが明らかとなった（レベル3）．

第2節　考察

まずは，リサーチ・クエスチョン1（ナラティブ領域とそれが語られる相互行為

の場において彼女たちが自らをどのように位置付けているのか）について，第 1 節 1. では，日本人暴行事件（2019）に関連した話題の中に現れる在韓日本人女性の語りを取り上げ分析・考察を行った．具体的には，データ 20-1 で暴行犯に対する韓国のネット上の反応に安堵した語り，データ 20-2 で被害者女性に対する日本のネット上の反応に冷たさを感じた語り，データ 21 で事件が起こったタイミングを憂う語りをそれぞれ取り上げた．データ 20-1, 20-2 では，暴行事件に対する韓国人と日本人のコメントが対比的に提示された．そして，語り手が日韓問題とは関係なく客観的に事件を見つめる韓国側の反応に安堵するとともに，被害者である日本人女性を非難する日本側の反応を冷たく感じ不安に思う様子が観察された．まず，20-1 では暴行犯を非難する韓国人の反応に安堵する在韓日本人の私（レベル 1）や，韓国人は暴行事件と日韓問題を混同していないと伝えたい私（レベル 2）といった語り手の位置付けが見受けられた．20-2 では被害にあった女性に対する日本人の反応を見てショックを受ける在韓日本人の私（レベル 1）や韓国側の反応に日本との違いを感じる私（レベル 1），日本人の反応の冷たさを強調したい私（レベル 2），日本人の反応へのわだかまりを共有したい私（レベル 2）といった位置付けが観察された．被害者である日本人女性を非難する日本人の反応を冷たいと感じる語り手の位置付けからは，日韓関係が悪化している中で韓国にきた日本人女性と，韓国人男性と結婚し韓国に居住する自分自身を彼女が同列に配置している様子が窺える．それゆえに，「こんな時に韓国に行く方が悪い」といった内容のコメントに対し，自分たちに何か起こった際も日本側からは同じような対応をされるのではないかという不安を彼女が感じており，それがデータ内で日本人の対応を冷たいものと何度も訴える言動とも関連しているように見受けられた．また，韓国人の反応に対し安堵する様子を見せる位置付けからは，韓国側のコメントを通じて韓国人が国籍だけを理由に攻撃してくるような人々ではないということを彼女が認識し安心する様子が見受けられた．データ内で示された語り手の位置付けからは，日韓問題に関連した偏った両国（民）へのイメージが及ぼす影響に敏感に反応している彼女の様子や，日韓の人々にはその影響に惑わされずに状況を判断あるいは対応してほしいと願っている様子が読み取れた．また，同様の認識を他

第 7 章　韓国（人）・日本（人）との関わり合いに見る日韓問題

の在韓日本人女性も共有している様子が見られた．データ 21 では，暴行事件の内容そのものよりも，日韓関係が悪化している状況下でこのような事件が起きたという点に，在韓日本人女性たちが不安を抱いたり気落ちしたりしている様子が見られた．ここでは語り手により，暴行事件の報道が日韓両社会にもたらす影響を心配する在韓日本人の私（レベル 1）や，事件の起こったタイミングの悪さを強調したい私（レベル 2），被害者女性を自分たちとは別物として位置付ける私（レベル 2），暴行事件のタイミングの悪さを愚痴りたい私（レベル 2）といった位置付けが提示されていた．語り手の示した位置付けからは，事件の内容や当事者の関係性，国籍などよりも，この事件が日本で報道されることで日本側の人々が受ける影響に彼女たちが不安な気持ちを抱いていることがわかった．データ内で見られた彼女たちの発言からは，韓国（人）に関する偏ったイメージ（否定的な韓国（人）イメージ）を持つ日本の家族や友人・知人に対し，実際に韓国（人）と関わりのあるものとして意見しつつもなかなかわかり合えない状況に彼女たちが身を置いていることがわかる．それゆえに，その偏りを正そうと日々努力する彼女たちにとっては，このような事件の報道により日本側の人々の偏った韓国（人）イメージがさらに強化されることの方が重大な問題として受け止められていた．このような語り手の位置付けや発言からは，彼女たちが普段から日本側の人々の中に構築された偏った韓国（人）イメージの存在から何らかの被害を被っている状況が理解できるとともに，偏った韓国（人）イメージの強化を彼女たちが不安に思っている現状が明らかとなった．

2. では，在韓日本人女性たちが日韓両国に関わりを持つものとして韓国（人）や日本（人）に関して言及している事例を取り上げた．具体的には，データ 22 で日韓関係が悪化した際に両国で身の置き所のなさを感じる語り，データ 23 で両国のメディアの偏った報道に呆れる語り，データ 24 で両国の人々の実体験に基づかない知ったかぶりや決めつけに腹が立つ語りをそれぞれ分析・考察した．日韓関係が悪化した際に両国で身の置き所のなさを感じる語りでは，韓国側の日本非難に自身が傷つけられたように感じる私（レベル 1）や，日本側の韓国非難に家族を傷つけられたように感じる私（レベル 1），どちらの国でも非難されることを免れない自身の状況を提示する私（レベル 2）という位置付け

が見られた．データ 22 で語り手が提示した位置付けからは，韓国で行われる日本非難だけでなく日本で行われる韓国非難に対しても彼女たちが傷つきを感じていることが理解できる．また，そのようにどちらの国に行っても自分自身，もしくは自分の家族が傷つけられるような状況下で，彼女たちが身の置き所のなさを感じている様子も明らかとなった．次に，両国のメディアの偏った報道に呆れる語りでは，両国の報道内容に触れる中で自己本位なその内容に呆れかえる私（レベル 1），両国メディアの歪みを共有したい私（レベル 2），両国のメディアを信じられない私（レベル 2）といった位置付けが観察された．データ 23 で語り手が示した位置付けからは，語り手が日韓両国の国民に偏った相手国（民）のイメージを植え付けるメディアの報道のやり方を滑稽に感じている様子が見受けられた．また，そのような見解は他の在韓日本人女性にも共有されていた．ここからは，彼女たちが日韓メディアの日韓対立を煽るかのような報道姿勢をともに見抜き，それが両国民の相手国（民）への誤解を生じさせる原因になっていると共通して認識していることがわかった．最後に，両国の人々の実体験に基づかない知ったかぶりや決めつけに腹が立つ語りでは，日本（人）に対するイメージと実物を混同されるのが許せなかった日本人の私（レベル 1）や，韓国（人）に対するイメージと実物を混同されるのが許せなかった在韓日本人の私（レベル 1），両国の人々の同じような言動への怒りを共有したい私（レベル 2），日韓両国の人々の相手側への非難のやり方に物申したい私（レベル 2）といった位置付けが見られた．データ 24 で語り手が示した位置付けからは，語り手が日韓両国においてイメージに基づく韓国（人）非難・日本（人）非難を聞かされている現状が垣間見られた．また，そのような状況の中で語り手の中に生じる怒りや，相手のやり方が間違っていることを伝えたいという強い思いも読み取れた．

次にリサーチ・クエスチョン 2（語ることを通して表出・構築される彼女たちのアイデンティティとはどのようなものか）について，第 1 節 1. で取り上げた三つのデータの中で語り手が実践していたアイデンティティには，韓国（人）の反応に気をくばる在韓日本人（データ 20-1），日本人の嫌韓反応に不安になる在韓日本人女性（データ 20-2），日韓関係の悪化による自分の立場の複雑化を憂う在韓

第7章　韓国（人）・日本（人）との関わり合いに見る日韓問題

日本人（データ21）といったものが見られた．これらのアイデンティティからは，彼女たちが日本人暴行事件に対し日本側と韓国側で相手国（民）に対しどのような反応が生じるのかについて注意深く観察している様子が窺えた．また，全てのデータにおいて彼女たちが日本側でも韓国側でもない韓国に住む日本人として事件に接しつつも，韓国側の反応よりも日本側の反応に対し不安を抱いていることが明らかとなった．また，彼女たちの発言からは，日本の人々の中に存在する日韓問題と連動した偏った韓国（人）イメージがこういった事件が発生した際の状況の受け止め方にも影響を及ぼす，もしくはこのような事件が発生することでそのようなイメージがさらに強化される傾向があると彼女たちが認識していることがわかった．そして，そのような状況になれば，日本側の人々から韓国で暮らす日本人である自分自身がどのように認識されるのか，日本側の家族や知人・友人からどのような意見を聞かされることになるのか，といった思いが彼女たちの不安や憂いの中に込められている様子も観察された．

2. で取り上げた三つのデータの中で語り手が実践していたアイデンティティには，日韓の諍いに巻き込まれ傷つきを感じている在韓日本人（データ22），日韓メディアの報道により迷惑を被る在韓日本人（データ23），支配的言説の影響に抵抗したいマイノリティ（データ24）といったものが見られた．彼女たちが提示したアイデンティティからは，程度の差はあれ全ての語り手が自身の置かれた状況を俯瞰的に捉え，日本（人）か韓国（人）のどちらかの肩を持つのではなく，どちらにおいてもマイノリティであるものとして両方に対し批判的な目を向ける姿勢を所持していることが明らかとなった．また，データ22とデータ24で語り手が示したアイデンティティからは，彼女たちが日韓両国において双方の国民から韓国（人）もしくは日本（人）に対する否定的な発言を聞かされているという状況が見受けられた．特にデータ24で観察されたアイデンティティからは，そのような状況に身を置きつつも両国の人々の支配的言説に基づく非難に抵抗しようとする語り手の姿勢が読み取れた．そして，データ23では，語り手が日韓両国のメディアが持つ問題点を見抜いた上で両国のメディアの報道内容に不信感を抱く様子が観察された．

最後にリサーチ・クエスチョン3（彼女たちは日常生活に介入してくる日韓問題

を周囲との関係性の中でどのように受け止め関わっているのか）について，データ内で示された彼女たちの位置付けやアイデンティティからは，日本では韓国（人）と関わりのあるもの，韓国では日本（人）と関わりあのあるものとして彼女たちが自身をマイノリティと位置付ける様子が観察された．さらに，周囲の人々からも同様に位置付けられ，その上で双方の国（民）に対する否定的な発言を聞かされているという現状が明らかとなった．そのような状況は，彼女たちに自分たちの身を置く環境を俯瞰的に見る力をつけさせるとともに，日本（人）と韓国（人）の双方に対し批判的な視線を向ける姿勢を構築させていた．また，彼女たちが両国でなされる韓国（人）非難・日本（人）非難に対し傷ついたり悲しんだり身の置き所のなさを感じつつも，実際に両国（民）と関わりのあるものとして自身の知る実情を相手に伝えようとする積極性を見せる様子も見られた．さらに，両国のメディアの報道によって偏った相手国（民）に対するイメージが構築されるとともに，そのイメージが日韓両国の人々の相手国（民）を非難する際の根拠となっていると彼女たちが認識していることもわかった．それゆえに，彼女たちはメディアの報道の影響を警戒したり，その内容に抵抗したりしようとする様子を見せていた．そして，社会的な力によって構築される偏った韓国（人）・日本（人）イメージやそれに基づいた相手国（民）非難に対して抵抗する際には，日韓両国（民）と関わりがあるものという自分たちの位置付けを逆手にとって，直接関わった経験もなく相手の国の言葉も理解できない人物が安易に相手国（民）に対して意見するなというロジックを形成し対応しようとしている様子も観察された．しかしながら，社会的な力に対し個人的に対抗していくことは簡単ではなく，特に日本側の家族や友人・知人の所持する偏った韓国（人）イメージの変革に彼女たちが苦心を重ねていることもわかった．

第3節　マイノリティゆえの気づきと，実体験に基づく対抗手段

　本章では，日韓両国と関わりを持つ在韓日本人女性たちが日韓双方の国（民）が行う相手国（民）への発言について言及している語りを中心に取り上げ分

第 7 章　韓国（人）・日本（人）との関わり合いに見る日韓問題

析・考察を行った．その中で，彼女たちを取り巻く社会状況や関係性に関していくつかの実態が明らかとなった．一つ目は，彼女たちが日韓両国に関わりを持つものであるがゆえに両国において身の置き所のなさを感じているという状況であった．二つ目は，両国の人々を日韓対立の構図の中に巻き込んだり，互いの国（民）に対する偏ったイメージを構築したりする要因として，彼女たちが両国のメディア報道に対し警戒心を抱いていることであった．三つ目は，簡単ではないことを理解しつつも，彼女たちが社会的な力によって構築される両国（民）に対する偏ったイメージに対し抵抗する姿勢を所持していることであった．その際には，彼女たちが両国に関わりを持つものという自分たちの位置づけを逆手に取り，実際にその国の人々と会い直接その国の人々とその人たちの言語で話をしたことがないのに安易に相手のことに関して意見すべきではないというロジックを提示している様子も見受けられた．このようなロジックは，日韓双方のメディアの偏りに気づくとともに，その影響を受けた双方の国の人々から向けられる相手国（民）に対する非難や過度な心配などに対応する中で，彼女たち自身が生み出してきた実体験に基づく対抗手段であった．また，データ内では，彼女たちが韓国側の反応よりも日本側の反応を気にする様子が頻繁に観察された．特に，日韓関係が悪化するような出来事が生じた際には，自分たちが身を置く韓国での生活上の心配よりも，日本側の人々から自分たちがどのような目で見られるのか，どのような反応をされたり意見を聞かされたりすることになるのかに関して敏感に反応している様子が観察された．また，日韓両国に対し意見する際には，日韓両国においてマイノリティな存在として，俯瞰的に状況を認識した上で意見するという姿勢を彼女たちが所持していることも明らかとなった．

第 8 章

韓国人の夫との関わり合いに見る日韓問題

　第2章の先行研究では，在韓日本人女性の結婚満足度が他国出身の結婚移民女性たちと比較して低いことや，韓国人配偶者が彼女たちの養育上の葛藤を共有・解消するためのサポートを積極的に行わない等の指摘がなされていた．そのような結果からは，在韓日本人女性たちの韓国生活において，韓国人配偶者が適切な支援を行えていない現状が垣間見られた．それでは，日韓問題に関連した話題を巡っては，夫婦間でどのようなやりとりや関わり合いが行われているのだろうか．本章では，在韓日本人女性たちが日韓問題に関する話題を韓国人の夫との間でどのように扱っているのか，またその際に彼女たちがどのような社会状況や関係性に身を置いているのかについて，彼女たちの語りとそれを取り巻く相互行為の場の両方を分析・考察することを通じて検証していく．

第1節　夫と話し合う事例

　本研究では，毎回喧嘩になるが話し続けている事例が1件，夫が日韓両国を批判する姿勢を見せる事例が1件，妻が夫に意見し夫が聞き入れるケースが2件，夫婦がともに日韓代表という立場を捨て第3者の立ち位置から探求するケースが1件，夫婦が国籍にとらわれず話題に向き合うケースが1件，喧嘩にはならないが平行線で終わるケースが3件，観察された．
　データ25-1，25-2は在韓歴8年のノゾミと6年のアカネへのインタビューで収集されたものである．データ開始前，調査者は日韓戦が行われる時や日韓関係が悪化した際などに夫とその話題について話をするかとノゾミに質問する．

ノゾミは話をすると答えたものの，夫はかなり韓国よりの意見であると回答する．そして，国際結婚をするカップルの多くは互いの国のことが好きであり，それゆえに円満な関係を構築できると聞いたことがあると述べる．その上で，自分たち夫婦の場合は真逆で自分も韓国に対し否定的な発言をするが夫の日本に対する非難もものすごいと話した．それを聞いた調査者は，ノゾミに対し夫はどんなことを言ってくるのかと尋ねる．データ25-1は調査者の質問に対するノゾミの返答から始まる．データ内ではノゾミによって二つのスモール・ストーリー（S1：659-666，S2：676-678）が語られる．

〈データ25-1〉：毎回喧嘩になるけど話し続けている
659. ノゾミ：##### まあ言えばよく言われるような日本の::悪いところを::あ
660. 　　　　の::まあ本人も言ってきますね(.)ちょこちょこちょこちょこ(.)
661. 　　　　かっカダロプタ（까다롭다：複雑だ，ややこしい，面倒だ[1]）とか
662. 調査者：@@@@
663. ノゾミ：ケイン主義チュイ？（개인주의：個人主義）
664. 調査者：((何度も頷く))
665. ノゾミ：個人主義でなんかうわっ自分勝手(.)相手のことなんも考えない
666. 　　　　みたいな::
667. 調査者：((頷き))うん
668. アカネ：それは［言われたらちょっとな
669. ノゾミ：　　　　［それっ(.)うんそうそう
670. 調査者：((小さく何度も頷く))((アカネに対して))そんなこと言われな
671. 　　　　い？
672. アカネ：ああ言われないですね
673. 調査者：((何度も頷く))ええ言われた時にさ::
674. ノゾミ：((頷く))
675. 調査者：ああそれ当たってるって思うとこもあんの？
676. ノゾミ：まあ［やっぱ韓国側から見たらそうだろうな::っていうのは::
677. 調査者：　　　［それとも((何度も頷く))
678. ノゾミ：まあ思いますよね

1　小学館朝鮮語辞典参照

679. 調査者：((何度も頷きつつ)) う :::ん
680. ノゾミ：((子どもに関する発言)) またお外行きたい時間に

　まず，各スモール・ストーリーに示されたノゾミの位置付け（ポジショニング・レベル1）について述べる．S1 でノゾミは，夫から日本に対する否定的な発言を聞かされる自身の様子を再現する（韓国人の夫から母国を非難される日本人の私：レベル1）．続く S2 では，そのような夫の発言に対しノゾミが「やっぱ韓国側から見たらそうだろうな」(676) と感じる様子が再現される（夫の意見を客観的に受け止める在韓日本人の私：レベル1）．
　次に相互行為の場におけるノゾミの位置付け（ポジショニング・レベル2）について述べる．データ開始前，調査者は夫が日本に対してどのような否定的発言をするのかとノゾミに質問する．それを受けノゾミは，データの冒頭でS1を通じて夫の発言内容を参与者に対し例示する（夫の日本非難を共有したい私：レベル2）．それを聞いたアカネは「それは［言われたらちょっとな」(668) と不快感を示し，ノゾミは彼女の発言にかぶさるように「うんそうそう」(669) とアカネの見解を支持する様子を見せる（夫の言動に対する不快感を共有したい私：レベル2）．調査者もまた2人のやり取りに小さく何度も頷く様子を見せており，ここでは3人がノゾミの夫の発言を不快に感じる私（たち）（レベル2）という位置付けを共有する様子が観察された．続いて調査者は，夫から「そんなこと言われない？」(670, 671) とアカネに尋ねる．それに対しアカネは「言われないですね」(672) と返答する．これにより，夫から日本を非難されるノゾミとそのようなことはされないアカネというように，この時点で2人が異なった位置付けを示す様子が観察された．さらに，調査者は夫から日本を非難された際に「ああそれ当たってるって思うとこもあんの？」(675) とノゾミに対し質問する．するとノゾミはS2を挿入し，夫の発言も韓国人の立場に立てば理解できる部分があるという見解を示す (676, 678)（夫の意見を理解できる私：レベル2）．そのようなノゾミの見解に対し，調査者は何度も頷きつつ理解を示す (679)．以上の点から，ここではノゾミが語ることを通じて夫の日本非難に腹が立つが否定できない自分がいることを提示する私（レベル2）という位置付け

を示す様子が見られた.

　最後にレベル1とレベル2の位置付けをもとにノゾミが表出・構築する文化的・社会的自己（アイデンティティ）（ポジショニング・レベル3）について述べる．データ25-1では，ノゾミによって韓国人の夫が行う日本非難の内容が例示される．また，日本人としてその内容を不快に思う一方で，韓国人の立場から考えればその発言も理解できるというノゾミの心情が提示される．このような語り手の言動からは，彼女が日本を否定する夫の発言を不快だと感じつつも，韓国人の立場に立って夫の発言を再考したり客観的な視点から状況を把握したりする姿勢を所持している様子が見受けられた．以上の点から，ここではノゾミによって韓国人の日本非難に客観的に向き合える在韓日本人というアイデンティティが実践されていることが明らかとなった（レベル3）．

　データ25-2はデータ25-1の直後から始まる．ここではノゾミによって二つのスモール・ストーリー（S3：680-681, S4：685-688）が語られる．

〈データ25-2〉：毎回喧嘩になるけど話し続けている
　679. 調査者：ほんじゃノゾミはそれにどう対応するの？じゃあ
　680. ノゾミ：(..) えっはいはいはいもうスルーですよ ［はいはい始まったよま
　681. 　　　　　た
　682. 調査者：　　　　　　　　　　　　　　　　　　　　［((何度も頷く))
　683. 　　　：はあそうか::((何度も頷く))
　684. ((しばし沈黙))
　685. ノゾミ：やめようって (.) なんかちょっとヒートアップしてきそうになっ
　686. 　　　　たら ［やめようやめよって
　687. 調査者：　　　［((何度も頷く))
　688. ノゾミ：何にも (.) これは何も生み出さないよっとか言って
　689. アカネ：［う:::ん
　690. 調査者：［((何度も頷く)) 子ども (.) 子どもも (..) ［聞いてるし
　691. アカネ：　　　　　　　　　　　　　　　　　　　　［不毛ですよねう::ん
　692. ノゾミ：((小さく何度も頷く))
　693. 調査者：((何度も頷く)) う::::ん

第 8 章　韓国人の夫との関わり合いに見る日韓問題

　まず，各スモール・ストーリーに示されたノゾミの位置付け（ポジショニング・レベル 1 ）について述べる．S3 でノゾミは，韓国人の夫が彼女の前で日本を非難し始めた際の状況を再現し「はいはいはい」(680)，「はいはい始まったよまた」(680，681) と「スルー」(680) する自身の姿を描き出す（夫の日本非難が頻回でいちいち感情的な対応を取らない私：レベル 1 ）．続く S4 では，夫の日本への非難もしくは夫婦が互いの国を非難し合うような状況が「ヒートアップ」(685) しそうな場合に「やめよう」(685)，「[やめようやめよ」(686) と事態の収集を試みるノゾミの様子が描写される．そして，「何にも (.) これは何も生み出さないよ」(688) と夫に伝えるノゾミの姿からは，互いの母国非難を無意味だと感じる私（レベル 1 ）という彼女の位置付けが読み取れた．

　次に相互行為の場におけるノゾミの位置付け（ポジショニング・レベル 2 ）について述べる．データの冒頭でノゾミは，調査者からの質問を受け夫が日本を非難し始めた際にどのように対応するのかについて話し始める．ノゾミはまず自身の体験を S3 として挿入し，夫の日本非難を受け流す自身の様子を描写する．ノゾミの発言からは，彼女の夫が頻繁にそのような言動を見せている可能性も窺え，頻繁に行われる夫の日本非難に真面目にとりあわないノゾミの様子が垣間見られる（夫の日本非難に真摯に向き合う意義を感じられない私：レベル 2 ）．そして，その内容を何度も頷きつつ聞いていた調査者が「はあそうか::」(683) と発言した後，参与者 3 人の間にしばし沈黙が生じる．その後ノゾミは S4 を挿入し，母国非難を中断しようと夫に対し提案する自身の様子を提示する（互いの国を非難することの無意味さを共有したい私：レベル 2 ）．それを受け，調査者は頷き (687) アカネは「う:::ん」(689) と複雑な反応を示す．また，調査者はノゾミの「何にも (.) これは何も生み出さないよ」(688) という発言を受け「子ども (.) 子どもも (..) [聞いてるし」(690) と述べ，アカネも調査者の発言にかぶさるように「不毛ですよね」(691) と発言する．2 人の見解に対しノゾミもすぐ頷く様子を見せており (692)，ここでは 3 人が夫婦間で互いの母国を非難し合うことに意味を感じられない私（たち）（レベル 2 ）という位置付けを共有していることがわかった．以上の点から，ここではノゾミが語ることを通じて夫婦間で日韓対立を再現することの無意味さを主張したい私（レベル 2 ）という

241

位置付けを提示していることがわかった.

　最後にレベル1とレベル2の位置付けをもとにノゾミが表出・構築する文化的・社会的自己（アイデンティティ）（ポジショニング・レベル3）について述べる. データ25-2においてノゾミは, 夫の日本に対する否定的発言を聞き流し, 互いに互いの国を非難しあっても不毛なだけだと夫に伝える自身の様子を再現する. データ25-1の開始前, ノゾミは夫婦が互いに母国を非難し合うと話していた. そのため, そのようなやりとりを何度も繰り返す中で彼女が夫の発言をいちいち真剣に受け止めずに聞き流したり, 適度なところでストップをかけたりするといった対処法を身につけていった可能性も考えられる. また, 彼女の「何にも（.）これは何も生み出さないよ」(688) という発言からは, 夫との非難の応酬を繰り返す中で結果的に自分たちの行為が何も生み出さない非生産的な活動だと彼女が気づいていることもわかる. さらにデータ内でノゾミの提示したこれらの見解は他の在韓日本人女性2人からも支持されており, 韓国人の夫と日韓問題について喧嘩しても何も生み出さないという考えを彼女たちが共通して所持していることも明らかとなった. 以上の点から, ここではノゾミによって日韓対立と家庭生活を切り離したい日本人妻というアイデンティティが実践されていることが明らかとなった（レベル3）.

　データ26-1, 26-2は在韓歴7年のエリと9年のチヒロへのインタビューにおいて収集された. データの開始前, 調査者はエリとチヒロに対しインタビュー当時韓国で行われていた不買運動に関して夫と話をするかと尋ねた. エリは話をしたと述べ, その際の夫とのやりとりに言及する. エリによれば, 彼女の夫は文在寅元大統領と安倍元総理大臣のどちらもおかしい, 2人共が過激だからこんな状況になったと話していたという. エリの話を聞いていた調査者は, エリに対しそのような夫の発言を聞いた時にはどういう風に感じたのかと質問しようとする. するとエリは調査者が質問を全て言い終わる前に, 自身の感情に関して話し始める. データ26-1はその際のエリの発言から始まる. データ内ではエリによって二つのスモール・ストーリー（S1：721-722, S2：737）が語られる.

〈データ 26-1〉：夫が日韓両国を非難する姿勢を見せる
721. エリ ：あっ (.) やっぱ安倍さんのことも ¥- 悪くいうんやなって -¥
722.   ：[1 (..) 思って ((左手で口元を覆う))
723. 調査者：[1 ((笑みを浮かべて何度も頷く))
724. チヒロ：[2 ((何度も頷く))
725. エリ ：[2 まあ安倍さん私もそんなに好きじゃない [ですけど
726. チヒロ：   [う:::ん
727. 調査者：う:::ん
728.   ((エリの子どもがペンを落とす・チヒロが拾う))
729. エリ ：(3) う::::ん (2) で:う::んやっぱ日本: (.) なんていうかその小
730.   さい時からの教育も
731. 調査者：[((何度も頷く))
732. エリ ：[やっぱり若干 ((右手を体の右側で左右に振る))
733. 調査者：((大きく頷き)) ふ:::ん:
734. エリ ：心の中にあんのか::: ((再度右手を右側で左右に振る)) ((チヒロ
735.   と見つめ合う))
736. チヒロ：[((何度も頷く))
737. エリ ：[日本も悪いのにって [は (.) 絶対ゆってる気がします
738. チヒロ：   [うんうん
739. 調査者：   [((何度も頷く)) [1 う:::ん:
740. チヒロ：   [1 ((何度も頷いている))
741. エリ ：(1) でも日本だけが悪い (.) とは (.) [2 言わないですけどいつも
742. チヒロ：   [2 ((何度も大きく頷く))
743. 調査者：((大きく頷く)) ふ:::ん:
744. エリ ：[°それは絶対言わないですけど°
745. チヒロ：[((何度も大きく頷く))
746. 調査者：(1) そうですね [3 それが日本も悪いと日本 [4 だけが悪いってだい
747.   ぶ違いますよね
748. エリ ：   [4 うん ((少し微笑む))
749. チヒロ：   [3 ((何度も大きく頷く))
750. 調査者：ニュアンスがね
751. チヒロ：((何度も頷く))

まず，各スモール・ストーリーに示されたエリの位置付け（ポジショニング・レベル1）について述べる．S1でエリは，夫の発言を聞いた際に生じた「あっ(.) やっぱ安倍さんのことも¥-悪くいうんやな」(721)という自身の心内発話を引用し，夫の日本非難に対し敏感に反応してしまう日本人の私（レベル1）という自身の位置付けを提示する．次のS2では夫が日韓問題に関連した話題について話をする際の状況を再現し，「日本も悪いのに」(737)と必ず発言する夫の様子を描写する．ここでは，夫が必ず日本を非難していることを忘れない日本人の私（レベル1）という彼女の位置付けが見受けられた．

　次に相互行為の場におけるエリの位置付け（ポジショニング・レベル2）について述べる．データの冒頭でエリは，S1を通じて夫の日本非難に敏感に反応する自身の様子を提示する（721, 722）．しかしその直後，夫が非難した安倍元総理大臣のことを「私もそんなに好きじゃない［ですけど」(725)と述べ，夫の日本非難の中和を試みる私（レベル2）という位置付けを見せる．そして，729行目からは「日本：(.) なんていうかその小さい時からの教育も」(729, 730)，「やっぱり若干」(732)，「心の中にあんのか」(734)と前置きした上で，「日本も悪いのにって［は(.) 絶対ゆってる気がします」(737)と述べ，夫が日韓問題に関連した話題を話す際には韓国と日本の両方を非難すると発言する．ここでエリは，韓国で教育を受ける中で形成された日本に対する認識が夫の発言に影響を与えている可能性があると示唆することで，日本非難をする夫を擁護したい私（レベル2）いう位置付けを提示する．このようなエリの見解に対し他の参与者2人も何度も頷いたりしながら理解を示しており（738, 739, 740），ここでは3人が夫の日本非難には社会的要因が関係していると考える私（たち）（レベル2）という位置付けを共有している様子が観察された．その後エリは，「でも日本だけが悪い(.) とは(.) ［言わないですけどいつも」(741)，「それは絶対言わないですけど」(744)と述べ，教育の影響があるとしても日本だけを非難するような発言を夫は絶対に行わないということを「言わない」(741, 744)を2回反復することを通じて強調する（夫が中立的な人物だと伝えたい私：レベル2）．そのようなエリの発言を受け調査者は「日本も悪いと日本［だけが悪いってだいぶ違いますよね」(746, 747)と発言し，エリの発言への理解を示す．調査者

244

の言葉に対しエリは少し微笑みながら「うん」(748) と返答し，チヒロは大きく頷く様子を見せる (749)．以上の点から，ここではエリが語ることを通じて夫の日本非難に理解を示しつつも気になってしまう心情を提示する私（レベル2）という位置付けを示していることがわかった．

最後にレベル1とレベル2の位置付けをもとにエリが表出・構築する文化的・社会的自己（アイデンティティ）（ポジショニング・レベル3）について述べる．データ26-1でエリは，彼女の夫が日本のことも非難するという点を明示しながらも，それと同時に日本だけを非難しない夫の姿も他の参与者に提示しようと試みる．そして，日本のことも非難する夫の姿を提示する際には，夫が非難した安倍元総理大臣を自身も好きではないと発言したり，夫の発言の要因として韓国で受けてきた教育の影響を示唆したりするなど，夫の印象が悪くならないように気を遣う様子を見せる．このようなエリの言動からは，日本を非難する自身の夫が他の在韓日本人女性2人から悪い印象を持たれるかもしれないと彼女が感じていた可能性も窺える．また，夫が日本を非難しても日本だけが悪いとは言わないと2回繰り返して強調するエリの姿からは，彼女自身が日本だけを一方的に非難する韓国人の夫という存在を受け入れがたいと認識している様子も見受けられた．また，他の2人もそのような彼女の見解に対し理解や同意を示していた．以上の点から，ここではエリが語ることを通じて韓国人の夫の日本批評を注視する日本人というアイデンティティを実践していることが明らかとなった（レベル3）．

データ26-2はデータ26-1が終了した直後から始まる．データ26-2ではエリによって三つのスモール・ストーリー（S3：749-752, S4：765-769, S5：773-777）が語られる．

〈データ 26-2〉：夫が日韓両国を非難する姿勢を見せる
749. エリ　　：であの：そういう No Japan とかするのも [1::(.) 間違ってるって
750. 　　　　　　いうか：
751. 調査者：　　　　　　　　　　　　　　　　　　　　[1 ((何度も頷く))
752. エリ　　：[2 そんなんしても意味ない (..) とはゆってくれてますけど

753. チヒロ：[2((何度も頷く))
754. 調査者：((何度も頷く)) う:::ん：
755. エリ　：うん
756. 調査者：(1) そういう (..) ふうな： (..) こっ意見を聞くと：
757. エリ　：うん
758. 調査者：どうですか？(.) うれっ (.) 嬉しい [とか
759. エリ　：　　　　　　　　　　　　　　 [まあ：(.) ちょっと安心っ
760. 　　　　 てこと
761. チヒロ：[((何度も頷く))
762. 調査者：[安心する感じ：
763. エリ　：うん
764. 調査者：((何度も頷きつつ)) う::ん：
765. エリ　：(1) そこでやっぱ日本も (.) 日本も悪いのにみたいな (.)
766. 　　　　 [ゆわれたらええって
767. 調査者：[((何度も頷く))
768. チヒロ：[((何度も頷く))
769. エリ　：なんか一緒に住んでて ¥-いいんかなってなり [3 そうですけど-¥
770. 調査者：　　　　　　　　　　　　　　　　　　　　　[3 ((大きく頷き))
771. 　　　　 う:::ん
772. チヒロ：　　　　　　　　　　　　　　　　　　　　　[3 ((何度も頷く))
773. エリ　：まあ：(..) この人はそんなこと思ってないんだってちょっと安心
774. 　　　　 する ((2回頷く))
775. 調査者：う:::ん：
776. チヒロ：((頷く))
777. エリ　：感じ (..) 一番おっきいですかね

　まず，各スモール・ストーリーに示されたエリの位置付け（ポジショニング・レベル1）について述べる。S3でエリは，韓国人の夫が韓国のNo Japan運動に対し「間違ってる」(749)，「[そんなんしても意味ない」(752)と非難する様子を描写する。またエリはこの時，夫がそのように発言する様子を「とはゆってくれてますけど」(752)と「くれてます」(752)という恩恵授受表現を使用しつ

246

つ描写しており，自分を気遣って韓国のことも非難してくれる夫の姿を提示していた（日本人である自身のことを気遣ってくれる夫を持つ私：レベル1）．次にS4でエリは，仮定の状況として夫が「日本も (.) 日本も悪いのに[2]」(765) と発言する状況を描写する．そして，そのような夫の発言に対し「ええっ」(766)，「一緒に住んでて￥-いいんかな」(769) という感情を抱く自身の様子を提示する．ここでエリは夫が日本を非難するような人物であった場合を想定し，夫が日本を非難するような人物だった場合は一緒に生活してくことを不安に思う私（レベル1）という自身の位置付けを示す．最後のS5では，不買運動に関して韓国側を非難する夫を目にした際の自身の心情を表現する (773, 774)．ここでは，自身の夫が韓国を非難する様子に公平性を感じ安心する私（レベル1）というエリの位置付けが観察された．

次に相互行為の場におけるエリの位置付け（ポジショニング・レベル2）について述べる．データの冒頭でエリは韓国のことも非難する夫の姿を提示するとともに，そのような夫の行動を自身への気遣いと感じつつ感謝する姿勢を見せる (749, 750)（自分を気遣う夫への感謝を共有したい私：レベル2）．そのような彼女の様子に，調査者が「そういう (..) ふうな: (..) こっ意見を聞くと:」(756)，「どうですか？ (.) うれっ (.) 嬉しい [とか」(758) とその際のエリの心情を尋ねる．するとエリは「ちょっと安心ってこと」(759, 760) と返答し，自分を気遣ってくれる夫の態度への安心感を共有したい私（レベル2）という位置付けを他の参与者の前に提示する．他の2人もそのようなエリの見解に何度も頷く様子を見せ (761, 764)，彼女の提示した位置付けをここでは3人が共有する様子も観察された（自分を気遣ってくれる夫の態度に安心感を覚える私（たち）：レベル2）．その後，エリはS4を通じて夫が日本のことだけを非難するような人物であった場合について言及し，そのような場合は夫と一緒に住むことを不安に感じる様子を示す（自分への気遣いがない夫に対する不安感を共有したい私：レベル2）．

---

[2] データ26-2の765行目でエリは「日本も悪いのに」(765) と発言しているが，データ26-1では「日本も悪いのにって [は (.) 絶対ゆってる気がします」(737) でも「日本だけが悪い (.) とは (.) 言わない」(741) と述べていることから，ここでは彼女が「日本だけが悪い」(741) と「日本も悪いのに」(765) という表現を混同している可能性が窺える．

ここでも他の2人はエリの見解に同意を示すとともに（770, 771, 772）彼女の提示した位置付けを共有する様子を見せる（日本だけを否定する夫との共同生活に不安を感じる私（たち）：レベル2）．また，データの終了部分でエリは夫が韓国のことも非難する姿をみて安心感を抱く自身の様子を再度描写する（自分を気遣ってくれる夫の態度への安心感を共有したい私：レベル2）．そのようなエリの発言を受け，調査者とチヒロもまた彼女の見解を支持するとともに（775, 776），エリの提示した位置付けを共有する．また，777行目の「一番おっきいですかね」（777）というエリの発言からは，韓国を非難する（日本だけを非難しない）という夫の姿勢が，彼女にとって夫と安定した韓国生活を送れるか送れないかを判断する際の最重要項目であることがわかった．以上の点から，ここではエリが語ることを通じて夫には自分の味方であって欲しいという思いを伝えたい私（レベル2）という位置付けを提示していることがわかった．このことからは，日韓問題に関する話題を夫婦間で話す際に，韓国と日本の間で夫がどのような立ち位置をとるのかについて彼女たちが注意をはらっていること，その結果を自身が韓国で精神的にも安定した生活をしていく上で重要な項目として常に気にかけていることが示唆された．

　最後にレベル1とレベル2の位置付けをもとにエリが表出・構築する文化的・社会的自己（アイデンティティ）（ポジショニング・レベル3）について述べる．データ26-2でエリは日本だけでなく韓国のことも非難する夫の姿を提示し，その行為を気遣いと捉えて感謝する姿勢を示す．また，それと同時に日本だけを非難するような韓国人に対する拒否感を明示する．彼女の発言からは，日本人の妻が韓国で安心して暮らしていくためにも韓国人の夫には妻に対する気遣いの心を持ってほしいとエリが認識している様子も窺えた．また，このような彼女の見解は他の在韓日本人女性2人にも理解され支持されており，同じ境遇の3人が日韓問題に関する話題に向き合う際の韓国人の夫の理想的な立ち位置に関して共通した感覚を所持している様子も観察できた．これらの点から，ここではエリによって韓国人の夫には中立性を求める在韓日本人妻というアイデンティティが実践されていることが明らかとなった（レベル3）．

　データ27は在韓歴19年になるユナと2年半のマリコへのインタビューで収

集されたものである．データの開始前，調査者はマリコに韓国人の夫と不買運動について話をするかと質問した．マリコは不買運動に関して夫は特に何も意見しないと述べたが，その直後に日韓問題に関連した話題で夫と喧嘩になった出来事を語った．語りの内容は，夫の実家を訪問した帰りの車内で起こった彼女と夫の喧嘩についてであった．ある時マリコが夫の実家を訪問すると，韓国人の姪から独島は韓国の土地という歌の動画を見せられた．その際に姪っ子は彼女に対し，独島は韓国のものなのになぜ日本は日本のものだと主張するのかと質問した．マリコは帰りの車内でその質問を受けて少し戸惑ったという話を夫に伝えるが，それが契機となり夫婦喧嘩になったという．マリコ曰くその時は夫もマリコも疲れており，姪の発言に対するマリコの意見が火種となって車内の話題が日韓の歴史問題の話へ転じてしまったということであった．マリコは日韓の歴史問題について夫と話したのはその時が初めてだったと述べ，さらに詳細にその時のことを語り始める．データ27はその直後のマリコの発言から始まる．データ内では彼女によって二つのスモール・ストーリー（S1：441-460，S2：463-478）が語られる．

〈データ27〉：妻が夫に意見し夫が聞き入れる
 441. マリコ：で::なんかすごいこう（..）なんやろ喧嘩みたいになって::
 442. 調査者：[(((頷きつつ))あらあら
 443. ユナ　：[(((頷く))
 444. マリコ：でも最終的に私が::あのまあ私は韓国語勉強して::
 445. 調査者：((頷く))
 446. マリコ：まだ::（.）ねえあんまりできないなりにニュース韓国語で見た
 447. 　　　　りとか::
 448. 調査者：((何度も頷く))
 449. マリコ：韓国語で書かれたものも見れるようになって［意見してるけど：
 450. 調査者：　　　　　　　　　　　　　　　　　　　［(((何度も頷く))
 451. マリコ：あなたは日本語で書かれたものまだ読めないやんって［1 言って
 452. 調査者：　　　　　　　　　　　　　　　　　　　　　　　　［1 ((何度
 453. 　　　　も頷く))

454. ユナ　　：　　　　　　　　　　　　　　　　　　　　　　　　　[１((頷く))
455. マリコ：日本で発信してるニュースがどんな感じとか ::
456. 調査者：[(((何度も頷く))
457. マリコ：[そういうのも自分でわかるようになってから言ってって言った
458. 　　　　ら ::
459. 調査者：[(((何度も頷く))
460. マリコ：[それも ¥- そうやなっていう感じで ::-¥@@
461. 調査者：[おお ::
462. ユナ　　：[(((微かに頷き)) う::: ん
463. マリコ：¥- なんか -¥ やっぱり韓国で言われてる日本のニュースっていうの
464. 　　　　は ::
465. 調査者：((頷く))
466. マリコ：やっぱり韓国人の目を通して [発信してるものだから ::
467. 調査者：　　　　　　　　　　　　　　[(((何度も頷く))
468. ユナ　　：　　　　　　　　　　　　　　[(((頷く))
469. マリコ：その :: それ見てるだけで日本のことわかったって言っても ::
470. 調査者：[(((何度も頷く))
471. マリコ：[それは韓国人たちが見たいように見てる日本じゃないのかって
472. 　　　　言ったら ::
473. 調査者：[(((何度も頷く))
474. ユナ　　：[(((頷く))
475. マリコ：まあ : それは一理ある :¥- みたいな感じで -¥
476. 調査者：[(((何度も頷きつつ)) う::: ん
477. ユナ　　：[(((頷く))
478. マリコ：¥- おさまったんですけど -¥ その時は
479. 調査者：((何度も頷きつつ)) ふ::: ん
480. マリコ：それだけですね一回だけそれ以来は (..) その話してないですね

　まず，各スモール・ストーリーに示されたマリコの位置付け（ポジショニング・レベル1）について述べる．S1でマリコは，夫と日韓の歴史問題で喧嘩になった際の状況を描写する．その際に，マリコはまず「私は韓国語勉強して::」(444),「ニュース韓国語で見たりとか::」(446, 447),「韓国語で書かれたものも

見れるようになって［意見してる］」(449) と述べ，自分自身を韓国側の主張も知った上で意見する日本人の私（レベル1）として位置付ける．その後，夫に対し「日本語で書かれたものまだ読めない」(451)，「日本で発信してるニュースがどんな感じとか」(455)，「そういうのも自分でわかるようになってから言って」(457) と発言する自身の姿を描写する（夫婦は平等な立場から意見すべきだと考える私：レベル1）．また，マリコの意見に対し「それも ¥-そうやな」(460) と理解を示す夫の発言も再現し，自身の意見に耳を傾けてくれる夫を持つ私（レベル1）という位置付けも提示する．続くS2では，マリコが夫に自身の意見を伝達する様子が描かれる．マリコは自身の意見に理解を示した夫の姿を確認した上で，「韓国で言われてる日本のニュースっていうのは」(463, 464)，「韓国人の目を通して［発信してるものだから］」(466)，「それ見てるだけで日本のことわかったって言っても」(469)，「それは韓国人たちが見たいように見てる日本じゃないのか」(471) という自身の見解を夫に伝える（夫の所持する情報の偏りを率直に指摘できる私：レベル1）．そして彼女の見解を聞いた夫が「まあ：それは一理ある：」(475) とS1と同様に彼女の発言に理解を示す様子を再現すると，自身の意見に耳を傾けてくれる夫を持つ私（レベル1）という位置付けをここでも再度提示していた．

次に相互行為の場におけるマリコの位置付け（ポジショニング・レベル2）について述べる．データ27では，在韓歴2年半のマリコが夫と初めて日韓問題と関連のある話題に関して話をした際の出来事が語られる．データの前半でマリコは，S1を挿入することを通じて自身と夫それぞれの位置付けについて言及する．ここでは，日本と韓国両方のリソースから情報を得る努力をする彼女の様子や，韓国のリソースからしか情報を得ることのできない彼女の夫の姿が他の参与者の前に提示される．そして，自分たちが共通の話題に向き合う際に対等な立ち位置から発言をしていないという現実を夫に突きつけるマリコの姿と，そのような彼女の意見に理解を示す夫の様子も再現される．ここでは，マリコが彼女と夫のやりとりを再現することを通じて夫婦が対等な立場から日韓問題に関与すべきだと主張したい私（レベル2）という位置付けを示していることがわかる．続けてマリコはS2を挿入し，韓国で発信されるニュースは韓

国人の目を通して見た内容だという認識を示す（463，466）（メディアの情報の偏りを主張したい私：レベル2）．ここでは，他の2人がマリコの意見に同時に同意を示す様子が観察され（467，468），3人がメディアの情報の偏りを認識する私（たち）（レベル2）という位置付けを共有する様子が見られた．さらにマリコは，そのようなニュースを見ただけで日本のことを理解したといっても「それは韓国人たちが見たいように見てる日本」（471）であると夫に意見する自身の様子を描写する．そのような彼女の見解に対し，他の2人も再び頷きつつ理解を示していた（メディアが構築するイメージが幻想であることを主張したい私：レベル2）．このような3人のやり取りからは，彼女たちが韓国人の目に映る日本は韓国人が見たい日本の姿だと思う私（たち）（レベル2）という位置付けを共有する様子が観察された．そして，データ最終部分でマリコは，彼女の見解に理解を示す夫の姿と日韓の歴史問題に関する夫婦の諍いの終結を報告するとともに（478），それ以降そのような話題が夫婦の間で取り扱われていないことに言及する（480）．以上の点から，ここではマリコが語ることを通じて平等な立場から夫婦で日韓問題に関して話すことの重要性を訴えたい私（レベル2）という位置付けを提示していることがわかった．

　最後にレベル1とレベル2の位置付けをもとにマリコが表出・構築する文化的・社会的自己（アイデンティティ）（ポジショニング・レベル3）について述べる．データ27においてマリコは，日韓問題に関連する話題が彼女と夫の間で話し合われた際に夫婦が対等な立場からその問題に向き合っていないという自身の認識を提示する．また，彼女の夫の発言からは（460，475）そのような彼女の見解に触れるまで夫がその点を理解していない様子も読み取れた．ここからは，日韓問題に関する話題に日韓夫婦が向き合う際に自分たちがどのような立ち位置からその問題に向き合っているのかについて，夫婦がともに（もしくはどちらか一方が）無自覚なまま話し合いが行われている可能性があることが示唆された．さらに，マリコの発言からは，結婚移民女性側が居住国で使用される言語を学んで身につけているのに対し，受け入れる側の夫は妻の国の言葉を使用できないという実態が窺えるとともに，妻に指摘されなければそのことを自覚できない夫の無関心さも明らかとなった．このことは日韓問題に関連した話題という

複雑な問題に関して日韓夫婦が会話をする際，どちらか一方が言語的負担の高い状況で意見交換を行うという場面設定が生じている可能性を示唆するとともに，そのような立場の不均衡に参与者が（マリコのケースでは夫側が）無自覚である可能性も見受けられた．また，データ内で見られたマリコの発言からは，日韓問題に関する話題について平等な立場から話をするためにも，夫婦が互いのパートナーの言語を理解できる言語力をともに身につけるべきだという彼女の認識も読み取れた．以上の点から，ここではマリコによって日韓夫婦は平等な立場から日韓問題に向き合うべきだと感じる日本人妻というアイデンティティが実践されていることが明らかとなった（レベル3）．

　データ28は在韓歴6年のフミエと8年のヨリのペアとのインタビューにおいて収集されたものである．フミエとフミエの夫は，彼女が親の仕事の都合で海外のアメリカン・スクールに在籍していた頃に学友として出会い，その後社会人になってから韓国で再会した．フミエは日本と海外（小3-小5，高2-高3）の両方で学生生活を送っているが，フミエの夫は韓国で生まれたものの韓国では教育を受けておらず，海外で継続してアメリカン・スクールに通っていた．2人の共通言語は英語であり，フミエの韓国語能力が夫の日本語能力よりは高い状況である．データ28の開始前，参与者3人は韓国人の夫との間で日韓問題に関連する話題について話をするかしないかについて話していた．その際にフミエは，自分たち夫婦はこの話題に関して何度も喧嘩を繰り返した結果，この話題について話をするときは日韓以外の国のリソースに基づいて話をすることに決めていると述べた．そして，夫と竹島／独島問題に関して喧嘩になった際に，ネット上でサンフランシスコ条約の原文を2人で読んだ時のことを語り始める．その中でフミエは，夫婦で条約の内容を確認する中で自分たちが知らなかった情報を目にしたことについても言及した．データ28はその際のフミエの発言から始まる．データ内ではフミエによって一つのスモール・ストーリー（S1：336-363）が語られる．

〈データ28〉：夫婦がともに第3者の立ち位置から探求していく
　　336. フミエ：こう：(..) 夫も知らなかったこともあって

337.　　　　：［私も知らなかったこともあるんですけど ::
338. 調査者：［((何度も頷く))
339. ヨリ　：((フミエを見て頷く))
340. フミエ：なんかこうほんとに事実（(手をテーブルに打ち付ける))
341. 調査者：((頷く))
342. フミエ：ファクトだけ :: こうやって :: みたら :: なんかこう（(画面をなぞる
343.　　　　ような仕草を繰り返しつつ)) 自分の国の人たちがそう言ってるこ
344.　　　　と全然違うじゃんみたいなの何個かあったから ::
345. 調査者：((頷く))
346. フミエ：ほらね（(両手を広げて肩をすくめる仕草)) みたいな（.) 結局：み
347.　　　　んな保身だし ::
348. 調査者：((頷く))
349. フミエ：((手を1回打ち付ける)) 自分の国の利益（(手を2回打ち付け
350.　　　　る)) のことしか ::（(実際に2回頷きながら)) うんうん見えてな
351.　　　　：くて：主張（.) う :: ん（.) を（(両手で何かを押し出す仕草)) 通
352.　　　　そうとするから ::
353. 調査者：［((頷く))
354. フミエ：［もうこれは平行線だよみたいになって :: (2) でも私たちの中でも
355.　　　　平行線になっても意味がないから ::
356. 調査者：［((頷く))
357. フミエ：［これについて語るときは ::（(両手の指先をテーブルに置き)) な
358.　　　　んかこうえいっ英語じゃなくてまあ英語しかできない¥- から -¥
359.　　　　あの共通言語が (..) なんかこうっ (..) とりあえず（(両手を羽ば
360.　　　　たくように動かす仕草)) 日韓じゃない国のリソースに（(両手を
361.　　　　打ち付ける仕草)) ついっ (..) について ::
362. 調査者：［((頷く))
363. フミエ：［あの :: (..) に基づいて :: 話をすることにしよってなってます
364.　　　　：((頷きつつ調査者を見る))
365. ヨリ　：((頷き)) うん
366. 調査者：((頷きつつ)) う ::: ん
367. フミエ：((何度も頷いてから肩をすくめ)) 埒が明かないから（(頷く))
368. 調査者：((何度も頷く))

第 8 章　韓国人の夫との関わり合いに見る日韓問題

```
369. ヨリ　　：＠＠＠＠＠＠
370. フミエ：そしてなんか（.）（(表情を歪め)）気分も悪くなるし ::
371. ヨリ　　：[((フミエを見て頷き))うん
372. 調査者：[((何度も頷く))
```

　まず，スモール・ストーリーに示されたフミエの位置付け（ポジショニング・レベル1）について述べる．S1でフミエは，ネット上でサンフランシスコ条約の原文を夫とともに確認した際のやりとりを再現する．その中でフミエは，条約内に記載されていた情報を「事実」(340)，「ファクト (fact)」(342) と表象し，それを見た際に「自分の国の人たちがそう言ってること全然違うじゃん」(343, 344) と感じる自身（もしくは自身と夫）の様子を提示する（自国の提示する情報の偏りを実感し驚いた日本人の私：レベル1）．続いて，そのような実態に気がついたあと「結局：みんな保身だし ::」(346, 347)，「自分の国の利益のことしか ::」(349, 350)，「見えてなくて：主張（.）う :: ん（.）を」(350, 351)，「通そうとするから ::」(352)，「もうこれは平行線だよ」(354) と述べ，日韓問題に対する日韓両国の姿勢や主張に沿って夫婦が話し合っても「平行線」(354, 355) の状況を打開することはできないという見解を示す（日韓両国の情報操作に巻き込まれたくない日本人の私：レベル1）．その後，今度は「私たちの中でも平行線になっても意味がないから ::」(354, 355) とフミエが夫に提案する様子が描かれ，「これについて語るときは ::」(357)，「日韓じゃない国のリソースに」(360)，「基づいて :: 話をすることにしよ」(363) と夫婦が決定する姿が提示される（第3の視点を通じて日韓問題に向き合うことに決めた日本人の私：レベル1）．

　次に相互行為の場におけるフミエの位置付け（ポジショニング・レベル2）について述べる．フミエはデータの冒頭でS1を挿入し，日韓問題に関して日韓両国の情報操作が存在すること，またそのようなことが起こる要因は自国の「保身」(347) と「利益」(349) のみを重要視する両国の姿勢にあり，日韓両国がそのような「主張」(351) を互いに「通そう」(351, 352) とする限り状況は「平行線」(355) のままであるという見解を提示する（日韓両国の日韓問題への関わり方の問題点を指摘する私：レベル2）．そのようなフミエの見解に対し，調査

者は継続して頷きつつ理解を示す (341, 345, 348, 353). また, フミエはそれと同様の状況が自分たち夫婦の間で再現されることは「意味がない」(355) と明言し, そうならないための対処法として「日韓じゃない国のリソースに」(360),「基づいて :: 話をすることにしよ」(363) と決定したことを報告する (日韓両国の情報操作への抵抗を示す私：レベル2). このようなフミエの見解に対しここでは調査者とヨリの両方が頷きつつ同意を示す様子が見られ (365, 366), 在韓日本人女性3人が日韓両国の情報操作に抵抗したい私 (たち) (レベル2) という位置付けを共有していることがわかった. その後, フミエはそうしなかった場合に夫婦間の話し合いは「埒が明かない」(367) 状態となり夫婦が互いに「気分も悪くなる」(370) と述べ, 日韓両国の情報操作に巻き込まれた場合にどのような悪影響が生じるかについて言及する (日韓両国の情報操作の悪影響を共有したい私：レベル2). 彼女の見解は調査者からは頷き (368, 372), ヨリからは笑い (369) という反応を引き出しており, そこからは他の2人が彼女の見解を共有する様子が窺えた. 以上の点から, ここではフミエが語ることを通じて日韓両国の情報操作に抵抗する意思を示したい私 (レベル2) という位置付けを提示していることがわかった.

　最後にレベル1とレベル2の位置付けをもとにフミエが表出・構築する文化的・社会的自己 (アイデンティティ) (ポジショニング・レベル3) について述べる. フミエは日韓以外の国のリソースに基づき日韓問題について考察する中で, 自国の報道内容に懐疑心を抱くようになる. そして, 日韓両国が行う情報操作が自国の人々の問題に向き合う姿勢や発言に偏りを生じさせ, 状況を平行線状態に陥らせていることに気がついていく. また, フミエの発言からはそのような平行線の状態を自分たち夫婦の間で再現することや, 夫婦が互いに日本人代表・韓国人代表という位置付けからこの話題に向き合うことを彼女が無意味だと感じていることも明らかとなった. そして, この話題に関して何度も夫婦喧嘩を繰り返してきた経験からも, 日韓両国の情報操作に巻き込まれると状況が複雑化するだけでなく夫婦関係にも悪影響を与えると彼女が認識している様子も窺えた. 以上の点からは, データ28ではフミエによって日韓両国の情報操作に抵抗する在韓日本人というアイデンティティが実践されていることが明ら

かとなった（レベル3）．

　データ29はデータ28と同様，フミエとヨリのペアとのインタビューにおいて収集されたものである．データ28終了後，調査者は韓国で教育を受けていくことになる子どもたちから将来日韓問題に関して何か質問された場合はどのような対応をするのかとフミエとヨリに質問する．その質問に対し2人は，子どもには韓国側の意見だけでなく日本の意見や日韓以外のリソースからの情報などにも触れてほしいと話す．2人の発言を受け調査者は，子どもに日本の意見や立場についても知ってほしいと思う気持ちはどこから湧いてくるのかと尋ねる．この質問に対しヨリは日本には自分の味方や理解者が存在するが，もし自分が子どもに日本の立場や意見を伝えなかったら韓国また韓国の家族の中に私の味方や理解者がいなくなってしまうと述べる．フミエもヨリの意見を支持し，同様の理由から自身は夫に不毛だとわかっていても日韓問題に関する話題を「ふっかけちゃうんだと思う」と話す．そして，自身と夫の間でどのようにその話題がやり取りされるかを再現しながら，そういう作業を繰り返す中で互いの見解を確認しあっているのだと思うと話した．データ29はその直後のフミエの発言から始まる．データ29ではフミエによって一つのスモール・ストーリー（S1：499-517）が語られる．

〈データ29〉：夫婦がともに探求していく
　496. フミエ：((調査者を見て何度か頷く))穏やかに終わる時もあるんですよね
　497. ヨリ　：[((微笑みながら頷く))
　498. 調査者：[((何度も頷きつつ))うん（.）うんうんうんうんうん
　499. フミエ：なんでそうなるんだろうねぇ::みたいな（.）本当に::なんかなん
　500. 　　　　かIt'sなんかなんだなんだそういう時はかんっ英語を使うんです
　501. 　　　　けど
　502. 調査者：((頷く))
　503. フミエ：なんか（.）なんか本当になんか（.）理解できないみたいな::なん
　504. 　　　　かなんていうのかな（(ピッタリくる表現を下を向いて懸命に探し
　505. 　　　　当てようとしている様子))ん::なんか（.）これは私のなんか
　506. 　　　　curiosityってなんだっけ（.）なんか興味？

507. ヨリ　　：((フミエを見ながら))うん
508. フミエ：なんか It's my (.) It's just my personal curiosity みたいな
509. 調査者：((何度も頷きつつ))う::ん
510. フミエ：なんか(..)だからどうのとかじゃなくてなんか
511. 　　　　：[本当にクングメ((궁금해：気がかりだ・心配だ[3]))なのみたいな
512. 調査者：[((何度も頷きつつ))う::ん
513. フミエ：感じで聞きます[なんか
514. ヨリ　　：　　　　　　　[(((頷く))
515. 調査者：　　　　　　　　　[((何度も頷きつつ))う:::ん
516. フミエ：そしたら：ああ::それはねみたいな韓国人はこう思ってるから::な
517. 　　　　んだけど::みたいな
518. 調査者：((何度も頷く))
519. フミエ：((頷きながら))意見なんですけど(.)う::ん(.)でもなんかおっ
520. 　　　　(..)夫は::多分：(..)：韓国でず::っと育って生まれ育っあっ生ま
521. 　　　　れは韓国なんですけど育ってないから::まあ((首を傾げて))多分
522. 　　　　それも影響して
523. 調査者：ああなるほどね
524. フミエ：((調査者を見て))割と(..)どっちかって言ったら割と中立だと
525. 調査者：[((何度も頷く))
526. フミエ：[私は：日本よりって自分でも[自覚があるんですけど::
527. ヨリ　　：　　　　　　　　　　　　　[((フミエを見て))@@@@
528. フミエ：なんか夫は本当に中立な気がします
529. 調査者：((何度も頷きつつ))ふ:::ん
530. フミエ：((調査者を見て何度も頷く))

　まず，スモール・ストーリーに示されたフミエの位置付け（ポジショニング・レベル1）について述べる．S1の中でフミエは，韓国人の夫と日韓問題に関連した話題について話をする状況を再現する．その際フミエは夫に対し「なんでそうなるんだろうねぇ」(499)，「本当になんか(.)理解できない」(503)，「It's just my personal curiosity（本当に私の個人的な興味なんだけど）」(508)，「だからど

3　小学館朝鮮語辞典参照

258

うのとかじゃなくてなんか本当にクングメ（気がかり）なの」(510, 511) という発言を行う自身の様子を提示する．ここで提示されたフミエの発言からは，彼女が「just my personal curiosity」(508) に従い夫に回答を求めようと対話に臨む様子が描かれるとともに，個人的な興味から夫の意見を聞いてみたい私（レベル 1）という彼女の位置付けが見て取れる．また，彼女からそのように問いかけられた夫が「ああ::それはね」(516),「韓国人はこう思ってるから::なんだけど」(516, 517) と回答する様子からは，夫が韓国人としてではなく韓国人を知るものという位置付けから彼女の質問に答えようとする様子が見受けられる．ここでは妻の関心に対し客観的に返答する夫の姿を提示することを通じて，フミエが客観的な視点から質問に回答してくれる夫を持つ私（レベル 1）という位置付けを提示していることがわかった．

　次に相互行為の場におけるフミエの位置付け（ポジショニング・レベル 2）について述べる．データの冒頭で示されたフミエの発言（496）からは，日韓問題に関する話題について夫婦の対話が「穏やかに終わる時」(496) もあることが理解できる（日韓問題に関する話し合いが常に夫婦喧嘩に直結するわけではないことを示したい私：レベル 2）．フミエはまず S1 を挿入することを通じて，「穏やかに終わる時」(496) には夫婦間でどのようなやり取りが行われているのかを再現する．その中でフミエは，話をする際に自身がどのように夫に対して質問しているのかについて複数の表現を提示する．その際には，使用できる全ての言語を駆使しながら一番適切な言い方を見つけ出そうと試みるフミエの様子も観察された．そして最終的に「だからどうのとかじゃなくてなんか本当にクングメ（気がかり）なの」(510, 511) と韓国語を使用して発言し，相手に対抗したい批判したいという気持ちからではなく純粋な興味から尋ねているという姿勢を示す（個人的に知りたいと思う気持ちの重要性を主張したい私：レベル 2）．このような彼女の言動からは，「穏やかに終わる時」(496) には彼女が日本人としてではなくフミエ一個人の関心に従って夫に問いかけている様子が窺える．またそのような彼女の姿勢に呼応するように，彼女の夫もまた客観的な視点から回答を提示しようと試みる．ここまでのフミエの発言に対し，ヨリと調査者は共通して頷きつつ理解を示す様子を見せる（497, 498, 502, 507, 509, 512, 514, 515, 518）．

しかし，夫は「生まれは韓国なんですけど育ってないから」(520, 521)，「多分それも影響して」(521, 522) とフミエが発言した直後,「ああなるほどね」(523) と調査者が発言し何かが腑に落ちたといった反応を見せる．調査者の反応からは，フミエの夫が持つ韓国生まれではあるが韓国育ちではない（韓国国内で成長してきた韓国人とは異なる）という特徴が，調査者の中の何らかの引っ掛かりを解消させた様子が見受けられる．フミエもまた，日本で育った経験がある日本寄りの自分と対比させ，韓国で育ったことのない夫が「割と中立」(524) であると意見する．ここからは，彼女もまた，夫の生い立ちが彼の発言内容に影響を及ぼしていると感じている様子が理解できる．そしてデータの終結部では，フミエが再度「夫は本当に中立な気がします」(528) と夫の中立性を強調し，中立な感覚を所持する夫を持つ私（レベル2）という自身の位置付けを提示していた．以上の点から，ここではフミエが語ることを通じて日韓問題に向き合う際には国籍に縛られない方が良いと主張したい私（レベル2）という位置付けを提示していることがわかった．

　最後にレベル1とレベル2の位置付けをもとにフミエが表出・構築する文化的・社会的自己（アイデンティティ）（ポジショニング・レベル3）について述べる．データ29の冒頭でフミエは，日韓問題に関する話題について夫婦で対話する際に穏やかに終わる場合もあることに言及する．データ内でのフミエの発言からは，日本人や韓国人としてではなく個人的な立ち位置から日韓問題に関わることが日韓問題に関する話題を穏やかに話し合う際に重要な要素であると彼女が認識している様子が窺える．その一方で，韓国人ではあるものの韓国で教育を受けた経験がないという夫の特徴が夫の中立性と関連があると考えるフミエの見解からは，現実的には国籍に縛られずにこの話題に向き合うことが簡単ではないと彼女が認識している様子も窺えた．以上の点から，ここではフミエによって国籍に縛られず日韓問題に向き合う努力をする日本人というアイデンティティが実践されていることが明らかとなった（レベル3）．

　データ30は在韓歴5年のヨシミと7年のレイへのインタビューにおいて収集されたものである．レイは韓国で大学院の修士課程を卒業しており，大学院時代は日韓の近代史などについて学んでいた．データの開始前，レイは日韓双

第8章　韓国人の夫との関わり合いに見る日韓問題

方の人々から互いの国や人に対する非難を聞かされることがあると話した．そして，非難する国や人と現実的に関わりを持った経験もないのに否定的な発言をする人間に腹が立つと述べた（第7章データ24参照）．それに対しヨシミは，韓国で大学院に入り日韓の近代史などを学んだ経験があるがゆえにそのように感じるのではないかと指摘する．レイはヨシミの指摘に同意する姿勢を見せると，今度は韓国人の夫と自身との間で日韓問題に関する話題について話し合う際の状況について言及する．データ30はレイの語りの冒頭部分から始まる．データ内ではレイによって一つのスモール・ストーリー（S1：881-895）が語られる．なお，レイが大学院進学を決めた要因には，交際中に夫の日韓の近代史に関する豊富な知識を目の当たりにしたこと，また知識がないことで自身が韓国で恥ずかしい目にあったことなどが存在する（第10章データ51-1参照）．

〈データ30〉：喧嘩にはならないが平行線で終わる
865. レイ　　：だから旦那と話をしてても：
866. 調査者：[（（頷く））
867. ヨシミ：[（（頷く））
868. レイ　　：旦那も：ある程度私がかじってるっていうか
869. 調査者：[（（何度も頷きつつ））うんうんうん
870. ヨシミ：[（（何度も頷く））
871. レイ　　：[べんっそういうの興味あることを知ってるんで::
872. 調査者：[（（頷く））
873. ヨシミ：[（（遠くを見ながら微かに頷く））
874. レイ　　：(1) 話し合いにはなりますけど::
875. 調査者：（（頷く））
876. レイ　　：(..) どこにもちゃんと着地しないことはわかってるんですよね
877. 調査者：[（（何度も頷く））
878. レイ　　：[基本的に日本人だから
879. ヨシミ：うんうんうん（（何度も頷く））
880. 調査者：（（何度も頷く））
881. レイ　　：でも私は旦那が言ってることも理解するんで::
882. 調査者：（（何度も頷く））

```
883. レイ    ：まあそれは::それはあるそれはあるそういうこともある（..）って
884.         いう風に
885. 調査者：[((何度も頷く))
886. ヨシミ：[((何度も頷く))
887. レイ    ：こっ（.）なんていうんすか？に韓国側の立場も理解する［ってい
888.         う風に話すから::
889. 調査者：                                                    [(((何度
890.         も頷く))
891. レイ    ：うちでも::喧嘩にもならないし::
892. 調査者：う:::ん
893. ヨシミ：((微かに頷く))
894. レイ    ：韓国はこうだ（.）いや日本だって::にはならないんですよ絶対う
895.         ちにうちでは
896.        ：まあ
```

　まず，スモール・ストーリーに示されたレイの位置付け（ポジショニング・レベル1）について述べる．S1においてレイは，韓国人の夫と日韓問題に関する話題について話し合う際の様子を描写する．ここでレイは「私は旦那が言ってることも理解するんで::」(881)と前置きした上で，夫に対し「まあそれは::それはあるそれはあるそういうこともある」(883)と発言する自身の様子を提示する（夫の発言も理解できるだけの知識を持つ私：レベル1）．そして，そのような自身の言動を「韓国側の立場も理解する［っていう風に話す」(887, 888)と説明すると，自身が韓国の立場にも理解を示す姿勢を見せるがゆえに夫婦で話し合っても「喧嘩にもならない」(891)と述べる（韓国の立場を理解できる知識があるので言い合いに発展しない私：レベル1）．その後，今度は「韓国はこうだ（.）いや日本だって」(894)と夫婦が言い合う様子が仮定の話として描写される．そして，その直後にレイが自分たち夫婦の間ではそのような状況は絶対に起こらないと否定する様子が見られた(894, 895)．ここでは喧嘩する状況を描き出した上でそれを打ち消すことで，レイが日韓問題に関する話題で夫と絶対もめない私（レベル1）という位置付けを提示していることがわかった．

第 8 章　韓国人の夫との関わり合いに見る日韓問題

　次に相互行為の場におけるレイの位置付け（ポジショニング・レベル 2 ）について述べる．データの冒頭でレイは，日韓問題に関する話題に向き合う際の自身と夫の立ち位置について説明する．まずレイは「旦那も：ある程度私がかじってるっていうか」(868)，「そういうの興味あることを知ってるんで」(871) と述べ，夫の目に映る自身の様子について言及する（韓国人の夫から知識があるものとして認められている私：レベル 2 ）．そして，そのような夫と自身のやり取りを「話し合い」(874) と位置付ける（知識があれば喧嘩ではなく話し合いというスタイルが選択できると主張したい私：レベル 2 ）．ただし，少なくともレイはそのような話し合いを「どこにもちゃんと着地しないことはわかってる」(876) 上で行っていると述べる．また，その理由について自分自身が「［基本的に日本人だから］」(878) と説明し，国籍に縛られたまま日韓問題に関して話し合っても平行線だとわかっている私（レベル 2 ）という自身の位置付けを提示する．データの冒頭からここまでのレイの発言に対し調査者とヨシミは共通して頷きつつ同意を示しており (866, 867, 869, 870, 872, 873, 875, 877, 879, 880)，ここでは 2 人がレイの位置付けを共有する様子が観察された（国籍に縛られたまま日韓問題に関して話し合っても平行線だとわかっている私（たち）：レベル 2 ）．続けてレイは S1 を挿入し，実際に自身と夫がどのように話し合いをしているのかを再現する．レイは，その際の自身の様子について「私は旦那が言ってることも理解する」(881)，「韓国側の立場も理解する［っていう風に話す」(887, 888) と説明する（韓国側の意見への理解を示すことの重要性を主張したい私：レベル 2 ）．ここでは前半で彼女が理解する対象が「旦那」(881) と表現されていたのに対し，後半では「韓国の立場」(887) と変化している様子が見られた．同時に，前半では「理解する」(881) とされていた表現が後半では「理解する［っていう風に話す」(887, 888) へと変化している様子も観察された．彼女のこのような発言からは，レイの夫が彼女と日韓問題に関する話題を話し合う際に韓国の立場に立って発言していることが理解できるとともに，彼女が夫と話す際に自分は韓国の立場も理解しているということが相手に伝わるように話すことを心がけている様子が窺えた．このようなレイの発言からは，日韓問題に関して夫婦が話し合う際に，韓国のことも理解しているという姿勢を夫に見せることが「喧

263

嘩」(891)を回避する一助となっている可能性が示唆された．以上の点から，ここではレイが語ることを通じて韓国の立場を理解できる知識が必要だと主張したい私（レベル2）という位置付けを示していることがわかった．

　最後にレベル1とレベル2の位置付けをもとにレイが表出・構築する文化的・社会的自己（アイデンティティ）（ポジショニング・レベル3）について述べる．データ30では，レイが，夫と日韓問題に関する話題を話す際の状況や具体的なやりとりに関して言及する．データの前半でレイは，夫が彼女のことを日韓問題や韓国の近代史に関して学んだもの，興味があるものと認識しているため，自分たち夫婦の間でその話題が扱われる際には喧嘩ではなく話し合いという形がとられると説明する．そしてデータの後半では，彼女自身が韓国側の意見を理解することができるため，基本的には日本人であっても日韓問題に関する話題を夫婦喧嘩になることなく話し合うことができるという認識を明示する．以上のことから，ここではレイによって日韓問題に関する知識があるものとして韓国人に認められている日本人というアイデンティティが実践されていることが明らかとなった（レベル3）．ただしデータ内でレイは自分自身について「［基本的に日本人だから」(878)と述べると同時に，それゆえに夫とのこの話題について話し合ったところで「どこにもちゃんと着地しないことはわかってる」(876)とも発言しており，学ぶことにより喧嘩を避けることはできても，この話題に関して夫婦間で生産的なやりとりが行われるわけではないと彼女が認識していることも明らかとなった．

第2節　夫とは話し合わない事例

　本研究では，韓国人の夫と日韓問題に関する話題について話さない理由として，喧嘩になる，自分自身に知識がない，話し方（討論の仕方）がわからない，夫の日本非難を聞きたくない，夫が興奮して意見できないなどが挙げられていた．特に喧嘩になるという意見は，実際に喧嘩になった経験があるものだけでなく，仮定の条件（もし話したとしたら喧嘩になるだろうと思うもの）を含め全ての事例において観察された．以下では，知識がない・話し方がわからないので話

さないケース（データ31），夫の日本非難を聞きたくないケース（データ32-1），夫が興奮して意見できないケース（データ32-2）の代表的なデータを取り上げ分析・考察していく．

データ31は在韓歴8年のユキと2年のナオへのインタビューにおいて収集されたものである．データの開始前，ユキとナオは韓国生活を送る中で実感する生活レベルの文化差については夫と率直に話すことができると話した．しかしながらその一方で，日韓問題に関する話題については夫と話さないと述べた．データ31ではユキがその理由について説明する．データ内ではユキによって五つのスモール・ストーリー（S1：297-305，S2：309-313，S3：316-320，S4：325-332，S5：335-337）が語られる．

〈データ31〉：知識がない・話し方もわからない・言われても言い返せない
```
297. ユキ    ：だってりほん離乳食（.）例えば日本やったら理由がちゃんとある
298.          じゃないですか
299. 調査者 ：［うん
300. ナオ   ：［((頷きつつ)) うんうん
301. ユキ   ：消化が悪いからこっこっちが説明できる理由が［1 ある
302. 調査者 ：              ((何度も頷きつつ))［1 うんうんうん
303.          んうんうん
304. ナオ   ：                              ［1 ((何度も頷く))
305. ユキ   ：てことは言われても言い返せる（(右手を胸の前で前後に振る))
306.          ¥- みたいな -¥
307. ナオ   ：［((何度も頷きつつ)) うんうんうん
308. 調査者 ：［((何度も頷きつつ)) うんうんうん
309. ユキ   ：で政治の ¥- 面に関して -¥（..）私の本当に（..）あの恥ずかしい話
310.          ((首を傾げて)) 知識がない（.）ので：((ので：のところで視線を
311.          調査者にやる))
312. 調査者 ：((大きく頷く))
313. ユキ   ：言：われたら言われっぱなし：：((右手を自分の方に近づける))
314. 調査者 ：((何度も頷きつつ)) うん：：：：
315. ナオ   ：（..）［2 ((頷く)) うん
```

316. ユキ 　：　　　[2((ナオを見て))で言い返そうと思った(.)知識を集める
317. 　　　　　　 こともしないし::
318. ナオ 　：[((頷く))うん
319. 調査者：[((頷く))
320. ユキ 　：(..)ていうので(.)もうまず知識の量が膨大に差が[(..)あって：
321. ナオ 　：　　　　　　　　　　　　　　　　　　　　　　[((何度も頷
322. 　　　　　く))
323. 調査者：　　　　　　　　　　　　　　　　　　　　　　　[((何度も頷
324. 　　　　　く))
325. ユキ 　：あと今まで討論：(.)韓国の人って政治の話
326. 　　　　　[お友達でもするじゃないですか
327. ナオ 　：[うん((何度も頷く))うんうん
328. 調査者：((何度も頷きながら))うん:::
329. ユキ 　：仕方もわからへんから
330. 調査者：[((大きく頷き))うん:::
331. ナオ 　：[((何度も頷く))
332. ユキ 　：できない
333. ナオ 　：[((何度も頷く))
334. 調査者：[((何度も頷く))
335. ユキ 　：が話(.)でお互い：(..)((右手を自分の方に近づける))ゆわれて
336. 　　　　　んってなってる私((肩を落とし項垂れている様子))を見るの
337. 　　　　　も：多分¥-あんまり好きじゃないし:-¥
338. ナオ 　：[((何度も頷きつつ))う:::ん
339. 調査者：[((何度も頷きつつ))う:::ん
340. ユキ 　：ていうので言わない((言わないで両手を左右に離す))
341. ナオ 　：[((何度も頷きつつ))う:::ん
342. 調査者：[ああ：なるほどなるほど
343. ユキ 　：[話さない((両手を左右に離す))ってなってると思ううちの家
344. 　　　　　は：((何度も頷く))うん

　まず，各スモール・ストーリーの中におけるユキの位置付け（ポジショニング・レベル1）について述べる．S1の中でユキは離乳食の与え方を例に挙げ，

そのような「こっちが説明できる理由が［ある］」(301) 話題に関しては夫から何か「言われても言い返せる」(305) と発言し，自分にも知識がある場合は夫と争える私（レベル1）という位置付けを示す．続くS2では，「政治」(309) の話題に関しては自分には「知識がない」(310) と言及し「言：われたら言われっぱなし」(313) になると述べ，知識がない政治の話題に関しては夫と争うことができない私（レベル1）という位置付けを示す．そしてS3では，夫と自分の間には「知識の量が膨大に差が」(320) あるため夫に反論するための「知識を集めることもしない」(316, 317) 自身の状況を描写するとともに夫に言い返すための知識を集めることを諦めている私（レベル1）という位置付けを提示する．S4では「韓国の人って政治の話［お友達でもするじゃないですか］」(325, 326) と韓国人を一括りにした上で友人との間でも政治の話をする人々と位置付け，対する自分については「仕方もわからへんから」(329)，「できない」(332) と述べる（韓国人のように政治の話ができない日本人の私：レベル1）．最後のS5では，夫から何か言われて「んんっ」(336) と言いながら肩を落とす自身の様子を再現するとともに，政治の話題に関しては夫に勝てない私（レベル1）という位置付けを提示する．このように，ユキがデータ内に挿入した五つのスモール・ストーリーからは，彼女が日韓の生活レベルの文化差に関する話題（S1）において示す位置付けと日韓問題に関連した政治的な話題（S2-S5）において示す位置付けに異なりが見られることがわかる．そして，S2-S4では政治的な話題について夫と話し合うことを彼女が困難だと認識する理由が，S5ではユキに対し夫がその話題を振らない理由がそれぞれ示されるとともに，それぞれの事情から夫婦がその話題を夫婦間で話さないように心がけている様子が描写されていた．

　次に，相互行為の場におけるユキの位置付け（ポジショニング・レベル2）について述べる．データ内でユキは，韓国人の夫と日韓の間の政治的な問題に関して話をしない理由について説明する．まずユキはS1を挿入し，自分が夫に説明できる理由のある場合は夫に何か言われても言い返せるという状況を提示する（297-306）（言い合いになった場合は言い返したい私：レベル2）．また，この時ユキの発言に見られた「言われても言い返せる」(305) という表現からは，彼女が夫との対話を話し合いというよりは言い合いと認識している様子も窺えた．

そして，彼女のこのような発言を聞いていた他の2人もユキの見解に何度も頷きつつ同意を示しており（302, 303, 304, 307, 308），他の2人が夫と言い合いになった場合は自分も言い返したいというユキの思いを共有する様子が見られた．その後，S2を通じてユキは政治の話題に関しては自身に「知識がない」（310）ため「言：われたら言われっぱなし」（313）になる状況に言及する（政治の話題は自分にとって不利な話題であると訴える私：レベル2）．そして，S3ではそのような状況に対処しようにも夫と自分の間には「知識の量が膨大に差が」（320）存在するため「知識を集めることもしない」（316, 317）と発言する（立場を変化させることの難しさを訴える私：レベル2）．続くS4でユキは「韓国の人って政治の話お友達でもするじゃないですか」（325, 326）と発言するが，ここでは「というものは」，「ということは」への言い換えが可能な「って」を使用し，韓国人は日韓問題に関連した政治の話を友達とするという見解を調査者とナオとの間で共通知識として共有しようと試みる（三枝 1997：26）（政治の話題に不慣れな日本人という認識を共有したい私：レベル2）．このようなユキの見解に対し調査者とナオは同意を示し（327, 328），ここでは3人が政治の話題に不慣れな日本人という認識を共有する様子が見られた．その後S5でユキは，言い返せずに項垂れる自分を見るのが好きではないため夫は政治の話題を「言わない」（340）と説明する（韓国人の夫から配慮されている私：レベル2）．ここでなされた発言からは，夫婦間でその話題が取り上げられないのは夫の配慮からでもあると他の参与者に伝えようとするユキの様子が窺えた．続いてユキは「話さないってなってると思ううちの家は」（343, 344）と発言すると，日韓問題に関連した話題を夫婦間で扱わないことを決定した私（たち）（レベル2）という自身と夫の位置付けを提示していた．以上の点から，ここではユキが語ることを通じて政治の話題を避ける事情を理解してほしい私（レベル2）という位置付けを提示していることがわかった．

　最後にレベル1とレベル2の位置付けをもとにユキが表出・構築する文化的・社会的自己（アイデンティティ）（ポジショニング・レベル3）について述べる．ユキはデータの前半でまず，夫婦間で生活レベルにおける日韓の文化差について話す状況と，日韓問題と関連した政治的な話題について話す状況の両方を提

示する．そして，その際に自分がどのような状況に身を置くことになるのかに言及しながら，それら二つの状況が自分にとって同列に並べられる状況ではないということを調査者とナオに説明していく．また，それらの説明の中でなされたユキの発言からは，彼女が指摘した韓国人と自分の間に存在する相違（政治的な話題に関する知識量の差，政治的な話題に関して討論の仕方を知っているかいないか）に関して，ユキが夫と自身の相違というよりも韓国人と日本人の政治的な話題に関する向き合い方の違いという認識を所持している様子も窺えた．以上の点から，ここではユキによって政治的な話題に苦手意識を持つ日本人というアイデンティティが実践されていることが明らかとなった（レベル3）．

　データ32-1，32-2は在韓歴9年のエミと12年のマイコへのインタビューにおいて収集されたものである．データ開始前，調査者はエミとマイコに対し韓国人の夫と不買運動に関して話をするのかと質問した．マイコは夫との間ではあまり日韓問題に関する話題を話すことがないと言い，エミは一度その話題で夫と喧嘩になったことがあるので我が家では話さないと述べた．エミの発言を受け，調査者は夫との喧嘩についてエミに尋ねる．エミ曰く，喧嘩のきっかけはサッカーの日韓戦で韓国が日本に勝ったことであった．その際に，日本の敗北についてどう思っているのかなどと夫がエミにしつこく意見を求めてきた．そのようなやり取りが続いたため徐々に夫婦間の雰囲気が悪くなり，そこから話題が歴史の話に移って夫婦喧嘩になったとのことであった．データ32-1は，雰囲気の悪化に伴い話の流れが歴史問題の話題に変化したというエミの発言から始まる．データ内ではエミによって一つのスモール・ストーリー（S1：261-277）が語られる．

〈データ32-1〉：日本に対する否定的な夫の発言を聞きたくない
　261. エミ　　：でなんか (.) なぜか歴史¥-の話になって::-¥（（何度も頷く））
　262. 調査者：（（何度も頷く））
　263. マイコ：（（頷く））
　264. エミ　　：（（マイコを見て頷く））そう［それですごい言われたんで
　265. マイコ：　　　　　　　　　　　　　　　　［（（小さく何度も頷く））

266. 調査者：((頷く))　うん
267. エミ　：日本は::((小さく首を振りながら))昔::((小さく首を振りなが
268. 　　　　ら))色々して(..)きたんだ((何度も頷きながら))[みたいな
269. マイコ：　　　　　　　　　　　　　　　　　　　　　　　　[((唇を噛ん
270. 　　　　で頷き))う::ん
271. 調査者：((頷きつつ))ああ::
272. エミ　：((何度も頷きつつ))でああ旦那もそういうふうに思ってるんだっ
273. 　　　　て[いうのがわかって::((頷く))
274. 調査者：((頷く))
275. マイコ：　[((頷き))う::ん
276. エミ　：((何度も首を振りながら))ああなんかもうこういう話したくない
277. 　　　　なって
278. マイコ：((頷く))うん
279. 調査者：((何度も頷く))
280. エミ　：((何度も頷きつつ))うん((何度も頷く))

　まず，スモール・ストーリーの中におけるエミの位置付け（ポジショニング・レベル1）について述べる．S1においてエミは「日本は::昔::色々して(..)きたんだ」(267, 268)という夫の発言を直接引用で再現し，類似した内容のことを「すごい言われた」(264)と話した（日本を強く非難する韓国人の夫を持つ日本人の私：レベル1）．また，夫の発言を聞き「ああ旦那もそういうふうに思ってるんだ」(272)，「ああなんかもうこういう話したくないな」(276, 277)と感じる自身の心情についても言及する（夫の日本非難に不快感を抱く日本人の私：レベル1）．

　次に，相互行為の場におけるエミの位置付け（ポジショニング・レベル2）について述べる．データ内でエミは日韓の歴史問題に関して夫と喧嘩になった際の状況と，その際に生じた自分の感情について説明していく．まずエミはS1の中で，夫から日本の過去の行いを強く非難される自身の様子を描写する(264-268)（日本を非難する夫の言動を共有したい私：レベル2）．それに対し，マイコは唇を噛んで頷きつつ「う::ん」(269, 270)，調査者は頷きつつ「ああ::」

270

第 8 章　韓国人の夫との関わり合いに見る日韓問題

(271) と微妙な反応を示す（エミの夫の発言に複雑な心境になる私（たち）：レベル 2）．そのような 2 人の反応を見ていたエミは，272 行目で何度も頷き「ああ旦那もそういうふうに思ってるんだ」(272) ということが「わかって」(273) と述べる．272 行目でなされた「旦那も」(272) というエミの発言からは，夫の中にも絶対悪の日本（人）イメージを構築する韓国の支配的言説と同様の認識（一方的に日本を非難する）が存在していることに彼女が気づく姿が読み取れた（夫の中の支配的言説の影に気づいた私：レベル 2）．その後，エミはそのような発言をする夫とは日韓の歴史問題に関して話をしたくないという見解を提示し (272, 273, 276, 277)，他の参与者もそれに共感する様子を見せていた (278, 279)．以上の点から，ここではエミが語ることを通じて一方的な日本非難に対して感じる耐え難さを共有したい私（レベル 2）という位置付けを提示していることがわかった．

　最後にレベル 1 とレベル 2 の位置付けをもとにエミが表出・構築する文化的・社会的自己（アイデンティティ）（ポジショニング・レベル 3）について述べる．データ内でエミは韓国人の夫と日韓問題に関する話題で喧嘩になった際に，夫から過去に日本が行ったことについて強く非難される自身の様子を描きだす．そして，日本を一方的に非難する夫の言動を受け，今後は夫とその話をしたくないと感じる自身の様子を提示する．エミの目に映る夫は，韓国人であるというだけでなく，日本人である自分と結婚した夫であり，日韓にルーツを持つ子どもの父親でもある．データ内では，そのような夫の中に根をはる韓国の支配的言説の存在に対峙したエミが，夫とはこの話題に関して話をしたくないと明確に認識する様子が示されていた．これらの点から，ここではエミによって韓国の支配的言説と接触したくない日本人というアイデンティティが実践されていることが明らかとなった（レベル 3）．

　データ 32-2 はデータ 32-1 の直後に続く内容である．ここではエミによって二つのスモール・ストーリー（S2：298-302，S3：318-319）が語られる．

〈データ 32-2〉：知識がない・勝てない・夫がヒートアップしてしまう
　279. 調査者：う:::ん (.) そっ (.) その時は反論をするというよりももうスッと
　280. 　　　　やめたんですか？

271

281. エミ　：なんか私自身そこまで日本で歴史について::
282. マイコ：((何度も頷く))
283. 調査者：((何度も頷く))
284. エミ　：深く学んでないので::
285. 調査者：((頷き))うんうんうんうん
286. エミ　：((マイコを見て))しかも日韓のことについて::
287. マイコ：韓国人はすごい詳しい[((調査者を見て))ですよね
288. エミ　：　　　　　　　　　　　　[((調査者を見て))詳しいですよね？
289. 調査者：　　　　　　　　　　　　　　　　　[((何度も頷きつつ))ああ::
290. マイコ：日韓の歴史について
291. 調査者：((何度も頷く))
292. エミ　：((何度も頷きつつ))う::ん
293. マイコ：((エミを見て))勝てる自信がない
294. エミ　：((マイコを見て何度も頷きながら))そうそう((何度も頷く))う
295. 　　　　ん::
296. マイコ：@@@@@
297. 調査者：ああ:::
298. エミ　：だからなんかあんまり::[言い返せなかったですね((何度も頷
299. 　　　　く))
300. マイコ：　　　　　　　　　　　[((何度も頷きつつ))うんうん
301. エミ　：なんか(.)なんでそういうこと((首を小さく振りつつ))いう
302. 　　　　の？ぐらいしか言えなくて[((何度も頷き))う::ん((何度も頷く))
303. マイコ：　　　　　　　　　　　　　[((頷き))う:::ん((何度も頷く))
304. 調査者：旦那さんなんて言ってたんですか？
305. 　　　：なんで私に(.)日本人の私に[そんなこと言うの
306. エミ　：　　　　　　　　　　　　　[ねぇ::
307. 　　　：でも彼はヒートアップしちゃうとすごい(..)[ぱって言っちゃうタ
308. 　　　　イプなんで
309. マイコ：　　　　　　　　　　　　　　　　　　　　[((大きく何度も頷
310. 　　　　く))
311. 調査者：((大きく頷く))う::ん
312. エミ　：多分そこまで思ってなくても言う

第 8 章　韓国人の夫との関わり合いに見る日韓問題

313. 調査者：((何度も頷く))
314. エミ　：((何度も頷きつつ))言っちゃう部分はあるんですけど((何度も
315. 　　　　頷く))
316. マイコ：((何度も頷く))
317. 調査者：う::ん
318. エミ　：でもきっと::(.)韓国で学んだ日本(.)と::韓国の歴史について
319. 　　　　を言ってたと思います［日本がしてきたこと
320. マイコ：　　　　　　　　　　　［((何度も頷く))
321. 調査者：((頷き))う:::ん［なるほど::
322. エミ　：　　　　　　　　［((何度も頷きつつ))うん::うん::
323. マイコ：　　　　　　　　［((何度も頷く))

　まず，各スモール・ストーリーの中におけるエミの位置付け（ポジショニング・レベル 1）について述べる．S2 でエミは夫と日韓の歴史問題に関して喧嘩になった際の状況に言及し「あんまり::［言い返せなかった」(298) と述べる．そして「なんでそういうこと((首を小さく振りつつ))いうの？」(301, 302) と夫に対して発言する自身の様子を再現すると，知識豊富な韓国人の夫に太刀打ちできなかった日本人の私（レベル 1）という自身の位置付けを提示する．続く S3 でエミは，喧嘩になった際に「韓国で学んだ日本(.)と::韓国の歴史」(318)，「日本がしてきたこと」(319) に関して夫が自分に対しいろいろと言ってきた状況に言及し，韓国の支配的言説を内在化した夫から日本を非難された日本人の私（レベル 1）という自身の位置付けを示していた．

　次に，相互行為の場におけるエミの位置付け（ポジショニング・レベル 2）について述べる．データ 32-1 において，エミは夫と日韓問題に関する話題について話をしたくないという自身の思いを明示した．それを受け調査者はデータ 32-2 の冒頭で「その時は反論をするというよりももうスッとやめたんですか？」(279, 280) とエミに尋ねる．するとエミは「私自身そこまで日本で歴史について::」(281)，「深く学んでないので::」(284)，「しかも日韓のことについて::」(286) と返答する（日韓の間の歴史に疎い私：レベル 2）．エミの発言に続くようにして今度はマイコが調査者に対し「韓国人はすごい詳しい［((調査者を

273

見て））ですよね」(287) と発言し，マイコの発言の途中でエミも同様に調査者に対し「詳しいですよね？」(288) と問いかける（日韓の間の歴史に詳しい韓国人という認識を共有したい私（たち）：レベル2）．調査者はマイコが「韓国人はすごい詳しい」(287) と発言した部分で既に頷く様子を見せ始めており，その後にマイコが「日韓の歴史について」(290) と述べた際にもエミと同様に頷く様子を見せる (291, 292)．これらのやりとりからは，ここでは3人が日韓の間の歴史に詳しい韓国人という認識を共有する様子が読み取れた．その後，マイコがそのような韓国人と自分を比較した上で「勝てる自信がない」(293) とエミに向けて発言すると，エミもマイコを見ながら何度も頷きつつ「そうそう」(294) と強く同意を示す（歴史の話題では韓国人に勝てないという認識を共有したい私（たち）：レベル2）．ここでのエミとマイコのやりとりからは，彼女たちが日韓の歴史問題に関する話題に関して夫と意見交換するという行為を勝ち負けの枠組みの中で捉えていることがわかる．同様の認識はその後に示されたエミの「あんまり::［言い返せなかったですね」(298) という発言からも見受けられ，ここではエミが夫とのやりとりを言い合いという口論のような状況として受け止めていることが明らかとなった（夫に言い返す言葉を持たない私：レベル2）．その後，エミの夫に対する発言を聞いた調査者が，それに対し夫はどのように答えたのかと彼女に質問する (304, 305)．するとエミは，「彼はヒートアップしちゃうとすごい (..)［ぱって言っちゃうタイプ」(307, 308)，「多分そこまで思ってなくても」(312)，「言っちゃう部分はあるんですけど」(314) と断った上で，夫が「韓国で学んだ日本 (.) と :: 韓国の歴史」(318)，「日本がしてきたこと」(319)に関していろいろと言ってきたと話す（韓国人の中に内在化している支配的言説の存在を指摘したい私：レベル2）．以上の点から，ここではエミが語ることを通じて韓国の支配的言説に抵抗するすべがない自分の状況を理解してほしい私（レベル2）という位置付けを提示していることがわかった．

　最後にレベル1とレベル2の位置付けをもとにエミが表出・構築する文化的・社会的自己（アイデンティティ）（ポジショニング・レベル3）について述べる．データ32-1の開始前，エミはこれから自分が披露する語りを夫と歴史問題に関して喧嘩になった話として位置付けていた．エミの定義づけに見られた喧嘩

という表現は，データ32-2の冒頭でなされた調査者の「反論」(279) という表現や，夫と日韓問題に関する話題について話すという行為を勝ち負けや言い合いと捉えるマイコやエミの認識の枠組みへと連結していく．そして，夫とその話題について話すという行為を喧嘩という認識の枠組みの中で捉えた場合，知識量において圧倒的に不利である自分たちは負けたり言われっぱなしの状態になったりするとマイコやエミが実感している様子が見られた．以上の点から，ここではエミによって日韓問題に関する知識がないため知識の豊富な韓国人に勝つことのできない日本人というアイデンティティが実践されていることが明らかとなった（レベル3）．

第3節　日韓問題と関連のある夫の行動

　最後に，在韓日本人女性たちが，自身の夫が見せた日韓問題と関連のある行動について語っているデータを見てみたい．データ33では，自宅では日本非難を行う夫が実家に帰って自分の母親が日本非難をした際には日本を擁護する側に回るという語りが披露される．データ34では，日本非難を行う夫に意見できないのは住んでいる場所と自分が置かれている状況に要因があるとする語り手の意見が提示される．データ35では，不買運動に参加する夫の韓国人としての意思を尊重する語り手の姿勢が描かれる．

　データ33は，本章第1節のデータ25-1, 25-2と同様に在韓歴8年のノゾミと6年のアカネのへのインタビューで収集されたものである．データ33の開始前，ノゾミは調査者とアカネに対し韓国人の夫の日本非難がひどいという話をしていた．その中でノゾミは，そのような夫の発言を受け流す，あるいは状況がヒートアップしそうになってくるとその話題について話すことをやめようと夫に提案する自身の様子に言及する（本章データ25-1, 2参照）．それを聞いていた調査者は，二人の話を聞く中で夫の存在や夫との関係性は在韓日本人女性が日韓問題に関する話題とどう関わっていくかを考える際に重要だと実感したと述べる．それを受けノゾミは，夫は家ではそのような態度だが夫の実家で日本を嫌う義母が日本非難を始めると日本を擁護する側に回るという語りを始め

る．データ33はノゾミが義母の発言に言及する部分から始まる．データ内ではノゾミによって三つのスモール・ストーリー（S1：756-767, S2：774-775, S3：777-779）が語られる．

〈データ33〉：自分は否定するが，自身の親がそうする際には擁護に回る
756. ノゾミ：なんかちょこっとあれすると（.）結構日本に噛みつきそうになる
757. 　　　　感じ？
758. 調査者：((何度も頷く))
759. ノゾミ：でっそれを::旦那が抑えるんですよ
760. 調査者：ん::::
761. ノゾミ：結構（.）でっでも日本はいい（.）いいところだからみたいな
762. 　　　　：オンマ（엄마：母さん）は何も知らないじゃんみたいな::ことを言
763. 　　　　うから::
764. 調査者：おっ
765. ノゾミ：へえ::おお::おお::って［思うんですよ
766. アカネ：　　　　　　　　　　　［うんうん
767. ノゾミ：((笑顔で))家ではそんなことないじゃんっみたいな
768. 調査者：おお::::((何度か頷く))
769. ノゾミ：なんか守ろうとしているってかま（.）少し公正な目を::
770. 調査者：((何度も頷く))
771. ノゾミ：結婚してから持つようになったんだと思います
772. 調査者：[((何度も頷き))う:::ん
773. アカネ：[((何度も頷き))うんうんうんうん
774. ノゾミ：そのいいところも悪いところも結局::韓国も（.）ね種類は違えど
775. 　　　　あるじゃんみたいなことに::[気づいた
776. 調査者：　　　　　　　　　　　　　　[((何度も頷きつつ))うんうん
777. ノゾミ：学校でやっぱそういうのやってなかったから::
778. 調査者：((頷く))
779. ノゾミ：もう日本すっごい嫌いだったらしいです旦那も
780. 調査者：((何度も頷く))ああ::すごっそんなふうに教育されるんだねやっ
781. 　　　　ぱね

まず，各スモール・ストーリーの中におけるノゾミの位置付け（ポジショニング・レベル1）について述べる．S1においてノゾミは，夫の実家で義母と夫の間でなされたやりとりを再現する．その中でノゾミの夫は「日本に噛みつきそうになる」(756)自身の母親に対し「日本はいい(.)いいところだから」(761)，「オンマ（엄마：母さん）は何も知らないじゃん」(762)と発言する．ここでは日本を非難する義母に対し，ノゾミの夫は日本を擁護するものという位置付けを取っており，そのような夫の言動に対しノゾミは「へえ :: おお :: おお ::」(765)，「家ではそんなことないじゃん」(767)と驚く様子を見せる（日本を擁護する夫に驚く私：レベル1）．S2では，「いいところも悪いところも結局 :: 韓国も (.) ね種類は違えどあるじゃん」(774, 775)と日本だけでなく韓国にも「悪いところ」(774)は存在するのだということに気づく夫の様子が示される．そして，そのような夫に対比するように，自分とのやり合いを通じて夫の認識に変化が生じていることを実感する私（レベル1）というノゾミの位置付けが提示される．S3では，ノゾミが「学校でやっぱそういうのやってなかったから ::」(777)，「もう日本すっごい嫌いだった」(779)という夫の発言を引用しながら夫の過去の日本イメージについて説明する．ここでは，学校教育の影響で昔は日本がとても嫌いだったという夫の位置付けとともに，昔は日本が非常に嫌いだった夫を変化させることができた私（レベル1）というノゾミの位置付が見受けられた．

　次に，相互行為の場におけるノゾミの位置付け（ポジショニング・レベル2）について述べる．データ内で提示されたノゾミの夫の姿（日本を擁護する）はデータ開始前に提示されたもの（日本を非難する）とは反対であり，ノゾミの語りを聞いていた調査者もノゾミ同様に驚いた様子を見せる（764, 768）．アカネもまたノゾミが「へえ :: おお :: おお ::」(765)と発言した直後に「うんうん」(766)と彼女の見解を受け入れる様子を見せており，ここでは3人が共通してノゾミの夫の言動に驚く私（たち）（レベル2）という位置付けを提示していた．また「家ではそんなことないじゃん」(767)と発言する際にノゾミは笑みを浮かべており，その直後には夫の行動に対して「なんか守ろうとしている」(769)と述べるなど，ここでは夫の日本を守ろうとする行動にノゾミが肯定的な感情を抱

いている可能性が窺えた（夫の変化を肯定的なものとして強調したい私：レベル2）．続けてノゾミは，「少し公正な目を::」(769) 夫が自身と「結婚してから持つようになったんだと思います」(771) と発言し，他の参与者も彼女の発言に同意する様子を見せる (772, 773)（夫の変化に対する自分の影響力を示したい私：レベル2）．それに続く S2 でノゾミは夫の中で実際にどのような変化が起こったのかを具体的に表現する (774, 775)（夫の変化を具体的に示したい私：レベル2）．そして，S3 では夫が過去に日本が嫌いであった要因として韓国の学校教育の影響を指摘する (777, 779)（元来の夫の姿勢を共有したい私：レベル2）．ノゾミの指摘に対し調査者は何度も頷きながら「ああ::すごっそんなふうに教育されるんだねやっぱね」(780, 781) と発言し，彼女の見解に同意する姿勢を示す．ここではノゾミと調査者の発言に共通して「やっぱ」(777) や「やっぱね」(780, 781) という表現[4]が見られ，韓国で行われる日韓問題と関連した教育は日本が悪いという部分だけを強調する内容であるという認識を彼女たちが共通して所持していることが理解できる．また，それがノゾミの夫の発言により証明されたと彼女たちが感じている様子も見受けられた．このような2人のやりとりからは，韓国の支配的言説は韓国人の中に否定的な日本イメージを構築すると考える私（たち）（レベル2）という位置付けを2人が共通して提示していることが明らかとなった．以上の点から，ここではノゾミが語ることを通じて夫の中の支配的言説に打ち勝てたという事実を共有したい私（レベル2）という位置付けを提示していることがわかった．

最後にレベル1とレベル2の位置付けをもとにノゾミが表出・構築する文化的・社会的自己（アイデンティティ）（ポジショニング・レベル3）について述べる．データ内でノゾミは，自宅で見せる言動とは異なり自分の母親が日本を非難した際に日本を擁護する夫の様子を他の参与者に提示する．そして，そのような夫の言動に驚きながらも日本を守ろうとしていると笑みを浮かべる様子を見せ

---

4 曺（2001）によれば，「やっぱり」には基本的に話し手の主観的な判断を表す機能が存在しているという．また「やっぱり」には，それが順接の論理上で使用される際には「妥当な推論の結果としての話し手の判断（Xだからやっぱり Y）」という意味合いを，逆接の論理上で使用される場合は「話し手の認識の確認や再確認（X（が，けれども，のに）やっぱり Y」」という意味合いを表す機能がそれぞれ存在するという．

るなど，自身と結婚したことが夫に公正な目を持たせる契機となったという点を言外に指摘する．そして，学校で日韓の歴史に関して学んだ夫が日本に対して強い嫌悪感を抱いていた点に言及し，韓国の学校教育が韓国人の中に否定的な日本イメージを構築する一つの要因であるという見解を示す．同様の見解は調査者の発言からも観察されており，在韓日本人女性2名が共通して韓国の学校教育に対し日本に対する否定的なイメージを構築するものという認識を所持していることも明らかとなった．以上の点から，ここではノゾミによって韓国の支配的言説に打ち勝った日本人というアイデンティティが実践されていることが明らかとなった（レベル3）．

　データ34は在韓歴8年のユキと2年のナオへのインタビューにおいて収集されたものである．データ開始前，参与者3人は夫との間で日韓問題に関連した話題を扱うかどうかについて話をしていた．ユキとナオは夫とはその話題について話をしないと述べ，調査者はその理由を2人に質問した．すると，ナオがその当時（2019年）韓国で行われていた不買運動に自身の夫が参加していること，ナオにも日本製品を買ってくるなと話したことなどに言及した．調査者とユキはナオの発言に激しく驚き，調査者は夫の言動を見てどのような気持ちになるのかとナオに尋ねた．それに対しナオは「私は韓国に来た日本人なので」と言い，「韓国に慣れなきゃいけない」と思っていると話した．そして，夫の言動は嫌だけれど日本の両親にも良くしてくれるなど良いところもたくさんあるからと述べた．データ34はその直後のナオの発言から始まる．データ内ではナオによって三つのスモール・ストーリー（S1：705-716, S2：716-717, S3：720-721）が語られる．

〈データ34〉：日本に対する否定的発言を妻の目につく場所でする
　　703. ナオ　　：まあ今そういうふうに悪いっ（.）悪いっていうかまあ::（..）ねえ
　　704. ユキ　　：((頷く))
　　705. ナオ　　：いっそういう日本に対して
　　706. ユキ　　：[((頷く))
　　707. 調査者：[((頷く))

708. ナオ　　：いっ（..）悪いことも::（（唾を飲んで））良くないこともゆっ（..）
709. 　　　　　その（.）私にいうっていうよりかはテレビにゆったりとか（.）
710. 　　　　　[1 ひとご [2 独り言のようにいうんで：あんまり [3 (..) ん:::
711. ユキ　　：[1 ((頷く))
712. 調査者：　　　　　　　[2 うん::
713. ユキ　　：　　　　　　　　　　　　　　　　　　　　　　　　[3 ((
714. 　　　　　何度も頷きながら))ん：
715. ナオ　　：嫌ですけども::（.）まあしょうがないかな::って（..）私はここに
716. 　　　　　いる限り：（.）日本にいってそういうことされたらちょっといっい
717. 　　　　　っ言っちゃうかもしれないですけど
718. 調査者：ほお::::[:::::
719. ユキ　　：　　　[（（調査者に視線をやりつつ小さく頷く））
720. ナオ　　：　　　[私はここにきた：身なので::（..）うん::¥-しょうがない
721. 　　　　　のかなっ-¥て私は：思っちゃいますね（（何度も頷く））
722. 調査者：ん:::じゃあもし旦那さんが日本に来て::（（ナオうなずく））
723. 　　　　：[日本で暮らしていたら::
724. ナオ　　：[うん（（何度も頷く））うんうん
725. 調査者：その同じ行動に対して [それは::って言えるってこと [ですか？
726. ナオ　　：　　　　　　　　　　　[うん::　　　　　　　　　[((頷く))
727. 　　　　　うん：そうですね
728. 調査者：もっ場所？
729. ナオ　　：（（首を傾げ））¥-場所でっ-¥@@ うん

　まず，各スモール・ストーリーの中におけるナオの位置付け（ポジショニング・レベル1）について述べる．S1でナオは日本に対する非難をテレビに向かって「独り言のようにいう」(710)夫の姿を目にしながら「嫌」(715)だと感じつつも「まあしょうがないかな」(715)，「私はここにいる限り」(715, 716)と感じる自身の様子を描き出す（夫の日本非難に不快感を持ちつつも耐えることを選択する私：レベル1）．次にS2では，仮定の話として日本にナオ一家が住んでいる状況が描写され，自分のホームグラウンドである日本でなら夫に意見できる可能性が生まれる私（レベル1）というナオの位置付けが見受けられた．ここでナ

第 8 章　韓国人の夫との関わり合いに見る日韓問題

オは「一てしまう」の音韻縮約形である「一ちゃう」を使用し，日本にいるという状況が私にそのような発言を夫にさせる要因となるという姿勢を見せる（一色 2011）．しかしながら，「かもしれない」(717) という文末表現からは実際に言えるかどうかはわからないという彼女の認識も窺えた．S3 では再度 S1 と類似した状況が想定され，その中で夫の言動に対し「私はここにきた：身なので：」(720)，「しょうがないのかなっ」(720, 721) と思うナオの姿が描かれる．ここでもナオは「一ちゃう」を使用し，そのように思う要因として自分自身が韓国に来た身であるという点を前景化しており，彼女にとって所属する社会において自分自身がマイノリティ側なのかマジョリティ側なのかが重要な意味を持っていることがわかる．ここから，S3 を通じて彼女がマジョリティである韓国人夫の日本非難に耐えるしかないマイノリティの私（レベル 1）という位置付けを提示していることがわかった．

　次に，相互行為の場におけるナオの位置付け（ポジショニング・レベル 2）について述べる．データの前半でナオは韓国人の夫が日本のことを非難する様子について「悪いっていうかまあ::(..) ねえ」(703)，「悪いことも::((唾を飲んで)) 良くないことも」(708)，「私にいうっていうよりかはテレビにゆったりとか」(709)，「ひとご [独り言のようにいうんで：あんまり [(..) ん :::」(710) など，夫の言動を直接的に良くないものとして表現することを避ける様子を見せる（夫を擁護する私：レベル 2）．ただ 715 行目ではそのような夫の言動に対し「嫌です」(715) と述べ，自身の中にそのような夫の言動を不快に思う自分が存在しているということを明示する（夫の日本非難に不快感を持っていることは主張したい私：レベル 2）．しかしながら，その直後に逆説の機能を持つ接続詞「けれども」の砕けた表現である「けども」を挿入し (715)，「まあしょうがないかな::って (..) 私はここにいる限り」(715, 716) と述べ，韓国に住んでいる限り夫の言動は避けようのないものであると認識する様子を示す（自分たちがマイノリティであることを強調したい私：レベル 2）．けれども，次に挿入された S2 でナオは，もし自分たちが日本にいたならば夫に対し意見できるかもしれないという見解を示す（夫の日本非難に意見したい気持ちがあることを示したい私：レベル 2）．このようなナオの発言に対し調査者は「ほお :::: [:::::」(718) と否定とも肯定と

281

も取れない反応を見せ，ユキもそのような調査者の反応を見つめながら小さく頷くのみであった．調査者とユキの反応を受け，ナオは続けてS3を挿入し「私はここにきた：身なので::(..)うん::¥しょうがないのかなっ¥」(720, 721)思ってしまう自身の様子を他の2人に対し強調する（自分たちがマイノリティであることを強調したい私：レベル2）．ここでもナオは，自身が夫に意見しない理由を韓国における自身のマイノリティという立場と関連付けて説明する．また，自分が夫の言動を納得して受け入れているわけではないということを他の参与者に対し提示する．このようなナオの言動からは，マイノリティなのだからマジョリティに意見できないことは仕方がないという彼女の認識が読み取れる．さらに，他の参与者とナオのやりとりからは，自分が日本を非難する夫の行動をただ容認している訳ではないという点を，同じ在韓日本人女性である他の2人に対しナオが提示しようと試みている様子が窺えた．しかし，ナオの見解が受け入れ難い調査者は，今度はナオに対し日本で同じことをされたら意見できるということかと確認する(722, 723, 725)．その質問に対しナオは「うん：そうですね」(727)と頷きつつ肯定を示し，場所が変われば意見できるという点を明確にする私（レベル2）という位置付けを提示する．それを受け調査者は「もっ場所？」(728)と驚いた様子を見せる．ナオはそのような調査者に笑いながら「場所でっ」(729)と再度発言し，自分が夫に意見できるかどうかは自分がどこにいるか（どのような状況に身を置いているか）によるという点を強調する．以上の点から，ここではナオが語ることを通じて韓国ではマイノリティである自身の状況を強調したい私（レベル2）という位置付けを提示していることがわかった．

　最後にレベル1とレベル2の位置付けをもとにナオが表出・構築する文化的・社会的自己（アイデンティティ）（ポジショニング・レベル3）について述べる．データ34の冒頭でナオは，調査者の質問が契機となり日本を非難する夫の言動に対しどう思うのか説明し始める．その中でナオは，夫の言動を直接非難することは避けつつも，そのような夫の言動を嫌だと感じているということを他の参与者に伝える．ただし，その際には自分自身を韓国に来た身として表象し，所属する社会において自分たちはマイノリティであり夫はマジョリティである

という状況を前景化させる．また，その直後には自分と夫の位置付けを反転さ
せ，自らがマジョリティ側に立っている場合はマイノリティ側になる夫に意見
できるかもしれないと述べる．このようなナオの言動からは，マイノリティは
マジョリティに対して意見できないという規範意識のようなものが彼女の中に
存在している可能性が窺えた．他の参与者，特に調査者はそのようなナオの見
解に対し抵抗する様子を見せるが，ナオは最後まで自身の見解を一貫して貫く
様子を見せていた．以上の点から，ここではナオによって韓国では嫌なことも
耐え忍ぶよりほかないマイノリティというアイデンティティが実践されている
ことが明らかとなった（レベル3）．

　データ35は在韓歴6年のフミエと8年のヨリへのインタビューにおいて収
集されたものである．データ開始前，3人は日韓にルーツを持つ我が子が韓国
で日韓問題に関連のある教育を受け始めた際にはどのように関わっていくか
という話をしていた．その中でヨリとフミエは，我が子がそういう教育を受ける
ということ自体を回避したいとは思わないが，やはり不安感があると発言する．
またヨリは「韓国的な歴史教育を学校から刷り込まれる」ことには不安がある
と言い，その理由として自身の夫の体験を例示する．ヨリによれば，彼女の夫
は学生時代に歴史教育を熱心に行う教師を通じて内在化した認識に拘束された
まま苦しんでいるという．データ35はそのようなヨリの話を聞いていた調査
者が，改めて彼女の夫の現状をヨリに質問したところから始まる．データ内で
はヨリによって二つのスモール・ストーリー（S1：1200, S2：1207-1222）が語ら
れる．

〈データ35〉：不買運動に参加する・自分が受けた教育の影響に苦しむ
　　1192. 調査者：旦那さん苦しんでらっしゃるんですか？
　　1193. ヨリ　：@@¥-うちの-¥ (.) うちの夫は :: あの :: 日本のサブカルチャーは
　　1194.　　　　とても好きなので ::
　　1195. フミエ：[1 ((ヨリを見て頷きながら)) ああ ::
　　1196. 調査者：[1 ((何度も頷く))
　　1197.　　　　：[2 ああ ::

1198. ヨリ　　：[2 今もう::（..)（(フミエに視線を向け))）ビール飲んでないんで
1199.　　　　　すよ@@@@
1200. フミエ：((ヨリを見て目を見開き驚いて))マジで？
1201. ヨリ　　：そう（(両目を瞑って))飲みたいっ飲みたいっ
1202. フミエ：((ヨリを見て))えっなんで？飲んじゃだめ？
1203. ヨリ　　：((視線を上に向けて))その（..)自分の（2)（(右手で鼻を触り))
1204.　　　　　もう自分との約束なんでしょうね［多分
1205. フミエ：　　　　　　　　　　　　((ヨリを見て))［へえ::
1206. 調査者：[ふ:::ん
1207. ヨリ　　：[僕がビールを飲むのは（.)安倍首相が（..)その退陣した日だと
1208.　　　　　か言って
1209. フミエ：((ヨリを見て))へえ::::
1210. ヨリ　　：頑張ってて（..)日本に行った時は例外らしくて［3 @@@@@
1211. フミエ：　　　　　　　　　　　　　　　　　　　　　　［3 ((ヨリを見て))
1212.　　　　　あっそうなんだ
1213. 調査者：　　　　　　　　　　　　　　　　　　　　　　［3 @@@@@
1214. ヨリ　　：((両目をぎゅっと瞑り))そこだけは
1215.　　　　：例外ルールを［設けたらしくて
1216. 調査者：　　　　　　　［((笑みを浮かべて何度も頷く))
1217. フミエ：@@@@@（..)ああそうなんだ::
1218. ヨリ　　：だから（..)なんで頑張ってんの？って聞いたら（.)いや（(頷く
1219.　　　　　仕草))韓国人として頑張らなくちゃいけないんだ［って言ってて
1220. フミエ：　　　　　　　　　　　　　　　　((ヨリを見ながら))［へえ::
1221. ヨリ　　：そこはわかり合えないんですけど［4 ((何度も頷きながら))そう
1222.　　　　　なんですか::って
1223. フミエ：　　　　　　　　((ヨリを見て頷き))［4 うん:::
1224.　　　　：((ヨリを見て))奥さん日本人でもそうなのね::
1225. ヨリ　　：((フミエを見て)）（..)（(大きく頷き))うん

　まず，各スモール・ストーリーの中におけるヨリの位置付け（ポジショニング・レベル1）について述べる．S1においてヨリは日本のビールを「飲みたいっ飲みたいっ」（1201）と口にする夫の姿を描写する（不買運動に参加する夫を持

284

第8章　韓国人の夫との関わり合いに見る日韓問題

つ私：レベル1）．続くS2では，そんな夫とヨリとの間でなされたやりとりが再現される．そこでは，ヨリに対し「僕がビールを飲むのは (.) 安倍首相が (..) その退陣した日だ」(1207) と述べる夫の姿や，そのような夫に対し「なんで頑張ってんの？」(1218) と尋ねるヨリの様子などが描写される．ヨリの質問に対し彼女の夫は「いや（（頷く仕草））韓国人として頑張らなくちゃいけないんだ」(1218，1219) と返答しており，ここからは韓国人として他の韓国人同様に日本に対する抵抗姿勢を見せなければいけないという夫の認識が読み取れる．またヨリはそのような夫の見解に対し「そこはわかり合えない」(1221) と前置きした上で，「そうなんですか」(1221，1222) とその意見を肯定も否定もせず聞く自身の様子を提示する（夫の韓国人としての心情を理解はできないが否定もしない私：レベル1）．

　次に，相互行為の場におけるヨリの位置付け（ポジショニング・レベル2）について述べる．データの冒頭で調査者に「旦那さん苦しんでらっしゃるんですか？」(1192) と質問されたヨリは，彼女の夫が「日本のサブカルチャーはとても好き」(1193，1194) であると述べる（夫が日本に対し好意的な部分もあることを示したい私：レベル2）．それに対し，フミエと調査者が何度も頷きながら，何かを理解したかのような様子を見せる．ここでは不買運動が起こっている現在の状況は，日本に対して好意的なヨリの夫にとっては苦しいものに違いないと他の2人が認識している様子が窺える．しかし，その直後ヨリは「今もう::(..)（（フミエに視線を向け））ビール飲んでないんですよ」(1198，1199) と発言し，日本に対して好意的な感情も抱いている夫が不買運動に参加しているという状況を明らかにする（夫が不買運動に参加している事実を共有する私：レベル2）．それを聞いたフミエは，大変驚いた様子を示し「マジで？」(1200) とヨリに対して確認する．ヨリは自身の発言が真実であると肯定した後に「飲みたいっ飲みたいっ」(1201) と言いながらも日本のビールを買うことを我慢している夫の様子を再現する（苦しむ夫の様子を共有したい私：レベル2）．それに対しフミエは「えっなんで？飲んじゃだめ？」(1202) とヨリの夫の言動を理解し難いという様子を見せる．フミエの反応にヨリは，夫の行動は「自分との約束なんでしょうね［多分］」(1204) と説明し，夫には夫の考えがあることを強調したい私（レ

ベル2）という位置付けを提示する．そのようなヨリの発言を受け，フミエと調査者はそれを否定も肯定もしない微妙な反応を示す（1205, 1206）．2人の反応からは，不買運動に参加する夫の行動を尊重するというヨリの姿勢に対し他の2人が共有しがたいという様子を見せていることがわかった．2人の反応を受けヨリは「［僕がビールを飲むのは（.）安倍首相が（..）その退陣した日だ」（1207）という夫の発言を直接引用を挿入して提示し，夫が No Japan というよりは No Abe[5] の精神に基づき不買運動に参加しているという状況を言外に提示する（夫が日本に対して敵意を持っているのではないことを強調したい私：レベル2）．そして，夫がもうけた「例外ルール」（1215）に関しても言及し，夫の不買運動が日本に対する徹底された強い抵抗の表れとして行われているわけではないという状況を提示する．ヨリが提示した「例外ルール」（1215）の話題は他の参与者に笑いとともに受け入れられ（1211, 1212, 1213, 1216, 1217），ここではヨリの夫の不買運動をそこまで深刻なものではないと理解した私（たち）（レベル2）という調査者とフミエの位置付けが観察された．また，ヨリは S3 の中で韓国人として頑張らなくてはいけないという夫の意見を尊重はしていても理解はできない（1221）と明言しており，夫の行動を理解しているわけではないことを明示したい私（レベル2）という自身の位置付けを提示する．そのようなヨリの発言を受けフミエは「奥さん日本人でもそうなのね::」（1224）とヨリに対して発言し，ヨリはそれに大きく頷きながら「うん」（1225）と返答する．フミエの発言からは彼女が日本人の妻を持つ韓国人は不買運動に参加しないだろうという認識を所持している様子が窺えるとともに，この発言によりヨリがフミエによって日本製品不買運動に参加する韓国人の夫を持つものとして位置付けられる．ここでフミエは自身の夫の状況には言及していないが，彼女の発言から考えてフミエが不買運動に参加しない韓国人の夫を持つ私（フミエ：レベル2），ヨリが参加する夫を持つ私（ヨリ：レベル2）という位置付けで向かい合う様子も観察された．以上の点から，ここではヨリが語ることを通じて苦しむ夫の様

---

[5] 澤田（2020）によれば，不買運動が行われていた当時「韓国では安倍政権にノーと言うことは，日本全体を敵に回そうというのではない「理性的」な対応だと受け止められて」（澤田 2020：74）いたという．

子を共有したい私(レベル2)という位置付けを提示していることがわかった.

最後にレベル1とレベル2の位置付けをもとにヨリが表出・構築する文化的・社会的自己(アイデンティティ)(ポジショニング・レベル3)について述べる.ヨリはデータの冒頭で調査者の質問が契機となり,学生時代に韓国の教育機関から刷り込まれた認識を変化させられないで苦しんでいる夫について説明し始める.まず,ヨリは彼女の夫が日本の大衆文化を好んでいるという話題を提示し,夫が日本に関して好意的な感覚を所持しているということを他の参与者に提示する.そして次に,そのような夫が飲みたいという強い欲求があるにも関わらず日本のビールを買うことを我慢して不買運動に参加している状況に言及する.また,夫によってなされた安倍政権が退陣したらまたビールを飲むという発言や,韓国人として頑張らなければいけないという発言を引用することで,夫が韓国人として安倍政権の退陣の日までは不買運動を継続する意思を持っているという点を示す.ヨリによって提示された彼女の夫のこのような二つの側面は,一個人として日本の大衆文化や日本のビールを好む夫の側面と,学校教育などの影響を受けて構築された夫の中の韓国人としての側面の両方を描き出すとともに,その間で揺れ動く夫の状況を他の参与者の前に開示する.このような彼女の発言からは,韓国の学校教育によって刷り込まれた認識が個人の好みや感覚までも凌駕し韓国人の行動に影響を与えているという実態と,その状況を自分の力では打開できず苦しむ韓国人が存在するという可能性を示唆している.また,ヨリはそのような夫の苦しみを認識しているからこそ,夫の言動を「自分との約束」(1204)と受け止めわかり合えないが尊重する姿勢を見せていた.さらに彼女の夫の発言からは,韓国国外に出た場合は韓国人として頑張らなければいけないという思いを例外的に停止させることができると彼が認識している様子が窺える.ここからは,自身が存在する場所や,その場所で自身がどのような立場なのかという点が夫の中の韓国人としてどう行動すべきかという意識に何らかの影響を与えている様子も観察された.以上の点から,ここではヨリによって韓国人の内情や苦しみに触れそれを尊重することができるようになった日本人というアイデンティティが実践されていることが明らかとなった(レベル3).

第 4 節　考察

　本章で述べた結果について，まずは，リサーチ・クエスチョン 1（ナラティブ領域とそれが語られる相互行為の場において彼女たちが自らをどのように位置付けているのか）について考える．第 1 節では，在韓日本人女性たちが韓国人の夫と日韓問題に関する話題について話し合う語りを取り上げ分析・考察を行った．データ 25-1，25-2 では，韓国人の夫から頻繁に日本を非難される語り手が，夫の日本非難に不快感を抱きつつも客観的な視点を持って向き合う様子が観察された．語り手は，韓国人の立場から見れば夫の言動にも理解できる部分もあるとしながらも，夫婦間で母国非難を繰り返しても何も生み出すことはできないと感じていた．データ 25-1 では，韓国人の夫から母国を非難される日本人の私（レベル 1），夫の意見を客観的に受け止める在韓日本人の私（レベル 1），夫の言動に対する不快感を共有したい私（レベル 2），夫の意見を理解できる私（レベル 2），夫の日本非難に腹が立つが否定できない自分がいることを提示する私（レベル 2）といった位置付けが観察された．データ 25-2 では，夫の日本非難が頻回でいちいち感情的な対応を取らない私（レベル 1），互いの母国非難を無意味だと感じる私（レベル 1），互いの国を非難することの無意味さを共有したい私（レベル 2），夫婦間で日韓対立を再現することの無意味さを主張したい私（レベル 2）といった位置付けが提示されていた．データ 26-1，26-2 では，韓国人の夫が日本に対してどのような言動を見せるのか語り手が注意深く観察している様子が見られた．データ内では不買運動に関する韓国人の夫の言動が例示され，日本と韓国に対し中立的な視点から意見する夫の姿勢を重視する語り手の姿が観察された．データ 26-1 では語り手によって，夫の日本非難に対し敏感に反応してしまう日本人の私（レベル 1），夫が必ず日本を非難していることを忘れない日本人の私（レベル 1），夫の日本非難には社会的要因が関係していると考える私（たち）（レベル 2），夫の日本非難に理解を示しつつも気になってしまう心情を提示する私（レベル 2）といった位置付けが提示されていた．データ 26-2 では，日本人である自身のことを気遣ってくれる夫を持つ私（レベ

ル1），夫が日本を非難するような人物だった場合は一緒に生活してくことを不安に思う私（レベル1），自分を気遣ってくれる夫の態度への安心感を共有したい私（レベル2），日本だけを否定する夫との共同生活に不安を感じる私（レベル2），夫には自分の味方であって欲しいという思いを伝えたい私（レベル2）といった位置付けが観察された．データ27では，韓国人の夫と日韓の歴史問題に関して喧嘩になった語り手が，この話題に向き合う際には夫婦が平等な立場から向き合うべきだと主張する様子が見られた．ここでは語り手によって，韓国側の主張も知った上で意見する日本人の私（レベル1），夫婦は平等な立場から意見すべきだと考える私（レベル1），夫の所持する情報の偏りを率直に指摘できる私（レベル1），メディアが構築するイメージが幻想であることを主張したい私（レベル2），平等な立場から夫婦で日韓問題に関して話すことの重要性を訴えたい私（レベル2）といった位置付けが提示されていた．データ28では，日韓問題に関する話題について夫婦間で何度も喧嘩を繰り返してきた語り手が，日韓両国が提供する情報ではなくそれ以外の国のリソースに基づいて話をすることに決めていると発言する様子が見られた．またその理由として，日韓両国が提供する情報には双方の国の利益や保身を重視した情報操作が行われており，それに基づいて話をしたところで状況は平行線のままだと気づいたことが挙げられていた．ここでは，自国の提示する情報の偏りを実感し驚いた日本人の私（レベル1），日韓両国の情報操作に巻き込まれたくない日本人の私（レベル1），第3の視点を通じて日韓問題に向き合うことに決めた日本人の私（レベル1），日韓両国の日韓問題への関わり方の問題点を指摘する私（レベル2），日韓両国の情報操作への抵抗を示す私（レベル2），日韓両国の情報操作の悪影響を共有したい私（レベル2），日韓両国の情報操作に抵抗する意思を示したい私（レベル2）といった位置付けが見られた．データ29では，日韓問題の話題に関して向き合う際には日本人としてではなく一個人として自分が知りたいことを相手に尋ねるという姿勢が重要であると認識している語り手の様子が示された．ここでは，語り手によって個人的な興味から夫の意見を聞いてみたい私（レベル1），客観的な視点から質問に回答してくれる夫を持つ私（レベル1），個人的に知りたいと思う気持ちの重要性を主張したい私（レベル2），日韓問題に

向き合う際には国籍に縛られない方が良いと主張したい私（レベル2）といった位置付けが提示されていた．データ30では，韓国の大学院で実際に日韓の近代史に関して学んだ経験を持つ語り手が，日韓問題に関する話題と向き合う際には韓国側の主張も理解できる知識を身につけておくことが重要だと認識している様子が見られた．ここでは，夫の発言も理解できるだけの知識を持つ私（レベル1），韓国の立場を理解できる知識があるので言い合いに発展しない私（レベル1），日韓問題に関する話題で夫と絶対もめない私（レベル1），知識があれば喧嘩ではなく話し合いというスタイルが選択できると主張したい私（レベル2），国籍に縛られたまま日韓問題に関して話し合っても平行線だとわかっている私（レベル2），韓国の立場を理解できる知識が必要だと主張したい私（レベル2）といった位置付けが観察された．

第2節では，韓国人の夫と日韓問題に関する話題について話し合わないと述べた在韓日本人女性たちの語りを取り上げ分析・考察を行った．データ31では，韓国生活を送る中で感じる生活レベルでの文化差については韓国人の夫と話をすることができるが，日韓問題に関連した政治的な話題に関しては話ができないという語り手の心情が提示された．ここでは，語り手によって自分にも知識がある場合は夫と争える私（レベル1），知識がない政治の話題に関しては夫と争うことができない私（レベル1），夫に言い返すための知識を集めることを諦めている私（レベル1），韓国人のように政治の話ができない日本人の私（レベル1），政治の話題に関しては夫に勝てない私（レベル1），言い合いになった場合は言い返したい私（レベル2），政治の話題は自分にとって不利な話題であると訴える私（レベル2），政治の話題を避ける事情を理解してほしい私（レベル2）といった位置付けが提示されていた．データ32-1では，韓国人の夫から過去の日本の行いを強く非難され，夫とは今後日韓問題に関連した話題を話したくないと感じる語り手の様子が描かれる．ここでは，日本を強く非難する韓国人の夫を持つ日本人の私（レベル1），夫の日本非難に不快感を抱く日本人の私（レベル1），日本を非難する夫の言動を共有したい私（レベル2），夫の中の支配的言説の影に気づいた私（レベル2），一方的な日本非難に対して感じる耐え難さを共有したい私（レベル2）といった位置付けが観察された．データ32-2で

第8章　韓国人の夫との関わり合いに見る日韓問題

は，一方的に日本を非難してくる夫に対し言い返せない語り手の状況と，夫の日本非難の中に韓国の支配的言説の影を感じる語り手の様子が観察された．ここでは，語り手によって知識豊富な韓国人の夫に太刀打ちできなかった日本人の私（レベル1），韓国の支配的言説を内在化した夫から日本を非難された日本人の私（レベル1），日韓の間の歴史に疎い私（レベル2），歴史の話題では韓国人に勝てないという認識を共有したい私（レベル2），夫に言い返す言葉を持たない私（レベル2），韓国人の中に内在化している支配的言説の存在を指摘したい私（レベル2），韓国の支配的言説に抵抗するすべがない自分の状況を理解してほしい私（レベル2）といった位置付けが提示されていた．

第3節では，在韓日本人女性たちが自身の夫の日韓問題と関連のある行動に関して言及している語りを取り上げ分析・考察を行った．データ33では，日本非難を行う夫が義理の母親の前では日本を擁護する側に回る様子，そのような夫の姿に夫の認識の変化を実感する語り手の姿が描写された．ここでは，日本を擁護する夫に驚く私（レベル1），自分とのやり合いを通じて夫の認識に変化が生じていることを実感する私（レベル1），昔は日本が非常に嫌いだった夫を変化させることができた私（レベル1），夫の変化を肯定的なものとして強調したい私（レベル2），夫の変化に対する自分の影響力を示したい私（レベル2），韓国の支配的言説は韓国人の中に否定的な日本イメージを構築すると考える私（レベル2），夫の中の支配的言説に打ち勝てたという事実を共有したい私（レベル2）といった語り手の位置付けが観察された．データ34では，夫の日本非難に耐える語り手が，夫に対して意見できないのは自分が韓国に住んでいてマイノリティであるからであり，もし自分がマジョリティ側であれば夫の行為にも意見できるかもしれないという見解を示す様子が見られた．ここでは語り手によって，夫の日本非難に不快感を持ちつつも耐えることを選択する私（レベル1），自分のホームグラウンドである日本でなら夫に意見できる可能性が生まれる私（レベル1），マジョリティである韓国人夫の日本非難に耐えるしかないマイノリティの私（レベル1），夫を擁護する私（レベル2），夫の日本非難に不快感を感じていることは主張したい私（レベル2），自分たちがマイノリティであることを強調したい私（レベル2），場所が変われば意見できるという点を明

確にする私（レベル2），韓国ではマイノリティである自身の状況を強調したい私（レベル2）といった位置付けが提示された．データ35では，不買運動に参加している韓国人の夫の身を置く状況や夫の中に生じる悩みに向き合った語り手が，夫の行動を理解することはできないが韓国人としての決意として尊重する様子が見られた．ここでは，不買運動に参加する夫を持つ私（レベル1），夫の韓国人としての心情を理解はできないが否定もしない私（レベル1），夫が日本に対し好意的な部分もあることを示したい私（レベル2），夫が不買運動に参加している事実を共有する私（レベル2），苦しむ夫の様子を共有したい私（レベル2），夫には夫の考えがあることを強調したい私（レベル2），夫が日本に対して敵意を持っているのではないことを強調したい私（レベル2），夫の行動を理解しているわけではないことを明示したい私（レベル2），苦しむ夫の様子を共有したい私（レベル2）といった位置付けが語り手によって提示されていた．

次にリサーチ・クエスチョン2（語ることを通して表出・構築される彼女たちのアイデンティティとはどのようなものか）についてはどうだろうか．第1節で取り上げた八つのデータ内で語り手が実践していたアイデンティティには，韓国人の日本非難に客観的に向き合える在韓日本人（データ25-1），日韓対立と家庭生活を切り離したい日本人妻（データ25-2），韓国人の夫の日本批評を注視する日本人（データ26-1），韓国人の夫には中立性を求める在韓日本人妻（データ26-2），日韓夫婦は平等な立場から日韓問題に向き合うべきだと感じる日本人妻（データ27），日韓両国の情報操作に抵抗する在韓日本人（データ28），国籍に縛られず日韓問題に向き合う努力をする日本人（データ29），日韓問題に関する知識があるものとして韓国人に認められている日本人（データ30）といったものが見られた．データ25-1で提示された語り手のアイデンティティからは，韓国で韓国の人々と実際に関わりを持ちながら生活し，韓国人の夫やメディアなどを通じて韓国側の主張を耳にする機会もある語り手が，日本を非難されることに対する不快感を抱きつつも韓国側の主張にも一定の理解を示す様子が見受けられた．データ25-2で提示された語り手のアイデンティティからは，日韓問題に関する話題をめぐって夫婦喧嘩を繰り返す中でその無意味さに気づいた語り手が，日韓対立の図式を家庭内で繰り返すよりも，その問題を家庭とは切り離

第 8 章　韓国人の夫との関わり合いに見る日韓問題

したいと考える様子が見られた．データ 26-1 で提示された語り手のアイデンティティからは，日本人の妻を持つ韓国人の夫が日韓問題に関する話題において日本に対してどのような言動を見せるのかを語り手が重要視している様子が窺えた．また，データ 26-2 で提示された語り手のアイデンティティからは，日本人の妻を持つ韓国人の夫が一方的に日本を非難するような場合は韓国で一緒に生活していくことが困難だと感じる語り手の心情，それゆえに夫には中立的な立場から日韓問題に関して関わってほしいと感じている語り手の様子が見受けられた．データ 27 で提示された語り手のアイデンティティからは，韓国語を学び韓国側の主張にも目を通した上で意見する語り手に対し，日本語がわからず韓国側の主張に沿って意見をする夫では，夫婦が平等な立場から意見していると言い難いと感じる語り手の心情が窺えた．データ 28 で提示された語り手のアイデンティティからは，日韓両国の提供する偏った情報により日韓の間でこの話題についての対立が生じていると認識している語り手が，そのような対立を夫婦間の間に持ち込まないためにも日韓以外の国のリソースから情報を得た上で夫と話し合いたいと強く感じている様子が見受けられた．データ 29 で提示された語り手のアイデンティティからは，夫婦が日本人代表，韓国人代表という立ち位置に縛られることなく，日韓問題と関わりのある一個人として共に問題に向き合い対話をすることの重要性に自らの体験を通じて気づいた語り手の思いが読み取れた．データ 30 で提示された語り手のアイデンティティからは，日韓問題に関する話題を夫婦間で扱う際には自分の母国サイドの意見ばかりを相手にぶつけても喧嘩になるだけであり，互いに相手側の主張を理解できるだけの知識を身につける必要があると感じている語り手の姿勢が観察された．

　第 2 節で取り上げた三つのデータの中で語り手が実践していたアイデンティティには，政治的な話題に苦手意識を持つ日本人（データ 31），韓国の支配的言説と接触したくない日本人（データ 32-1），日韓問題に関する知識がないため知識の豊富な韓国人に勝つことのできない日本人（データ 32-2）といったものが見られた．データ 31 で語り手が提示したアイデンティティからは，日韓問題に関連した話題について夫とやりとりする状況を言い合いと認識している語り

293

手が，特に政治的な話題を自分にとって不利な話題として受けとめている様子が読み取れる．また，政治的な話題に対する苦手意識を自分個人の感覚というよりも日本人全体の特徴として認識し，夫と自分の関係性を韓国人と日本人の関係性（政治的な話題に慣れている韓国人と不慣れな日本人）として提示しようと試みる様子も見受けられた．データ 32-1 で提示された語り手のアイデンティティからは，日本人の妻を持ち日韓にルーツのある子どもの父親でもある夫から一方的に日本を非難された語り手が，夫の中に存在する韓国の支配的言説の存在に気づき，夫とこの話題を扱わないことでその存在との接触を拒否する様子が読み取れた．データ 32-2 で語り手が提示したアイデンティティからは，夫と日韓問題に関する話題を話し合うことを喧嘩や言い合いと捉えている語り手が，圧倒的な知識の差ゆえに夫と話し合ったところで自分には言い返す力もなく夫に勝つことはできないと認識している様子が見られた．

　第 3 節で取り上げた三つのデータ内で語り手が実践していたアイデンティティには，韓国の支配的言説に打ち勝った日本人（データ 33），韓国では嫌なことも耐え忍ぶよりほかないマイノリティ（データ 34），韓国人の内情や苦しみに触れそれを尊重することができるようになった日本人（データ 35）といったものが見られた．データ 33 で提示された語り手のアイデンティティからは，日本人である語り手と結婚したことで生じた夫の変化を受け，夫の中に内在化していた韓国の支配的言説に打ち勝ったと実感する語り手の様子が読み取れた．データ 34 で提示された語り手のアイデンティティからは，韓国という場所で暮らす自分自身をマイノリティとして位置付ける語り手が，自身の中に存在するマイノリティはマジョリティに意見できないという規範意識の影響を強く受けている様子が見受けられた．データ 35 で提示された語り手のアイデンティティからは，語り手が不買運動に参加する夫の言葉や，学校教育で刷り込まれた支配的言説の影響から自由になれない夫の苦しみを間近で目することで韓国人側の事情を知っていく様子が観察された．

　最後にリサーチ・クエスチョン 3（彼女たちは日常生活に介入してくる日韓問題を周囲との関係性の中でどのように受け止め関わっているのか）について，第 1 節で提示された語り手の位置付けやアイデンティティからは，夫婦の間で日韓問題

第 8 章　韓国人の夫との関わり合いに見る日韓問題

に関する話題に向き合う際には互いに日本と韓国の代表という立場で話し合うのではなく，両国と関わりのある一個人として相手の主張にも耳を傾けながら向き合う方が良いという認識を彼女たちが所持している様子が見受けられた．また，彼女たちが夫婦間でこの話題をめぐって諍いを繰り返す中で，実体験を通じてそのような認識を構築していったこともわかった．また，夫と話し合う際には母国側の主張だけをするのではなく，相手の主張にも理解を示しながら話し合うというスタイルを構築しようする姿勢も見られた．例えば，本調査内では韓国語を身につけて韓国メディアの情報に触れたり，韓国で大学院に進学し韓国の近代史を学んだりするなど意識して韓国側の主張にも耳を傾ける様子などが観察された．ただし，そのような気づきを得ていてもなお，彼女たちの語りからは，自分たちの国籍や母国が発信する日韓問題に関する情報に縛られず夫婦間でこの話題を扱うことに困難を覚える姿も観察された．さらに，国籍や母国の発信する情報による拘束は彼女たちだけでなく彼女たちの夫にも同様に見受けられた．それゆえに，夫婦が互いに相手国（民）を非難し合うようなケースでは，日韓問題を巡って対立する日韓の図式を夫婦間で再生することは無意味であると気づいた語り手によって，その話題を夫婦間で話し合うことをやめようという促しがなされていた．また，日韓問題に関する話題を建設的に話し合うための努力をする彼女たちに対し，夫側が同様の努力を行わないケースも存在しており，そのような時には彼女たちが状況的，言語的なハンディキャップを抱えながら夫婦間でこの話題を扱わなければならないという状態に身を置いていることもわかった．そして，夫側が妻に指摘されるまでそのような状況の中で話し合いが行われていることに無自覚なままという可能性が高いことも示唆された．このような結果からは，自身の国籍や自国の発信する情報に巻き込まれた状態でこの話題を夫婦間で扱うと，夫婦関係を悪化させたり諍いが生じたりすると語り手が認識していることがわかった．データ内で語り手が示した位置付けやアイデンティティからは，夫婦のナショナル・アイデンティティや双方の国で内在化してきた日韓問題に関する支配的言説が，この話題を夫婦間で扱う際に話の進行や場の構築に負の影響を及ぼしていることが明らかとなった．それと同時に，彼女たちがその影響力に気づき，自分のできる方法

で抵抗しようとする意思を持っていることもわかった．

　第2節で提示された語り手の位置付けとアイデンティティからは，韓国人の夫と日韓問題に関する話題について話をすることを語り手が言い合いや喧嘩といった戦いの枠組みの中で捉えていることが明らかとなった．また，韓国人の夫はそのような言い合いの場において勝てるだけの知識を持ち，勝つための話し方も知っている存在として位置付けられるのに対し，語り手は言い返すための知識もなく話し方もわからない存在として位置付けられていた．彼女たちの言動からは，夫とこの話題について話をしないと彼女たちが決めている要因が，話をしたところで自分自身に勝機がないためであることが理解できる．そして，実際に夫婦喧嘩に発展したケースでは，語り手が日本を絶対悪として表現する夫の発言に対し「旦那も」(データ32-1：271) と言及する様子が観察された．ここからは，他の韓国人と類似した認識を夫も所持していると語り手が認識していることがわかるとともに，語り手が夫と同様の発言を他の韓国人からも聞かされている可能性が示唆された．

　第3節で提示された語り手の位置付けやアイデンティティからは，語り手が平行線であったとしても夫と日韓問題に関する話題について話し続けようと考える理由，もしくは夫とは日韓問題に関する話題を話したくないと考える理由の一部を知ることができた．データ33では，自分自身と結婚したことにより夫の日本（人）や韓国（人）に対する認識が変化したという実感が持てている語り手が，夫の日本非難を聞かされたり夫婦間で言い合いになったりすることがあったとしても，その繰り返しの中で少しずつ夫の認識が変化するのであれば話し続けることも無意味ではないと感じている可能性が示唆された．データ35では，語り手が夫を不買運動に駆り立てる要因を，夫の個人的な意思ではなく夫が成長する過程で受けてきた教育の影響として理解する様子を見せていた．また，夫とのやりとりを通じて，刷り込まれた支配的言説の影響力に抵抗できず夫が苦しんでいるということも理解していた．このような夫の行動に対する彼女なりの理解は，彼女が不買運動に参加するという夫の決意を韓国人である自身との約束として尊重する要因の一つのように見受けられた．インタビュー内で語り手は，夫と日韓問題に関する話題について話をしても平行線のまま終

わると述べていた．また，自分からは話題を振らないが，夫が振ってくるので平行線のまま終わることがわかっていても話をすると話していた．このような語り手の姿勢からは，たとえ平行線であったとしても，話をすることを繰り返す中で夫が所持する韓国人としての規範意識や苦しみについて知ることができるという点に彼女が意味を見出している可能性が示唆された．対するデータ34 では，語り手が夫と日韓問題に関する話題について話をしない要因が垣間見られた．語り手によってデータ内で示された夫の言動からは，その話題を夫婦間で話し合った際に夫が日本を非難する側に回る可能性が高いことが理解できる．また，語り手がマイノリティはマジョリティに意見できないという規範意識のようなものを所持しているため，夫の日本非難に対して不快感を持っていても直接意見できずに耐え続けるという状況に身を置く可能性も高い．そのため，語り手が不快な言動に耐えるくらいならば，その話題を夫との間で取り上げないという選択をすることも理解できた．

第5節　夫婦の話し合いに影響を及ぼすナショナル・アイデンティティと支配的言説

　本章では，在韓日本人女性たちが日韓問題に関する話題を韓国人の夫との間でどのように扱っているのか，またその際にはどのような社会状況や関係性に身を置いているのかに関して，夫と話し合う場合と話し合わない場合に分けて検証した．分析結果からは，その両方で，彼女たちが韓国人の夫に対し日韓問題の話題を扱う際には日本人の妻を持つものとして中立的な視点から語ってほしいと考えていることがわかった．話し合う場合では，実際に夫が中立的な視点から話題に向き合っている様子，妻の意見にも耳を傾ける様子，妻の意見を聞いて言動に変化が見られる様子などが見受けられるとともに，在韓日本人女性たちにも韓国側の主張や夫の立場や心情を理解しようとする姿勢が見られたり，夫の発言を教育やメディアの影響を受けたものとして認識したりした上で意見するなどの様子が見られた．反対に話し合わない場合では夫とその話題について話し合うことをどちらの意見が正しいかを決める言い合いという枠組み

で捉え，言い合いのために必要な知識が足りないことや言い合いの仕方がわからないなどの理由から話をすることを避けるもの，夫の中に韓国の支配的言説の存在を感じ，それに接触したくないと会話を避けるものなどが存在した．ここからは，話し合う場合と話し合わない場合では，その話題に対する韓国人の夫の向き合い方だけでなく，その話題を扱う際の夫婦の状況認識にも異なりが存在していることが明らかとなった．また，韓国語を学び韓国側の主張にも耳を傾けて意見しようと試みる彼女たちに対し，韓国人の夫側は日本語ができず日本側の情報を入手できないまま韓国側の意見のみを主張するという様子も見られた．そのような場合は，妻である日本人女性たちが言語的・状況的なハンディキャップを負ったまま日韓問題に関する話題を夫と話し合うという状況に身を置いていることもわかった．さらに，夫側がそのような立場の不均等に無自覚な可能性が高いことも示唆された．本章で分析したデータからは，彼女たちが，日韓問題に関する話題を夫婦間でやりとりする際に状況を複雑化させる要因として，日韓両国の支配的言説の存在を警戒する様子が見られた．彼女たちは多様な方法で支配的言説の影響に抵抗しようと試みていたが，その存在に気づいていてもなお，その話題を扱う際にナショナル・アイデンティティや支配的言説の影響から自由になるのが難しい様子が観察された．ここからは，夫婦のナショナル・アイデンティティや双方の国で内在化してきた日韓問題に関する支配的言説が，この話題を夫婦間で扱う際に話の進行や場の構築に相当強い影響力を及ぼしていることが明らかとなった．また，夫が日本非難を行っている，不買運動に参加しているという状況を相互行為の場で明らかにする際に，語り手が夫の言動を擁護したり言葉を濁したりする様子が観察された．それと同時に，日本人の妻を持つ韓国人の夫が不買運動に参加したり，日本を非難するような行為に出たりすることに対し，驚きを示す参与者の様子も見られた．ここからは，彼女たちの中に日本人の妻を持つ韓国人の夫は日本（人）を非難するような行為を行わないという共通した認識が存在している可能性が示唆された．それゆえに，夫が日本を非難するような場合は，当事者が夫やそのような夫を持つ自分自身が他の参与者からどのように見られるのかに対し気を使い，夫の行為や発言を非難しつつも擁護するという矛盾した言動を見せている可能

性も見受けられた.

第 9 章

日韓にルーツを持つ我が子との関わり合いに見る日韓問題

　第2章で言及した先行研究では，日本人でもある我が子が，子どものナショナリティや母親が日本人であることが原因となり，韓国で差別やいじめに遭遇するのではないか，と在韓日本人女性たちが強い不安を感じている様子が報告されていた (박애스더 2017, 박세희 2017)．また，それと同時に，差別やいじめの原因が個人的に対処できるような内容ではないため，遭遇する状況が比較的深刻な場合でも彼女たちが黙って耐え忍んでいるという指摘もあった (박세희 2017)．これらの結果からは，日韓問題の存在が，彼女たち自身や日韓にルーツを持つ彼女たちの子どもにとって，時として差別やいじめを受ける要因となっている現状が理解できる．先行研究では，そのような事態を受け，彼女たちが家庭内で，韓国人を刺激しない言動を教える，日韓という限定的な視野で物事を捉えないように諭すなど，様々な対処法を我が子に伝えているという報告がなされていた (이시이 히로꼬ほか 2015)．しかしながら，その際に，具体的にどんなやり取りが母子間で行われているのかまでは示されていなかった．そのような状況に鑑み，本章では，在韓日本人女性たちが日韓にルーツを持つ我が子との間で日韓問題に関する話題をどのように扱うのかに関して語っているデータを扱う．そして，彼女たちの語りとそれを取り巻く相互行為の場の両方を分析・考察することを通じて，彼女たちが我が子との関係性や会話という日常的な領域においてその話題とどのように関わっているのか，またその際にどのような社会状況や関係性に身を置いているのかについて検証してみたい．

第1節　我が子との会話の中で日韓問題をどう扱ったのか

1. 日本製品不買運動（2019）と関連のある出来事

　本研究では，この話題に関して子どもと直接やりとりをした事例は1件のみであった．

　データ36は在韓歴8年のアスカと9年のリカへのインタビューで収集されたものである．アスカとリカは2人とも海外で大学院に通った経験を持ち，韓国生活が初めての海外生活ではない．データ開始前アスカは，韓国生活が初めての海外生活という在韓日本人女性と比べると自分は韓国人から差別された，中傷されたと感じて傷つく期間が短かったと思うと話した．また，その際アスカは，留学時代はアジア人が嫌いな人，外国人が嫌いな人など色々な人々に出会う機会があったと述べた．他にも隣国と揉めている国は世界にたくさん存在すると指摘し，世界規模で見れば差別や国同士の揉め事はよくあることだと話した．アスカの話を聞いていた調査者は，自分の子どもから日韓問題に関する話題を振られたことはないかとアスカに質問する．データ36はその際の調査者の質問から始まる．データ内ではアスカによって一つのスモール・ストーリー（S1：788-825）が語られる．なおデータ内に登場するアスカの子どもは当時小学校低学年であった．

〈データ36〉：日韓対立のネガティブな側面から子どもを守る
　　783. 調査者：じゃあきっ聞かれませんか？
　　784. 　　　：その不買運動のポスターとかば::::んって貼られて###
　　785. アスカ：ああ((頷き))ゆってました［昨日もゆってましたよ
　　786. リカ　：　　　　　　　　　　　　　　［う::::ん
　　787. 調査者：なんて(..)聞かれます？
　　788. アスカ：昨日は::
　　789. 調査者：((頷く))

第９章　日韓にルーツを持つ我が子との関わり合いに見る日韓問題

790. リカ　　：うん
791. アスカ：日本のものを::［1 あっ日本が嫌いな人がいるんだって［2 ってゆ
792. 　　　　うから
793. リカ　　：　　　　　　　　［1 ((頷く))
794. 調査者：　　　　　　　　［1 ((何度も頷く))　　　　　　　　　　［2 ((何度
795. 　　　　も頷く))
796. リカ　　：((頷きつつ))　うん
797. アスカ：なんっ何っどこで聞いたの？［ってゆったら
798. 調査者：　　　　　　　　　　　　［((何度も頷く))
799. リカ　　：　　　　　　　　　　　　［((何度も頷く))
800. アスカ：日本のものを買わないんだってってゆうから
801. 調査者：((何度も頷く))
802. リカ　　：ええ::::
803. アスカ：((頷きつつ))　ああそうなんだ::誰が言ってた？［って言ったら
804. 調査者：　　　　　　　　　　　　　　　　　　　　　［((何度も頷く))
805. アスカ：日本のお菓子食べれないのは(..)もったいないと思うけどって
806. 　　　　［言うから::
807. 調査者：［@@@@@
808. リカ　　：((何度も頷きつつ))　うんうんうんうん
809. アスカ：［でも韓国のお菓子も::嫌いなの［あるじゃんってゆって
810. 調査者：　　　　　　　　　　　　　　［((何度も頷く))
811. リカ　　：［((何度も頷きつつアスカの発言を聞いている))
812. 　　　　：((何度も頷きつつ))　うんうん
813. アスカ：だから日本のお菓子嫌いな人もいるし［::日本のお菓子食べたい人
814. 　　　　もいるし
815. 調査者：　　　　　　　　　　　　　　　　　［((何度も頷く))
816. リカ　　：［3 ((何度も頷く))
817. 調査者：［3 ((何度も頷く))
818. アスカ：［3 色々じゃない？って
819. 調査者：［4 ((何度も頷き))　う::::ん
820. リカ　　：［4 ((何度も頷き))　うん
821. アスカ：あなたも韓国のなんとかっていうお菓子食べないじゃんって言っ

303

822.　　　　　たら
823. 調査者：［((何度も頷く))
824. リカ　　：［(((何度も頷きつつ))　うんうん
825. アスカ：ああそっかってっ（..）言って
826. 調査者：［(((何度も頷きつつ))　う::::ん
827. リカ　　：［(((何度も頷きつつ))　うんうん

　まず，スモール・ストーリーに示されたアスカの位置付け（ポジショニング・レベル1）について述べる．S1にはアスカと彼女の子どもが登場する．まず，子どもから「日本が嫌いな人がいるんだって」(791)と言われたアスカが「どこで聞いたの？」(797)と子どもに確認する様子が描写される．子どもはその質問には答えず，再度「日本のものを買わないんだって」(800)と自身が耳にした情報について言及する．アスカはそれに対し「誰が言ってた？」(803)と子どもに質問する様子を見せ，我が子がどのような状況で誰からそのようなことを言われたのかを把握しようと試みる．アスカと子どもとのやりとりからは，日本についての否定的な発言を耳にした私（レベル1）という子どもの位置付けと共に，子どもと韓国の支配的言説の接触を警戒する日韓にルーツを持つ子どもの母親である私（レベル1）というアスカの位置付けが見受けられた．その後，子どもは「日本のお菓子食べれないのは（..）もったいないと思うけど」(805)と述べ，そのような話題を耳にした際に自身の中に生じた感情に関して言及する（日本のものを買わないという状況が腑に落ちない私：レベル1）．それに対しアスカは「でも韓国のお菓子も::嫌いなの［あるじゃん］」(809)，「日本のお菓子嫌いな人もいるし［::日本のお菓子食べたい人もいるし」(813, 814)，「色々じゃない？」(818)と述べ，お菓子を例に挙げながらある事象を好きな人もいれば嫌いな人もいること，人の価値観は多様であるということを説明する（日韓の対立の枠組みから子どもの意識を逸らす日韓にルーツを持つ子どもの母親である私：レベル1）．そして，アスカから「あなたも韓国のなんとかっていうお菓子食べないじゃん」(821)と指摘された子どもは「ああそっかっ」(825)と納得する様子を見せる（韓国内に存在する日本（人）への否定的な感情に子どもが接触するの

を回避したい日韓にルーツを持つ子どもの母親である私：レベル1）．ここでは，子どもが耳にした内容を単純な嗜好に関する話題へと置き換えることで，その当時韓国で起こっていた不買運動と関連した情報に子どもが深く接触しないよう配慮するアスカの様子が窺えるとともに，日本非難と我が子を引き離したい日韓にルーツを持つ子どもの母親である私（レベル1）という位置付けを彼女が提示している様子が見られた．

　次に相互行為の場におけるアスカの位置付け（ポジショニング・レベル2）について述べる．データの冒頭で調査者に質問されたことにより，アスカは子どもとの間で不買運動に関連してどのようなやりとりがあったのかを説明し始める．そこでアスカは，子どもから日本を嫌いな人がいること（791），その人たちは日本のものを買わないこと（800）などを聞かされ，どこで誰からそのような話を聞いたのかを確認しようと試みる（797，803）．しかし，アスカの子どもはアスカからの質問には答えず日本のお菓子を食べないのはもったいないという感想を口にする（805）．子どもの発言からは，子どもが日本のことが嫌い，日本のものを買わないという韓国人の発言にショックを抱くというよりも，その人々の行動に対して「もったいない」（805）という印象を抱いていること，理解できないという姿勢でいることがわかる．そのような子どもの反応を受けアスカは，日本に対する否定的な発言に焦点を合わせるのではなく，子どもにとってわかりやすい「お菓子」（809）を例に挙げながら話題の中身を人の価値観の問題へと転換する．さらに否定的な発言をした人物が日本への嫌悪感からそのような発言をしたのではなく，単に目の前のお菓子が好きか嫌いかというレベルにおいて好きではないから買わないという選択をした可能性を前景化させる（809，813，814，818）．アスカの誘導や説明により，相手の発言に不可解な印象を抱いていた子どももその行動を特別なものとして認識するのをやめ，自分も含め誰しもが何かを選択する上で経験することとして受け止めるようになる（825）．またデータ内で観察された調査者とリカの反応を振り返ると，800行目でアスカが子どもの発言を引用し「日本のものを買わないんだって」（800）と発言した際にリカが「ええ::::」（802）と驚く様子が見られた．そして，アスカが日本のお菓子を食べられないのはもったいないという子どもの発言を引用

した際には（805），調査者がその発言内容に笑いを見せる様子も観察された．これらの反応を除き，調査者とリカはデータ全体を通じてアスカの発言に対し頷きつつ理解を示す様子を見せていた．以上の点から，ここではアスカが語ることを通じて日韓対立の枠組みに子どもが巻き込まれないよう注意を払う姿勢を示す日韓にルーツのある子を持つ母親の私（レベル 2）という位置付けを提示していることがわかった．

　最後にレベル 1 とレベル 2 の位置付けをもとにアスカが表出・構築する文化的・社会的自己（アイデンティティ）（ポジショニング・レベル 3）について述べる．データの冒頭でアスカは調査者の質問を受け，日韓にルーツのある我が子との間で日韓問題に関連のある話題をどのように扱うのかに関して話し始める．アスカは子どもとの会話の中で日本のことを嫌いな人がいるらしい，その人たちは日本のものを買わないらしいと告げられる．インタビュー実施当時は韓国の公共交通機関には No Japan などと書かれたステッカーが貼られ，不買運動を推奨するような横断幕やポスターがスーパーやコンビニ，市場などに掲げられている状況であった．また，子どもが通う小学校では教師が子どもたちに日本製品を前に持ってきて捨てるように促す，あるいは，子どもが日本製品を持っていると他の児童から注意されるという事態も起こっていた[1]．それはつまり，その当時，外出すれば子どもが不買運動に関する情報に接したり，その関係で学校で何か言われたりするような生活環境に彼女と子どもが身を置いていたことを意味する．それゆえに，どこでどう子どもがそのような発言に接したのかを確認しようとするアスカの言動は，どのような環境に子どもが身を置いているのかを確認したいという彼女の母親としての気持ちの表れのように見受けられた．また，彼女の言動からは，日韓にルーツを持つ幼い我が子が日本と韓国のどちらに対しても悪い印象を持たないよう，子どもの関心を価値観の話題へとずらしながら子どもが納得できる方向へと思考を誘導していこうと心がけているアスカの母親としての様子が垣間見られる．ここからも，日韓問題に関する話題が持つネガティブな側面に子どもが接触するのを防ぎたいというアスカ

---

[1] 実際に本研究のインタビュー内で言及された出来事である．

の思いが読み取れた．以上の点から，ここではアスカによって日韓対立の枠組みに子どもが巻き込まれるのを回避したい日韓にルーツを持つ子どもの母親というアイデンティティが実践されていることが明らかとなった（レベル3）．

2. 独島問題と関連のある出来事

　韓国における独島問題の位置付けは，日本のような竹島／独島をめぐる領有権問題という扱いとは異なる．韓国では「独島は日本の韓国侵略に対する最初の犠牲」(新城ほか 2019：105) として認識されており，領有権というよりも歴史認識フレームの中で捉えられる問題として扱われている（大石ほか 2016）．それゆえに韓国では独島教育に関する国の教育方針[2]が明確に提示されるとともに，その内容が各教育現場に強い影響を及ぼしている（藤田 2019）．本研究のインタビュー調査でも韓国の保育園に通う我が子が「独島は我が国の土地」という歌を習ってきた，テレビの教育番組の放送の合間に流される「独島は我が国の土地」を子どもが見ているなどの発言が見受けられ，韓国社会では学齢期以前の段階から既に子どもたちへの独島教育（独島は韓国のものである，日本は独島を韓国から奪った国であるなどの支配的言説の刷り込み）が開始されている様子が窺えた．及川（2021）の調査結果によれば韓国で日韓にルーツのある子どもを養育中の日本人女性の多くは現地の教育機関に子どもを通わせており，彼女たちが微妙な問題だからと子どもが独島教育を受けることを回避することは状況的にも難しいと言える．それゆえに，独島問題に関連した話題を我が子との間でどう扱うかということは，韓国で子育てを行う上で日本人女性たちが向き合わざるを得ない課題の一つなのである（박세희 2017）．このような状況を背景に，2. では韓国の教育機関に通う我が子が竹島／独島に関する教育を受けてきた際

---

[2] 韓国の政府機関である教育部が発表した「2021年独島教育基本計画」では，韓国の初等教育・中等教育現場においてどのように独島教育を実施していくのかに関する推進方案や課題などに関する言及がなされている．2021年度の目標としては「独島領土主権の確立のための体験型独島教育の活性化」が挙げられており，体験型独島教育の支援として①独島体験館の構築，②教授・学習資料の開発，③独島を守る学校の運営が，学校における独島教育活性化への支援として①独島教育習慣の運営，②独島研究学校の運営，③独島教育教員の研修などへの言及がそれぞれなされている（교육부 2021）．

の出来事や我が子とのやりとりについて在韓日本人女性たちが語ったデータを対象に分析・考察を行っていく．

　データ37は在韓歴8年のアスカと9年のリカへのインタビューで収集されたものである．データ開始前，アスカは調査者に小学校低学年の我が子が「独島は韓国のものだ」と言うようになったと話した．また，自分自身は子どもに独島の件に関して何も教えておらず，子どもは韓国で教育を受けて韓国人教師が教えることを正しいと思って勉強してくるのだから子どもの発言も仕方がない現象だと思うと述べた．さらにアスカは話を続け，学校で独島に関して勉強してきた子どもから独島にはアシカがいることなどを聞いたと話した．データ37はその直後から始まる．ここではアスカによって一つのスモール・ストーリー（S1：902-927）が語られる．

〈データ37〉：子どもから自分がどう見られているか気になる
```
902. アスカ：((大きく頷き))ふ:::んそうなんだ
903.    ：[((頷きつつ))そうかアシカがいたんだって言って
904. 調査者：[(((何度も頷きつつ))うん
905. リカ  ：[(((何度も頷く))@@@@@@
906. アスカ：((首を傾げて))韓国のものなの？って言ったら
907.    ：((首を小さかう振りながら))なんか日本の人が出て行かないらし
908.       いよって
909. リカ  ：[@@@@@@@
910. 調査者：[@@@@@
911. リカ  ：¥-知んないしね-¥
912. 調査者：[(((アスカを見て何度も頷く))
913. アスカ：[(((調査者を見て何度も頷く))
914. リカ  ：@@@@@@
915. アスカ：であたしが(.)じゃあママも日本(.)[出て行かなきゃいけないか
916.       な
917. 調査者：                        [(((何度も小さく頷く))
918. アスカ：ここ(.)[●●((地域名))は韓国のものだねって言ったら
919. 調査者：    [(((何度も小さく頷く))
```

第 9 章　日韓にルーツを持つ我が子との関わり合いに見る日韓問題

920. アスカ：ママはいいんじゃない？っていうから @@@@@
921. リカ　：@@@@@@
922. アスカ：じゃあ誰はどう (.) じゃあどうしてこの人たちはいけないの？っ
923. 　　　　て言ったら喧嘩してるからって
924. リカ　：((何度も頷きつつ)) うん
925. アスカ：言ってたから ::
926. 　　　：[まだそのレベルで :: 独島は韓国のものってゆってるなら [いいか
927. 　　　　なぁと
928. 調査者：[((何度も頷く))　　　　　　　　　　　　　　　　　　　[((何度
929. 　　　　も頷く))
930. リカ　：[((何度も頷く))　　　　　　　　　　　　　　　　　　　[((何度
931. 　　　　も頷く))
932. 調査者：ふ :::: ん
933. アスカ：((頷きつつ)) 思って

　まず，スモール・ストーリーに示されたアスカの位置付け（ポジショニング・レベル 1 ）について述べる．S1 においてアスカは，学校で独島に関する授業を受けてきた我が子とのやりとりを再現する．まず，アスカは独島にはアシカがいるという子どもの発言を受け「ふ ::: んそうなんだ」(902)，「そうかアシカがいたんだ」(903) と子どもの話題に興味を示す様子を提示する．しかし，その直後に「韓国のものなの？」(906) と子どもに対して質問する．ここではアスカが，独島に関して子どもがどんなことを学んできたのか把握しておきたい日本人母の私（レベル 1 ）という位置付けを提示する様子が見られた．それに対しアスカの子どもは「なんか日本の人が出て行かないらしいよ」(907, 908) と返答するが，その発言内容からは日本 (人) に対する否定的な認識を子どもが所持している可能性が窺えた．この発言を受けアスカは「じゃあママも日本 (.) [出て行かなきゃいけないかな」(915, 916)，「ここ (.) [●● ((地域名)) は韓国のものだね」(918) と子どもに対して問いかける．アスカが行った質問内容を見ると，彼女がその前の子どもの発言を受け，日本人に対する否定的な認識が子どもの中に存在しているように感じ取った可能性が窺える．つまり，ここ

でアスカは自身も日本人であるということを子どもの前で前景化した上で，韓国の領土から出て行かない日本人とあなたの母親である私は同じ日本人であるという現実を子どもに提示していると言える（子どもの中に存在する否定的な日本（人）イメージを攪乱したい日本人の私：レベル１）．それに対しアスカの子どもは「ママはいいんじゃない？」（920）と回答し，アスカは子どもによって韓国にいても良い日本人として分類される．子どもの提示した認識に対しアスカは「じゃあどうしてこの人たちはいけないの？」（922）と問いかけ，日本人ではあるが韓国にいていいアスカと独島から出て行かない日本人を我が子がどのような基準で分類しているのかを確認しようと試みる．このようなアスカの言動からは，子どもの中に存在する否定的な日本人イメージについて知りたい日本人の私（レベル１）というアスカの位置付けが見受けられた．母親であるアスカの問いかけに対し，子どもは「喧嘩してるからっ」（923）と回答する．それを受け，アスカは「まだそのレベルで :: 独島は韓国のものってゆってるなら［いいかなぁ」（926，927）と感じる自身の様子を再現する（子どもが韓国の支配的言説に飲み込まれていないことに安心した日本人母の私：レベル１）．ここでなされた彼女の発言からは，裏を返すと，子どもの独島に関する言及にはアスカが見過ごせないレベルの内容が存在しているということが読み取れる．ここからは，子どもの独島に関する発言がまだ許容範囲内であったことを確認した日本人の私（レベル１）という位置付けをアスカが提示していることがわかった．また，それと同時に子どもが学校でどのような独島教育を受けてきたのかが気になる日韓にルーツを持つ子どもの母親としての私（レベル１）として位置付けも見受けられた．

　次に相互行為の場におけるアスカの位置付け（ポジショニング・レベル２）について述べる．データの冒頭でアスカは子どもとの間でなされたアシカの話題に言及し，その流れの中で今度は独島の領有権に関する子どもの認識を確認する（906）．アスカが「なんか日本の人が出て行かないらしいよ」（907，908）という子どもの発言を再現した際，調査者とリカは同時に笑いをみせリカは「¥-知んないしね-¥」（911）と笑いながら発言する（子どもは韓国側の意見しか聞いていないという点を強調したい私：レベル２）．リカは誰が何を知らないのかに関して

第 9 章　日韓にルーツを持つ我が子との関わり合いに見る日韓問題

明言していないが，アスカの子どもの発言に対しリカが何らかの引っ掛かりを覚えている様子が窺える．リカの発言を聞いたアスカと調査者は互いに視線を合わせて頷き合い (912, 913)，リカはその後も継続して笑いを見せる (914)．ここでの 3 人のやり取りからは，彼女たちにとってアスカの子どもの反応や認識は引っかかりを覚える部分はあっても，まだ笑って受け止められる範囲内の内容であったということがわかる．これらの点から，ここでは 3 人が子どもの反応を仕方がないものと割り切る私（たち）（レベル 2）という位置付けを共有している様子が観察された．その後，アスカは「じゃあママも日本 (.)［出て行かなきゃいけないかな」(915, 916)，「ここ (.)［●●（(地域名)）は韓国のものだね」(918) と子どもに尋ねる．そして，子どもから「ママはいいんじゃない？」(920) という回答を得る様子を再現する．ここでは，アスカがセリフを再現した直後に見せた笑い (920) に連続するようにリカが笑いをみせる (921)．その後，アスカは出て行かない日本人としてグループ分けされた人々と自分の違いがなんなのか子どもに確認し (922)，喧嘩しているからだ (923) という子どもの発言に対し「まだそのレベルで :: 独島は韓国のものってゆってるなら［いいかなぁ」(926, 927) と感じる自身の様子を再現する（支配的言説の影を警戒する私：レベル 2）．さらに，ここでアスカは「まだそのレベル〜〜〜ならいいかな」(926, 927) と発言しており，彼女の中に子どもの発言によっては「いいかな」とは思えないレベルが存在していることがわかる．また，調査者とリカもアスカが「いいかなぁ」(926, 927) と口にした際にほぼ同時に頷く様子を見せており (928-931)，彼女たちの中に類似した判断基準が存在していることが理解できる．以上の点から，ここではアスカが語ることを通じて支配的言説が子どもに及ぼす影響に対する心配を共有したい私（レベル 2）という位置付けを提示していることがわかった．

　最後にレベル 1 とレベル 2 の位置付けをもとにアスカが表出・構築する文化的・社会的自己（アイデンティティ）（ポジショニング・レベル 3）について述べる．データ開始前，アスカは韓国の教育を受けている我が子が独島は韓国のものだと思うようになるのは仕方がないことだと思うと話していた．しかし，データ内で再現されたアスカの言動からは，実際にその話題を子どもから振られた際

311

には，自ら質問してまで我が子がどのような認識を所持しているのか確認してしまう彼女の様子が観察された．そのような彼女の言動からは，仕方がないと頭では理解していても，実際に子どもが独島の話題を口にした際には子どもが独島に対してどのような認識を持っているのか確認せずにはいられない彼女の心情が窺える．また，アスカの「じゃあママも日本（.）[出て行かなきゃいけないかな」(915, 916)，「ここ（.）[●●（(地域名)）は韓国のものだね」(918) という発言や，「じゃあどうしてこの人たちはいけないの？」(922) という発言からは，韓国の学校教育を通じて子どもの中に構築されていく日本イメージに対し抵抗を試みるアスカの様子が見てとれる．またその際には，学校教育を通じて構築される日本（人）イメージに対し，彼女が自身も日本人だということを提示しながらそのイメージを攪乱させようとしていることもわかる．さらに，彼女の中には子どもの発言として容認できるレベルと容認できないレベルというものが存在しており，現段階での我が子の発言は受け入れ可能なレベルだと彼女が判断している様子も見受けられた．またその際の判断基準としては，子どもが日本人全てを敵視しているのではなく，喧嘩をするぐらいなら独島にいる日本人は独島から出て行った方が良いという認識から意見していることに彼女が気づいたことが挙げられていた．以上の点から，ここではアスカによって韓国の支配的言説から子どもを守りたい日本人母というアイデンティティが実践されていることが明らかとなった（レベル3）．

　データ38はデータ37と同様に在韓歴8年のアスカと9年のリカへのインタビューで収集されたものである．データ開始前，参与者3人は韓国で教育を受ける我が子が独島問題に関してどのような発言をした場合に親として意見するかという話をしていた．その流れの中で，リカは自身も子どもから独島問題に関して意見を求められたことがあると発言する．その際に，すでに子どもは韓国ニュースの報道内容をある程度理解できるようになっており，日本と韓国が独島を取り合っているという認識も既に所持していると述べた．データは，子どもから意見を求められた際のリカと子どものやりとりに関する発言から始まる．データ内ではリカによって一つのスモール・ストーリー（S1：956-979）が語られる．

第9章　日韓にルーツを持つ我が子との関わり合いに見る日韓問題

〈データ38〉：わからないから自分で調べて
956. リカ　　：で (.) お母さんはどう思うみたいなことゆう
957. 　　　　：¥- お母さんどう思っていっても -¥ (.) ほんとにわからないので ::
958. 調査者：[((大きく頷く))
959. アスカ：[((頷く))
960. リカ　　：わからないけど :: [日本の人は日本のものだと思ってて ::
961. 調査者：　　　　　　　　　[((頷く))
962. アスカ：　　　　　　　　　[((頷く))
963. 調査者：[((頷く))
964. アスカ：[((頷く))
965. リカ　　：韓国の人は韓国のものだと思ってるんだよ [::: って言って
966. 調査者：　　　　　　　　　　　　　　　　　　　　[((何度も頷く))
967. アスカ：　　　　　　　　　　　　　　　　　　　　[((何度も頷く))
968. リカ　　：でなかなか (..) 決着がつかない
969. 調査者：[((頷く))
970. アスカ：[((何度も頷く))
971. リカ　　：だから (..) それほんとわからないから ::
972. 調査者：[((頷く))
973. アスカ：[((頷く))
974. リカ　　：知りたかったら ¥- [おっきくなって ¥ 自分で調べてねと
975. アスカ：　　　　　　　　　[((頷く))
976. 調査者：　　　　　　　　　[((頷く))
977. アスカ：((何度も頷きつつ)) うんうん
978. 調査者：((何度も頷く))
979. リカ　　：それしか言えなかった
980. アスカ：うん ((頷き)) それしかできないよね ((リカを見て頷く))
981. リカ　　：((アスカを見て頷く)) うん
982. アスカ：うん ((リカと見つめ合いながら))

　まず，スモール・ストーリーに示されたリカの位置付け（ポジショニング・レベル1）について述べる．S1の中では子どもから独島のことを質問されるリカと子どもとのやりとりが描写される．リカはまず「お母さんはどう思う」(956)

313

と質問され「わからないけど::［日本の人は日本のものだと思ってて」(960)，「韓国の人は韓国のものだと思ってるんだよ」(965)と返答する自身の様子を提示する（日韓両国を悪者にしたくない日韓にルーツを持つ子どもの母親の私：レベル1）．また，子どもに質問された際に「¥-お母さんどう思っていっても-¥(.)ほんとにわからない」(957)と感じる自身の心情に関しても言及しており，ここからは独島問題に関して個人的な見解を提示することに意義を感じない私（レベル1）という彼女の位置付けが読み取れる．しかし，リカの発言に納得できない子どもとのやりとりは「なかなか(..)決着がつかない」(968)状況に陥り，最終的にリカは「だから(..)それほんとわからないから::」(971)，「知りたかったら¥-［おっきくなって¥自分で調べてね」(974)と子どもに伝えその話題を終結させる（独島の領有権に関しては子どもが自分で判断すれば良いと感じる私：レベル1）．リカと子どもとのやりとりからは，韓国で教育を受けている我が子がリカの意見に納得せず状況が複雑化した様子や，最終的にリカが子どもに対し自分で納得のいく答えを探すようにと促す様子が見られた．ここでは，彼女の子どもが日本人である母親の意見に納得できない私（レベル1），そして子どもと向き合うリカが自分の立ち位置を明確化するよう子どもに迫られ困惑する私（レベル1）という位置付けでそれぞれ配置されていた．さらに，「それしか言えなかった」(979)というリカの発言からは，韓国で教育を受けている我が子に対し日本人の母親として自分が言えることが「知りたかったら¥-［おっきくなって¥自分で調べてね」(974)ということだけであったと彼女が認識している様子が窺えた（韓国の支配的言説に対する無力さを実感し残念に感じる日本人母の私：レベル1）．

次に相互行為の場におけるリカの位置付け（ポジショニング・レベル2）について述べる．データの冒頭でリカは，子どもから日本人の母親として独島問題に関する意見を求められたものという位置付けをとる．そして，子どもの質問に対し「¥-お母さんどう思っていっても-¥(.)ほんとにわからない」(957)と感じる自身の心情を提示する．そのようなリカの言動に対し調査者とアスカは頷きながら理解を示しており，独島問題に関して知識がないと言うリカを他の2人が受け入れている様子が見られた．さらにリカは子どもとのやりとりを再

現する中で，独島がどちらの国のものか「わからない」(957) ことを理由に領有権に関する明確な言及を避ける自身の様子を提示する．しかしながら，子どもはリカの発言に納得する様子はなく状況は「なかなか (..) 決着がつかない」(968) 状態になる（わからないでは許されないという状況を共有したい私：レベル2）．そして，最終的に「知りたかったら￥-［おっきくなって￥自分で調べてね」(974) とリカが発言し子どもとのやりとりが終了する．調査者とアスカはデータの冒頭から継続してリカの発言に頷く様子を見せていたが，リカが自分で調べるよう子どもに促した際にはアスカと調査者が何度も頷き (977, 978) アスカは「うんうん」(977) と同意を示す様子も見せていた．ここからは，リカがとった対処法が他の2人の参与者にとって納得のいく対処法であったことが理解できる（自分なりの見解を子どもが見つけ出すことが得策だと感じる私（たち）：レベル2）．そして，リカが「それしか言えなかった」(979) と発言した際には，アスカがその直後に「うん（（頷き））それしかできないよね」(980) と発言し頷きながらリカを見つめる様子を見せる．また，その後も2人が互いに見つめ合いながら同意を交わす様子が見られた (981, 982)（自分たちにできることは少ないという点を確認し合う私（たち）：レベル2）．ここでは同年代の子どもを育てているリカとアスカが，韓国で教育を受けてきている子どもに対して自分たちができることは非常に限られているという認識を共通して所持していることがわかるとともに，韓国の支配的言説に抵抗する手段は限られていると感じる私（たち）（レベル2）という位置付けを2人が共有する様子が観察できた．以上の点から，ここではリカが語ることを通じて韓国の支配的言説が子どもに及ぼす影響を共有したい私（レベル2）という位置付けを提示していることがわかった．

　最後にレベル1とレベル2の位置付けをもとにリカが表出・構築する文化的・社会的自己（アイデンティティ）（ポジショニング・レベル3）について述べる．データ38の開始前，まずアスカが自身と子どもとの間でなされた独島問題に関するやりとりについて話しをした（データ37参照）．その流れの中でリカは，アスカの話題を引き継ぐ形で自身と子どもとの間でも同様のことがあったと語り出す．データの冒頭でリカは子どもから「お母さん」(956) と呼びかけられる自身の様子を再現し，日本人でもあり母親でもある人物として子どもから独

島問題に関して質問される自身の様子を提示する．ここではリカが，日本人としてだけでなく，日韓にルーツを持つ子どもの母親という位置付けも同時に身に帯びながら独島問題と向き合っているということが理解できる．その後，彼女はわからないという自身の見解を強調して子どもに伝え（971）子どもが自ら自分の意見を構築することを望む姿勢を前面に出す．リカは，データ内でわからないという表現を3回使用しているが（957, 960, 971），それらと彼女が提示する二つの位置付けとを合わせて考慮すれば，彼女が日韓にルーツを持つ我が子の前で韓国に関してネガティブな発言を控えたい，しかしだからと言って100％韓国側に立った発言もできないという葛藤を抱えており，それゆえにわからないという回答に至っている可能性も推察される．また，子どもが自らの考えを自分自身で確立していくことを望む彼女の姿勢からは，学校教育を通じてトップダウン式に認識の枠組みを構築する韓国のやり方に対し直接抵抗することはできなくても，言われるままに受け入れるのではなく自分の目で見て調べるという方法を提示することを通じて間接的にではあるが彼女が抵抗する姿勢を見せている様子も観察された．ただし，「それしか言えなかった」（979）というリカの発言からは，彼女が自分自身のできることの少なさを実感している様子も窺えた．そのようなリカの発言に対し，同年代の子どもを育てているアスカが「それしかできないよね」（980）と同意する様子を見せており，在韓日本人女性2人が自分たちのとれる抵抗手段は多くないという認識を共通して所持している可能性も見受けられた．以上の点から，ここではリカによって韓国の支配的言説への抵抗手段が限られている日本人母というアイデンティティが実践されていることが明らかとなった（レベル3）．

　データ39は在韓歴12年のユウキと4年のマオへのインタビューで収集されたものである．データ開始前，3人は不買運動のことについて話をしていた．ユウキは今回の不買運動が今までのものと比べて一番ひどいと述べ，居心地が悪いので早く日韓関係が改善してほしいと話した．そして，子どもがいじめられたらと思うと不安だと述べた．その後，いじめに関する不安について話をしていると，ユウキが独島の模型を子どもが家に持って帰ってきたことに言及する．ユウキの発言にマオは「模型？」と驚いた表情を浮かべるが，似たような

第9章　日韓にルーツを持つ我が子との関わり合いに見る日韓問題

話を聞いたことがあった調査者はオリニチブ（韓国の保育園）で製作したのかとユウキに尋ねた．データ39はそれに対するユウキの回答から始まる．データ内ではユウキによって三つのスモール・ストーリー（S1：583-590，S2：595-597，S3：602）が語られる．

〈データ39〉：韓国の支配的言説を拒否する
　　583．ユウキ　：オリニチブ（（어린이집：保育園））で
　　584．調査者　：（（驚いた表情で息を吸い込む））
　　585．ユウキ　：(2)で歌も習ったって
　　586．マオ　　：（（黙ってじっとユウキを見ている））
　　587．ユウキ　：ドクトウハウリタン（（독도는 우리땅：独島は我が国の領土））っ
　　588．　　　　て書いてっとか言われていやあ::
　　589．　　　　：（（両目を見開きパッと両手を胸に当てる仕草をして身を引く））
　　590．　　　　：みたいな@@@@@
　　591．マオ　　：@@@@
　　592．調査者　：[1書いてたねブログに
　　593．ユウキ　：[1（（両手をクロスさせて両肩に乗せ身を引く））う:::ん
　　594．マオ　　：[2（（何度も頷きつつ））ああ::それ見ました
　　595．ユウキ　：[2（（両手をクロスさせ首元に当て））ああもう書けないみたいな
　　596．マオ　　：¥-ああ-¥
　　597．ユウキ　：¥-ママ書いたら意味変わるでしょ-¥@@@@
　　598．マオ　　：[（（何度も頷きつつ））¥-確かに-¥
　　599．調査者　：[@@@@@@
　　600．ユウキ　：[@@@@@@
　　601．〈中略〉
　　602．ユウキ　：で書けない書けないとか言って@@
　　603．調査者　：ああ::その時ウリ（（우리：私たち，我々））って書くとやっぱり日
　　604．　　　　本を思うんだ
　　605．ユウキ　：うんウリってもう::私は日本人だから::
　　606．調査者　：（（何度も頷きつつ））う:::ん
　　607．ユウキ　：私韓国人になりたいとは思わない

317

608. 調査者：((何度も頷きつつ)) う :::ん
609. ユウキ：((何度も頷く))

　まず，各スモール・ストーリーに示されたユウキの位置付け（ポジショニング・レベル1）について述べる．S1でユウキは，保育園で独島の模型を作成し独島は我が国の領土という歌を習ってきた子どもから「ドクトウハウリタン（(독도는 우리땅：独島は我が国の領土)) って書いて」(587, 588) と頼まれた際の自身の様子を描写する．ここでユウキは子どもの頼みに「いやあ ::」(588) と両手を胸に当て身を引く仕草を伴いながら発言する．ユウキの再現した様子からは，彼女が我が子からの頼みであっても独島は我が国の領土という文章を書くことを激しく嫌がる姿が見てとれ，ここからは韓国の支配的言説に同調することに激しい嫌悪感を抱く日本人の私（レベル1）という彼女の位置付けが見てとれる．S2では，S1の直後の状況が再現されユウキが子どもに対し「ああもう書けない」(595)，「¥-ママ書いたら意味変わるでしょ-¥」(597) と発言している姿が描かれる．ここでユウキが見せたママが書いたら意味が変わるという主張は，日本人である自分が独島は我が国の領土と書いた場合，独島は日本の領土という意味になるため子どもが思っている内容とは趣旨が異なるということを意味する．ここではユウキが，韓国の支配的言説に同調することに激しい嫌悪感を抱く日本人の私（レベル1）という位置付けを提示している様子が見られた．最後のS3では，再度子どもに対して「書けない書けない」(602) と言うユウキの姿が描かれ，韓国の支配的言説に同調しない日本人の私（レベル1）という彼女の位置付けが見受けられた．

　次に相互行為の場におけるユウキの位置付け（ポジショニング・レベル2）について述べる．データの冒頭でユウキは，子どもが保育園で独島は我が国の領土という歌を習ってきたと述べる．彼女の発言に対し他の2人は驚き (584) や沈黙 (586) を伴いながら耳を傾けており，笑みが溢れるような様子は見られなかった．その後，ユウキは子どもから「ドクトウハウリタン（(독도는 우리땅：独島は我が国の領土)) って書いて」(587, 588) と頼まれ，激しくそれを拒否する様子を再現する．ただし，その直後に笑いを見せ (590)，ユウキの笑い

第 9 章　日韓にルーツを持つ我が子との関わり合いに見る日韓問題

にマオも連動して笑う様子を見せる（591）．それを見ていた調査者が「書いてたねブログに」（592）と言うと，ユウキは「う :::ん」（593）と言いながら再度両手をクロスさせて手のひらを肩に乗せ，自身を抱き締めるような体制で身を後ろに引いて見せる（593）（韓国の支配的言説に対する嫌悪感を共有したい私：レベル 2）．そして肩に乗せていた手をそのまま首元にずらすと「ああもう書けない」（595）と述べ，子どもの頼みに対して激しい拒否を示して身を引いた時と同様の体制を見せる．彼女の言動からは，ここでユウキが子どもに頼まれた際の強い拒絶の感情を他の参与者 2 名に対し再び強調して訴える様子が窺える（韓国の支配的言説に対する強い拒絶感を共有したい私：レベル 2）．また，ユウキは彼女のブログで同様の出来事を記事にしており，そこでは彼女の「¥-ママ書いたら意味変わるでしょ -¥」（597）というセリフが出来事のオチとして記載されていた．他の参与者 2 名もその記事を読んでその内容を把握しており，ユウキが 597 行目で笑いを伴いながら同様のセリフを発した際には他の 2 人も笑いを伴いながらその内容を受け入れる様子を見せる（話のオチを共に笑う私たち：レベル 2）．その後，中略部分では自分たちがウリタン（우리땅：我が国の領土）と発言した場合は発言の内容が変わるという点について 3 人が交互に意見を述べ合う．それがひと段落すると，ユウキが再度 S3 を挿入し子どもの頼みを拒否する自身の姿を提示する（602）（支配的言説への接触を拒否したことを強調したい私：レベル 2）．その様子を見ていた調査者はユウキに「その時ウリ（（우리：私たち，我々））って書くとやっぱり日本を思うんだ」（603, 604）と尋ねる．ユウキはそれに対し「うんウリってもう :: 私は日本人だから ::」（605），「私韓国人になりたいとは思わない」（607）と返答する（韓国の支配的言説を受け入れることは韓国人になることと同様だと訴えたい私：レベル 2）．ユウキの発言からは，たとえ韓国と深い関わりを持ちながら暮らしているとしても自分は日本人に代わりはないということ，韓国人になりたいとは思わないということを彼女が明示していることがわかる．以上の点から，ここではユウキが語ることを通じて韓国の支配的言説への同調に対する強い拒絶感を訴えたい日本人の私（レベル 2）という位置付けを提示していることがわかった．

　最後にレベル 1 とレベル 2 の位置付けをもとにユウキが表出・構築する文化

的・社会的自己（アイデンティティ）（ポジショニング・レベル3）について述べる．データ内でユウキは，自身の子どもから独島は我が国の領土という文章を書いてほしいと頼まれた際の状況を再現する．子どもの発言は韓国の保育園で施された教育に基づいた内容であり，ここでの子どもにとっての我が国とは韓国を意味する．そのことを理解しているユウキは，子どもの頼みを激しく拒絶するとともに自分が書いた場合は意味が変わると発言する．ユウキの発言の趣旨を保育園に通う子どもがどこまで理解できたかは定かではなく，ユウキは何も言わずにただ頼みに従いその文章を書くこともできれば，単に拒絶することもできたはずである．しかし，ここでユウキはそのどちらも選択せず，自分が書くことにより子どもが書いてほしいと考えている内容と趣旨が変わるというという状況を子どもに説明する．この発言はユウキのブログの中では出来事のオチの部分として描かれている部分であるが，自分が書けば日本の領土になるという発言は彼女が自分自身を日本人として位置付けていることの表れでもある．また，ここでの彼女の発言からは，その発言を通じて日本人として韓国の支配的言説を書くということに強い拒絶感を抱いていることを他の参与者に訴えようとするユウキの姿勢も読み取れる．また，データの終結部では独島は我が国の領土と書きたくないと思う要因の一端として，ユウキが自身は日本人であり韓国人になりたいとは思っていないと自分の意思を明確に提示する様子も見られた．以上の点から，ここではユウキによって韓国で日本人として生きている私というアイデンティティが実践されていることが明らかとなった（レベル3）．

3. 日韓問題への質問と関連のある出来事

　本項では，在韓日本人女性たちが韓国の教育機関で日韓問題に関連した話題を耳にした子どもからそのことに関して質問された際の語りをそれぞれ取り上げ検証していく．

　データ40-1とデータ40-2は在韓歴12年のミホと11年のクニコへのインタビューにおいて収集されたものである．両者はそれぞれ韓国で小学校中学年になる子どもを育てる母親であり子ども同士も友人関係である．データ開始前，調査者は学校で日韓問題に関して学んできた子どもから何か言われたことがあ

第 9 章　日韓にルーツを持つ我が子との関わり合いに見る日韓問題

るかとクニコとミホに尋ねた．ミホはそのようなことは保育園の頃からあったと述べ，クニコは独島に関する教育はすでに始まっているがまだそこまで詳しいことを聞かれたことはないと話した．その後，クニコによって彼女と子どもの間でなされた独島に関するやりとりが語られ，それが終了したのち調査者がミホに話題を振った．ミホは子どもが4歳5歳の頃からそのような質問をされるようになったと述べ，自身の子どもとの間でなされたやりとりに関して話し始める．データ40-1はその際のミホの発言から始まる．データ内ではミホによって一つのスモール・ストーリー（S1：674-704）が語られる．

〈データ40-1〉：子どもと日韓問題を切り離す
　674. ミホ　　：で::日本::って　[(.)　悪いことしたの？って
　675. クニコ　：　　　　　　　　[((小さく何度も頷く))
　676. 調査者　：((頷く))　う:::ん
　677. ミホ　　：((何度も頷く))　うん　((微笑む))
　678. 調査者　：どっどういう　(.)　そう言われたら　[どういう##
　679. ミホ　　：　　　　　　　　　　　　　　　　　[((笑みを浮かべ))　ちょっとど
　680.　　　　　きっとしましたけど::
　681. クニコ　：((何度も頷く))
　682. ミホ　　：う:::ん　(1)　そん時に::
　683. 調査者　：[((頷く))
　684. クニコ　：[((何度も頷く))
　685. ミホ　　：ああ違うのかな::小学校1年なのかな::　((目を瞑り考え))　でもな
　686.　　　　　んかちっちゃい時も言ってたと思うんですけど
　687. 調査者　：[((何度も頷く))
　688. クニコ　：[((何度も頷く))
　689. ミホ　　：ああ来たかっと思って
　690. 調査者　：[((頷く))　うん
　691. クニコ　：[((何度も頷く))
　692. ミホ　　：でもなんか::ん::そうかもしれんと
　693. 調査者　：((何度も頷く))　うん
　694. ミホ　　：昔のことやからわからんと

321

695. 調査者：[((何度も頷く))
696. クニコ：[((頷く))
697. ミホ　：でもＡは（1）なんかそう（3）なんていうんかな（..）Ａがしたの
698. 　　　　か？と
699. 調査者：[1((何度も頷く))　う::ん
700. クニコ：[1((何度も頷く))　うんうん((頷く))
701. ミホ　：[1聞いたらいやＡじゃないと（..）やろ？みたいな
702. 調査者：[2((何度も頷く))　う::ん
703. クニコ：[2((何度も頷く))
704. ミホ　：うん（.）[だから気にすんなみたいな::
705. クニコ：　　　　　[((何度も頷く))
706. 調査者：((何度も頷く))　うんうん
707. ミホ　：感じで::やあ若干：（..）そんなに詳しくは言ってないですけど::
708. 調査者：[((何度も頷く))
709. クニコ：[((微かに頷く))

　まず，スモール・ストーリーに示されたミホの位置付け（ポジショニング・レベル1）について述べる．S1の登場人物はミホと彼女の子どもＡである．語りの中でミホは子どもから「日本::って[（.）悪いことしたの？」（674）と尋ねられ，その発言に対し「ああ来たかっ」（689）と感じる自身の様子を描写する．彼女の発言からは，子どもからされた質問の内容がいつかは聞かれるだろうと彼女が予想していた内容であったことが理解できる．また，「ああ来たかっ」（689）という彼女の心内発話の引用からは，ついにその時が来たと感じているミホの様子も窺える．ここではミホが自身の心内発話の引用を通じて，覚悟していた時が来た日本人母の私（レベル1）という位置付けを他の参与者に提示していることがわかった．その後ミホは子どもの質問に対し「ん::そうかもしれん」（692）と述べ，日本が昔悪いことをした可能性を肯定するような姿勢を見せる．しかしその直後に「昔のことやからわからん」（694）と発言し，可能性はあるが過去のことなので自分にはわからないと子どもに伝える．ここでは日本の過去の悪行を否定はしないが，それを自分の知り得ない昔の出来事とし

第 9 章　日韓にルーツを持つ我が子との関わり合いに見る日韓問題

て位置付けることで自分や子どもから引き離そうそうとするミホの姿勢が見受けられた．そして，続けてミホは子どもに対し「Ａがしたのか？」(697, 698) と尋ね，子どもは「いやＡじゃない」(701) と返答する．それを受けミホは「やろ？」(701)，「だから気にすんな」(704) と子どもに伝え，悪いことをした昔の日本（人）と子どもを切り離すよう子どもを誘導していく．このようなミホの言動からは，子どもが自身を悪い日本人と結びつけないよう配慮する日本人母の私（レベル 1）という彼女の位置付けが見受けられた．

　次に相互行為の場におけるミホの位置付け（ポジショニング・レベル 2）について述べる．データの冒頭でミホは 4 歳 5 歳の子どもから「日本::って [(.) 悪いことしたの？」(674) と質問された時のことに言及する．ミホの発言にクニコは小さく頷き (675) 当時 3 歳の子どもを育てていた調査者は頷きつつ「う :::ん」(676) と発言する．その後，調査者はミホに「そう言われたら [どういう」(678) と尋ねようとするが，ミホは調査者の発言の途中で笑みを浮かべて「ちょっとどきっとしましたけど」(679, 680) と述べ子どもの質問に対する動揺を知っている私（レベル 2）という自身の位置付けを提示する．ここで提示されたミホの位置付けに対し，同年代の子どもの母親であるクニコは何度も頷きながら理解を示し (681)，子どもから質問を受けた際の動揺を知っている私（たち）（レベル 2）という位置付けを 2 人が示す様子も観察された．また，ミホはその当時の子どもの年齢について小学校 1 年生であったかもしれないと言及しつつも，相当小さい頃から子どもにそのような質問をされていたと思うと発言する．そして，689 行目では「ああ来たか」(689) と自身の心内発話を引用し，心のどこかで覚悟していた質問が実際に我が子から投げかけられた際の心情を示す．その後，ミホは 692 行目で過去に日本が悪いことをした可能性を肯定するような姿勢を見せるが，それと同時にその出来事を自分も知り得ないような昔のことであると位置付け，過去の日本の行いと自身や子どもとを分離させようと試みる (694)（過去の日本の行いと自分たちとを切り離したい私：レベル 2）．さらに，悪いことをした日本（人）と子どもが同一人物ではないということを子ども本人に確認させると (697, 698) 気にしないようにと伝える (704)．調査者とクニコはこのようなミホの言動に対し継続して頷きつつ理解を示し (690, 691,

323

693, 695, 696, 699, 700, 702, 703, 705, 706），ここでは 3 人が過去の日本の行いと自分たちとを切り離したい私（たち）（レベル 2 ）という位置付けを共有する様子が見受けられた．また，ミホはそのような自身の発言に対し「そんなに詳しくは言ってない」(707) と述べ，子どもに対し詳細な説明を行わなかった私（レベル 2 ）という自身の位置付けを提示する．以上の点から，ここではミホが語ることを通じて子どもが韓国の支配的言説に巻き込まれるのを阻止したい気持ちを共有したい私（レベル 2 ）という位置付けを提示していることがわかった．

　最後にレベル 1 とレベル 2 の位置付けをもとにミホが表出・構築する文化的・社会的自己（アイデンティティ）（ポジショニング・レベル 3 ）について述べる．データの冒頭でミホは，幼い子どもから日韓問題に関する話題をふられたものとして自らを位置付けその時の状況について説明し始める．ミホの語りからは子どもが就学前（もしくは 1 年生）という早い時期から韓国の支配的言説に接触しているという実態が垣間見られる．それと同時に，彼女がいつか子どもからそのような質問を受けるであろうと予測しつつ子育てをしていた様子が観察された．また，子どもが聞いてわかるような表現を使用しつつ彼女が提示した見解からは，彼女が過去の日本の行いを子どもから切り離そうと試みている様子が窺えた．その際にミホは，日本が昔悪いことをした可能性を否定するという方法ではなく，その出来事を昔のこととして表象し今を生きる自身や子どもとは切り離すというロジックを使用して子どもに対してアプローチする．そして，昔の日本（人）は悪いことをしたかもしれないがそれはあなたではない，なのであなたが気にしなくても良いと子どもに伝えていく．このような彼女の言動からは，我が子が韓国の日韓問題に関する支配的言説の中に描かれる絶対悪としての日本像に巻き込まれ，傷ついたり苦しい思いをしたりするような状況を避けたいというミホの母親としての思いが読み取れた．また，ミホの見解や対処法は在韓日本人女性である他の 2 人からも理解を得ていた．以上の点から，ここではミホによって韓国の支配的言説から子どもを守りたい日本人母というアイデンティティが実践されていることが明らかとなった（レベル 3 ）．

　データ 40-2 は 40-1 の直後から始まる．ここではミホにより一つのスモール・ストーリー（S2：709-730）が語られる．

〈データ 40-2〉：先生の意見を確認する

709. ミホ　　：あと小学校の時は::（（クニコと顔を見合わせて頷く））
710. クニコ　：[1（（ミホを見て何度も頷く））
711. ミホ　　：[1 小学校の１年生の時は::（.）先生が¥-またなんて言ってたの？
712. 　　　　　って-¥
713. 調査者　：[2（（何度も頷く））う::ん
714. クニコ　：[2（（何度も頷く））
715. ミホ　　：¥- そこで聞いて::-¥
716. 調査者　：（（頷く））
717. ミホ　　：（..）なんか（1）じゃあ先生は::先生も（.）Aがしたことじゃない
718. 　　　　　でしょって
719. 調査者　：（（何度も頷く））
720. ミホ　　：だから：[その（..）Aに対して（（目を見開き））言うのはやめなさ
721. 　　　　　いと
722. クニコ　：　　　　　[（（何度も頷く））
723. 調査者　：[（（何度も頷く））ふ:::ん
724. ミホ　　：[その他の
725. クニコ　：[（（何度も頷きつつ））うんうんうんうん
726. ミホ　　：（（クニコの方を一瞬見て））うん学生に（.）[言っ（..）たらしくっ
727. 　　　　　て
728. クニコ　：　　　　　　　　　　　　　　　　　　　　[（（何度も頷く））
729. 調査者　：（（何度も頷く））うんうん
730. ミホ　　：[3 あああそういう先生だったらまあ（.）よかったね::っつって@@
731. クニコ　：[3（（何度も頷く））
732. 調査者　：[4（（何度も頷く））う:::ん
733. クニコ　：[4（（何度も頷きつつ））うんうんうんうんうんうん
734. ミホ　　：うん

　まず，スモール・ストーリーに示されたミホの位置付け（ポジショニング・レベル１）について述べる．S2でミホは小学１年生になった子どもとのやりとりを再現する．語りの中でミホは，小学生になった子どもから「日本::って[（.）悪いことしたの？」（データ40-1：674）と再び質問される．それに対しミホは

「先生が¥-またなんて言ってたの？」(711)と，その際の韓国人教師の反応を子どもに確認する．ここではミホが，子どもがどのような状況下でそのような認識を持つに至ったのか，その際に韓国人教師はどのような対応をしたのかに関して注意を向けている様子が見受けられた（子どもを守るためにも子どもが身を置く状況を把握しておきたい日本人母の私：レベル1）．ミホの質問に対し子どもは「Aがしたことじゃないでしょ」(717, 718)と教師が発言したと説明し，さらに「Aに対して((目を見開き))言うのはやめなさい」(720, 721)と教師が他の韓国人生徒に注意した様子を報告する(720-727)．子どもの発言からは，韓国人教師がAと過去の悪い日本（人）を切り離そうと試みていることがわかる．また，ミホはそのような教師の対応に対し「そういう先生だったらまあ(.)よかったね」(730)と子どもに伝え，韓国人教師の対応に安心した日本人母の私（レベル1）という自身の位置付けを示していた．

次に相互行為の場におけるミホの位置付け（ポジショニング・レベル2）について述べる．ミホはデータの冒頭で，今度は子どもが小学1年生になった際の出来事に関して話し始める．そして，その際にはデータ40-1とは異なり韓国人教師の対応に関して注意を向ける様子を見せる(711, 712, 715)．また，717行目で「先生は::先生も(.) Aがしたことじゃないでしょって」(717, 718)と発言した際には「先生は」(717)で始めた発言を途中で「先生も」(717)と言い直す様子を見せる．ここでのミホの発言からは，過去の悪い日本（人）と我が子を切り離すというロジックを韓国人教師も同様に使用しているということを彼女が言外に指摘していることがわかる（自身が選択したロジックの正当性を示したい私：レベル2）．ここからは，日本人代表として位置づけられたAが他の児童の非難の対象になることを回避するために，韓国人教師によって同様のロジックが使用されている可能性が示唆された．そして，そのような教師の言動を良いものとして評価するミホ(730)や他の参与者の反応(732, 733)からは，彼女たちが過去の日本（人）と我が子を切り離すという対処法を肯定的に受け止めている様子が見受けられた（ミホが示したロジックに肯定的な私（たち）：レベル2）．以上の点から，ここではミホが語ることを通じて自分の対処法が間違っていないことを示したい私（レベル2）という位置付けを提示していることが

わかった.

　最後にレベル 1 とレベル 2 の位置付けをもとにミホが表出・構築する文化的・社会的自己（アイデンティティ）（ポジショニング・レベル 3）について述べる. データの中でミホは，子どもからデータ 40-1 で受けた質問と類似した質問を受けた際の語りを披露する. ただし，データ 40-2 では子どもの質問に対する彼女自身の見解ではなく，子どもの担任の韓国人教師の対応に焦点が当てられる. 語りの中で子どもの口を通じて描写された教師のアプローチからは，データ 40-1 でミホが示したロジックと同様のロジックを韓国人教師もまた使用している様子が見受けられ，日韓にルーツ持つ子どもが韓国の支配的言説に巻き込まれないようにするために韓国人も日本人と同様のロジックを使用している可能性が示唆された. さらに，教師の対応を肯定するという間接的な方法を通じて，在韓日本人女性たちが自分たちの採用するロジックの正当性を共有し合う様子も見られた. 以上の点から，ここではミホによって韓国の支配的言説から子どもを守りたい日本人母というアイデンティティが実践されていることが明らかとなった（レベル 3）.

第 2 節　我が子との会話の中で日韓問題をどう扱うつもりなのか

　本研究の協力者の多くは未就学の子どもを育てる母親であったため，実際に子どもと日韓問題に関する話題をやりとりした経験がないものも多かった. そのような場合は，仮定の話という形態で将来子どもとの間でその話題が出た場合はどのように対応すると思うか彼女たちに尋ねた. 本節では，在韓日本人女性たちが成長した子どもとの間で日韓問題に関する話題をどのように扱うかに関して語ったデータを取り上げ分析・考察を行う. ここでは，彼女たちが仮定の状況として取り上げた話題別にデータを分類し提示していく.

1.　日本製品不買運動（2019）と関連のある出来事

　データ 41 は在韓歴 7 年のエリと 9 年のチヒロへのインタビューにおいて収集された. データ開始前，調査者はエリとチヒロに対し不買運動に関連したポ

スターや横断幕，ステッカーなどに関して子どもから説明を求められた場合どう対応するかと質問した．それに対しエリは「韓国のちょっと過激なおじさんおばさんが貼った」と返答するかもしれないと述べるが，子どもに対してあまり詳しい話はしないと思うと付け加えた．そして，エリが隣にいたチヒロに「なんていうかなぁ？」と問いかけると，チヒロは「なんていうかなぁ，難しいねぇ」と答えた．データ41はその直後のチヒロの発言から始まる．データ内ではチヒロによって二つのスモール・ストーリー（S1：830，S2：834-835）が語られる．

〈データ41〉：難しくてどう説明すれば良いのかわからない
825. チヒロ：((下を向いて囁くように)) なんかちょっと [1 旦那任せになって
826. 　　　　しまって@@@
827. 調査者：　　　　　　　　　　　　　　　　　　　　[1 ほいっ
828. 　　　：[あっ旦那 (.) [さんに
829. エリ　：[旦那？ ((チヒロを見て))
830. チヒロ：　　　　　　　　[パパに聞いて [@@@@@
831. エリ　：　　　　　　　　　　　　　　　[@@@@@@
832. 調査者：あっなるほど ::
833. エリ　：¥- それいいかも -¥
834. チヒロ：((囁くように)) あんまり (.) 日本と韓国が今 (..) ちょっと仲が
835. 　　　　悪くてねぇ @@
836. エリ　：((一度頷いてから，囁くように)) 喧嘩中でねぇ
837. 調査者：@@@
838. チヒロ：((笑みを浮かべ髪を直す)) ((囁くように)) とかねぇ (.) 難しい
839. 　　　　どう説明したら ¥- いいか [ちょっと -¥
840. エリ　：　　　　　　　　　　　　　[んん ::

まず，各スモール・ストーリーに示されたチヒロの位置付け（ポジショニング・レベル1）について述べる．S1では，不買運動のポスターなどに関して質問してきた子どもにチヒロが「パパに聞いて」(830) と返答する様子が描写さ

328

第9章　日韓にルーツを持つ我が子との関わり合いに見る日韓問題

れる．彼女の言動からは，自分の口から子どもに説明するのは荷が重い私（レベル1）というチヒロの位置付けが読み取れた．次に，S2ではS1と異なりチヒロ自らが子どもに説明しようと試みる．ここでは，「日本と韓国が今（..）ちょっと仲が悪くてねぇ」(834, 835) と発言する彼女の姿が描かれる．チヒロの言動からは，彼女が子どもにもわかりやすい表現を使用して日本と韓国という国同士が一時的に喧嘩中であるといった説明を子どもに行う様子が見られた（表面的な状況説明以上の深い内容への言及が不可能な私：レベル1）．

　次に相互行為の場におけるチヒロの位置付け（ポジショニング・レベル2）について述べる．データの冒頭でチヒロは，俯いて囁くように「なんかちょっと［旦那任せになってしまって」(825, 826) と「-てしまう」表現を使用して，自分の意思でではなく何らかの外的要因のせいで日韓問題に関する話題に関しては「旦那任せ」(825) になっているという状況に言及する（一色 2011）．チヒロの発言に対し，調査者は「あっ旦那（.）［さんに」(828) と言い，エリは「旦那？」(829) とチヒロの方を見て聞き返すそぶりを見せる．するとチヒロは「パパに聞いて」(830) と子どもに言う自身の姿を再現し，笑いを見せる．エリはチヒロの笑いに連動するように笑いを見せるが，調査者は笑わず「あっなるほど::」(832) とだけ返答する．その後，エリが笑いながらチヒロのやり方に対し「¥-それいいかも-¥」(833) と肯定的な評価を見せると，チヒロはS2を挿入し自分が説明するとどうなるかを再現して見せる (834, 835)（限られた言葉でしか日韓問題に関して説明できない私：レベル2）．その際にチヒロは囁くような声音で「日本と韓国が今（..）ちょっと仲が悪くてねぇ」(834, 835) と述べ，それを見ていたエリが同じように囁くような声音で「喧嘩中でねぇ」(836) とチヒロの発言に同調する様子を見せる（限られた言葉でしか日韓問題に関して説明できない私（たち）：レベル2）．そのような2人のやりとりに対し調査者が笑う様子を見せると (837)，チヒロはデータ開始前にも述べていた難しいという表現を再度使用して「難しいどう説明したら¥-いいか［ちょっと-¥」(838, 839) と発言する（日韓問題に関して説明する言葉を持たない私：レベル2）．彼女の提示した位置付けや発言からは，彼女が日韓問題に関して自分の口で子どもに説明するのは困難だと認識しているため，その役割を夫に一任している状況が読み取れた．

329

以上の点から，ここではチヒロが語ることを通じて日韓問題に関して説明したくても不可能な事情を理解してほしい私（レベル2）という位置付けを提示していることがわかった．

　最後にレベル1とレベル2の位置付けをもとにチヒロが表出・構築する文化的・社会的自己（アイデンティティ）（ポジショニング・レベル3）について述べる．データ開始前，子どもに不買運動に関連した質問をされた場合どう説明するかエリに問いかけられたチヒロは自分ならどう対応するかについて話し始める．その中で，チヒロは日韓問題に関連した話題は自分ではなく韓国人の夫に聞くように子どもに促す自身の姿や，表面的な説明に留まってしまう自身の様子を提示する．このようなチヒロの言動からは，彼女が日韓問題に関して子どもにどう説明すれば良いのかわからないと感じている様子が窺える．また，それゆえに説明することが可能な夫に一任し，自らはその話題には積極的に関わらないようにしている彼女の現状が明らかとなった．以上の点から，ここではチヒロによって日韓問題に関する話題とは距離を置く日本人母というアイデンティティが実践されていることが明らかとなった（レベル3）．

2. 独島問題と関連のある出来事

　データ42-1，42-2は在韓歴9年のエミと12年のマイコへのインタビューにおいて収集されたものである．データの開始前，参与者3人は韓国人の夫と日韓問題に関する話題について話をするかどうか話していた．マイコは夫とはその話題に関してあまり話したことがないと言い，エミは一度話をした際に喧嘩になりそれ以降は話していないと述べた（第8章データ32-1，32-2参照）．その後，話題は子どもとの間ではどうかという内容へと変化する．そこで調査者は，子どもが大きくなって独島の問題のことを質問されたり，今回の不買運動のようなことが起こってそのことを聞かれたりしたらどのように説明するかと2人に尋ねる．それを受け，エミは独島のケースをとりあげ，それについて自身の見解を述べ始める．データ42-1はその際のエミの発言から始まる．データ内ではエミによって一つのスモール・ストーリー（S1：844-860）が語られる．

〈データ 42-1〉：両国の偉い人同士の喧嘩と伝える
844. エミ　　：((しばし考えて))う:::ん (..) 国の偉い人たちが::@@
845. 調査者：[((何度も頷きつつ))う::ん
846. エミ　　：[((マイコと顔を見合わせて笑みを浮かべ何度も頷く))
847. マイコ：[((エミと顔を見合わせて笑みを浮かる))
848. エミ　　：喧嘩してるんだよみたいな感じ？
849. 　　　　　[1 なんか((何度も頷きつつ))うん
850. 調査者：[1 ああ::((何度も頷く))
851. エミ　　：[2 だから独島が::
852. マイコ：[2 ((頷く))
853. エミ　　：((何度も頷きつつ))韓国のものって言ってるけど
854. 　　　　　[日本は日本のものって
855. 調査者：[((大きく頷く))
856. エミ　　：思ってるから::((何度も頷きマイコの方を見る))
857. 調査者：((頷く))
858. マイコ：((何度も頷く))
859. エミ　　：((何度も頷く))偉い人同士でちゃんと話し合いができてない状態
860. 　　　　　なんだよ
861. 調査者：[((何度も頷き))う::んああ::なるほど
862. エミ　　：[っていうかもしれないです((何度も頷く))う::ん

　まず，スモール・ストーリーに示されたエミの位置付け（ポジショニング・レベル1）について述べる．S1でエミは，子どもから独島のことに関して質問を受けた際に返答する自身の様子を描き出す．まずエミは「国の偉い人たちが::」(844)，「喧嘩してるんだよ」(848)と述べ，両方の国の国民同士ではなく偉い人同士が喧嘩をしているという状況を提示する．そして「だから独島が::」(851)，「韓国のものって言ってるけど［日本は日本のものって」(853, 854)，「思ってるから::」(856)，「偉い人同士でちゃんと話し合いができてない状態なんだよ」(859, 860)と説明を続ける．エミの提示した説明からは，彼女が独島問題を領有権の争いとして認識していることがわかるとともに，彼女が子どもに対してこの問題をあくまでも韓国と日本の偉い人たちの間で起こっている喧

331

嘩として説明しようと試みていることが理解できる．その図式に沿って理解すれば，両国の国民はそのような両国の偉い人たちの喧嘩に巻き込まれている側とも受け止めることが可能であり，彼女がこの問題と一般の韓国人と日本人との関係性を切り離そうとしていることがわかる．以上の点から，S1 ではエミが自分たちと独島問題を切り離して子どもに説明する私（レベル 1）という位置付けを提示していることが明らかとなった．

　次に相互行為の場におけるエミの位置付け（ポジショニング・レベル 2）について述べる．データの冒頭でエミは，子どもに独島のことを質問された際に自分はどう答えるのかに関し思案する様子を見せる．その後「国の偉い人たちが::」(844) と言いかけ，突然笑い始める (844)．そして，マイコと視線を合わせて何度も頷く様子を見せ，マイコが自分に対して微笑むのを確認してから「喧嘩してるんだよ」(848) と発言する．また，エミは「だから独島が::」(851)，「韓国のものって言ってるけど [日本は日本のものって」(853, 854)，「思ってるから::」(856) と発言した際にも，同様に何度も頷きつつマイコの反応を確認する様子を見せる．さらに，エミは自身が発言する前にも何度も頷く様子を見せており (849, 853, 859)，このような彼女の仕草からは他の参与者（特にマイコ）の反応を気にかけつつ言葉を選びながら発言しているエミの様子が窺える．ここからは彼女が相互行為の場において，他の参与者に受け入れてもらえる回答を心がける私（レベル 2）という位置付けを提示していることがわかる．そして，マイコだけでなく調査者もエミの見解に納得する様子を見せ (861)，エミもまた調査者に対し何度も頷く様子を見せていた (862)．以上の点から，ここではエミが語ることを通じて自身の日韓問題に関する話題への関わり方を受け入れてもらいたい私（レベル 2）という位置付けを提示していることがわかった．

　最後にレベル 1 とレベル 2 の位置付けをもとにエミが表出・構築する文化的・社会的自己（アイデンティティ）（ポジショニング・レベル 3）について述べる．データ内でエミは，将来子どもに独島問題のことを質問されたらどのように返答するのかについて，友人であるマイコの反応を気にかけながら注意深く発言していく．彼女の言動からは，彼女の中に独島問題に関して説明するための明確な言葉が存在しておらず，それを相互行為の場において他の参与者の反応を

第9章　日韓にルーツを持つ我が子との関わり合いに見る日韓問題

確認しながら作り上げていく様子が見受けられた．また，その中でエミは独島問題を独島という島の領有権をめぐって生じている両国の偉い人たち同士の喧嘩であるというように説明し，一般の日本人と韓国人の争いもしくは両国民同士の争いという表現を避ける．このような彼女の発言からは，彼女自身が独島問題を島の領有権をめぐる問題として認識していることが理解できるとともに，一般の日本人や韓国人は両国の偉い人同士の喧嘩に巻き込まれている，独島問題は両国の偉い人同士でちゃんと話し合って解決すべき問題であるという認識を彼女が所持している可能性も示唆された．以上の点から，ここではエミによって日韓問題とは距離をとって暮らしたい日本人というアイデンティティが実践されていることが明らかとなった（レベル3）．

　データ42-2はデータ42-1の直後に続く内容である．ここではエミの語りを聞き終わった調査者がマイコに対して「どうですかマイコさん」(17)と話題を振ったところからデータが始まる．データ内ではマイコによって一つのスモール・ストーリー（S2：863-877）が語られる．

〈データ42-2〉：子どもを混乱させる
　860. 調査者：どうですかマイコさん
　861. マイコ：私::（..）私::（..）＠＠＠＠＠
　862. エミ　：＠＠＠＠＠＠
　863. マイコ：¥-私多分独島-¥＠＠ 独島（（首を傾げて））ん::日本のものっ（.）
　864. 　　　　かもしれないよねって（（自分を指差し））私は多分言う
　865. 調査者：（（微かに何度も頷く））
　866. エミ　：（（マイコを見て何度も頷く））
　867. マイコ：で旦那さんは韓国のものだよって
　868. エミ　：（（マイコを見て））う::ん
　869. 調査者：う:::んうんうん
　870. マイコ：多分混乱しちゃうんじゃないですか子どもが（（何度も頷く））
　871. 調査者：（（何度も頷きつつ））う::んうんうん
　872. エミ　：＠＠＠
　873. 調査者：[1 同じことを言ってる

333

874. エミ　　：［1@@¥-どっち？みたいな-¥
875. マイコ：［1混乱させるそうどっちなの？みたいな (..) で子ども (.) あ::子
876. 　　　　どもが::なんか好きな方にしときな¥-さいって-¥すごいちっち
877. 　　　　ゃいときは言っておくけど::
878. 調査者：((何度も頷きつつ))　うんうんうん

　まず，スモール・ストーリーに示されたマイコの位置付け(ポジショニング・レベル1)について述べる．S2の中でマイコは子どもから独島のことについて質問された際の自身と韓国人の夫，そして両親の返答を聞いた子どもの様子をそれぞれ描写する．語りの中でマイコは「日本のものっ(.)かもしれないよね」(863，864)と子どもに対して返答し，マイコの夫は「韓国のものだよ」(867)と発言する．マイコと彼女の夫の発言からは，2人が独島の問題をどっちの国のものかという領有権の問題として認識している様子が読み取れる．また，2人の発言からは日韓問題に関しては日本人として意見することに決めている私(レベル1)というマイコの位置付けと，韓国人として主張する夫の位置付けが示された．そのような両親の発言を受け子どもは「どっちなの？」(875)と混乱する様子を見せる．それに対しマイコは，子どもが幼い場合は自身の日本人としての意見は伝えず単に「好きな方にしときな¥-さい」(876)とだけ返答すると述べる．ここでマイコが提示した回答からは，子どもはこの問題に関して好きな方を選択できる立ち位置にいると(日韓のどちらにもルーツがある)彼女が認識していることが理解できるとともに，最終的には子どもが自分で選択すれば良いと思う私(レベル1)という彼女の位置付けが見受けられた．

　次に相互行為の場におけるマイコの位置付け(ポジショニング・レベル2)について述べる．調査者に話題をふられたことで，今度はマイコが日韓問題に関する話題を子どもとどのように話すかについて説明することとなる．ここでマイコはエミの話を引き継ぎ，自分ならばどう返答するかを相互行為の場で実践していく．最初マイコは「私::(..)私::(..)」(861)と言い淀む様子を見せるが，その後急に笑い出す．それを見ていたエミがマイコの笑いに同調するように笑う様子を見せると(861，862)，マイコは「¥-私多分独島-¥@@独島」(863)

第 9 章　日韓にルーツを持つ我が子との関わり合いに見る日韓問題

と話し始める．ただ，そこまで発言したところで首を傾げ「ん::」(863) と少し考える様子を見せ，その後に子どもに対して独島は日本のものかもしれないと言う可能性を示す（日本人としての自分の意見を尊重する私：レベル 2）．調査者とエミはそのようなマイコの言動に対し頷きつつ理解を示す (865, 866)．続けてマイコは，韓国人の夫が独島は韓国のものだと子供に対して断言する様子を提示する（韓国人は韓国人としての意見を主張すると訴えたい私：レベル 2）．マイコが提示した彼女と彼女の夫の見解に触れた調査者とエミは，否定とも肯定とも言えない微妙な反応を見せる (868, 869)．そのような 2 人に対しマイコは「多分混乱しちゃうんじゃないですか子どもが」(870) と述べる．マイコの見解に調査者は頷きつつ同意を示し (871)，エミは笑いを見せ (872)，その後 2 人は互いの発言にかぶさるようにして「同じことを言ってる」(873)，「¥- どっち？みたいな -¥」(874) と混乱する子どもの様子に言及する（混乱するだろう子どもの立場に意識が向く私（たち）：レベル 2）．するとマイコは 2 人に対し「混乱させる」(875) と述べ，意図的に子どもを混乱させるような発言を選択するという自身の方針を明示する（子どもを混乱させることを選択する私：レベル 2）．そして，子どもが幼い場合は自分の好きな方にしておくようにと子どもに伝えると述べつつも，日本か韓国かを子どもに自分で決めさせたい私（レベル 2）という自身の位置付けを明示する．また，調査者はこのような彼女の見解に対し頷きながら共有する様子を示していた．以上の点から，ここではマイコが語ることを通じて日本人としての意見を子どもに伝えたいという思いを共有したい私（レベル 2）という位置付けを提示していることがわかった．

　最後にレベル 1 とレベル 2 の位置付けをもとにマイコが表出・構築する文化的・社会的自己（アイデンティティ）（ポジショニング・レベル 3）について述べる．データ内でマイコは，子どもに独島問題のことを質問された際に家庭内でどのようなやり取りがなされるのかを仮定の話として描写する．マイコの語りからは，日本人の彼女も韓国人の夫も独島問題を島の領有権をめぐる争いとして認識していることが理解できる．またマイコの言動からは，韓国人の夫は日韓にルーツを持つ我が子に対し韓国人として意見を述べると彼女が認識していることが読み取れた．そして，それに対抗するようにマイコ自身も日本（人）側の

335

意見を子どもに伝える姿勢を見せていた．さらに，マイコは子どもが自分たちの発言のせいで混乱する可能性があることを自覚した上で，あえて子どもを混乱させる方を選ぶと述べる．ここからは，彼女が日本側と韓国側の主張を聞いた上で，子どもが自ら考えてどちらのものか決めれば良いと考えていることが明らかとなった．このような彼女の方針は，一見すると親の意見を子どもに押し付けないというようにも捉えられる．しかしながら，その一方で，母親の出身国と父親の出身国のどちらか好きな方を選べという，子どもにとって母親か父親かを選択することにも類似した非常に困難な選択であることも事実である．以上の点から，ここではマイコによって日韓問題に関しては日本側の主張を支持する日本人というアイデンティティが実践されていることが明らかとなった（レベル 3）．

　データ 43 は在韓歴 8 年のアスカと 9 年のリカへのインタビューで収集されたものである．データ開始前，アスカは学校で独島に関して勉強してきた子どもとのやりとりについて他の参与者に話していた．そして，子どもは韓国人でもあり日本人でもあるのだから，学校で独島に関する韓国人の意見を学んでくることに反対する気持ちはないと述べた．またアスカは，韓国人に意見するためには韓国人が習ったことを知らなければ意見できないとし，子どもは韓国人として韓国人の意見を学び，日本人の意見も自分で勉強したのちにどちらが正しいのか自分で判断すれば良いと思うと話した．そして韓国の意見に反論したければ，韓国人として韓国の意見も聞いた上で反論すれば良いのではないかと話した．データ 43 はその直後のアスカの発言から始まる．データ内ではアスカによって一つのスモール・ストーリー（S1：992-1008）が語られる．

〈データ 43〉：昔の日本人と今の日本人を切り離す
　　992. アスカ：ただそこが::（..）日本人は昔こういうことしたから::（..）（(調査
　　993.　　　　者を見て))悪い人って言い始め [たら::
　　994. リカ　：　　　((頷く))　　　　　　　[う::ん
　　995. 調査者：((頷く))
　　996. アスカ：そこは正すかもしれないです

997. 調査者：［う :::ん
998. リカ　：［((頷きながら))　うんうん
999. アスカ：((頷いて))　うん［うん
1000. 調査者：　　　　　　　　　　［それは自分が勉強して正すんですか？
1001. アスカ：((視線をあげ２秒ほど考え))　あっううん（1）勉強じゃなくて ::
1002. 調査者：((頷く))
1003. リカ　：((頷く))
1004. アスカ：その昔あったことはお母さん知らないよって
1005. 調査者：［((何度も頷く))
1006. リカ　：［((何度も頷く))
1007. アスカ：［ママは知らないけど ::（..）その時代の日本人が悪い人だから：
1008. 　　　　今の日本人は悪い人なのってっていうところを［言いたい
1009. 調査者：　　　　　　　　　　　　　　　　　　　　　［うん ::［なるほど
1010. 　　　　なるほど
1011. リカ　：　　　　　　　　　　　　　　　　　　　　　　　　［(((何度
1012. 　　　　も頷きつつ))　うんうん
1013. アスカ：［((何度も頷き))　それだけそれだけ　((顔の前で両手を左右に振
1014. 　　　　る))
1015. 調査者：［う ::::ん

　まず，スモール・ストーリーに示されたアスカの位置付け（ポジショニング・レベル１）について述べる．S1にはアスカとアスカの子どもが登場する．最初にアスカの子どもが「日本人は昔こういうことしたから ::（..）((調査者を見て))悪い人」（992，993）と発言する様子が提示され，過去の行いから日本人全てを悪い人と考える私という子どもの位置付けが示される．そしてそのような子どもに対し「その昔あったことはお母さん知らないよ」（1004），「ママは知らないけど ::（..）その時代の日本人が悪い人だから：今の日本人は悪い人なの」（1007，1008）と意見するアスカの様子が提示され，過去の日本人と今の日本人を一括りにする韓国の支配的言説に対し抵抗を示す日本人の私（レベル１）という彼女の位置付けが示される．

　次に相互行為の場におけるアスカの位置付け（ポジショニング・レベル２）に

ついて述べる．アスカはデータの冒頭で，韓国視点で見た日本人イメージを韓国の学校で学習してきた子どもから「日本人は昔こういうことしたから::(..)((調査者を見て))) 悪い人」(992, 993) と言われる自身の様子を提示する．そのような子どもの言動に対しアスカは「そこは正すかもしれないです」(996) と述べ，昔の日本人と今の日本人を一括りにして悪い人と位置付ける認識の枠組みに抵抗する私（レベル2）という自身の位置付けを提示する．そのようなアスカの見解に，調査者は「う:::ん」(997) と否定も肯定もしない反応を見せるが，リカは頷きながら「うんうん」(998) と彼女の意見を支持する様子を見せる．アスカもそのようなリカの反応に対し頷きつつ「うんうん」(999) と返答し，ここでは2人が昔の日本人と今の日本人を同じ悪い人とする考え方に抵抗する私（たち）（レベル2）という位置付けを共有する様子が見られた．調査者はそのような2人のやりとりには加わらず，アスカに対し「それは自分が勉強して正すんですか？」(1000) と質問する．アスカはその質問に対し「あっううん（1）勉強じゃなくて:」(1001) と前置きした上で，「その昔あったことはお母さん知らないよ」(1004)，「ママは知らないけど::(..)その時代の日本人が悪い人だから:今の日本人は悪い人なの」(1007, 1008) と子どもに意見する自身の様子を描写する．アスカの発言からは昔の日本人が悪いことをしたということを彼女が否定する様子は見られず，むしろ過去のことを「知らない」(1004, 1007) 出来事として自らとは切り離す様子が見られた（過去の日本人の行いを自分とは切り離す私：レベル2）．そして，その上でアスカは過去は過去であり今とは切り離すべきなのではないかと子どもに伝えたいという自身の見解を明示する (1007, 1008)．彼女の見解に対し調査者が「うん::［なるほどなるほど］」(1009, 1010) と理解した様子を見せると，リカも何度も頷きつつ「うんうん」(1011, 1012) と言いながら彼女を支持する様子を見せ，ここでは3人が過去の日本人と今の日本人を一括りにしてほしくない私（たち）（レベル2）という位置付けを共有している様子が観察された．そのような2人の反応を見ながらアスカは何度も頷き「それだけそれだけ」(1013) と述べ，自分が子どもに伝えたいことはあくまでも過去の日本人と今の日本人を一括りにするのは正しいのかという意見だけであるという点を明示していた．以上の点から，ここではアスカが語ることを通

第 9 章　日韓にルーツを持つ我が子との関わり合いに見る日韓問題

じて過去の日本人と現在の日本人を一括りにすることへの異議を主張したい私（レベル 2）という位置付けを提示していることがわかった．

　最後にレベル 1 とレベル 2 の位置付けをもとにアスカが表出・構築する文化的・社会的自己（アイデンティティ）（ポジショニング・レベル 3）について述べる．アスカはデータ内で，昔の日本人と今の日本人を一括りにして悪い人と位置付ける子どもに対し意見する自身の様子を描写する．ここでアスカの子どもは韓国の支配的言説を内在化している存在として登場し，絶対悪としての日本人イメージに沿って日本人全体を悪として位置付ける様子を見せる．データ内でのアスカは，そのような子どもに対し過去の日本人と今の日本人を同列に配置することは可能なのかどうかを問いかけることで，自分の認識を再検討することを促す．データ内でのアスカの発言からは，彼女が韓国の支配的言説に対し現代の韓国人の中に絶対悪の日本（人）イメージを植え付ける存在という認識を抱いていることが理解できる．そして，彼女がそのような社会的力に対し昔の日本人と今の日本人を一括りにすべきではないと意見することで抵抗しようという意思を所持していることも見てとれた．また，彼女の思いは他の在韓日本人女性にも理解され支持される様子が見られ，彼女たちがある程度同じ認識を韓国の支配的言説に対して所持している可能性も示唆された．以上の点から，ここではアスカによって韓国の支配的言説に抵抗したい日本人というアイデンティティが実践されていることが明らかとなった（レベル 3）．

3. 人道的な問題（徴用工問題や慰安婦問題など）と関連のある出来事

　本項では，在韓日本人女性が人道的な問題（徴用工問題や慰安婦問題など）と関連した話題を子どもとの間で取り扱うという仮定の状況が設定され，その中で彼女たちが子どもとやりとりする語りを取り上げ分析・考察を行う．データ 44 は在韓歴 6 年のフミエと 8 年のヨリへのインタビューにおいて収集されたものである．データ開始前，フミエは自分にとって領土問題と人道的な問題は別物であると述べ，領土問題は世界中のあちこちに存在する案件であり自分は独島問題でダメージを受けることはあまりないと話した．しかしながら，徴用工問題や慰安婦問題などの人道的な問題は向き合った際に自分自身が「なんか

こうゴニョゴニョってなっちゃう部分」があると言い，歴史問題と一言で言っても歴史のどの部分のことを指すかにもよると述べた．データ44はその直後のフミエの発言から始まる．データ内ではフミエによって二つのスモール・ストーリー（S1：1036-1040，S2：1053-1054）が語られる．

〈データ44〉：子どもと日韓問題に向き合い話をする
1032. フミエ：私も親として母として［(.) なんか子どもに：(..) う::んこの話
1033. 　　　　題について私も割とこう淡々と？
1034. 調査者：　　　　　　　　　　　　［((頷く))
1035. フミエ：［語ってあげられる部分と::((小さく何度も頷き))((右手の爪
1036. 　　　　をテーブルに置き))ここはね
1037. 調査者：［((何度も頷く))
1038. ヨリ　：((フミエに視線を向ける))
1039. フミエ：なんか私もね (.) ほんとに (.) お母さんも（(何度も頷きつつ))
1040. 　　　　心が痛いのっていって::いつか話す部分と違うんだろうなあ::っ
1041. 　　　　て何となく思ってます
1042. 調査者：心が痛いのっていうのはどの問題？
1043. フミエ：うん事実そのなんかこう((両手をテーブルにおき))日本人が
1044. 　　　　昔::((右手をドンとテーブルに置き))この国の人たちを::
1045. 調査者：((何度も頷く))
1046. フミエ：((大きく頷き)) 虐げてしまったっ［1 ていう((何度も頷きなが
1047. 　　　　ら)) 事実は事実なので::
1048. 調査者：　　　　　　　　　　　　　　　　［1 ((何度も頷く))
1049. 　　　：［2 ((何度も頷く))
1050. ヨリ　：［2 ((フミエを見ながら頷く))
1051. フミエ：［2 そこはまあ ((大きく頷きつつ)) 目を背けちゃいけないし::
1052. 調査者：［3 ((何度も頷きつつフミエの発言を聞いている))
1053. フミエ：［3 実際にほんとに悲しいねっていつか一緒に泣くんだろうなっ
1054. 　　　　て思ってます
1055. 　　　：((調査者を見て頷く))
1056. 調査者：う::::ん

第 9 章　日韓にルーツを持つ我が子との関わり合いに見る日韓問題

1057. フミエ：（（何度も頷く））

　まず，各スモール・ストーリーに示されたフミエの位置付け（ポジショニング・レベル 1）について述べる．S1 でフミエは，日韓問題の中でも人道的な問題に関して子どもと話をしながら「なんか私もね (.) ほんとに (.) お母さんも（（何度も頷きつつ））心が痛いの」（1039, 1040）と子どもに伝える自身の様子を描写する．そして S2 では，同様の状況において子どもに対し「ほんとに悲しいね」（1053）と伝えるフミエの様子が提示される．これらの点から，二つのスモール・ストーリーを通じてフミエが日本の過去の行いに子どもとともに向き合い湧き上がる感情を共有したい日本人母の私（レベル 1），日本の過去の行いに子どもとともに向き合い湧き上がる悲しみを共有したい日本人母の私（レベル 1）という位置付けを提示していることがわかった．

　次に相互行為の場におけるフミエの位置付け（ポジショニング・レベル 2）について述べる．データの冒頭でフミエは自分自身について「親として母として」（1032）と言及し，子どもとの間で日韓問題に関する話題と向き合う際の自身の位置付けを提示する（日韓にルーツを持つ子どもの親として母として日韓問題に向き合う私：レベル 2）．そして，話題となる問題によっては子どもの前で「割とこう淡々と」（1033）話しができる場合もあれば，子どもに話をしながら「心が痛い」（1040）と感じるような場合もあるのではないかと述べる（問題によって立ち位置を変えて子どもに向き合う私：レベル 2）．互いに同年代の子どもを育てる調査者とヨリは，そのようなフミエの見解に何度も頷いたり（1037）じっと彼女を見つめながら（1038）意見を聞く様子を見せる．さらに調査者は「心が痛いのっていうのはどの問題？」（1042）とフミエに問いかけ，どのような問題について語る際に心が痛むのかと確認する．するとフミエは「うん事実」（1043）と述べ，「日本人が昔 :: この国の人たちを ::」（1043, 1044），「虐げてしまったっ［ていう事実」（1046, 1047）と回答し，日本人が過去に韓国の人たちを虐げたことを事実として受け止める私（レベル 2）という位置付けと，そのような事実と関連した問題を前にした際に心が痛む私（レベル 2）という位置付けの両方を提示する．さらに「事実は事実なので」（1047），「目を背けちゃいけないし ::」

341

（1051）と言い，昔日本人が韓国人に対して行った事実から目を背けるべきではないと思う私（レベル2）という位置付けを提示する．その際，調査者とヨリもフミエの発言を聞きながら同時に頷く様子を見せ，ここでは3人がフミエの位置付けを共有している様子が観察された（昔日本人が韓国人に対して行った事実から目を背けるべきではないと思う私（たち）：レベル2）．そしてフミエは「実際にほんとに悲しいねっていつか一緒に泣くんだろうなって思ってます」（1053, 1054）と述べ，そのような問題に関して子どもと悲しみを共有しながら一緒に泣く可能性にも言及し，事実に向き合いながら子どもと悲しみを共有する私（レベル2）という位置付けを提示していた．以上の点から，ここではフミエが語ることを通じて日本の過去の行いに向き合うことの重要性を訴えたい日本人母の私（レベル2）という位置付けを提示していることがわかった．

　最後にレベル1とレベル2の位置付けをもとにフミエが表出・構築する文化的・社会的自己（アイデンティティ）（ポジショニング・レベル3）について述べる．データ内でフミエは子どもと日韓問題に関する話題を話すという状況を設定し，向き合う話題によって変化する自身の内情を提示する．そして，竹島／独島問題などの領土問題に関しては淡々と子どもに対して話す彼女と，人道的な問題に関しては話しながら心が痛いと感じる彼女がそれぞれ描き出され，人道的な問題と向かい合った際には感情が大きく揺さぶられるフミエの様子が示される．また，日本人が過去に韓国の人々を虐げたのは事実であるという彼女の発言からは，彼女が昔の日本人と今の日本人を切り分けて区別するのではなく連続性を持った日本人として認識していることが理解でき，そのような事実から目を背けるべきではないと感じていることも明らかとなった．そして，日本人が過去に韓国の人々を虐げたという事実と向き合った際に彼女の心の中に痛みが生じていること，その痛みは涙が出るほどの悲しみともまたつながっていることなども明示されるとともに，過去に日本人が韓国人に対して行った事実と向き合うという作業が彼女にとって淡々とは行えない感情の揺さぶられる作業であることがわかった．さらに，データの冒頭でフミエが「親として母として」（1032）と発言していることからも，彼女がこのような自身の感情を親や母という位置付けから彼女の子どもに伝え共有していきたいと考えていることも明ら

かとなった．以上の点から，ここではフミエによって韓国に対して日本が過去に行った人道的に許せない行為に向き合うべきだと思う日本人母というアイデンティティが実践されていることが明らかとなった（レベル3）．

4. 日韓問題そのものと関連のある出来事

ここでは，具体的な出来事への言及がなく，日韓問題の存在そのものに関して在韓日本人女性が子どもとの間で話し合うという仮定の状況が設定される．データ45は在韓歴8年のノゾミと6年のアカネへのインタビューで収集されたものである．データ開始前，調査者はノゾミとアカネに対し，これから子どもが大きくなり小学校に入学するような年齢になって色々と複雑な問題が生じた場合はどのように対処するつもりかと質問する．データ45は調査者のその質問に対するアカネの回答から始まる．データ内ではノゾミによって一つのスモール・ストーリー（S1：510-521）が語られる．

〈データ45〉：韓国人側に立てばいいと思う
508. アカネ：歴史の問題とかですよね？
509. 調査者：((目を細めて頷く))
510. ノゾミ：でもそれこそもう：韓国人として::
511. 調査者：[((頷く))
512. アカネ：[((頷く))
513. ノゾミ：そういうふうにもう思ってなさいって感じになるかもしれないで
514.   すね
515. 調査者：ああ::
516. ノゾミ：あなたはかんっ100%韓国人
517. 調査者：((何度も頷く))
518. ノゾミ：それはやっぱりダブルっていうところが::あの::100%ん:::(.) 100
519.   と100だから::韓国人側に::
520. 調査者：((頷く))
521. ノゾミ：100%立てばいいじゃん　[思っちゃう
522. 調査者：　　　　　　　　　　　　[((何度も頷く))

343

まず，スモール・ストーリーに示されたノゾミの位置付け（ポジショニング・レベル1）について述べる．S1でノゾミは，子どもが日韓の間の歴史問題に向き合った際に「韓国人として::そういうふうにもう思ってなさい」(510, 513)と子どもに伝える自身の様子を提示する．そして，子どもと向き合いながら「あなたはかんっ100％韓国人」(516)「100と100だから::韓国人側に::」(518, 519)，「100％立てばいいじゃん」(521)と考える自身の内面についても言及する．ここでは彼女が子どもは自分の立場の利点を生かし柔軟に日韓問題に関する話題に対応すれば良いと思う私（レベル1）という位置付けを提示していることがわかった．

　次に相互行為の場におけるノゾミの位置付け（ポジショニング・レベル2）について述べる．データの開始前，調査者はノゾミとアカネに対し子どもが韓国の小学校に入学するような年齢になって色々と複雑な問題が生じた場合はどのように対処するつもりなのかと質問する．それを受け，まずアカネが「歴史の問題とかですよね？」(508)と調査者に確認する．調査者が頷く様子を見せると(509)，今度はノゾミが「でもそれこそもう：韓国人として::」(510)，「そういうふうにもう思ってなさいって感じになるかもしれないですね」(513, 514)と発言する．その際にノゾミは「それこそ[3]」(510)と歴史問題という項目を強調する様子を見せる（歴史問題に関しては韓国人の意見に沿えばいいと考える私：レベル2）．調査者は，そのようなノゾミの発言に対し「ああ::」(515)と肯定とも否定とも取れない反応を示し，ノゾミは続けて「それはやっぱりダブルっていうところが::あの::100％ん:::100と100だから::」(518, 519)と自分の見解の根拠について説明しようとし始める．ここでノゾミは自身の子どもが日本と韓国の両方にルーツを持つという状況に「ダブル」(518)という単語を使用して言及し，子どもは韓国人でもあり日本人でもあるのだという点をあらためて強調する（子どもは韓国人でもあるという点を強調したい私：レベル2）．その上で「韓国人側に::」(519)，「100％立てばいいじゃん［思っちゃう］」(521)と「ーてしまう」表現の音韻縮約形「ーちゃう」を使用して発言し，韓国の小学校に通

3　副詞の「それこそ」は，「そのことを強調するさま」を意味する．（デジタル大辞泉）

第9章　日韓にルーツを持つ我が子との関わり合いに見る日韓問題

い韓国人でもあるという子どもの外部要因を加味した上で子どもが韓国人の側に100％立てば良いと自身が考えていると説明する（子どもの身を置く状況を重視すべきだと主張したい私：レベル2）（一色 2011）．また，調査者もそのようなノゾミの説明を聞きながら何度も頷く様子を見せ，彼女の見解に理解を示す．以上の点から，ここではノゾミが語ることを通じて子どもは状況に合わせて柔軟な立ち位置を選択すれば良いと主張したい私（レベル2）という位置付けを提示していることがわかった．

　最後にレベル1とレベル2の位置付けをもとにノゾミが表出・構築する文化的・社会的自己（アイデンティティ）（ポジショニング・レベル3）について述べる．データ開始前，調査者は協力者2人に韓国で子どもが小学校に進学し色々と複雑な問題が生じた場合にどう対処するかと尋ねる．調査者が提示した複雑な問題は，アカネによって「歴史の問題」(508)として再提示される．それを受けたノゾミは，ここから歴史問題に我が子が向き合った際に自分がどうするかについて説明していくこととなる．データ内でなされた彼女の発言をみると，彼女が自身の子どもを日本人でもあり韓国人でもある日韓ダブルとして位置付けていることがわかる．また，その上で韓国の小学校で歴史問題と向き合うという状況に身を置いている場合は，自分の所持する韓国人という側面を前面に出して韓国人の意見に沿う選択をすれば良いのではないかという見解を提示する．ここからは，どちらかの国籍に沿った意見を選択するかではなく，状況に即した柔軟な対処法をとるように子どもに伝えようという姿勢をノゾミが持っていることが窺える．このようなノゾミの見解からは，日本人でも韓国人でもあるという立場を生かして状況に対処する方法を子どもに教えたいという彼女の意思が窺えた．以上の点から，ここではノゾミによって日韓にルーツを持つ我が子が国籍に縛られることを望まない日本人母というアイデンティティが実践されていることが明らかとなった（レベル3）．

　データ46は在韓歴8年のユキと2年のナオへのインタビューにおいて収集されたものである．データ46の開始前，調査者はナオとユキに子どもが成長した頃に不買運動のような現象がまた起きたと仮定して，そのことに関して子どもから質問されたらどう対処するかと尋ねる．その質問にユキは「でもそこ

345

ほんまに考えます」と発言し，ナオも「うん，私も思ってました」と話す．その後，2人は今後も日韓関係が悪化したことにより類似した状況が起こる可能性は高いだろうと指摘した上で，その際に子どもとどう関わっていくのかに関する自分たちの意見を述べ始める．ナオは生活している場所の考え方がメインになるだろうという見解を示し，子どもは韓国よりの考え方になるのではないかと話す．ナオの発言を聞いていた調査者は，そのまま続けてユキに対して話題を振る．データ46は調査者のその発言から始まる．ここではユキによって一つのスモール・ストーリー（S1：996-1004）が語られる．

〈データ46〉：韓国の支配的言説の影響から子どもを守りたい

```
994. 調査者：なんて（.）その何で No Japan なの？かっ日本に行ったらだめな
995.        の？って聞かれたらなんっなんて言いますか？
996. ユキ  ：(..)いったあかんことないって言います
997. 調査者：((ユキを見ながら頷く))
998. ユキ  ：プラス（.）自分の目で日本見なさいっていうと思う
999. 調査者：うん:::
1000. ナオ  ：((何度も小さく頷く))
1001. ユキ  ：自分 [:::
1002. ナオ  ：       [そうですよね::
1003. ユキ  ：[1 周りが言ってるからってあんたもみいひんのんか？
1004.        [2 っていうのは言おうと思ってます
1005. ナオ  ：[2 ((黙って何度も頷く))
1006. 調査者：[1 ((何度も頷きつつ継続してユキの発言を聞いている))
1007.        ：[3 ((頷きながら))うん::
1008. ナオ  ：[3 ((何度も頷く))
1009. ユキ  ：((何度も頷きつつ))うん
1010. ナオ  ：((黙って何度も頷く))
1011. 調査者：何で（..）その（..）その自分の目で見てって（..）言いたくなるん
1012.        だと思いますか？
1013. ユキ  ：何で？（..）あっ韓国の人たちが（..）周りに影響されすぎてるっ
1014.        て考えてるから
```

第 9 章　日韓にルーツを持つ我が子との関わり合いに見る日韓問題

1015. 調査者：[(((頷きながら)) うん::::
1016. ナオ　 ：[(((何度も頷きながら)) うん:::

　まず，スモール・ストーリーに示されたユキの位置付け（ポジショニング・レベル 1）について述べる．S1 でユキは調査者の発言（994, 995）を受け，子どもから「何で No Japan なの？」(994)，「日本に行ったらだめなの？」(994, 995)と質問され答える自身の姿を描写する．ここでユキは「いったあかんことない」(996)と子どもに伝えた上で，「自分の目で日本見なさい」(998)と発言する．そして，「周りが言ってるからってあんたもみいひんのんか？」(1003)と述べ，周囲にいる韓国人の発言に影響されて自分の目で日本を見ることをやめるのかと子どもに尋ねる様子を見せる．このようなユキの発言からは，S1 の中で彼女が日韓にルーツを持つ子どもには韓国の支配的言説に流されてほしくない日本人母の私（レベル 1）という位置付けを提示していることがわかった．
　次に相互行為の場におけるユキの位置付け（ポジショニング・レベル 2）について述べる．データの冒頭でユキは調査者が提示した語りの世界観を引き継ぎ，子どもに No Japan に関連した質問を受けた場合の自身の対処法について言及する．その中でユキは，「日本に行ったらだめなの？」(994, 995) という子どもの質問に対して「いったあかんことない」(996)，「自分の目で日本見なさい」(998)と発言する（子どもには韓国の支配的言説に巻き込まれてほしくない私：レベル 2）．そのようなユキの発言を受け調査者は「うん:::」(999) と相槌を打ち，ナオは何度も小さく頷く様子を見せ（1000），その次に話し始めたユキの発言にかぶさるように「[そうですよね::」(1002) と同意を示す．ここではナオがユキの見解を支持しながら，子どもには韓国の支配的言説に巻き込まれてほしくない私（たち）（レベル 2）という位置付けを共有している様子が見られた．また，ユキは 1003 行目で再度「周りが言ってるからってあんたもみいひんのんか？」(1003) と発言し，まるで子どもが日本には行かないと発言したかのような返答を見せる．そして「っていうのは言おうと思ってます」(1004) と付け加え，子どもに対して周りの韓国人の意見に流されないように伝えようと思っていることを明示する（子どもには韓国の支配的言説に巻き込まれてほしくない私：レベル 2）．

また，そのような彼女の発言に対しナオと調査者が重複しつつ交互に何度も頷く様子を見せ（1005, 1006, 1007, 1008），ここでは子どもには韓国の支配的言説に巻き込まれてほしくない私（たち）（レベル2）という位置付けを3人が共有する様子が観察された．その後，調査者は「何で（..）その（..）その自分の目で見てって（..）言いたくなるんだと思いますか？」（1011, 1012）と，ユキがそのような見解を持つ理由に関して彼女に質問する．するとユキは「韓国の人たちが（..）周りに影響されすぎてるって考えてるから」（1013, 1014）と発言し，韓国社会の同調圧力の強さを警戒する私（レベル2）という位置付けを提示する．そのようなユキの見解に対し調査者とナオはここでも同時に頷きながら理解を示し，他の2人にもユキの提示した位置付けが共有されていることがわかった．以上の点から，ここではユキが語ることを通じて韓国の支配的言説の影響力への警戒を示したい私（レベル2）という位置付けを提示していることがわかった．

　最後にレベル1とレベル2の位置付けをもとにユキが表出・構築する文化的・社会的自己（アイデンティティ）（ポジショニング・レベル3）について述べる．データ内でユキは，子どもが韓国における支配的言説や支配的見解に接触した際に自分はどのように対処するのかをスモール・ストーリーを使用しながら実践して見せる．データ内で観察されたユキの「自分の目で日本見なさい」（998），「周りが言ってるからってあんたもみいひんのんか？」（1003）といった発言からは，自分自身が8年間韓国で暮らすなかで構築してきた韓国人に対する印象（「周りに影響されすぎてる」（1013））に基づき，彼女が我が子も韓国の支配的言説や見解の影響を受けてしまうのではないか，それに流されてしまうのではないかと不安に思っていること，そしてそれを防ぎたいと行動する様子が窺える．特に日韓関係が悪化してきた際に前景化してくる韓国の支配的言説では日本が絶対悪という位置づけで表現されることが多く，その影響を受けるということは絶対悪としての日本イメージが子どもの中にも構築されることを意味する．このような点を考慮すれば「自分の目で日本見なさい」（998）というユキの発言からは，ユキが子どもに対し周囲の人々の言葉よりも自身の目で直接見た日本を信じてほしいと強く願っていることが理解できる．以上の点から，ここではユキによって韓国の支配的言説の影響から子どもを守りたい日本人母という

第9章　日韓にルーツを持つ我が子との関わり合いに見る日韓問題

アイデンティティが実践されていることが明らかとなった（レベル3）．
　データ47はデータ46と同様，ユキとナオのペアへのインタビューにおいて収集されたものである．データ46の終了後，ユキは日本語教師という職業柄，自分の周りには日本を好きな韓国人が多いと話した．しかし，最近は日本製品不売運動が行われていることもあり，日本好きの人たちから今は日本に行けない，ゴミを出すときは日本製品が入ってないか確認するなどの意見を聞くことが多く，ユキは何をそんなに気にしているのかと尋ねたという．それに対する人々の回答は周りの目を気にしているからというものであり，ユキはなんでそんなに周りの目を気にしなければいけないのか理解できないと話した．データ47はその直後のユキの発言から始まる．データ内では，ユキによって二つのスモール・ストーリー（S1：1060-1061, S2：1075-1080）が語られる．

〈データ47〉：自分の目で日本や日本人を見てほしい
```
1056. ユキ　：そういうのを見てきてるから［1 その自分の子どもが多分そうや
1057. 　　　　っていった時に::
1058. 調査者：　　　　　　　　　　　　　　［1（（頷く））
1059. 　　　　：（（頷く））
1060. ユキ　：(2) じゃあ自分のおじいちゃんお母さん（..）（（頷く））含めて::
1061. 　　　　（..）なんかした？って
1062. ナオ　：［（（小さく頷く））
1063. 調査者：［［（（何度も頷く））
1064. ユキ　：いうのは絶対言おうっ(.)ていうのは［2 ずっと（..）思ってます
1065. 調査者：　　　　　　　　　　　　　　　　［2（（何度も頷きつつ））う
1066. 　　　　　::ん
1067. ナオ　：　　　　　　　　　　　　　　　　［2（（何度も頷く））
1068. ユキ　：その：韓国人の子::（1）の中にいる環境でも::
1069. 調査者：［（（何度も頷く））
1070. ナオ　：［（（頷き））うん
1071. ユキ　：自分のその子どもは::（..）日本っていう国を自分::で（..）ちゃ
1072. 　　　　んとわかっ(.)ね？
1073. ナオ　：［（何度も（頷く））
```

1074. 調査者：[((何度も頷く))
1075. ユキ　：その自分の周りにいる日本人((大きく頷く))
1076. ナオ　：[何度も（頷く))
1077. 調査者：[((何度も頷く))
1078. ユキ　：うん::ってかこういう環境で::
1079. 調査者：((何度も頷く))
1080. ユキ　：(1) なんか誰かが (..) やったの？っていうの話はしようかなって
1081. 　　　　　いうのは思ってますね
1082. ナオ　：[((何度も頷く))
1083. 調査者：[うん::なるほど
1084. ユキ　：うん((何度も頷く))

　まず，スモール・ストーリーに示されたユキの位置付け（ポジショニング・レベル1）について述べる．S1でユキは，我が子が周りの韓国人の目が気になるという発言をした際に自分がどう対処するかという状況を描写する．その中でユキは「じゃあ自分のお祖父ちゃんお母さん (..) ((頷く)) 含めて:: (..) なんかした？」（1060，1061）と，日本人の祖父や母親である自分が韓国の人々に対し直接何かしたのかと子どもに尋ねる様子を見せる．S1でなされたユキの発言からは，彼女が日韓にルーツを持つ我が子には自分の目で日本（人）を見てほしい日本人母の私（レベル1）という位置付けを提示していることがわかる．次にS2では，子どもに対し「自分の周りにいる日本人」（1075），「こういう環境で::」（1078），「なんか誰かが (..) やったの？」（1080）と，実際に子どもの直接的な知り合いの日本人が韓国人に対して何かしたのかと尋ねるユキの様子が描写される．ここでもやはり，日韓にルーツを持つ我が子には自分の目で日本（人）を見てほしい日本人母の私（レベル1）という位置付けを提示するユキの様子が見られた．

　次に相互行為の場におけるユキの位置付け（ポジショニング・レベル2）について述べる．データの冒頭でユキは「そういうのを見てきてるから」（1056）と述べ，これまでの韓国生活の中で自分が内在化してきた韓国人イメージが，子どもへの対応の際になんらかの影響を与えている可能性を示唆する．そして，

第 9 章　日韓にルーツを持つ我が子との関わり合いに見る日韓問題

自分の子どもが既存の韓国人イメージと同様の言動をした場合には，子どもにとって直接的なつながりのある日本人（祖父やユキ）が直接韓国人に何かしたのかと尋ねようと思っていると話す（1060，1061，1064）（韓国の支配的言説への抵抗を示す私：レベル 2）．このようなユキの見解に対し，調査者とナオは同時に何度も頷く様子を見せ理解を示す．その後，ユキは「その：韓国人の子 ::（1）の中にいる環境でも ::」(1068)，「自分のその子どもは ::（..）日本っていう国を自分 :: で（..）ちゃんとわかっ（.）ね？」(1071, 1072) と発言するが，その際には「ちゃんとわかっ」(1071, 1072) の部分で一旦言葉を切り他の 2 人に確認するように「ね？」(1072) と問いかける様子を見せる（他の 2 人も同様の見解であるか確認したい私：レベル 2）．彼女の発言からは，韓国人に囲まれて暮らすという環境下であっても，日本人でもある我が子には自分の目で日本を見て日本を理解してほしいという思いをユキが抱いている様子が窺える（子どもには日本人でもあるということを忘れてほしくない私：レベル 2）．またここでユキが提示した見解が，その直後に調査者とナオによって共有されている様子も見られた（1073，1074）．さらに，ユキは「自分の周りにいる日本人」(1075)，「こういう環境で ::」(1078)，「なんか誰かが（..）やったの？」(1080) と問いかける様子を提示し，韓国の支配的言説の中に描き出されている日本人と子どもの直接の知り合いである日本人とが本当に同じなのかどうかを子ども自身に確認させようと試みる．ここでも調査者とナオは，ユキの発言に対し同時に理解を示す様子を見せる（1082，1083）．ユキもまた，そのような 2 人に対し何度も頷き返しており，3 人が子どもには自分の目で日本を見てほしい私（たち）（レベル 2）という位置付けを共有する様子が観察された．以上の点から，ここではユキが語ることを通じて韓国の支配的言説への抵抗を示したい私（レベル 2）という位置付けを提示していることがわかった．

　最後にレベル 1 とレベル 2 の位置付けをもとにユキが表出・構築する文化的・社会的自己（アイデンティティ）（ポジショニング・レベル 3）について述べる．データ内でユキは，自分の子どもには自分が見てきた韓国人のような言動をして欲しくないという姿勢を強く打ち出す．まずユキは，韓国の支配的言説の中に存在する日本（人）イメージと子どもが実際に自分の目で見て関係性を持っ

ている日本人は同じではないという認識をデータ内で 2 回表現を変えて提示する．さらに「絶対言おう」(1064)，「ずっと (..) 思ってます」(1064) という発言からは，彼女が相当強くその点を子どもに伝えたいと思っていることが窺えるとともに，子どもが周囲にいる韓国人が所持する日本（人）イメージと同様の認識を所持するようになることに対して彼女が強い不安を感じていることも理解できる．また，「韓国人の子 :: (1) の中にいる環境でも :」(1068)，「自分のその子どもは」(1071) 日本という国をちゃんと自分の目で見て理解してほしいという彼女の発言からは，彼女が韓国人とは異なる存在として自身の子どもを位置付けるとともに，日韓問題と関連のある話題に子どもと向き合った際には子どもの中の日本人の側面に対して強くアプローチしている様子が見られた．そして，そのような彼女の見解を他の在韓日本人女性 2 人も理解し同意を示す様子を見せており，彼女たちの中に同様の思いが共通して存在している可能性も示唆された．以上の点から，ここではユキによって韓国の支配的言説から子どもを守りたい日本人母というアイデンティティが実践されていることが明らかとなった（レベル 3）．

　データ 48 は在韓歴 5 年のヨシミと 7 年のレイへのインタビューにおいて収集されたものである．データ開始前，ヨシミは自分自身が日本に対してそれほど強い愛着がないという話をしていた．そして，韓国生活が長くなると逆に日本に帰ると煩わしく感じることもあり，もう日本が肌に合わないのかもしれないと述べた．ヨシミの発言を受けて調査者は，では自身の子どもが日本に対して否定的な発言をしたらどう思うのかとヨシミに質問する．データ 48 は調査者のその質問から始まる．データ内ではヨシミによって一つのスモール・ストーリー（S1：552-560）が語られる．

〈データ 48〉：子どもの日本人としての側面を支配的言説の影響から守りたい
　　542. 調査者：(2) じゃあ (..) 日本嫌いとかその韓国の独島の話とか聞いてきて
　　543. ヨシミ：[1 ((頷く)) うん
　　544. 調査者：[1 なんで日本人はそんなことしたのとか
　　545. ヨシミ：[2 ((頷く))

第9章　日韓にルーツを持つ我が子との関わり合いに見る日韓問題

546. レイ　　：[2（（頷く））
547. 調査者：言われたらどんな気持ちになるんですか？悲しいんですか？
548. ヨシミ：悲し::くは（（首を傾げて））ないかもしれない
549. レイ　　：（（非常に浅く頷く））
550. ヨシミ：どっ（..）う::ん（.）日本嫌いって言ったらそら悲しいかな
551. 調査者：[3（（何度も頷きつつ））ふんふん
552. ヨシミ：[3だけど::（.）独島がどうだとかどうして戦争したのとか::
553. 調査者：[4（（何度も頷く））
554. ヨシミ：[4例えばね韓国人をいっぱいいじめたの？とか::
555. 調査者：[5（（何度も頷く））
556. レイ　　：[5（（何度も頷く））
557. ヨシミ：（..）言ってきたら（..）それは悲しいとはちょっと違うな
558. 調査者：ふ:::ん
559. ヨシミ：それはそれはそうじゃないよって説明してあげたいっていう気持
560. 　　　　ちがまずあって::
561. 調査者：（（頷き））うん（..）それはなぜ？
562. ヨシミ：悲しいではないな（1）##（（やっぱ？））日本（.）そうは言っても
563. 　　　　日本人だから::
564. 調査者：（（頷く））
565. ヨシミ：日本のことあまり悪く言ってほしくないっていう
566. レイ　　：[（（視線は調査者に向けたまま浅く何度か頷く））
567. 調査者：[（（何度も頷きつつ））うんうんうんうん
568. ヨシミ：それかな
569. 調査者：[（（何度も頷きつつ））ああ::::::
570. レイ　　：[（（視線は調査者に向けたまま浅く何度か頷く））

　まず，スモール・ストーリーに示されたヨシミの位置付け（ポジショニング・レベル1）について述べる．S1でヨシミは，自身の子どもから「独島がどうだとかどうして戦争したのとか::」(552)，「韓国人をいっぱいいじめたの？」(554)と言われる状況を描き出し，子どもに対し「それはそうじゃないよ」(559)と説明する自身の姿を提示する．S1で示された子どもとヨシミのやりと

353

りからは，韓国の支配的言説に対し必要な時には意義を唱え子どもの考えが偏らないよう調整したい日本人母の私（レベル1）という彼女の位置付けが読み取れた．

次に相互行為の場におけるヨシミの位置付け（ポジショニング・レベル2）について述べる．548行目でヨシミは，調査者が例示した子どもの質問に対し一旦は「悲し::くは（（首を傾げて））ないかもしれない」(548) と述べるが，その直後に「日本嫌いって言ったらそら悲しいかな」(550) と発言し，子どもが日本を嫌うことには悲しみを感じる私（レベル2）という位置付けを提示する．続いて，今度は子どもが「独島がどうだとかどうして戦争したのとか::」(552)，「韓国人をいっぱいいじめたの？」(554) と自身に質問してきた場合は「それは悲しいとはちょっと違うな」(557) と発言し，その場合は「それはそうじゃないよ」(559) と説明してあげたい気持ちがまず生じる (559, 560) と話す．その際にヨシミは「説明してあげたい」(559) という意志動詞「説明する」に恩恵授受表現「—てあげる」を接続した表現を使用しており，ここからはそうすることが子どもにとって好ましいと感じるため「それはそうじゃないよ」(559) と説明したいとヨシミが認識していることがわかる（中俣 2014）．そして調査者が561行目でそのように思う理由について尋ねると，「そうは言っても日本人だから::」(562, 563)，「日本のことあまり悪く言ってほしくないっていう」(565) 気持ちが自身の中にあると答える．ヨシミはデータ開始前に日本に対してあまり愛着がないという話をしており，さらに559行目では「それはそうじゃないよ」(559) という説明を子どものために行いたいという意思も示していた．以上の点からここではヨシミが，日本人でもある子ども自身のために日本のことを悪くいって欲しくないと感じているということがわかる（子どもの日本人としての側面を守りたい私：レベル2）．ヨシミのこのような見解に対し調査者とレイは何度も頷く様子を見せながら理解を示し，ここでは3人が子どもの日本人としての側面を守りたい私（たち）（レベル2）という位置付けを共有する様子が観察された．ヨシミの発言からは，日本に対し悪い印象を抱くことは日本人でもある子どもたちにとって好ましい状態ではないと彼女が考えており，そのようなことが起こらないように「それはそうじゃないよ」(559) と子ども

第 9 章　日韓にルーツを持つ我が子との関わり合いに見る日韓問題

に説明してあげたいという気持ちを持っていることが明らかとなった．以上の点から，ここではヨシミが語ることを通じて韓国の支配的言説への抵抗を示したい私（レベル2）という位置付けを提示していることがわかった．

　最後にレベル1とレベル2の位置付けをもとにヨシミが表出・構築する文化的・社会的自己（アイデンティティ）（ポジショニング・レベル3）について述べる．データの前半では調査者の質問が契機となって，子どもに日韓問題に関連した質問をされた際に自分の中にどのような感情が湧いてくるのかをヨシミが説明することとなる．その中でヨシミは，子どもに何を言われるのか，質問されるのかによって自身の中に生じる感情に異なりがあることを明示する．それとともに，日本を嫌いだというような発言には悲しみが生じると述べる．また，韓国の支配的言説における日本（人）イメージのみで日本人を判断することは，日本人でもある子ども自身にとって好ましい状況ではないと感じるため「それはそうじゃないよ」（559）と意見したい気持ちが生じると話す．データ内で観察された彼女のこれらの言動からは，ヨシミが日本人としての個人的な感情から韓国の支配的言説を否定しているのではなく，韓国の支配的言説が日本人でもある我が子に及ぼす不利益を考慮した結果，韓国の支配的言説を否定するという行動に出たという流れが理解できる．以上の点から，ここではヨシミによって韓国の支配的言説から子どもを守りたい日本人母というアイデンティティが実践されていることが明らかとなった（レベル3）．

　データ49は在韓歴9年のエミと12年のマイコへのインタビューにおいて収集されたものである．データ開始前，マイコは子どもから独島のことを質問された際には日本のものかもしれないと意見すると話していた（本章，データ42-2参照）．そして，韓国人の夫は韓国のものだと伝え，自分は日本のものだと伝えることで子どもが混乱する可能性があることに言及し，あえて混乱させると述べた．その上で，混乱した子どもが自分自身で勉強して答えを見つければ良いと思うと話した．すると，それまでマイコの発言を聞いていたエミが，マイコの発言を受け韓国で育った場合は子どもが韓国寄りの考えを持ちそうであると意見する．データ49はエミのその発言から始まる．ここでは，エミによって一つのスモール・ストーリー（S1：924-926）が語られる．

〈データ49〉：韓国教育に子どもを奪われる
```
903. エミ　　：(2) なんか韓国で::こう育ったら::韓国よりな考えになりそう
904. マイコ　：((視線を上に向けて)) う:::ん
905. エミ　　：なのも::
906. 調査者　：((何度も頷き)) う:::ん
907. エミ　　：悲しいんですよ自分が(.) なんか1人だけ取り残されそうで
908. 調査者　：ああ::
909. エミ　　：((マイコを見て)) わかる？
910. マイコ　：((視線を上にやり頷き)) うん
911. エミ　　：なんっ［なんか
912. マイコ　：　　　［((視線を上にやりながら頷き)) うんうん
913. 調査者　：ああ::((微かに頷き))
914. エミ　　：だからなんか子どもが今手がかかるから::(..) なんか(..) 仲間意
915. 　　　　　識があるけど::
916. 調査者　：((微かに何度も頷く))
917. エミ　　：どんどんこうおっきくなっていくとやっぱり思春期とかもあるし
918. 調査者　：((何度も頷く))
919. マイコ　：う:::ん
920. エミ　　：そういう時になんか::(1) ((マイコを見て)) 言われそうで
921. マイコ　：((頷く))
922. エミ　　：韓国で育ってると
923. 調査者　：どんなことを言われそうな気がするんですか？
924. エミ　　：((首を小さく左右に振りながら)) お母さんは日本人で((首を小
925. 　　　　　さく左右に振りながら)) 日本は悪いこしてきたんじゃないみたい
926. 　　　　　なふうに言われたら::((マイコを見て)) ［ちょっとショックだし::
927. マイコ　：　　　　　　　　　　　　　　　　　　　　［悲しいねぇ::
928. エミ　　：((何度も頷く))
929. 調査者　：((何度も頷く))
930. マイコ：［ん:::
931. エミ　　：［なんか(.) 想像ですけどね
```

　まず，スモール・ストーリーに示されたエミの位置付け（ポジショニング・レ

第 9 章　日韓にルーツを持つ我が子との関わり合いに見る日韓問題

ベル1）について述べる．S1 でエミは子どもと 2 人で話をしている状況を描写し，子どもに「お母さんは日本人で日本は悪いことしてきたんじゃん」（924, 925）と言われる自身の様子を提示する．さらに，そのように子どもに言われることを「ちょっとショックだし」（926）と述べ，我が子から絶対悪の日本人として非難される日が来るのではないかと不安な日本人の私（レベル 1）という位置付けを他の参与者に対して示す．

　次に相互行為の場におけるエミの位置付け（ポジショニング・レベル 2）について述べる．データの冒頭でエミは子どもが韓国で育ったら「韓国よりな考えになりそう」（903）と述べ，それが「悲しいんですよ」（907）と発言する．そして悲しくなる要因として「1 人だけ取り残されそうで」（907）と言い，夫と子どもが韓国（人）側の思想を支持することで自分が家庭内及び韓国において孤独になるという状況を指摘する（韓国で孤独になる悲しみを共有したい私：レベル 2）．さらに，エミは自分の発言を聞いていたマイコに対して「わかる？」（909）と問いかけ，マイコはそれを受け頷きなら「うん」（910）と返答する．その後もマイコはエミが何か言いかけたのにかぶさるようにして，もう一度頷きつつ「うんうん」（912）と理解を示す様子を見せる．調査者も「ああ::」（913）と言いながらわずかに頷き，エミの言う悲しみを共有する私（たち）（レベル 2）という位置付けを 2 人が提示する様子が見られた．さらにエミは，「子どもが今手がかかるから::（..）なんか（..）仲間意識があるけど::」（914, 915），「どんどんこうおっきくなっていくとやっぱり思春期とかもあるし」（917）と日韓問題の影響がなかったとしても親子関係が複雑になる時期が来ることを他の参与者に説明する．そして，「そういう時になんか::（1）（（マイコを見て））言われそうで」（920），「韓国で育ってると」（922）と述べる（韓国の支配的言説のせいで思春期の子どもと揉める可能性を示唆する私：レベル 2）．それに対し調査者が「どんなことを言われそうな気がするんですか？」（923）と問いかけると，エミは S1 を挿入し仮定の話として子どもとの間で起こりそうなやり取りを描写する．それを聞いていたマイコは，エミが「ちょっとショックだし」（926）と言うのとほぼ同時に「悲しいねぇ::」（927）と述べ，調査者とエミがそれに対し何度も頷く様子を示した．以上の点から，ここではエミが語ることを通じて韓国の支配的

357

言説が子どもに及ぼす影響への警戒を共有したい私（レベル2）という位置付けを提示していることがわかった．
　最後にレベル1とレベル2の位置付けをもとにエミが表出・構築する文化的・社会的自己（アイデンティティ）（ポジショニング・レベル3）について述べる．データ開始前のマイコの発言を聞いていたエミは，データの冒頭でマイコの方針に対する自身の見解を述べ始める．データ内でエミは，子どもが韓国で教育を受けた場合は韓国よりの考え方になる可能性があること，それに対し自分が1人取り残されそうで悲しいと感じることに言及する．彼女の発言からは韓国人の夫がエミの側につく可能性は見受けられず，エミの夫が家庭内で常に韓国側を支持する立場であることがわかる．そのような状況に身を置くエミにとって子どもが韓国で教育を受けることはマイコ以上に不安に思われる出来事であり，エミが「わかる？」(909)とマイコに問いかけた様子からも彼女がこの不安を他の在韓日本人女性（特に友人であるマイコ）と共有したいと思っていたことが理解できる．さらに，子どもが幼い今は「仲間意識がある」(914, 915)という彼女の発言からはエミが子どもを自身の仲間として捉えている様子が窺え，韓国の教育は仲間を自分から奪っていくという認識を彼女が所持していることも明らかとなった．エミの発言を見ると親子の関係性は子どもの成長に伴い変化することを彼女自身も理解しており，いつまでも仲間のような間柄ではいられないと承知していることがわかる．その一方で彼女の発言からは，我が子が韓国で教育を受けることで微妙な親子関係がより複雑になる可能性があることや，その際には日本人である自分は悪い存在として子どもに認識される可能性があることなどが大きな不安材料として彼女の中に存在していることも窺えた．そして，そのようなエミの不安は他の参与者にも理解・共有されていた．以上の点から，ここではエミによって韓国で孤独になるのが怖い日本人というアイデンティティが実践されていることが明らかとなった（レベル3）．
　データ50は在韓歴5年のヨシミと7年のレイへのインタビューにおいて収集されたものである．データ開始前，レイは韓国に留学していた当時は韓国と日本の間に過去に何があったのか深く知らなかったこと，そのために恥ずかしいと感じることがたくさんあったこと，そのような経験を経て韓国の大学院に

進学し日韓の近現代史について学んだことなどを話していた．レイの話を聞いていた調査者は一緒に話を聞いていたヨシミに，インタビューをしていると韓国と日本の近現代史や日韓問題に関連のある出来事などに関して知りたいと思う人と知りたくないと思う人に別れているように感じると説明し，ヨシミの場合はどうかと尋ねた．ヨシミは今の自分は韓国の近現代史や日韓問題に関して詳しいことは知らないが，どちらかと言えば知りたいと思う側だと答えた．そして，日本でも子どもたちにもう少しその部分について教育すれば良いのにと今は思うと答えた．データ 50 は，そのような調査者とヨシミのやりとりを聞いていたレイが発話権をとり話し始めたところから始まる．データ内では，レイによって三つのスモール・ストーリー（S1：912-914, S2：917-918, S3：922-937）が語られる．

〈データ50〉：中立でいるための知識を身につけてほしい
910. レイ　：だからむすっ子どもにも::
911. 調査者：ええ
912. レイ　：そのなんか日本っ私はどっちかってと日本の事を知って:: あなた
913. 　　　　は半分日本人なんだから［1 日本人のことをもっと知りなさいって
914. 　　　　いうよりかは::
915. 調査者：　　　　　　　　　　　　　　　［1 （（頷く））
916. 　　　：（（何度も頷く））
917. レイ　：(2) 日本のこっ(.) あなた（（人差し指でテーブルを連打しなが
918. 　　　　ら））中立でいるためにどっちも［2 勉強しなさいって言いたいん
919. 　　　　ですよ
920. ヨシミ：　　　　　　　　　　　　　　　［2（（何度も頷きつつ））う:::ん
921. 調査者：おお:::
922. レイ　：あなたは日本人だし韓国人だし::
923. 調査者：（（何度も頷く））
924. ヨシミ：（（頷く））
925. レイ　：(1) だから血は半分だしあなたのおじいちゃんおばあちゃんは日
926. 　　　　本で育ってきてる人だし
927. 調査者：（（何度も頷く））

928. ヨシミ　：((何度も頷く))
929. レイ　　：あなたのママも日本人だし [3::　だから私が :: 韓国のこと少し勉強
930. 　　　　　したように
931. 調査者　：　　　　　　　　　　　　　[3 ((頷く))
932. ヨシミ　：　　　　　　　　　　　　　[3 ((頷く))
933. レイ　　：あなたもどっちも勉強して ::　[どっちから何を言われても
934. 調査者　：　　　　　　　　　　　　　　　[((頷く))
935. レイ　　：私は (..) 中立を保てるような知識？[それぐらいの知識
936. 調査者　：　　　　　　　　　　　　　　　　　　[((何度も頷く))
937. レイ　　：言い返すどっちにも言い返せるぐらいの知識は (..) 持ってね (1)
938. 　　　　　って言い [((頷きつつ)) たいんですよ

　まず，各スモール・ストーリーに示されたレイの位置付け（ポジショニング・レベル1）について述べる．S1 から S3 は全てレイとレイの子どもとのやりとりを描写した内容となる．S1 ではレイが子どもに「あなたは半分日本人なんだから [日本人のことをもっと知りなさい」（912, 913）と発言する様子が直接引用を使用して示される．ここに登場するレイの位置付けは子どもの日本人の側面にフォーカスする日本人母の私（レベル1）となるが，この位置付けはレイによって自分とは異なる見解の例として提示されたものである．S2 では，子どもに対し「あなた中立でいるためにどっちも [勉強しなさいっ」（917, 918）と発言するレイの姿が直接引用を挿入することで示され，我が子は中立的な存在だと考える在韓日本人の私（レベル1）という位置付けをレイが提示する様子が見られた．最後の S3 は S2 と類似した状況が描写され，レイが「あなたは日本人だし韓国人だし」（922），「だから血は半分だしあなたのおじいちゃんおばあちゃんは日本で育ってきてる人だし」（925, 926），「あなたのママも日本人だし [::　だから私が :: 韓国のこと少し勉強したように」（929, 930），「あなたもどっちも勉強して :: [どっちから何を言われても」（933），「私は (..) 中立を保てるような知識？[それぐらいの知識」（935），「言い返すどっちにも言い返せるぐらいの知識は (..) 持ってね」（937）と子どもに伝える様子が描かれる．レイの発言からは，彼女が中立でいるために必要な知識を学ぶべきだと思う在韓日

360

第9章　日韓にルーツを持つ我が子との関わり合いに見る日韓問題

本人の私（レベル1）という位置付けを提示していることがわかった．

次に相互行為の場におけるレイの位置付け（ポジショニング・レベル2）について述べる．データの前半でレイは二つのスモール・ストーリーを挿入し，前者では自分の方針とは異なる例，後者では自分の方針と同一の例をそれぞれ提示する．ここで示されたスモール・ストーリーを通じて，レイは日本人だから日本のことを知るべきだという認識（912, 913）ではなく，日本と韓国の間で中立でいるためにどちらのことも勉強すべきだという認識（917, 918）を自身が支持していることを提示する（中立でいるためには知識が必要だと強調したい私：レベル2）．それに対しヨシミはレイの発言の途中で何度も頷きながら「う:::ん」（920）と同意する様子を見せ，調査者は「おお:::」（921）とレイの発言に感嘆する様子を見せる．そして，データの後半では彼女の考える「中立でいる」（918）状況がどのようなものなのかがレイによってより詳細に説明される．まずレイは他の参与者の前で自身の子どものことを「日本人だし韓国人だし」（922），「血は半分だし」（925），日本で育ってきた祖父母を持ち（925, 926），日本人の母親を持つ（929）存在として表象する（我が子は日本人でもあり韓国人でもあるという点を強調したい私：レベル2）．続けてレイは接続詞「だから[4]」（929）を挟み，「私が::韓国のこと少し勉強したように」（929, 930）「あなたもどっちも勉強して」（933）と述べ，日本人の私が韓国について勉強したように日韓にルーツを持つあなたは日本と韓国の両方について勉強しなさいと伝える．これらの点から，ここではレイが自身と関わりのある国のことを知る必要性を訴えたい私（レベル2）という位置付けを提示していることがわかった．また，レイが子どもに「中立を保てるような知識」（935），「言い返すどっちにも言い返せるぐらいの知識」（937）を勉強して身につけてほしいと言及している点からは，彼女が思う「中立を保てるような知識」（935）というのが日本と韓国どちらの意見にも飲み込まれずどちらにも「言い返す」（937）ための知識であることがわかる．以上の点から，ここではレイが語ることを通じて知識を身につけることの重要性を主張したい私（レベル2）という位置付けを提示していることがわか

---

[4] 「だから」には「前に述べた事柄を受けて，それを理由として順当に起こる内容を導く語」という意味がある（デジタル大辞泉参照）．

った.

　最後にレベル1とレベル2の位置付けをもとにレイが表出・構築する文化的・社会的自己（アイデンティティ）（ポジショニング・レベル3）について述べる．データ内でレイは，子どもに対して意見するという形式を通じて，どちらか一方だけについて知っている（勉強している）だけでは日本と韓国の間で中立を保つのは難しいという自身の見解を提示する．そして，日本人である（韓国人ではない）自分と，日本人でもあり韓国人でもある子どもの位置付けの異なりを明確に提示し，日本人である自分は韓国について，両国にルーツを持つ子どもは日韓両国について勉強しておく必要があると明示する．また，そこで身につけるべきものとして「中立を保てるような知識」（935），「言い返すどっちにも言い返せるぐらいの知識」（937）について言及し，どちらの意見にも言い返すことができないと中立を保つことは難しいという見解を示す．このような彼女の見解からは，彼女が日本と韓国で身につけた知識を互いの国（および国民）の意見に言い返すために使用しているということが理解できるとともに，どちらの国においても彼女が身につけた知識を使用して言い返さねばならないような状況に身を置いている可能性が示唆された．以上の点から，ここではレイによって日韓両国の支配的言説と戦っているマイノリティというアイデンティティが実践されていることが明らかとなった（レベル3）．

第3節　考察

　第1節，第2節の結果から，本研究で設定した三つのリサーチ・クエスチョンについて考えたい．
　まずは，リサーチ・クエスチョン1（ナラティブ領域とそれが語られる相互行為の場において彼女たちが自らをどのように位置付けているのか）について振り返ってみたい．第1節1．データ36内で語り手が提示した位置付けには，子どもと韓国の支配的言説の接触を警戒する日韓にルーツを持つ子どもの母親である私（レベル1）や，日本非難と我が子を引き離したい日韓にルーツを持つ子どもの母親である私（レベル1），日韓対立の枠組みに子どもが巻き込まれないよう注

意を払う姿勢を示す日韓にルーツのある子を持つ母親の私（レベル2）などが見られた．語り手が示した位置付けからは，日本製品不買運動が行われている韓国で，日韓にルーツを持つ我が子が身を置く環境に気を配る母親としての側面が見受けられた．また，子ども自身が「日本が嫌いな人がいる」ことや「日本のものを買わない人がいる」という点についてそこまで深く思い悩んだり傷ついたりする様子を見せていないことから，とりあえずは韓国に存在する絶対悪の日本（人）イメージから子どもを引き離そうと試みる様子も見られた．

2．データ37では，独島から出て行かない日本人がいると子どもから聞かされた語り手が，自分自身も日本人であるということを子どもに提示しながら，子どもの中の日本人に対する認識がどのようなものなのか確認しようと試みる．その中では，独島に関して子どもがどんなことを学んできたのか把握しておきたい日本人母の私（レベル1），子どもの中に存在する否定的な日本（人）イメージを攪乱したい日本人の私（レベル1），子どもの独島に関する発言がまだ許容範囲内であったことを確認した日本人の私（レベル1），子どもが学校でどのような独島教育を受けてきたのかが気になる日韓にルーツを持つ子どもの母親としての私（レベル1），支配的言説の影を警戒する私（レベル2），支配的言説が子どもに及ぼす影響に対する心配を共有したい私（レベル2）といった位置付けが語り手によって提示される様子が見られた．データ38では，子どもから独島の領有権に関する意見を求められた語り手が，日本人として，日韓にルーツを持つ子どもの母親として，その質問に向かい合う様子が再現された．その中では，日韓両国を悪者にしたくない日韓にルーツを持つ子どもの母親の私（レベル1），独島問題に関して個人的な見解を提示することに意義を感じない私（レベル1），自分の立ち位置を明確化するよう子どもに迫られ困惑する私（レベル1），韓国の支配的言説に対する無力さを実感し残念に感じる日本人母の私（レベル1），わからないでは許されないという状況を共有したい私（レベル2），自分なりの見解を子どもが見つけ出すことが得策だと感じる私（レベル2），韓国の支配的言説に抵抗する手段は限られていると感じる私（レベル2），韓国の支配的言説が子どもに及ぼす影響を共有したい私（レベル2）といった語り手の位置付けが観察された．データ39では，子どもから独島は韓国の領

土と書いてほしいと頼まれた語り手が，それに対して強い拒絶感を表す様子が再現された．その中では，韓国の支配的言説に同調することに激しい嫌悪感を抱く日本人の私（レベル1），韓国の支配的言説に同調しない日本人の私（レベル1），韓国の支配的言説に対する嫌悪感を共有したい私（レベル2），韓国の支配的言説に対する強い拒絶感を共有したい私（レベル2），支配的言説への接触を拒否したことを強調したい私（レベル2），韓国の支配的言説を受け入れることは韓国人になることと同様だと訴えたい私（レベル2），韓国の支配的言説への同調に対する強い拒絶感を訴えたい日本人の私（レベル2）といった語り手の位置付けが観察された．

3. データ40-1では，子どもから日本が悪いことをしたのかどうかを質問された語り手が，日本（人）の過去の行いと自分や子どもを切り離すことにより，子どもが韓国の支配的言説に巻き込まれないよう対処する様子が観察された．その中では，覚悟していた時が来た日本人母の私（レベル1），子どもが自分自身を悪い日本人と結びつけないよう配慮する日本人母の私（レベル1），過去の日本の行いと自分たちとを切り離したい私（レベル2），子どもが韓国の支配的言説に巻き込まれるのを阻止したい気持ちを共有したい私（レベル2）といった位置付けが語り手によって提示されていた．データ40-2では，データ40-1と同様の質問を子どもから受けた語り手が，子どもの担任の韓国人教師の反応を子どもに確認する様子が見られた．ここでは，日本人の母親である語り手と同様に，韓国人教師もまた過去の日本（人）の行いと日韓にルーツを持つ児童とを切り離すことで子どもが支配的言説に巻き込まれるのを防ごうとしていることがわかった．ここでは，子どもを守るためにも子どもが身を置く状況を把握しておきたい日本人母の私（レベル1），韓国人教師の対応に安心した日本人母の私（レベル1），自身が選択したロジックの正当性を示したい私（レベル2），自分の対処法が間違っていないことを示したい私（レベル2）といった語り手の位置付けが観察された．

第2節1. データ41では，子どもから質問を受けた語り手が，自分の口で説明するのではなく韓国人の夫に聞くようにと子どもに促す様子が描かれた．それと同時に，説明しようとしても問題に関して語る言葉を持たず，実際に説明

第 9 章　日韓にルーツを持つ我が子との関わり合いに見る日韓問題

をすることに困難を感じている語り手の状況が明らかとなった．ここでは，自分の口から子どもに説明するのは荷が重い私（レベル 1），表面的な状況説明以上の深い内容への言及が不可能な私（レベル 1），限られた言葉でしか日韓問題に関して説明できない私（レベル 2），日韓問題に関して説明する言葉を持たない私（レベル 2），日韓問題に関して説明したくても不可能な事情を理解してほしい私（レベル 2）といった位置付けが語り手によって提示されていた．

2. データ 42-1 では，独島問題で日本と韓国が揉めている原因について国の偉い人たちが喧嘩をしている，どちらの国のものなのか偉い人同士でちゃんと話し合いができない状況だと語り手が子どもに説明する様子が描写される．ここでは，自分たちと独島問題を切り話して子どもに説明する私（レベル 1），他の参与者に受け入れてもらえる回答を心がける私（レベル 2），自身の日韓問題に関する話題への関わり方を受け入れてもらいたい私（レベル 2）という位置付けが語り手によって提示されていた．データ 42-2 では，日韓にルーツを持つ子どもに対し，語り手が日本人として独島に関する意見を伝達し，韓国人の夫は韓国人としての意見を伝達し，その結果子どもが混乱するという状況が描写された．また，子どもが混乱することを理解した上で，そのようなやり方を語り手があえて選択している様子も見られた．ここでは，日韓問題に関しては日本人として意見することに決めている私（レベル 1），最終的には子どもが自分で選択すれば良いと思う私（レベル 1），日本人としての自分の意見を尊重する私（レベル 2），韓国人は韓国人としての意見を主張すると訴えたい私（レベル 2），日本か韓国かを子どもに自分で決めさせたい私（レベル 2），日本人としての意見を子どもに伝えたいという思いを共有したい私（レベル 2）といった位置付けが語り手によって提示されていることがわかった．データ 43 では，韓国の支配的言説の影響をうけ絶対悪の日本人イメージを内在化させた子どもから，過去に悪いことをしたから現代の日本人も悪い人だと語り手が言われる状況が描写される．ここでは，過去の日本人と今の日本人を一括りにする韓国の支配的言説に対し抵抗を示す日本人の私（レベル 1），昔の日本人と今の日本人を一括りにして悪い人と位置付ける認識の枠組みに抵抗する私（レベル 2），過去の日本人の行いを自分とは切り離す私（レベル 2），過去の日本人と現在の

日本人を一括りにすることへの異議を主張したい私（レベル2）といった位置付けが語り手によって提示された．

　3．データ44では，過去に日本（人）が韓国（人）を虐げてしまったことを事実として受け止め，感情を揺さぶられながらも子どもとともにその事実と向かい合うつもりでいる語り手の様子が描写される．ここでは，日本の過去の行いに子どもとともに向き合い湧き上がる感情を共有したい日本人母の私（レベル1），日本の過去の行いに子どもとともに向き合い湧き上がる悲しみを共有したい日本人母の私（レベル1），日韓にルーツを持つ子どもの親として母として日韓問題に向き合う私（レベル2），問題によって立ち位置を変えて子どもに向き合う私（レベル2），日本人が過去に韓国の人たちを虐げことを事実として受け止める私（レベル2），昔日本人が韓国人に対して行った事実から目を背けるべきではないと思う私（レベル2），日本の過去の行いに向き合うことの重要性を訴えたい日本人母の私（レベル2）といった位置付けが語り手によって提示された．

　4．データ45では，韓国の小学校入学前後に我が子が歴史問題の存在に触れた時，どのように対応するのが良いのかについて語り手が意見する様子が観察された．そこでは，子どもは自分の立場の利点を生かし柔軟に日韓問題に関する話題に対応すれば良いと思う私（レベル1），子どもは韓国人でもあるという点を強調したい私（レベル2），子どもの身を置く状況を重視すべきだと主張したい私（レベル2），子どもは状況に合わせて柔軟な立ち位置を選択すれば良いと主張したい私（レベル2）といった位置付けが語り手によって提示されていた．データ46では，不買運動に類似した状況が生じた際に，子どもから日本に行ってはいけないのかと質問される語り手の様子が再現される．ここでは，日韓にルーツを持つ子どもには韓国の支配的言説に流されてほしくない日本人母の私（レベル1），子どもには韓国の支配的言説に巻き込まれてほしくない私（レベル2），韓国の支配的言説の影響力への警戒を示したい私（レベル2）といった位置付けが語り手によって提示されていた．データ47では，日韓関係悪化に伴い日韓両国の国（民）に対する認識が悪化した際には，韓国の社会的風潮や支配的言説に惑わされることなく自分の目で日本（人）を見てほしいと子ど

第 9 章　日韓にルーツを持つ我が子との関わり合いに見る日韓問題

もに伝える語り手の様子が描写された．ここでは，日韓にルーツを持つ我が子には自分の目で日本（人）を見てほしい日本人母の私（レベル 1），韓国の支配的言説への抵抗を示す私（レベル 2），子どもには日本人でもあるということを忘れてほしくない私（レベル 2），韓国の支配的言説への抵抗を示したい私（レベル 2）といった位置付けが語り手によって提示されていた．データ 48 では，日本人でもある子どもが不利益を被らないよう，韓国の支配的言説に意見するとともに，子どもの日本人としての側面を守りたいと感じている語り手の様子が観察された．ここでは，韓国の支配的言説に対し必要な時には異議を唱え子どもの考えが偏らないよう調整したい日本人母の私（レベル 1），子どもが日本を嫌うことには悲しみを感じる私（レベル 2），子どもの日本人としての側面を守りたい私（レベル 2），韓国の支配的言説への抵抗を示したい私（レベル 2）といった位置付けが語り手によって提示されていた．データ 49 では，子どもが韓国で教育を受けた場合，自分 1 人が取り残されそうで悲しいと発言する語り手の様子が観察された．また，思春期になった子どもから，韓国の支配的言説の中の日本人と同列に位置付けられ非難されることを不安に思う語り手の心情も示された．ここでは，我が子から絶対悪の日本人として非難される日が来るのではないかと不安な日本人の私（レベル 1），韓国で孤独になる悲しみを共有したい私（レベル 2），韓国の支配的言説のせいで思春期の子どもと揉める可能性を示唆する私（レベル 2），韓国の支配的言説が子どもに及ぼす影響への警戒を共有したい私（レベル 2）といった位置付けが語り手によって提示されていた．データ 50 では，子どもは日本人でもあり韓国人でもあるのだから日本のことも韓国のことも両方勉強して，周りから何か言われた際に言い返せる知識，中立でいるための知識を身につけるべきだと主張する語り手の様子が観察された．ここでは，我が子は中立的な存在だと考える在韓日本人の私（レベル 1），中立でいるために必要な知識を学ぶべきだと思う在韓日本人の私（レベル 1），中立でいるためには知識が必要だと強調したい私（レベル 2），我が子は日本人でもあり韓国人でもあるという点を強調したい私（レベル 2），自身と関わりのある国のことを知る必要性を訴えたい私（レベル 2），知識を身につけることの重要性を主張したい私（レベル 2）といった位置付けが語り手によって提示されて

いた．

　次にリサーチ・クエスチョン 2 (語ることを通して表出・構築される彼女たちのアイデンティティとはどのようなものか) についてはどうだろうか．第 1 節 1．データ 36 では，語り手によって日韓対立の枠組みに子どもが巻き込まれるのを回避したい日韓にルーツを持つ子どもの母親 (データ 36) というアイデンティティが実践されていた．語り手の示したアイデンティティからは，語り手が子どもの反応や言動を注意深く観察しながら，どのような対応がその時適切かを判断しつつ日韓問題に関連した話題を子どもとの間でやりとりしている現状が窺えた．また，その際には，日韓にルーツを持つ我が子が両方の国に対して否定的な感情を持つことがないように注意を払う語り手の姿勢も読み取れた．

　2．で取り上げた三つのデータの中で語り手が実践していたアイデンティティには，韓国の支配的言説から子どもを守りたい日本人母 (データ 37)，韓国の支配的言説への抵抗手段が限られている日本人母 (データ 38)，韓国で日本人として生きている私 (データ 39) といったものが見られた．データ 37 では，子どもから独島から出て行かない日本人がいると聞かされた語り手が，韓国の学校で施される独島教育を通じて子どもの中にどの程度韓国の支配的言説の影響が及んでいるのか気にする様子が観察された．その際には，母親である自分自身も日本人であるということを前景化し，子どもの中に構築されている日本人イメージを攪乱するとともに，韓国の支配的言説の中に存在する絶対悪としての日本人イメージに抵抗する語り手の様子も見られた．データ内で示された語り手のアイデンティティからは，子どもが韓国の支配的言説に飲み込まれてしまうのを防ぐために，自身ができる工夫をしようと試みる語り手の強い意志が読み取れた．データ 38 では，韓国の支配的言説の影響をある程度受けた子どもから日本人として位置付けられた語り手が，独島の領有権に関する個人的見解を求められる様子が再現されていた．ここでは，第 5 章で見られた，独島問題が韓国人と在韓日本人女性の間で取り上げられた語りと同じ構図が，日韓にルーツを持つ我が子と語り手の間で再現される様子が観察された．語り手は日本人としてだけでなく，日韓にルーツを持つ子どもの母親としても子どもの質問に向き合っているが，そのような彼女の立ち位置は子どもに理解されることはな

第9章　日韓にルーツを持つ我が子との関わり合いに見る日韓問題

かった．それゆえに，わからないと明言を避ける母親に対し子どもは納得する様子を見せず，状況が複雑化する様子も見られた．語り手のアイデンティティからは，社会的な力で構築された力に対し個人として自分ができることは少ないと語り手が感じている様子，それに対し開き直るのではなく残念さを感じている様子が読み取れる．ただし，データ内では，そのような語り手が提示する自分たちにできることは少ないという見解を他の参与者が支持し，語り手の対応が間違いではないことを示そうとする様子も観察された．データ39では，韓国の支配的言説を内在化させている我が子から，独島は我が国の領土と書いてほしいと頼まれる語り手の様子が再現された．しかし，語り手は子どもの頼みであっても韓国の支配的言説に沿うような行為を行うことを強く拒絶し，自分自身が日本人であるということを強調する様子を見せる．データ内で語り手が示したアイデンティティからは，日韓問題に関する話題に遭遇することにより，語り手の中に自分自身は日本人であるという強い感覚が生じる様子が観察された．また，韓国の支配的言説に沿うような行為をすることを韓国人になることと同様だと捉え，自分は日本人であるがゆえにそのような行為はできないと強く拒絶している語り手の姿勢が読み取れた．

　3.で取り上げた二つのデータ内では，語り手により韓国の支配的言説から子どもを守りたい日本人母（データ40-1，40-2）というアイデンティティが実践される様子が共通して観察された．そこからは，日韓にルーツを持つ我が子の母親としての立場を前景化させた語り手が，子どもが韓国の支配的言説に巻き込まれ，そこで描かれる絶対悪としての日本（人）イメージのせいで傷ついたり悲しい思いをしたりするようなことがないよう守りたいと強く思っている様子が読み取れる．それと同時に，語り手が日韓問題の話題を子どもとの間で扱う際に，子どもが持つ日本人という側面に集中的に注意を向けている現状も明らかとなった．

　第2節1.で取り上げたデータ内では，語り手によって日韓問題に関する話題とは距離を置く日本人母（データ41）というアイデンティティが実践されていた．語り手が示したアイデンティティからは，自らの中に日韓問題に関して子どもに説明できる言葉がないと感じている語り手が，その問題自体から距離

を置き積極的に関わらないようにしている状況が読み取れた．

2. で取り上げた三つのデータでは語り手によって日韓問題とは距離をとって暮らしたい日本人（データ 42-1），日韓問題に関しては日本側の主張を支持する日本人（データ 42-2），韓国の支配的言説に抵抗したい日本人（データ 43）といったアイデンティティが実践されていた．データ 42-1 で語り手が示したアイデンティティからは，日常生活に介入してくる日韓問題に対し，自分たち一般人の生活とは異なった領域で行われている問題という認識を提示することで，その存在から子どもや自分自身を分離させようと試みる語り手の様子が観察された．データ 42-2 では，日韓にルーツを持つ子どもに対し韓国人の夫が韓国人としての意見を主張するように，自分も日本人としての意見を主張するという語り手の姿勢が見受けられた．データ 43 では，絶対悪の日本人イメージを構築する韓国の支配的言説の影響を受けた我が子に対し，過去の日本人と現在の日本人を同列に配置することは正しいのかと問いかけることで，自身の考え方への再考を促そうとする語り手の様子が見受けられた．

3. で取り上げたデータ 44 では，韓国に対して日本が過去に行った人道的に許せない行為に向き合うべきだと思う日本人母（データ 44）というアイデンティティが語り手によって実践されていた．語り手のアイデンティティからは，話題となる日韓問題の種類にもよるが，日本の韓国に対する過去の行いを韓国の人々を虐げるものであったと認識する語り手が，日本人として，日韓にルーツを持つ子どもの親（母親）としてその事実に向き合っていこうという意思を所持していることが明らかとなった．

4. で取り上げた六つのデータでは，日韓にルーツを持つ我が子が国籍に縛られることを望まない日本人母（データ 45），韓国の支配的言説の影響から子どもを守りたい日本人母（データ 46），韓国の支配的言説から子どもを守りたい日本人母（データ 47），韓国の支配的言説から子どもを守りたい日本人母（データ 48），韓国で孤独になるのが怖い日本人（データ 49），日韓両国の支配的言説と戦っているマイノリティ（データ 50）といったアイデンティティが語り手によって実践されていた．データ 45 で語り手が示したアイデンティティからは，我が子には，日本人でもあり韓国人でもあるという立場を活かし，日韓の歴史問題に

対しても自身が身を置く状況に柔軟に対応しながら意見してほしいと考える語り手の姿勢が見受けられた．データ46，データ47で語り手が示したアイデンティティからは，韓国の支配的言説の影響を受ける我が子に対し，自分の目で日本（人）を見てほしいと訴えることで，少しでもその影響力から子どもを守りたいという語り手の心情が見受けられた．データ48で語り手が示したアイデンティティからは，日本人として日本側の見解を子どもに伝えることを通じて，韓国の支配的言説の影響力から子どもの日本人としての側面を守りたいと考える語り手の姿勢が観察された．データ49で語り手が示したアイデンティティからは，韓国で教育を受ける我が子が韓国の支配的言説に飲み込まれることで，自分が韓国で孤独になるかもしれないと不安に感じている語り手の心情が見受けられた．データ50で語り手が示したアイデンティティからは，日韓両国で周囲の人々から投げかけられる意見に対し，両国で身につけた知識をもとに対抗している語り手の状況が窺えるとともに，日韓両国の支配的言説と戦うためにはそれに対抗するための知識を身につけるべく勉強すべきであるという強い意思を語り手が所持していることがわかった．

　最後にリサーチ・クエスチョン3（彼女たちは日常生活に介入してくる日韓問題を周囲との関係性の中でどのように受け止め関わっているのか）について考察してみたい．第1節，1.で示された語り手の位置付けやアイデンティティからは，日韓にルーツを持つ子どもを育てる在韓日本人女性として，そして母親として，「日本が嫌いな人」や「日本のものを買わない人」の存在を我が子が知るという出来事に向き合う語り手の状況が理解できる．また，データ内で語り手が提示したアイデンティティからは，韓国で生活する限り避けることはできないとしても，その時が来るまでは無闇に日韓対立の枠組みに子どもを巻き込みたくない語り手の母としての思いが読み取れた．

　2. で提示された在韓日本人女性たちの位置付けやアイデンティティからは，子どもとやりとりする際に，彼女たちが子どもに影響を与える韓国の支配的言説の存在を強く意識していることがわかった．また，母親である自身も日本人であることを提示する，学校で言われたことを一方的に信じるのではなく自分で学んで答えを見つけるように促す，言説に対する明確な拒否を示すといった

多様な方法で，彼女たちが子どもたちの眼前で韓国の支配的言説への抵抗を示す様子も見受けられた．ただし，子どもたちが韓国の支配的言説を違う視点から見つめることができるように工夫する姿を見せる一方で，彼女たちが韓国の支配的言説に対して自分たちができることは多くないと実感する様子も見られた．また，韓国の支配的言説を内在化させた子どもと彼女たちがやりとりを行う際の両者の位置付けが，日本人と韓国人が日韓問題に関して話をする際の位置付け（第5章参照）と類似していることがわかった．ここからは，子どもたちの韓国の支配的言説との接触や言説の内在化が，家庭内で彼女たちと子どもが日本人と韓国人として向き合わざるを得ない状況を作り出している可能性が示唆された．

　3. で示された語り手の位置付けやアイデンティティからは，日韓問題に関する話題と我が子が接触した際に，在韓日本人女性が子どもの日本人としての側面に注意を向ける傾向があることが明らかとなった．このような現象は，裏を返せば日韓問題の話題が親子間で話される際に，日韓にルーツを持つ子どもの韓国人としての側面があまり注目されないということを意味する．さらに，データ40-2で間接的に提示された韓国人教師の発言からは，韓国人教師もまた，同様の話題に関連して日韓にルーツを持つ児童の韓国人としての側面よりも日本人としての側面に注意を向けている様子が観察された．さらに，韓国人教師が日韓にルーツを持つ児童と過去の日本人は異なると他の韓国人児童に伝える様子からは，日韓問題に関連した話題に関わった際には韓国人児童たちも対象児童の日本人という側面にだけ注目し，韓国人という側面を無視するもしくは見えなくなる状況に陥っている様子が見られた．ここからは，韓国の支配的言説の中に登場する過去の日本（人）や悪い日本（人）と子ども切り離すというロジックが，在韓日本人女性たちだけでなく日韓にルーツを持つ児童を守ろうとする韓国人にも同様に使用されている可能性が示唆された．

　第2節．1. で示された語り手の位置付けやアイデンティティからは，彼女が日韓問題に関して語るための言葉が自身の中に存在していないと認識していること，それに対し韓国人の夫はそれを持つものとして認識されていることがわかった．また，語る言葉を持つ方が教えれば良いという語り手の方針に対し他

第 9 章　日韓にルーツを持つ我が子との関わり合いに見る日韓問題

の参与者が肯定的な反応を示していたことから，在韓日本人女性たちが韓国人の夫は日韓問題に関して語るための言葉を持っているという認識を共通して抱いている可能性も示唆された．さらに，彼女たちの発言からは質問してきた子どもに対し，韓国と日本が「今ちょっと仲が悪くて」(834，835)，「喧嘩中で」(836) という曖昧な説明をするだけでは不十分であると彼女たちが感じている様子が読み取れた．ここからは，在韓日本人女性たちが言及する日韓問題に関して語るための言葉というのが，日韓関係の表面的な状況の説明ではない何かであり，夫はそれを韓国で成長する中で身につけてきたと彼女たちが認識していることが明らかとなった．

　2. で提示された語り手の位置付けやアイデンティティからは，彼女たちが韓国の支配的言説の影響を受けた子どもたちに対し意見するという構図を取りながらも，実際には自分たちが支配的言説をどのようなものと認識し，それに対しどのような関わり方をしようと考えているのかを表現する様子が見受けられた．データ 42-1 では，語り手が韓国の支配的言説の存在を日韓の一般の人々を日本と韓国の対立の図式の中に巻き込むものとして認識し，そのような図式の中に自分の子どもや自分自身が巻き込まれないように予防線を張ろうとする様子が観察された．データ 42-2 では，日韓にルーツのある我が子の前でも韓国人の夫は韓国人としての主張をすると認識している語り手が，自分自身も同じやり方を選択することで子どもを混乱させる様子が見られた．ここでは，日韓にルーツを持つ子どもの存在が日本人の語り手と韓国人の夫の意見がぶつかり合う場として位置付けられ，子どもがどちらの回答を選ぶのか自分で選択しなければいけないという複雑な状況に身を置く様子が垣間見られた．このような語り手の姿勢からは，日常生活に介入してくる日韓問題を日本と韓国の対立と捉え，自分は日本人としてその問題に向き合うという意思を語り手が所持していることが読み取れた．またそのような姿勢が，彼女個人の意思というよりは，日韓問題の話題に向き合う際の韓国人の夫の姿勢との相乗効果として現れている可能性も示唆された．データ 43 では，韓国の支配的言説が子どもの中に絶対悪の日本人イメージを構築し，それが子どもの日本（人）イメージに否定的な影響を与える可能性があると語り手が認識していることが明らかとなっ

た．また，そのような支配的言説の影響力に対して，語り手が過去の日本人と今の日本人を同列に配置することへの疑問を呈することにより抵抗しようとしていることもわかった．ただし，昔の日本人と今の日本人を同列に配列するのはおかしいのではないかという語り手の見解は，過去の日本の行いを自分は知らないものとして切り離すという前提の下に成立していることも明らかとなった．

　3.で提示された語り手の位置付けやアイデンティティからは，語り手が今の日本人と過去の日本人を連続的なものとして認識し，過去の日本人の韓国人に対する行いを他人事ではなく自分ともつながりのあることとして認識する様子が見受けられた．また，日本人として日韓にルーツを持つ子どもの親（母親）として，そのような事実から目を背けるべきではないという意思を語り手が所持し，子どもとともにその事実に向かい合いその際に生じる感情を共有していこうと考えていることもわかった．ただし，語り手自身も発言しているように，日韓問題として認識されている話題の全てに対して彼女がそのような姿勢を見せているのではなく，独島問題のような領土問題に関しては淡々とした姿勢で対応するという言及も見られた．これらの語り手の発言からは，日韓問題の話題によって在韓日本人女性たちが関わり方を変えて対応している可能性があることが示唆された．

　4.で示された語り手の位置付けやアイデンティティからは，彼女たちが日韓にルーツを持つ我が子との間で日韓問題に関連した話題を取り扱う際に，子どものどの側面にフォーカスして対応するのかに関して二つの異なった視点が観察された．一つ目の視点は，子どもの日本人としての側面にフォーカスするものであった．ここでは，我が子が韓国の支配的言説の影響を受けることで韓国（人）側に立つようになるかもしれないという不安や，韓国の支配的言説の影響に惑わされず自分の目で日本（人）を見てほしいという強い願望，韓国の支配的言説の影響から子どもの日本人としての側面を守りたいという語り手の強い意思が観察された．二つ目の視点は，日本人でもあり韓国人でもあるという子どもの側面にフォーカスする視点である．この視点を通じては，両国の国籍に縛られるのではなく，むしろその立ち位置を生かして日韓問題に対しても柔軟

第9章　日韓にルーツを持つ我が子との関わり合いに見る日韓問題

に対応していけば良いという考えや，二つの国と関わりを持つものとして両国について学び，周りから何を言われても中立でいられるよう知識を身につけるべきだという語り手の強い意思が観察された．

　また，すべてのデータを通じて，語り手が日韓問題をめぐり絶対悪の日本（人）イメージを描き出す韓国の支配的言説の存在に対し強い警戒心を抱いていることが明らかとなった．それと同時に，ほとんどの語り手が何らかの形でそれに抵抗していこうという意思を持っていることも明らかとなった．データ45では警戒心を抱いてはいるものの，直接それに対して抵抗するよりも自身の身を置く状況に応じて柔軟な対応をすることを望む語り手の姿勢が見られた．データ46，51では，韓国の支配的言説の存在を警戒する語り手が，子どもが直接知っている日本人が韓国に対して何かしたのかと子ども自身に尋ねることで言説に抵抗しようとする姿勢が見られた．データ48では，日韓にルーツを持つ我が子が韓国の支配的言説に接触することで日本を嫌いになるのではないかと警戒する語り手の様子が観察された．そのため，韓国の支配的言説に触れた子どもが過去の日本（人）の行いに対して質問してきた際には，自分がその内容に納得できない場合はその内容に直接意見することで抵抗しようとする語り手の姿勢が見受けられた．ただし，語り手の支配的言説に対する警戒や抵抗への意思は，語り手個人の思いゆえというよりも，我が子の日本人としての側面を守りたいという母としての思いによるものであった．データ49では，自分から仲間である我が子を奪っていく存在として韓国の支配的言説を警戒する語り手の様子が見られた．ただし，ここでは語り手がその存在に対し不安や警戒心を感じてはいても，直接的な抵抗を示そうという姿勢は見られなかった．データ50では，韓国の支配的言説だけでなく日本の支配的言説の存在にも同時に警戒を示す語り手の様子が見られた．そして，相手から何か言われても言い返せるための知識，中立でいるための知識を身につけることでその存在に抵抗しようとする語り手の意識が観察された．

第4節　子どもを守りたい母としての思い
　　　　―複雑な母子の位置付け―

　本章では，在韓日本人女性たちが日韓にルーツを持つ我が子との間で日韓問題に関する話題をどのように扱うのか（どのように扱うつもりなのか）に関して語っているデータを分析対象として取り上げた．その結果，彼女たちが子どもたちとの間でこの話題を扱う際に身を置く社会状況や関係性に関して，いくつかの点が明らかとなった．まず，彼女たちが，日韓問題に関する韓国の支配的言説の存在を日々警戒しながら生活しているという実態が明らかとなった．彼女たちの言動からは，彼女たちが警戒する支配的言説とは，子どもたちの中に絶対悪の日本（人）イメージを構築するもの，日韓対立の枠組みに子どもたちを巻き込むもの，子どもを自分から奪っていくものとして認識されていることがわかった．また，自分たち個人にできることは多くないことを理解しつつも，彼女たちが多様な方法で支配的言説に対し抵抗している様子も観察された．抵抗に際しては，自身の日本人としてのこだわりやプライドというよりも，子どもの日本人としての側面を支配的言説の影響から守りたい，子どもが日韓の諍いの構図に巻き込まれることを防ぎたいという彼女たちの母親としての側面が前景化する様子が見られた．次に，彼女たちが日韓問題に関する話題を子どもとやりとりする際に，子どもの韓国人としての側面よりも日本人としての側面に注意を向け対応する傾向があることが明らかとなった．データ内でなされた彼女たちの語りからは，同様の視点が韓国人教師や韓国人児童の中にも存在している可能性が示唆された．また，支配的言説を通じて普及される絶対悪の日本（人）イメージから子どもを守ろうとする際に，彼女たちが過去の日本人と今の日本人を切り離すというロジックを使用している様子が見受けられた．彼女たちの語りからは，韓国人教師もまた，クラス内で韓国人児童によって日韓にルーツを持つ児童が攻撃されないように，同様のロジックを使用していることがわかった．ここからは，過去の日本人と現在の日本人を切り離すというロジックが，日韓にルーツを持つ子どもたちを支配的言説の影響から守るために

日韓両国の人々によって使用されている可能性も示唆された．また，本研究では子どもの韓国人でもあり日本人でもあるという点に着目して対応している在韓日本人女性も数名存在した．それらの事例では，子どもが自分の立ち位置を生かし柔軟に日韓問題の話題に対応することを望む姿勢や，中立でいるために両国について知ることを望む姿勢などが見受けられ，過去の日本人と現在の日本人を切り離すというロジックの使用は観察されなかった．ここからは，在韓日本人女性が子どもの日本人，韓国人，日韓にルーツを持つという三つの側面のどこに重きを置くかにより使用するロジックが変化する可能性が示唆された．最後に，日韓問題に関する話題を彼女たちが子どもとの間で取り扱う際，両者がどのような位置付けで向かい合っているか，彼女たちと韓国人の夫がこの問題に関連してどのような関係性を構築しているか，といった点も影響を及ぼしている可能性があることがわかった．子どもが韓国の支配的言説の影響を強く受けている場合，彼女と子どもが母と子という関係性よりも日本人と韓国人という立ち位置から話題に向き合う様子が見られた．そのような場合は，彼女たちが日本人として明確な意見を述べるように子どもに迫られたり，曖昧な表現を許してもらえなかったりするなど，日韓にルーツを持つ子どもの母として，子どもの二つの側面を慮る気持ちを子どもから理解してもらえず追い詰められる状況が生じていた．また，子どもに対し韓国人の夫が韓国人として意見する様子を目にすることで，語り手もまた日本人として子どもに意見する方法を選択している様子も見られた．ここからは，夫婦の間で日韓問題に関する話題がどのように取り扱われているかという点が，子どもと同様の話題を扱う際にも影響を及ぼしている可能性が見受けられた．

第 10 章

自分自身との関わり合いに見る日韓問題

　先行研究では，在韓日本人女性の中には日韓問題に関する知識を身につけようとするものとしないものが存在するという報告がなされている（及川 2021）．そして，前者は韓国社会への理解や適応に向けて努力しているもの，もしくは自ら学ぶことを通じて韓国で歴史教育を受ける我が子を守ろうとするものとして位置付けられている．その一方で，知識を身につけようとしないものへの言及は見受けられず，彼女たちが知識を得ようとしない理由について深い考察が行われていない．このような先行研究の見解に基づけば，知識を身につけようとしない人々は，身につける人々への対比的な存在として，韓国社会への理解や適応，日韓にルーツを持つ我が子への気遣いなどの点において，努力しないもののように位置付けられることとなる．しかしながら，実際のところはどうなのだろうか．本研究の調査では，日常生活においては，彼女たちが韓国のやり方と日本のやり方を自分なりのバランスで融合させながら，柔軟に韓国生活を乗り切っていく様子が見られた．そのような彼女たちが，日韓問題に関する知識を身につけないという選択をする場合，そこには彼女たちなりの理由が存在するのではないだろうか．そこで，本章では，在韓日本人女性へのインタビュー調査の中に現れた日韓問題に関する知識を身につけるか・身につけないかという点に彼女たちが言及している語りを分析対象に取り上げる．そして，彼女たちがどのような社会状況や関係性の中に身を置きながら日韓問題に関する知識を身につけるかつけないかを選択しているのか，またその理由は何かについて検証する．

第 1 節　知識を身につける事例

　第 1 節では，在韓日本人女性の中でも日韓問題に関連する知識を身につけることを選択した事例を取り上げる．一つ目と二つ目のデータは自分自身のために知識を得ようと志す事例であり，本研究のインタビュー調査では 28 名のうち 1 人だけ該当者がいた．三つ目のデータは，子どもとの対話において必要となると考えられるため知識を得ようと志す事例であり，本研究のインタビュー調査では 28 名のうち 3 人の該当者が見られた．第 1 節では自身のために知識を身につけたものと，今後の子どもとの対話のために知識を身につけようとしたものがペアでインタビューに応じた際のデータを採用し分析・考察を行う．
　データ 51-1, 51-2 は在韓歴 5 年のヨシミと 7 年のレイへのインタビューにおいて収集されたものである．データ開始前，レイは，結婚前の韓国留学時代は日韓の歴史問題に関して全く無知であったと述べた．どうして韓国と日本は仲が悪いと言われるのか，韓国（人）がなぜ日本（人）を嫌うのかに関しても理由がわからず，留学時代にそのせいで恥ずかしい経験もたくさんしたと話した．それを受け，調査者がそれは具体的にどのような経験かと質問する．すると，レイは自身の夫も含め韓国人は日韓の間の歴史や韓国の近代史に関して大変詳しく，それと比較して自分は日本のことも韓国のこともよく知らなかったと話した．そして，そのような状態で，単に韓国語が楽しいという理由から韓国で留学生活をおくっていたと説明した．さらに，レイは韓国人の友人と食堂に行った際の出来事についても語った．その内容は，レイが日本人であることに気づいた食堂の店主が「独島はどっちの国のものだと思う？」とレイに質問してきたというものであった．データ 51-1 はレイが店主の発言を再現しているところから始まる．データ内では，レイによって二つのスモール・ストーリー (S1：543-555, S2：559-579) が語られる．

〈データ 51-1〉：自分自身のために知識を身につけたい
　　543. レイ　　：独島はどっちの国のものだと思う？って聞かれて

544. 調査者：[((真顔で何度も頷く))
545. ヨシミ：[@@ [@@@@
546. レイ　：　　　[独島知らないしその時((チラッとヨシミを見る))まあ日
547. 　　　　　本のものだと-(.)だったらいいと思いますって言ってさあ::って
548. 　　　　　なったんですよ雰囲気が
549. ヨシミ：((苦笑しつつレイを見て何度も頷く))
550. レイ　：してそこの友達が::フォローしてくれたんですよ((ヨシミを見
551. 　　　　　る))でも:今は韓国に住んでるから韓国のものでも良くない?
552. 　　　　　みたいな(.)¥-レイ的にはそ-それでも別によくない?
553. 　　　　　[みたいな感じになって-¥
554. ヨシミ：[(((口だけ動いている))
555. レイ　：その場は収まったんですけど
556. ヨシミ：((笑みを浮かべながら頷く))
557. レイ　：試されてることも(.)気づかないんですよ
558. 調査者：ああ [それはため-試されてたんだ?
559. レイ　：　　　[韓国人に(..)多分その食堂の人は日本人だってわかって::
560. 　　　　　日本人はどうやって考えているのかっていう答えっていうかまぁ
561. 　　　　　そこでまあ戦うその喧嘩しようとかそういう討論しようとかじゃ
562. 　　　　　なくって::ちょっと試されている感::だったのが私がうまいこと
563. 　　　　　を知らないがゆえにうまい風に返せなかったっていういや知らな
564. 　　　　　い(.)いやそんなこと私に聞かないでくださいでも言えたら(.)
565. 　　　　　よかったのに::((ヨシミをチラッと見る))日本のものって(.)す
566. 　　　　　に韓国人の前で言っちゃう無神経なのもむし(..)そのん-知識が
567. 　　　　　ないところから出てきたっていうのが後から考えたら感じたんで
568. 　　　　　すよ
569. 調査者：((頷きつつ))うん
570. レイ　：だから::(.)意見::自分の意見をどっちにもつかっていうよりも
571. 　　　　　前に::意見を持つための知識?
572. 調査者：((頷きつつ))う:::ん
573. レイ　：がないと::ここでは::(..)恥ずかしい思いをすると思って((ここ
574. 　　　　　ではテーブルを指差し,恥ずかしい思いをするでは自分を指す))
575. ヨシミ：((チラッとレイを見て小さく頷く))

576. 調査者：((頷きつつ)) う:::ん
577. レイ　：韓国に住むなら
578. ヨシミ：((微かに頷く))
579. レイ　：それで大学院に行ったんですよ

　まず，各スモール・ストーリーに示されたレイの位置付け（ポジショニング・レベル1）について述べる．S1でレイは，韓国人の友人と食堂に行った際に店主とレイ，彼女の友人との間でなされたやりとりを再現する．レイが日本人だと気づいた韓国人店主は「独島はどっちの国のものだと思う？」(543)とレイに質問する．それに対し，その当時独島に関して何も知らなかったレイは「日本のものだと-(.)だったらいいと思います」(546, 547)と返答し，その場の雰囲気が「さあ：っ」(547)となったと言う（韓国人に対し空気の読めない発言をした無知な私：レベル1）．そのような雰囲気にレイの韓国人の友人が「でも：今は韓国に住んでるから韓国のものでも良くない？」(551)，「レイ的にはそ-それでも別によくない？」(552)と彼女を「フォロー」(550)する（韓国人に自身の至らなさをフォローしてもらう無知な私：レベル1）．その後レイはそのような友人の発言により「その場は収まった」(555)と説明するが，彼女が使用した「収まる[1]」(555)という表現からはレイの発言により店主とレイの間に争いもしくは動揺が走るような状況が生じていた様子が窺える．そして，その場を落ち着かせた友人の発言をレイは「フォロー[2]」(550)という表現を使用して説明しており，レイ自身が自身の発言をその場にふさわしくない回答と認識している様子も見受けられた（場の雰囲気を読むこともできない無知な私：レベル1）．次にS2では，S1での出来事を後から回想するレイの様子が描写される．この中でレイは「戦うその喧嘩しようとかそういう討論しようとかじゃなくって」(561, 562)，「日本人はどうやって考えているのか」(560)というのを試しに聞いてみたのだというように店主の行動を受け止める様子を見せる(562)．そして，自分の反

1　「収まる」には「落ち着いて，穏やかな状態になる．争いや動揺がしずまる．治る」といった意味がある（デジタル大辞泉参照）．
2　「フォロー」には，「足りないところや損じたところをあとから補うこと」という意味がある（デジタル大辞泉参照）．

第10章　自分自身との関わり合いに見る日韓問題

応に関しては「私がうまいことを知らないがゆえにうまい風に返せなかった」（562，563）と述べ，「いや知らない（.）いやそんなこと私に聞かないでください」（563，564）でも言えればよかったと発言する．これらの発言からは，彼女の無知ゆえに適切な返答ができなかった自身を許せない私（レベル1）という位置付けが読み取れる．そして，その際の自身の言動を「日本のものって（.）すに韓国人の前で言っちゃう無神経な」（565，566）ものだったと評価付けをする．また，そのような自身の言動が「知識がないところから出てきた」（566，567）と述べ，無知であることが引き起こすデメリットを実感する私（レベル1）として自身を位置付ける様子も見られた．さらに，自身の経験を振り返る中で「意見を持つための知識」（571）がないと韓国では「恥ずかしい思いをする」（573）と気づき「それで大学院に行った」（579）と説明する．ここではレイが，自身の気づきが要因となり大学院で学ぶことを決意するという流れが示されるとともに，韓国で生き抜くためにも無知である自身と決別し学ぶことを決めた私（レベル1）という位置付けを提示していることが明らかとなった．

　次に相互行為の場におけるレイの位置付け（ポジショニング・レベル2）について述べる．レイはまず，データの冒頭で自らの恥ずかしい経験について説明する．543行目でレイは韓国人の店主がレイに対して「独島はどっちの国のものだと思う？」（543）と質問してきた際の状況を描写する（恥ずかしい経験を共有したい私：レベル2）．その際，調査者は真顔で頷く様子を見せるが，ヨシミは発言を聞いて笑い始める（545）．その後もヨシミはレイがS1を語り終わるまでその内容に対し苦笑したり笑みを浮かべたりしながらレイの語りを聞き続け，レイもそのようなヨシミの反応を時折気にする様子を見せる（546，550，551）．その後，S1を語り終えたレイは自身の言動を振り返り「試されてることも（.）気づかないんですよ」（557）と述べる（店主の行動は自分を試したものだと明示したい私：レベル2）．すると，店主の行動についてレイを試したものと認識していなかった調査者が「試されてたんだ？」（558）とレイに問いかける．レイはそれに対し，今度はS2でS1の出来事を振り返る自身の様子を再現する．その際には，韓国人店主の行動よりも自分自身の無知や無神経さに焦点を当て，ちょっと試しに聞いてみた韓国人に対し無知ゆえに無神経な振る舞いをした私とい

383

う自身の姿を前面に押し出す（韓国人の対応よりも自分の無知さを強調したい私：レベル2）．彼女の発言からは，初対面の日本人（民族的少数者）に対し独島の領有権に関して質問するという韓国人（民族的多数者）の行動を彼女が無神経なものとして受け止めていないことが読み取れる．むしろ，彼女の発言の中では，日韓問題に関連のある話題に関して無知である自身の行動が韓国人に対する無神経さを生む要因としてより強調されていた．そして，「意見::自分の意見をどっちにもつかっていうよりも前に::意見を持つための知識」(570, 571) がないと韓国では「恥ずかしい思いをする」(573) と感じる様子からは，韓国人からの質問に回答するための意見を身につける必要があるということ，そうでなければ「韓国に住むなら」(577)，「恥ずかしい思いをする」(573) ということに彼女が気づく姿が読み取れる（意見を持つための知識を身につける重要性を訴えたい私：レベル2）．このようなレイの見解に対しヨシミは，レイがS1を語っていた時の態度とは対照的に一切笑いを見せなかった．ヨシミの反応からは，彼女にとってS1は笑い話に分類される内容であったのに対し，S2は理解や同意を示しづらい内容であったことが理解できる．以上の点から，ここではレイが語ることを通じて知識を持つことの重要性を共有したい私（レベル2）という位置付けを提示していることがわかった．

　最後にレベル1とレベル2の位置付けをもとにレイが表出・構築する文化的・社会的自己（アイデンティティ）（ポジショニング・レベル3）について述べる．データ開始前にレイは，韓国人を日韓問題や韓国の近代史に関して知識があるものとして位置付け，自分自身を日本のことも韓国のことも知らないものとして位置付けていた．それに続いて語られたデータ51-1では，そのような自身の状況が要因で生じた恥ずかしい体験がレイによって提示される．最初に語られたS1では，韓国人に対し独島は日本のものだと発言する行為はその場の雰囲気を乱す行為であると彼女が認識していることがわかる．また，レイをフォローしてくれた韓国人の「でも：今は韓国に住んでるから韓国のものでも良くない？」(551)，「レイ的にはそ-それでも別によくない？」(552) という発言からは，韓国で独島の領有権を聞かれたら韓国のものだと回答することが正解であり，日本のものだという回答は間違いであると韓国人が認識している様子が

第10章　自分自身との関わり合いに見る日韓問題

窺える．ただし，レイがS2で「いや知らない（.）いやそんなこと私に聞かないでくださいでも言えたら（.）よかったのに」（563，564）と述べていることから，彼女が考える韓国人に独島の領有権を聞かれた際の正しい回答は明言を避けることであるのがわかる．また，「そんなこと私に聞かないでください」（564）の部分では独島問題に関連する質問を日本人の私に聞かないでほしいという彼女の要求も示されており，レイが言外に相手の行動に対しそのモラルを問いかける様子が見受けられる．ここからは，独島問題は日韓の間の揉め事であるという知識を所持することで，初対面の日本人にそれについての意見を聞くという行為を遠回しに非難することも可能になるとレイが認識している様子が窺えた．レイはデータ内では直接的に韓国人店主の行動を非難する様子を見せることはなく，一貫して自身の無知を否定する方向性を示していた．しかし，ここでなされた彼女の発言からは，彼女が店主の行動に対し拒否感を感じる様子が見受けられるとともに，無知であることは韓国人に対する無神経な言動を生じさせるだけでなく，そのような相手に対し何もやり返すことができない状況をもたらすと彼女が認識している可能性が窺えた．それゆえに，意見を持つための知識を持たないと韓国では恥ずかしい思いをするという彼女の見解は，韓国人に対して非礼な対応をすることへの恥ずかしさだけでなく，韓国人に試されてもやり返せないことに対する恥ずかしさも含まれていることが理解できる．以上の点から，データ内ではレイによって韓国で生きていくために知識を身につけた日本人というアイデンティティが実践されていることが明らかとなった（レベル3）．

データ51-2は51-1が終了した直後の内容である．データ内ではレイによって二つのスモール・ストーリー（S3：583-592，S4：600-604）が語られる．

〈データ51-2〉：自分自身のために知識を身につけたい
　　576. ヨシミ：((調査者に対して))　その気持ちがすごいよね((レイに対して))
　　577. 　　　　私それ知識ないからで開き直っちゃってるからね今も
　　578. レイ　：((ヨシミに対して))　だらもうもうわかんない知らない［1 私日本
　　579. 　　　　人だし::

580. ヨシミ：　　　　　　　　　　　　　　　　　　　　　　　[1 うん::
581. レイ　：((調査者に対して))でもいいんですけど::
582. ヨシミ：((下を見て何度も頷く))
583. レイ　：私は::(.)その多分自分が知らないし::みたいな時代の時に::
584. 調査者：((何度も頷く))
585. レイ　：((チラッとヨシミを見て))あっなんかちょっと悔しいって思った
586. 　　　　の
587. ヨシミ：((何度も頷く))[(.)から::ちょっと勉強して::
588. 調査者：　　　　　　　[う:::ん
589. レイ　：じゃあなんで韓国人こんな日本のこと((一瞬ヨシミを見て))嫌
590. 　　　　がるんだろう？
591. ヨシミ：((下を見て何度も頷く))
592. レイ　：みたいな((調査者を見て頷く))
593. 調査者：ふ:::ん
594. レイ　：だから逆に::自分はちょ::っとかじってるから::
595. ヨシミ：[((下を見て何度も頷く))
596. 調査者：[((何度も頷く))
597. レイ　：今の韓国人のそういう行動を::
598. ヨシミ：[((下を見て何度も頷く))
599. 調査者：[((何度も頷く))
600. レイ　：そんな(..)ああこういう気持ち？[こういうその(..)潜在意識？
601. 調査者：　　　　　　　　　　　　　　　[((頷く))
602. 　　　　：[((頷く))
603. ヨシミ：[((下を見て何度も頷く))
604. レイ　：があるから::まあ仕方ないのかな？っていうふうに(..)解釈する
605. 　　　　と言うか::
606. ヨシミ：[((下を見て何度も頷く))
607. 調査者：[((何度も頷く))

　まず，各スモール・ストーリーに示されたレイの位置付け（ポジショニング・レベル1）について述べる．S3でレイは，自身がまだ「知らないし::みたいな時代」(583)の頃に「あっなんかちょっと悔しい」(585)と感じた様子を再現す

る（知らないことに悔しさを感じる負けず嫌いな私：レベル1）．そして，「じゃあなんで韓国人こんな日本のこと（(一瞬ヨシミを見て)）嫌がるんだろう？」(589, 590) という自身の疑問点を明示する（韓国人の気持ちを知りたいと感じる日本人の私：レベル1）．続くS4では，インタビュー実施当時韓国で行われていた不買運動を目にしながら「ああこういう気持ち？［こういうその(..) 潜在意識？」(600)，「があるから :: まあ仕方ないのかな？」(604) とレイが「解釈する」(604) 様子が示される（学んだことにより韓国で生きやすくなった日本人の私：レベル1）．

次に相互行為の場におけるレイの位置付け（ポジショニング・レベル2）について述べる．データの冒頭では，データ51-1のレイの語りと発言を聞いていたヨシミが調査者に対し「その気持ちがすごいよね」(576) とレイの見解を称賛する様子を見せる．そして続けてレイに対し「私それ知識ないからで開き直っちゃってるからね今も」(577) と述べる（レイが特別であることを示したい私：レベル2）．ここでヨシミによってすごい人として位置付けられたレイは，「わかんない知らない［私日本人だし ::」(578, 579)，「でもいいんですけど ::」(581) と発言し，無知を非難したいわけではない私（レベル2）という位置付けを示す．またレイはS3を挿入し，自身が無知ゆえに感じた悔しさや，韓国人が日本人を嫌がる理由への探究心が自らの中に存在していたことを明かす (583-592)（学ぼうと思った理由を理解してもらいたい私：レベル2）．レイはS3を語りながら時折ヨシミの様子を確認しており (585)，ヨシミも「ちょっと悔しいって思ったの」(585, 586) とレイが発言した際にはレイを見ながら何度も頷く様子を見せる．そして「から :: ちょっと勉強して ::」(587) と何か発言しかけるが，その直後にレイが再び発話権をとったため再度視線を下に向け俯く状態になる．その後も，レイは発言の合間にヨシミに視線を向けるが (589)，視線を下に向けたまま頷く様子を見せていたヨシミはレイの視線には気づいていなかった．また，レイは「逆に :: 自分はちょ :: っとかじってるから ::」(594) と発言した際には，「ちょ :: っと」(594) という表現を使用し，知識をつけないヨシミと知識をつけた自分の間の隔たりが対して大きくないということを言外に指摘する様子を見せる（自分が特別でないことを示したい私：レベル2）．しかし，その後に続く発言では，知識をつけたことにより不買運動を行う韓国人の行動に対して「ああこ

ういう気持ち？［こういうその (..) 潜在意識？」(600),「があるから :: まあ仕方ないのかな？」(604) と「解釈する」(604) ことが可能になった様子を示し，知識をつけることのメリットに関する個人的見解を示した（知識を得たことによるメリットを共有したい私：レベル2）．レイのこのような発言に対し，調査者はレイを見つめながら何度も頷く様子を見せるが (596, 599, 601, 602, 607)，対するヨシミは頷きはするものの視線をレイに向けることはなく一貫して下を向いたままであった (595, 598, 603, 606). 以上の点から，ここではレイが語ることを通じて知識を得ることの意味を共有したい私（レベル2）という位置付けを提示していることがわかった．

　最後にレベル1とレベル2の位置付けをもとにレイが表出・構築する文化的・社会的自己（アイデンティティ）（ポジショニング・レベル3）について述べる．データの冒頭でレイはヨシミの発言を受け，知識を身につけないことを非難しているわけではないという姿勢を見せる．その一方で，韓国人の前で無知でいることは悔しい，悔しさを挽回するために勉強した，勉強したことによって韓国人のことを深く理解できるようになった，など無知であることの不利益と知識を身につけることの利点についてもそれぞれ提示する．このようなレイの発言に対し，自身も大学院生である調査者は彼女の目を見ながら頷く様子を見せるが，ヨシミは591行目以降下を向いたまま何度も頷くという反応を繰り返していた．このような彼女たちの言動からは，知識を身につけるという姿勢を持つものに対し，知識を身につけるという選択をしないものが引け目を感じているような様子も窺え，3人が共通して知識を身につけるという選択をするものを優位なものとして認識している可能性が示唆された．以上のことから，ここではレイによって韓国で生きていくためには日韓問題に関連した知識を身につけた方が良いと考える在韓日本人というアイデンティティが実践されていることが明らかとなった（レベル3）．

　データ52はデータ51-1, 51-2同様，ヨシミとレイへのインタビューにおいて収集されたものである．データ開始前，ヨシミは韓国人の夫と日韓問題に関する話題について話をしても平行線のまま終わると述べていた．それを聞いていた調査者は，ヨシミ自身はその話題に関して韓国に来てから勉強しようと思

ったことがあるかと尋ねた．それに対しヨシミは，今回の不買運動を自分の目で目撃したことで，韓国人が学校でどのような教育を受けているのかについて知りたいという思いが生まれたと話す．また，自分の子どもが将来韓国で学校に通うということもあり，韓国人が学校で習う歴史に関して勉強してみても良いかもしれないと思うと述べた．特に，韓国は日韓近代史に力を入れているようなので，どういうふうに教えているのかを知りたいと話した．それを受け，何のために知りたいのかと調査者はヨシミに質問し，データ52の冒頭ではヨシミの回答が提示される．データ内では，ヨシミによって三つのスモール・ストーリー（S1：643-644，S2：648，S3：652-655）が語られる．

〈データ 52〉：子どもが韓国側の見解のみを吸収することを防ぎたい
 632．ヨシミ：まあ今何でこんな状態になってんのかなっていう
 633．レイ　：((何度も頷く))
 634．ヨシミ：単純に［(..) 日韓関係のけっ (.) ていう疑問と::
 635．調査者：　　　　［((何度も頷く))
 636．レイ　：　　　　［((何度も頷く))
 637．調査者：((何度も頷く))
 638．ヨシミ：ま:: あと子どもが将来ずっといれば::［子どももそれ習うことにな
 639．　　　　るから::
 640．レイ　：　　　　　　　　　　　　　　　　　　［((何度も頷く))
 641．調査者：［((何度も頷く))
 642．レイ　：［((何度も頷く))
 643．ヨシミ：その時にこうなんだよと言われた時に:: 今と同じで:: へ:: へ:: へ::
 644．　　　　わかんないじゃ (..) まずいかな::
 645．レイ　：((頷き)) うん
 646．調査者：どんな点がまずっまずっまずいの［へぇへぇわかんないじゃ
 647．ヨシミ：　　　　　　　　　　　　　　　　［旦那はもう大人だし
 648．　　　：旦那に対してはもう［1 こうだから［2 わかんないからっておしま
 649．　　　　いでいいけど::
 650．レイ　：　　　　　　　　　　　　［1 ((頷く))　［2 ((頷く))
 651．調査者：((何度も頷く))

652. ヨシミ：子どもに（.）やあママわかんないから
653. レイ　：((何度も頷く))
654. ヨシミ：ていうんじゃそれじゃだ（.）それじゃあ子どもも結局そういうこ
655. 　　　　と私に話してこなく［(..) なっると::
656. 調査者：　　　　　　　　　　［((何度も頷く))
657. ヨシミ：ねぇ？［一方的に韓国だけの知識に［なっちゃうだろうし::
658. レイ　：　　　［((何度も頷く))　　　　　［((何度も頷く))

　まず，各スモール・ストーリーに示されたヨシミの位置付け（ポジショニング・レベル１）について述べる．S1でヨシミは，子どもから「こうなんだよ」(643)と言われた際に「へ::へ::へ::わかんない」(643, 644) と切り返す自身の様子を描写する（子どもと日韓問題について話す機会を持てない日本人母の私：レベル１）．続くS2では，韓国人の夫と自身のやり取りを描写し，日韓問題に関連した話題に関して夫から何か言われた際に「もう［こうだから［わかんないから」(648) と会話を打ち切る自身の様子を再現する（夫と日韓問題について話したいという意思がない日本人妻の私：レベル１）．そしてS3では，子どもに対し「やあママわかんないから」(652) と発言したことで，子どもが日韓問題に関連した話題をヨシミに振るのをやめてしまう状況が描写される（無知ゆえに子どもと日韓問題に関する話題を話す機会を失う日本人母の私：レベル１）．

　次に相互行為の場におけるヨシミの位置付け（ポジショニング・レベル２）について述べる．データ開始前，子どもが将来韓国で学校に通うので韓国ではどのように歴史を教えているのか知りたいとヨシミは話していた．その後，調査者からなんのために知りたいのかと尋ねられたヨシミは，データの冒頭でまず「まあ今何でこんな状態になってんのかなっていう」(632)，「単純に［(..) 日韓関係のけっ（.）ていう疑問と::」(634) と返答する．ここでは，韓国人が学んでいる内容を知ることで不買運動が生じる理由や，日韓関係に関して自身が抱く疑問への回答が出るのではないかというヨシミの見解が示される．ヨシミの発言に対し調査者とレイも何度も頷く様子を見せており (635, 636, 637)，ここでは３人が韓国人が学んだ内容を知ることで韓国（人）への理解が深まると感じ

第10章　自分自身との関わり合いに見る日韓問題

る私（たち）（レベル2）という位置付けを共有する様子が見られた．続いてヨシミは「あと子どもが将来ずっといれば::［子どももそれ習うことになるから::］」（638, 639）と言い，自身の子どもが学ぶ内容を自分も知りたいという点に言及する（子どものためにも韓国人の学習内容を知りたい私：レベル2）．その後ヨシミはS1を挿入し，自身の子どもが知っていることを親の自分が知らないようでは「まずいかな::」（644）と発言する（子どもと自分の間に認識の差異が生まれることへの危機感を共有したい私：レベル2）．ヨシミのその発言に対し，レイは頷きつつ「うん」（645）と同意を示しヨシミの見解を支持する様子を見せる．続いて調査者が「どんな点がまずっまずっまずいの［へぇへぇわかんないじゃ」（646）と質問すると，ヨシミはS2を挿入し夫と自分の間でのことであればわからないでも問題ないという見解を提示する（647, 648）（夫との認識の差異は問題ではないと思う私：レベル2）．ここでは，調査者とレイの両方がヨシミの見解に理解を示す様子を見せる（650, 651）．その後，ヨシミはS3を挿入し再度子どもとの間でのことに言及する．そして，自分がわからないと言い続けた場合，子どもがもう自分にその話をしなくなるという見解を提示する．彼女のこの発言からは，ヨシミが子どもとの間で日韓問題に関する話題について会話をする機会を失いたくないと考えていることが理解できる（子どもと日韓問題に関して話をしたい私：レベル2）．さらに，ヨシミは続けて「一方的に韓国だけの知識に［なっちゃうだろうし::」（657）と発言し，子どもが韓国の支配的言説に取り込まれることへの危機感を共有したい私（レベル2）という位置付けを示す．その際，レイもまたヨシミの発言にかぶさるようにして何度も頷く様子を見せ（658），彼女の位置付けを共有する様子を見せていた．以上の点から，ここではヨシミが語ることを通じて，韓国の支配的言説から子どもを守りたいという日本人母としての思いを共有したい私（レベル2）という位置付けを提示していることがわかった．

　最後にレベル1とレベル2の位置付けをもとにヨシミが表出・構築する文化的・社会的自己（アイデンティティ）（ポジショニング・レベル3）について述べる．データ開始前，ヨシミは日韓問題や韓国近代史に関して韓国人がどのような教育をどのように受けているのかを知りたいと話した．そして，調査者の質問が

契機となり，データ内では何のためにそれを知りたいのかに関して説明することとなる．データ内でヨシミは，夫との間で日韓問題に関する話題を話すことに対しあまり熱意のない様子を示すが，自身の子どもとの間では話す機会が失われることを忌避する姿勢を見せる．そして，そのためにも子どもが習うであろう内容を知っておきたいと発言する．また，その要因として子どもが自分と話す機会を失った場合，韓国の知識だけを吸収することになるという点に言及する．以上の点からは，ヨシミが少なくとも日韓問題に関する話題においては我が子が韓国の知識だけを吸収するような状況を回避したいと考えていることがわかった．ヨシミは，自分と話すことで子どもに韓国の教育では教えないどのようなことを伝えるつもりなのかに関しては具体的に言及していない．しかし，彼女が日本人であるということを考慮すれば，その内容が日本側の意見や日本人としてのヨシミの個人の見解である可能性は窺える．また，子どもが一方的に韓国の知識だけを吸収するという状況に何らかの引っ掛かりを感じる様子はレイにも同様に見受けられ，協力者2人が同様の見解を所持している様子も観察された．これらの点から，ここではヨシミによって韓国の支配的言説を警戒する日本人母というアイデンティティが実践されていることが明らかとなった（レベル3）．

第2節　知識を身につけない事例

　本研究のインタビュー調査において，知識を身につけないという選択をした理由に言及したのは28人中8名であった．具体的には，好きな韓国と対立したくないので身につけないケース（1件），子どものためを思って身につけないケース（3件），夫婦関係のためを思って身につけないケース（2件），自分自身のためを思って身につけないケース（2件），何が正しいのかわからないので身につけないケース（4件），調べたところで夫に敵わないので身につけないケース（3件）が観察された[3]．ここではそれぞれのケースの代表的な例を取り上げて分析・考察する．

　データ53は在韓歴8年のユキと2年のナオへのインタビューにおいて収集

されたものである．データ開始前，ユキとナオは自分には日韓問題に関する知識がないので韓国人の夫ともその話題について話をしないと述べた．2人の話を聞いていた調査者は，ユキに知識をつけようとは思わないのですかと質問する．調査者の質問に対しユキは思わないと回答し，その理由として，調べようにも情報が多すぎて何が正しいのかわからない，討論の仕方がわからないなどの理由を述べた．その後，調査者はナオに対しても同じ質問を行う．データ53は，調査者の質問に対するナオの返答から始まる．データ内では，ナオによって二つのスモール・ストーリー（S1：796-799，S2：811-812）が語られる．

〈データ53〉：韓国が好き・子どものためを思って
786. ナオ　：うん::（（ユキを見て））思わない［:::ですね
787. ユキ　：　　　　　　　　　　　　　　　［（（頷く））
788. 調査者：何でですか？
789. ナオ　：@@（..）ええ::（2）なんか
790. ユキ　：（（何度も頷く））
791. ナオ　：（2）ま日本人ですけどやっぱ韓国も好きだし::
792. 調査者：［（（何度も頷く））
793. ユキ　：［（（何度も頷く））
794. ナオ　：やっぱり子どもをみっ見ちゃう（.）から
795. ユキ　：（（頷き））うん
796. ナオ　：知識をつけて::
797. 調査者：［（（頷く））
798. ユキ　：［（（何度も頷く））
799. ナオ　：（2）いなかったらもしかしたらしてるかもしれない
800. 調査者：ああ::
801. ナオ　：でも子どもがいっいっいっいったら：（..）なんかその
802. ユキ　：（（何度も頷き））うん
803. ナオ　：（..）子どもは二つ::の［1（.）その国籍だから：それで喧嘩してる

3　同じ語り手が複数の項目に言及することもあり，回答が重複している．特に，調べたところで夫に敵わないや何が正しいのかわからないので身につけないという理由は複数の語り手が言及していた．

804.　　　　　っていうか
805. ユキ　：　　　　　　　　　　　　[1 ((頷く))
806. ナオ　：こう言い合いをしてる姿を見せたくない
807. ユキ　：[2 ((何度も頷きつつ)) う::んうん
808. 調査者：[2 ((何度も頷きつつ)) う:::ん (.) 子どもに
809. ナオ　：[3 ((何度も頷きつつ)) うん
810. ユキ　：[3 ((何度も頷く))
811. ナオ　：((首を傾げて)) いなかったら (2) ちょっともうちょっと強気でい
812.　　　　　ってる ¥-かもしれないです-¥
813. 調査者：ああ::
814. ナオ　：((笑みを浮かべながら何度も頷く))
815. ユキ　：((調査者を見ながら何度も頷く))

　まず，各スモール・ストーリーに示されたナオの位置付け（ポジショニング・レベル1）について述べる．S1でナオは，もし自分に子どもがいなければ知識を身につけて夫と話し合いをしているかもしれないと述べる（子どものためを思って知識を身につけない選択をした日本人母の私：レベル1）．次にS2では，再度仮定の話として「いなかったら (2) ちょっともうちょっと強気でいってる ¥-かもしれないです-¥」(811, 812) と述べ，自分よりも子どもの気持ちを優先する日本人母の私（レベル1）という位置付けを提示する．

　次に相互行為の場におけるナオの位置付け（ポジショニング・レベル2）について述べる．データの冒頭でナオは調査者の質問に対し，知識を身につけようとは「思わない」(786) と明言し，ユキがその発言に頷く様子を見せる (787)．ここでは2人が知識を身につけようと思わない私（たち）（レベル2）という位置付けを共有し，そのようなナオに対し調査者は「何でですか？」(788) と問いかける．調査者の質問に対しナオは「@@ (..) ええ::」(789) と笑いつつも驚いた様子を示し，知識を身につけようと思わない理由として「日本人ですけどやっぱ韓国も好きだし::」(791)，「やっぱり子どもをみっ見ちゃう (.) から」(794) と，自身が韓国を好きであることと子どもの存在の2点を挙げる．ナオは続けてS1を挿入すると，子どもがいなければ知識を身につけようとしていたかも

しれないと述べる．しかし，その直後に「でも子どもがいっっいっいっいったら：」(801),「子どもは二つ :: の［(.) その国籍だから：それで喧嘩してるっていうか」(803, 804),「こう言い合いをしてる姿を見せたくない」(806) と発言する．ここからは，知識を身につけるという行為が韓国人の夫との喧嘩を生じさせる要因となるとナオが認識していることが理解できる（知識を身につけることのデメリットを提示したい私：レベル2）．そのような彼女の認識は 791 行目の「日本人ですけどやっぱ韓国も好きだし :: 」(791) という発言とも重なり，知識を身につけることで好きな韓国と対立することになると彼女が認識していることがわかる．ここで示されたナオの見解に対し，調査者とユキは何度も同時に頷きながら相槌を打ち（807, 808, 810），ナオの意見を支持する様子を見せる．そのような2人の反応を見ていたナオは，ここでS2を挿入し「いなかったら (2) ちょっともうちょっと強気でいってる¥- かもしれないです -¥」(811, 812) と発言する（知識を身につける意思が全くないわけではないことを示したい私：レベル2）．ナオの発言からは，状況が異なれば自身も知識を身につけようとしていた可能性があるという点を彼女が他の参与者に対して言外に提示している様子が見受けられた．以上の点から，ここではナオが語ることを通じて知識を身につけることにメリットを感じられないことを理解してもらいたい私（レベル2）という位置付けを提示していることがわかった．

　最後にレベル1とレベル2の位置付けをもとにナオが表出・構築する文化的・社会的自己（アイデンティティ）（ポジショニング・レベル3）について述べる．データ内でナオは，自身が知識を身につけようと思わない理由について説明する．そこでは彼女によって知識を身につけない二つの理由が提示される．一つ目は韓国のことが好きであるということ，二つ目は子どもの存在である．まず一つ目からは，知識を身につけるということが韓国を嫌いになる，もしくは韓国と対立するという状況を引き起こす要因となると彼女が考えていることがわかる．次に二つ目からは，知識を身につけると韓国人の父親と日本人の母親が日本と韓国の両方にルーツがある子どもの前で口論するような状況を生じさせる危険性があると彼女が考えていることがわかる．ここからは，知識を身につけるという行為が自分自身にとっても子どもにとってもよくない状況しか引き

起こさないため，知識を身につける意義を感じられないという彼女の心情が読み取れる．以上の点から，ここではナオによって家庭の平安のために知識を身につけることを警戒する日本人妻・日本人母というアイデンティティが実践されていることが明らかとなった（レベル3）．

　データ54は在韓歴9年のエミと12年のマイコへのインタビューにおいて収集されたものである．データ開始前，エミは夫と日韓問題に関する話題で一度大きな喧嘩をして以来その話題について夫婦で会話をしないと決めていると話した（第8章データ32-1参照）．そして，そもそも自分はその話題に関して知識がなく，対する夫は大変詳しい様子で話し合いにならないと発言する（第8章データ32-2参照）．一方マイコは，夫がそもそもその話題をふってこないと言い，もし話題に上ったとしても真剣な話し合いにはならないと思うと述べた．2人の話を聞いていた調査者は，彼女たちが共通して夫の方が自分よりもよく知っているため話し合いにならないと述べた点に触れ，自身も知識をつけようとは思わないですかと2人に尋ねた．データ54は調査者の質問に対するマイコの返答から始まる．データ内では，エミによって一つ（S1：533-540），マイコによって一つ（S2：542-555）のスモール・ストーリーが語られる．

〈データ54〉：夫の方がよく知っている・夫婦関係のためを思って
　532. マイコ：なんか喧嘩になりそうな気がしますやっぱり［それだったら
　533. エミ　：　　　　　　　　　　　　　　　　　　　　［だからそこ私もす
　534. 　　　　ごい勉強したから::みたいなふうに言って話そうってなっても::
　535. 調査者：((微かに何度も頷く))
　536. マイコ：((エミを見て頷き))う::ん
　537. エミ　：結局向こうも持ってる知識があって
　538. 調査者：((大きく頷く))
　539. マイコ：((頷き))うん
　540. エミ　：絶対ぶつかると思うんですよね
　541. 調査者：((何度も頷きつつ))う:::ん
　542. マイコ：認めて（1）((首を傾げて))くれない（..）気がします（.）うちの
　543. 　　　　旦那さんは多分

第 10 章　自分自身との関わり合いに見る日韓問題

544. 調査者：((何度も頷く))
545. エミ　：((何度も頷く))
546. 調査者：う::ん［その
547. エミ　：((何度も頷く))
548. マイコ：　　　　［頑固っ頑固っていうかもう自分の::思ってる知識が正し
549. 　　　　いって思ってるから::
550. 調査者：((微かに何度も頷く))
551. エミ　：((マイコの発言をずっと頷きながら聞いている))
552. マイコ：外からなんか情報が来ても::それをすって受け入れてはくれなく
553. 　　　　って
554. エミ　：［((何度も頷きつつ))うんうん((何度も頷く))
555. マイコ：［自分の主張を多分してそれでぶつかっちゃう(..)と思います
556. 調査者：((大きく頷く))う:::ん
557. エミ　：((何度も頷く))

　まず，各スモール・ストーリーに示されたエミとマイコの位置付け（ポジショニング・レベル 1 ）について述べる．S1 でエミは，夫に対し「そこ私もすごい勉強したから::」(533, 534) と言う自身の様子を提示し，その話題について夫と彼女が話し合う状況を描写する．しかし，「話そうってなっても::」(534)，「結局向こうも持ってる知識があって」(537)，「絶対ぶつかると思うんですよね」(540) と述べ，知識を身につけることにメリットを感じられない私（レベル 1 ）という自身の位置付け示す．次に，S2 ではマイコが仮定の話として彼女と夫が日韓問題に関する話題について話し合う状況に言及する．マイコは「うちの旦那さんは多分」(542, 543)，「頑固っ頑固っていうかもう自分の::思ってる知識が正しいって思ってるから::」(548, 549)，「外からなんか情報が来ても::それをすって受け入れてはくれなくって」(552, 553)，「自分の主張を多分してそれでぶつかっちゃう(..)と思います」(555) と述べる（知識を身につけることにメリットを感じられない私：レベル 1 ）．

　次に相互行為の場におけるエミとマイコの位置付け（ポジショニング・レベル 2 ）について述べる．データ内では，エミとマイコによって自分たちが知識を

身につけようと思わない理由が説明される．532 行目でマイコは知識を身につけようとは思わないのかという調査者の質問に対し「なんか喧嘩になりそうな気がしますやっぱり［それだったら］」(532) と回答し，知識を身につけるデメリットを示したい私（レベル2）という位置付けを示す．エミもまたマイコの発言にかぶさるように発話権をとり，もし知識をつけて夫と話し合おうとした場合どういう状況になると思うかを S1 を通じて説明する（知識を身につけるデメリットを示したい私：レベル2）．そして，エミが知識をつけたところで夫の知識と自身の知識のぶつかり合いになるだけだという見解を示すと，マイコがエミの語りを引き継ぐように S2 を語りエミと同様の見解と位置付けを示す（知識を身につけるデメリットを示したい私：レベル2）．このような 2 人のやりとりからは，2 人が共通して知識を身につけるデメリットを示したい私（レベル2）という位置付けを所持し，それを質問者である調査者に対し提示していることがわかる．2 人の発言を聞いていた調査者は 546 行目で「う::ん［その］」(546) と発言しかけたものの，マイコに発話権を譲ったためそれ以上の発言は見られず，それ以外は常に頷きつつ 2 人の見解に理解を示す様子を見せていた (535, 538, 541, 544, 550, 556)．以上の点から，ここではエミとマイコが語ることを通じて知識を身につける意義を感じられないことを主張したい私（レベル2）という位置付けを提示していることがわかった．

　最後にレベル1とレベル2の位置付けをもとにエミとマイコが表出・構築する文化的・社会的自己（アイデンティティ）（ポジショニング・レベル3）について述べる．データ内では，エミとマイコが協働で知識を身につけようと思わない理由について調査者に説明する．2 人は自分たちの夫のことを日韓問題に関する知識を所持するもの，自身の知識が正しいと強く信じているものとして位置付けるとともに，自分たちが知識を身につけて話をしようとしても聞く耳を持ってもらえないであろうと予測する．特にエミの場合は過去に実際に夫とそのことで喧嘩をした経験もあり，彼女の夫に対する認識が実体験に基づいたものであることがわかる．ここからは，韓国人の夫が所持する日韓問題に関連した知識が，彼らの中で相当強固に真実として認識されており，彼女たちが何を言ってもそれを覆すことができないという状況が窺える．また，データ内で彼女

第 10 章　自分自身との関わり合いに見る日韓問題

　たちは，自分たちが知識を身につけるという行為のデメリット（夫とぶつかることになる）をくり返して主張する．ここからは，夫と日韓問題に関する話題を話し合うという場を，彼女たちが言い合いや喧嘩といった認識の枠組みで捉えていることがわかった．以上の点から，ここでは 2 人によって韓国人の夫が開く耳を持たないので知識を身につけても無駄だと思う日本人妻というアイデンティティが実践されていることが明らかとなった（レベル 3）．
　データ 55 は在韓歴 7 年のエリと 9 年のチヒロへのインタビューにおいて収集された．データ開始前，参与者 3 人は子どもとの間で日韓問題に関連した話題をどのように扱うかに関して話をしていた．そこでエリとチヒロは，子どもと話そうにも自分たちには知識がないため，たとえ質問されてもどう答えていいのかわからないと述べた．またチヒロは，そういう話題に関して韓国人の夫は知識が豊富であり，もし子どもから何か聞かれても「パパに聞いて」と答えると思うと話した．2 人の発言を聞いていた調査者は，自分自身はその話題に関して深く知りたいとは思わないのかと尋ねる．するとユキが「思わない」と言い，調べる際には携帯電話を使用するが偏った情報が出てくることもあり，自分が見たページが 100％正しいかどうかもわからないと述べた．データ 55 はエリのその発言から始まる．データ内では，エリによって三つのスモール・ストーリー（S1：514-521，S2：527-532，S534-540）が語られる．

〈データ 55〉：自分のために（フラットでいたい）・何が正しいかわからない
　511. エリ　：（（左手に携帯を持つ仕草））もし自分が見たページが（..）100％正
　512.　　　　しいかどうかもわからない（..）から
　513. 調査者：[1 う:::::ん
　514. エリ　：[1 もしなんかこう偏っただからすごい日本よりの
　515. 調査者：[2（（頷く））うんうん
　516. エリ　：[2（（左手に携帯を持つ仕草））ところ見ちゃって（.）あ（..）独島
　517.　　　　は全然韓国のじゃないやんみたいな（..）思ってしまったら
　518. 調査者：うん
　519. エリ　：なんかすごい（..）喧嘩になりそうっていうかもう旦那に対しても
　520.　　　　韓国に対してもなんでこんなんやってんのってってすごい自分::

399

521.　　　　　が（..）なんか
522. 調査者：ああ::なる［ほど
523. エリ　：　　　　　　［もし（.）（（首を傾げて））ほっほんとのことがまあ
524.　　　　　（.）事実じゃないかもしれなくてもなんかそういう（..）なんか事
525.　　　　　実を知ってしまったら
526. 調査者：（（頷く））
527. エリ　：今は知らんからっていう（.）まあ言い訳で::（2）何にもフラット
528.　　　　　な感じっていうか
529. チヒロ：（（頷く））
530. エリ　：まあ　なんか2人とも喧嘩してるわっみたいな
531. 調査者：（（頷く））
532. エリ　：韓国と日本喧嘩してるわぐらいの（..）感情で止めれてんのが
533. 調査者：（（頷く））
534. エリ　：例えばこう（..）深く知っちゃって：
535. 調査者：（（頷く））
536. エリ　：ええ何ゆってんの韓国とかってなっちゃったら
537. 調査者：（（頷く））
538. エリ　：この国で住みづらいなって
539. 調査者：［（（頷く））う::::ん　　　　　　　　　［（（頷く））
540. エリ　：［ゆうの（..）なんか深層心理で思って［::なんか調べてないのかな
541.　　　　　ってゆうのはちょっとあるんですけど：
542. 調査者：［ああ::なるほど：
543. チヒロ：［（（頷く））

　まず，各スモール・ストーリーに示されたエリの位置付け（ポジショニング・レベル1）について述べる．S1でエリは，携帯で独島問題に関する情報を収集する自身の姿を描写する．そして「偏っただからすごい日本よりの」（514）ページを見てしまったことで「あ（..）独島は全然韓国のじゃないやん」（516, 517）と思ってしまい，夫や韓国に対して「なんでこんなんやってんの」（520）という感情が湧き上がる様子を表現する．また，そのような感情が生じることで夫と「喧嘩になりそう」（519）と話し，情報収集は夫婦関係を悪くする要因とな

400

第 10 章　自分自身との関わり合いに見る日韓問題

ると感じる私（レベル1）という自身の位置付けを提示する．続く S2 では，今のエリの心情に関する説明がなされる．エリはまず「今は知らんからっていう(.) まあ言い訳で :: (2) 何にもフラットな感じ」（527, 528）と前置きし，「なんか 2 人とも喧嘩してるわ」（530），「韓国と日本喧嘩してるわ」（532）と，日韓問題ゆえに対立する両国を客観的に観察する自身の様子を提示する（日韓関係の悪化を客観的に受け止める私：レベル1）．ただ，その直後に続く S3 では日韓問題に関する情報を「深く知っちゃって」（534），「ええ何ゆってんの韓国」（536）と感じるエリの様子が再度提示され，そのようになってしまった場合「この国で住みづらいな」（538）と「深層心理」（540）において認識する彼女の姿が描かれる．これらの発言からは，日韓問題に関連した知識を身に付けることにより韓国に住みづらくなると感じるエリの様子が見受けられ，知識を身につける意義を感じられない私（レベル1）という彼女の位置付けが読み取れた．

　次に相互行為の場におけるエリの位置付け（ポジショニング・レベル2）について述べる．データの冒頭でエリは，日韓問題に関連した情報を収集しようと試みた際に生じる問題について言及する．エリは情報収集するためのツールとして携帯電話に言及するが，その中には偏った情報も多く「自分が見たページが (..) 100%正しいかどうかも」（511, 512），「わからない」（512）と述べる（知識を身につけるのは簡単ではないと示したい私：レベル2）．さらに，S1 では偏った情報を見てしまったがゆえに，夫（韓国）と喧嘩になってしまう自身の状況を例示する（知識を身につけるデメリットを示したい私：レベル2）．このようなエリの見解に対し，調査者も「ああ :: なる［ほど］」（522）と理解を示す様子を見せていた．さらにエリは，調べることにより自分が入手する情報を「ほんとのこと」（523）や「事実」（524, 525）という単語を使用して表象しており，彼女が日韓問題に関する本当の事実というものが存在していると認識していることがわかる．また，S2 ではそういった「ほんとのこと」（523）や，「事実」（524, 525）を知らないがゆえに「フラットな感じ」（527, 528）を維持できていることについての説明がなされる．ここでは，「フラットな感じ」（527, 528）を維持しているからこそ，日韓関係が悪化した際にも客観的に事態を受け止め，不必要な気持ちの揺れが生じない状態で「止めれて」（532）いるエリの現状が提示される

401

(知識を身につけないメリットを提示したい私：レベル2)．対するS3では，深く知ることが韓国に住みづらくなる要因として位置付けられるとともに，そのような状況が起こらないようにあえて調べないようにしていると言及するエリの様子が観察される（540，541）（知識を身につけるデメリットを示したい私：レベル2）．このようにS2とS3を語ることを通じてエリは，彼女が思う「ほんとのこと」（523）や「事実」（524，525）を知らないままでいることによって得られる利点（S2）と，知ったことによって生じる不利益（S3）を調査者に対し交互に提示し，知識を身に付けることが自身にとってリスクをもたらす行為であるということを伝えようと試みていた．そして，調査者とチヒロもエリの見解に頷いたり（526，529，531，533，535，537，539，542，543）「ああ::なるほど:」(542)と述べるなどして理解を示していた．以上の点から，ここではエリが知識を身につけることの危険性を共有したい私（レベル2）という位置付けを提示していることがわかった．

　最後にレベル1とレベル2の位置付けをもとにエリが表出・構築する文化的・社会的自己（アイデンティティ）（ポジショニング・レベル3）について述べる．エリはデータ内で，調査者に対し日韓問題に関して深く知ろうと思わない理由について説明する．まず，エリは膨大に存在する日韓問題に関連した情報の中から「100％正しい」（511，512）情報を見つけ出すことの難しさ，偏った情報を得た際に起こる不利益に関して言及する．さらに，「ほんとのこと」（523）や，「事実」（524，525）を知ることは自身を韓国に住みづらくさせる可能性があることを指摘し，そのような認識が深く知ることを妨げていると説明する．エリのこれらの発言からは彼女が日韓問題に関連した情報には正しいものと間違ったもの（偏ったもの）が存在していると認識していること，偏った情報を得た場合には夫や韓国と喧嘩になる可能性があり，本当のことを知った場合も韓国に住みづらくなると感じていることが理解できる．そして，それゆえに情報収集をすることや深く知ることに何の意義も見出せないと認識していることがわかった．同様の認識は，深く知らないことにより外交上の争いを家庭内や自身の生活領域に持ち込まずに過ごすことが可能になる，という彼女の実体験に即した発言からも見受けられた．ただし，そのような自身の見解を「まあ言い訳で::」

第 10 章　自分自身との関わり合いに見る日韓問題

(527) と形容する様子からは，深く知ろうとは思わないのかと質問した調査者の存在を意識し，自身の見解を言い訳めいたものとして位置付けようとするエリの姿勢も見られ，彼女が自身の姿勢に何らかの引け目を感じている可能性も示唆された．以上の点から，ここではエリによって知識を身につけることを警戒する在韓日本人というアイデンティティが実践されていることが明らかとなった（レベル 3）．

　データ 56 はデータ 55 同様，在韓歴 7 年のエリと 9 年のチヒロへのインタビューにおいて収集されたものである．データ 55 終了後，エリは，自分自身はフラットでいたいという理由から深く知ろうと思わないが，将来子どもから質問された場合は困ると思うと述べた．その後，調査者はエリの話を聞いていたチヒロに韓国人の夫に一任するのではなく私も調べてみようとは思いませんかと質問する．データ 56 は調査者の質問に対するチヒロの回答から始まる．データ内ではチヒロによって一つのスモール・ストーリー（S1：558-573）が語られる．

〈データ 56〉：調べたところで夫に敵わない・何が正しいかわからない

```
556. チヒロ：う::::ん
557. エリ　：((チヒロを見えて笑みを浮かべつつ)) 私がっ
558. チヒロ：((反射的にエリの言葉を繰り返し)) 私が::: (4) う::ん (4) まあ
559. 　　　　知りたい::: と思って (.) まあ昔なんかこうそう [竹島とか
560. 調査者：　　　　　　　　　　　　　　　　　　　　　　　　[((何度も頷く))
561. エリ　：　　　　　　　　　　　　　　　　　　　　　　　　[うんうんうん
562. チヒロ：[1 ((スマホの画面を指で触る仕草をしながら)) 調べ (..) まあ調
563. 　　　　べるほどじゃないチラッと見て
564. 調査者：[1 ((何度も頷きながら継続して聞いている))
565. 　　　　((何度も頷きつつ)) う:::ん
566. チヒロ：でまあそれでこう (..) いうじゃないですか
567. 調査者：((何度も頷きつつ)) うんうん
568. チヒロ：そしたらやっぱり@@@¥- その (.) 何十倍 [2 のおっきさで (.) ち
569. 　　　　っ知識で -¥
```

403

570. エリ　　：　　　　　　　　　　　　　　　[2¥-倍？何十倍で返っ
571.　　　　　てくる？-¥
572. 調査者：((何度も頷く))
573. チヒロ：こうかえってくるわけですよ
574. エリ　　：((何度も頷く))
575. チヒロ：でまあ@@ そう（.）でまあ別に
576.　　　　　（.）[到底討論できる相手じゃ [(.) ないのと
577. エリ　　：　　　　　　　　　　　　　　　[((頷く))
578.　　　　　　　　　　　　　　　　　　　　　　　[@@@@
579. 調査者：　　　　　　　　　　　　　　　　　[((何度も頷く))
580. チヒロ：なんです（.）やあまあやっぱ（.）まあ（.）う::::ん（1）どの資料
581.　　　　　が正しいかも [わからないのと
582. エリ　　：　　　　　　[((顔を顰め何度も頷きつつ)) うんうんうん
583. 調査者：((何度も頷く))
584. チヒロ：(2) う:::ん (3) なんか
585.　　　　：(..) なんで（.）あんま調べなかったんかなぁ
586.　　　　　((頷きつつ)) [う:::ん
587. エリ　　：　　　　　　[う:::ん

　まず，スモール・ストーリーに示されたチヒロの位置付け（ポジショニング・レベル1）について述べる．S1でチヒロは，韓国人の夫と「竹島（独島）」(559)のことに関して話をした時のことに言及する．その中でチヒロは，携帯電話を使用して「チラッと」(563)と「竹島（独島）」(559)について検索し夫に対して意見する．すると，チヒロの意見を聞いた夫から「やっぱ@@@¥-その（.）何十倍 [のおっきさで（.）ちっ知識で -¥」(568, 569)，「こうかえってくるわけですよ」(573)と述べ，「チラッと」(563)検索した自分に対し夫が何十倍の量の知識で返答してくると話す．ここでは，夫とチヒロの問題に対する圧倒的な知識量の差が言外に提示されるとともに，日韓問題に関して知識量で韓国人の夫に敵わない日本人の私（レベル1）という彼女の位置付けが示された．

　次に相互行為の場におけるチヒロの位置付け（ポジショニング・レベル2）について述べる．データの冒頭でチヒロは，調査者の質問に対し「う:::::ん」

(556) と思案する様子を見せる．すると 2 人のやりとりを見ていたエリがチヒロを見つめ笑みを浮かべながら「私がっ」(557) と発言する．この「私がっ」(557) は，データ開始前になされた調査者の質問内容（夫に一任するのではなく私も調べてみようとは思いませんか）を彼女が引き継いでなされたものであり，夫ではなく「私が」(557) 子どもの質問に回答しようという姿勢をエリが笑いながらチヒロに対して提示したものである．チヒロはエリの発言を受け「私が :::」(558) と口にはするが，その後長い間沈黙し思案した後に S1 を語り始める．そして，566 行目では「でまあそれでこう (..) いうじゃないですか」(566) と発言し，夫に意見したことがあることを示したい私（レベル 2）という位置付けを示す．しかし，その直後には「やっぱり@@@¥- その (.) 何十倍［のおっきさで (.) ちっ知識で -¥」(568, 569)，「こうかえってくるわけですよ」(573) と述べ，意見したところで夫に敵わないという現実を示したい私（レベル 2）という位置付けを提示する．調査者とエリはチヒロの語りを頷いたり相槌を打ちながら聞いていたが (560, 561, 564, 565, 567)，チヒロが「やっぱり@@@¥- その (.) 何十倍［のおっきさで (.) ちっ知識で -¥」(568, 569) と述べた際にエリは笑いながら「¥- 倍？何十倍で返ってくる？-¥」(570, 571) と発言する．さらに，そのような夫に対しチヒロが「まあ@@ そう (.) でまあ別に (.)［到底討論できる相手じゃ［(.) ないのと」(575, 576) と笑いを見せながら発言した際にも，エリは 570, 571 行目と同様笑う様子を見せていた (578)．ここでは，日韓問題に関する自分たちと夫の圧倒的な知識量の異なりをエリとチヒロの 2 人が笑いを伴って共有する様子が見られた．ただし，チヒロが「どの資料が正しいかも［わからない」(580, 581) と発言した際には，エリは笑うのをやめ顔を顰めて何度も頷きつつ「うんうんうん」(582) とチヒロの意見に同意する様子を見せる．ここでは 2 人が，大量の情報から正しいものを選び出すことの難しさに関して同じ意見を所持していることがわかる（知識を身につけることが簡単ではないことを示したい私（たち）：レベル 2）．しかし，584, 585, 586 行目でチヒロは「(2) う ::: ん (3) なんか」(584),「(..) なんで (.) あんま調べなかったんかなぁ ((頷きつつ))［う ::: ん」(585, 586) と再度思案する様子を見せており，彼女の中には上述した理由以外にも何らかの理由が存在している様子が見受けられた．エ

リもまた，彼女の発言にかぶさるように「［う :::ん」(587) と思案する様子を見せ，このような 2 人の様子からは彼女たち自身も深く知ろうとしない理由を完全には把握できていない可能性が示唆された．以上の点から，ここではチヒロが知識を身につけることに積極的になれない自分の状況を理解してもらいたい私（レベル 2）という位置付けを提示していることがわかった．

　最後にレベル 1 とレベル 2 の位置付けをもとにチヒロが表出・構築する文化的・社会的自己（アイデンティティ）（ポジショニング・レベル 3）について述べる．データの冒頭でチヒロは，夫に一任するのではなく私も調べてみようとは思わないのかという調査者の質問を受け，そう思わない理由について話し始める．チヒロはまず，S1 を通じて夫と自分の間に日韓問題に関する相当な知識量の差が存在していることを提示する．また，何十倍の知識を繰り出しながら質問に回答してくるチヒロの夫の言動に関して，エリとチヒロが共通して笑い見せる様子も見られた．ここからは，彼女たちが夫の言動に不愉快さや悔しさなどを感じる様子は見られず，「到底討論できる相手じゃ［(.) ない」(576) という発言からもわかるように，自分たちと夫ではその話題に関して対等に意見を戦わすことがそもそも不可能だと諦めている可能性が見受けられた．この他にもチヒロはデータ内で情報収集の難しさに言及するが，ここではチヒロがデータ 55 のエリと同様に日韓問題に関する「正しい」(581) 情報が存在していると認識している様子が見られた．ここからは，チヒロの場合もエリの場合と同様に，日韓問題に関する情報を収集するという行為に対し，膨大な情報の中から正しいものを選び出す作業という認識を所持している様子が窺える．そして，そのような認識が，知識を身につけるという作業を困難なものと受け止める要因となっていることが推測された．しかしながら，二つの理由を挙げてもなお，チヒロが継続して自分が深く知ろうと思わない理由について思案する様子からは，上述した理由以外にも彼女たちが気づかない何らかの理由が存在している可能性も示唆された．以上の点から，ここではチヒロによって知識を身につけることは荷が重い作業だと感じる日本人というアイデンティティが実践されていることが明らかとなった（レベル 3）．

第3節　考察

　まずは，リサーチ・クエスチョン1（ナラティブ領域とそれが語られる相互行為の場において彼女たちが自らをどのように位置付けているのか）に関して，第1節では，日韓問題に関連する知識を身につけた（身につけたい）在韓日本人女性の語りを取り上げ分析・考察を行った．データ51-1, 51-2は自分自身のために知識を得ようと志す事例であり，データ52は韓国で学校教育を受ける子どもとの会話に必要なため韓国人が学ぶ内容を知りたいと考える事例であった．データ51-1では，韓国と日本の間の歴史や日韓問題に関して無知であった語り手が，韓国人から独島の領有権に関して質問された時の状況が再現される．ここでは，無知ゆえに韓国人に試されても適切に対応できなかった語り手が，自らの経験が契機となり知識を身につけようと決意する様子が描き出された．データ内では，語り手によって韓国人に対し空気の読めない発言をした無知な私（レベル1），韓国人に自身の至らなさをフォローしてもらう無知な私（レベル1），場の雰囲気を読むこともできない無知な私（レベル1），無知ゆえに適切な返答ができなかった自身を許せない私（レベル1），無知であることが引き起こすデメリットを実感する私（レベル1），韓国で生き抜くためにも無知である自身と決別し学ぶことを決めた私（レベル1），恥ずかしい経験を共有したい私（レベル2），韓国人の対応よりも自分の無知さを強調したい私（レベル2），意見を持つための知識を身につける重要性を訴えたい私（レベル2），知識を持つことの重要性を共有したい私（レベル2）といった位置付けが提示されていた．データ51-2では，知識を得ることを決めた語り手が他の参与者によってすごい人として位置付けられる様子が見られた．また，それに対し語り手が自分は特別なわけではないという姿勢を見せつつも，知識を得たことによって得られたメリットを他の参与者に提示する様子も観察された．ここでは，知らないことに悔しさを感じる負けず嫌いな私（レベル1），韓国人の気持ちを知りたいと感じる日本人の私（レベル1），学んだことにより韓国で生きやすくなった日本人の私（レベル1），無知を非難したいわけではない私（レベル2），学ぼうと思った理由を理

解してもらいたい私（レベル2），自分が特別でないことを示したい私（レベル2），知識を得たことによるメリットを共有したい私（レベル2），知識を得ることの意味を共有したい私（レベル2）といった位置付けが語り手によって提示されていた．データ52では，韓国で学校に通うことになるであろう我が子と日韓問題に関して話をする機会を失いたくないと感じる語り手の様子が描写された．そして，必要な時には子どもと話し合いができるように，韓国ではその問題をどのように教えているのかを知りたいと感じる語り手の心情が観察された．ここでは，語り手によって子どもと日韓問題について話す機会を持てない日本人母の私（レベル1），夫と日韓問題について話したいという意思がない日本人妻の私（レベル1），無知ゆえに子どもと日韓問題に関する話題を話す機会を失う日本人母の私（レベル1），韓国人が学んだ内容を知ることで韓国（人）への理解が深まると感じる私（レベル2），子どものためにも韓国人の学習内容を知りたい私（レベル2），夫との認識の差異は問題ではないと思う私（レベル2），子どもと日韓問題に関して話をしたい私（レベル2），子どもが韓国の支配的言説に取り込まれることへの危機感を共有したい私（レベル2），韓国の支配的言説から子どもを守りたいという日本人母としての思いを共有したい私（レベル2）といった位置付けが示された．

　第2節では，日韓問題に関連する知識を身につけないことを選択している在韓日本人女性たちの語りを取り上げ分析・考察を行った．データ53では，知識を身につけることにより日韓にルーツを持つ我が子の前で韓国人の夫と日本人の自分が言い合いをするような状況が起こる可能性があると認識している語り手が，知識を身につけることにメリットを感じられない様子が観察された．ここでは，語り手によって子どものためを思って知識を身につけない選択をした日本人母の私（レベル1），自分よりも子どもの気持ちを優先する日本人母の私（レベル1），知識を身につけようと思わない私（レベル2），知識を身につけることのデメリットを提示したい私（レベル2），知識を身につける意思が全くないわけではないことを示したい私（レベル2），知識を身につけることにメリットを感じられないことを理解してもらいたい私（レベル2）といった位置付けが提示されていた．データ54では，知識を身につけたところで夫が自分の

第 10 章　自分自身との関わり合いに見る日韓問題

意見に耳を貸すことはなく，むしろ意見の対立で夫婦がぶつかり合うことになると認識している語り手たちが，調査者に知識を身につける意義を感じられないと訴える様子が見られた．ここでは，知識を身につけることにメリットを感じられない私（レベル 1），知識を身につけることにメリットを感じられない私（レベル 2），知識を身につける意義を感じられないことを主張したい私（レベル 2）といった位置付けが観察された．データ 55 では，知識を身につけることのデメリットと知識を身につけないことのメリットを交互に提示しながら，知識を身につけないことにより精神的に安定した韓国生活が守られていることを伝えようとする語り手の姿が見受けられた．ここでは，語り手によって情報収集は夫婦関係を悪くする要因となると感じる私（レベル 1），日韓関係の悪化を客観的に受け止める私（レベル 1），知識を身につける意義を感じられない私（レベル 1），知識を身につけるのは簡単ではないと示したい私（レベル 2），知識を身につけるデメリットを示したい私（レベル 2），知識を身につけないメリットを提示したい私（レベル 2），知識を身につけることの危険性を共有したい私（レベル 2）といった位置付けが提示されていた．データ 56 では，知識を身につけたところで自分よりもずっとその話題に関して知識が豊富な夫に敵うわけがないと感じている語り手が，情報収集の難しさも含め知識を身につけることに積極的になれない自身の様子を提示していた．ここでは，語り手によって日韓問題に関して知識量で韓国人の夫に敵わない日本人の私（レベル 1），夫に意見したことがあることを示したい私（レベル 2），意見したところで夫に敵わないという現実を示したい私（レベル 2），知識を身につけることが簡単ではないことを示したい私（レベル 2），知識を身につけることに積極的になれない自分の状況を理解してもらいたい私（レベル 2）といった位置付けが示されていた．

　次にリサーチ・クエスチョン 2（語ることを通して表出・構築される彼女たちのアイデンティティとはどのようなものか）に関して，第 1 節で取り上げた三つのデータ内で語り手が実践していたアイデンティティには，韓国で生きていくために知識を身につけた日本人（データ 51-1），韓国で生きていくためには日韓問題に関連した知識を身につけた方が良いと考える在韓日本人（データ 51-2），韓国の支配的言説を警戒する日本人母（データ 52）といったものが見られた．デー

タ51-1で語り手が提示したアイデンティティからは，韓国生活の中では韓国人から日韓問題に関連して試される（意見を求められる）ことがあり，そのような時に自分の意見を相手に適切に伝えるためにも知識を身につける必要があるという語り手の心情が読み取れた．データ51-2で語り手が示したアイデンティティからは，知識を身につけたことによって韓国人の行動や心情を自分なりに解釈できるようになった語り手が，日韓問題に関連した知識を身につけた方が良いという認識を所持している様子が観察された．データ52で語り手が示したアイデンティティからは，韓国で学校教育を受ける我が子が韓国の支配的言説に取り込まれてしまわないように，子どもたちが学ぶ内容を自分も知って警戒しようとする語り手の心情が見受けられた．

　第2節で取り上げた四つのデータ内で語り手が実践していたアイデンティティには，家庭の平安のために知識を身につけることを警戒する日本人妻・日本人母（データ53），韓国人の夫が聞く耳を持たないので知識を身につけても無駄だと思う日本人妻（データ54），知識を身につけることを警戒する在韓日本人（データ55），知識を身につけることは荷が重い作業だと感じる日本人（データ56）といったものが見られた．データ53で提示された語り手のアイデンティティからは，語り手が知識を身につけることによって生じるデメリット（韓国と対立する，子どもの前で夫婦喧嘩をする）を警戒し，知識を身につけない選択をしている様子が読み取れた．データ54で提示された語り手のアイデンティティからは，韓国人の夫が自分の持つ知識が真実だと強く信じており，自分が勉強して意見を述べたとしても聞く耳を持ってもらえないという語り手の認識と，それゆえに知識を身につけることに意味を見いだせない語り手の心情が観察された．データ55で提示された語り手のアイデンティティからは，知識を身につけないことにより精神的に安定した韓国生活を送っていると感じている語り手が，知識を身につけることでその安定が脅かされることを警戒し，知識を身につけないという選択をする様子が見受けられた．データ56で提示された語り手のアイデンティティからは，そもそも自分たちが付け焼き刃で知識を身につけたところで相当豊富な知識を所持する夫に敵うはずがないという語り手の認識と，それゆえに知識を身につけることに積極的な姿勢を持てずにいる語り

第 10 章　自分自身との関わり合いに見る日韓問題

手の様子が観察された．

　最後にリサーチ・クエスチョン 3（彼女たちは日常生活に介入してくる日韓問題を周囲との関係性の中でどのように受け止め関わっているのか）に関してはどうだろうか．第 1 節では，日韓問題に関連する知識を身につけた（身につけたい）在韓日本人女性の語りを取り上げ分析・考察を行った．データ 51-1，51-2 で提示された語り手の位置付けやアイデンティティからは，韓国という場でマイノリティである語り手がマジョリティである韓国人から日韓問題に関する意見を求められるという状況に遭遇していることがわかった．また，その際に少数派である日本人が韓国人の意見に対立するような見解を示すことは間違いであり，韓国人の見解に沿う発言をすることを韓国人側が望んでいる様子も垣間見られた．しかしながら，そのような状況に遭遇し無知ゆえに恥をかく経験を繰り返す中で，語り手が自らを試そうとする多数派に抵抗しようと知識を身につける決意をする様子も見られた．そして，51-2 では知識を身につけることを選択した語り手が，他の参与者によって特別なものとして位置付けられる様子が見られた．ここでは，彼女たちの間で，自ら進んで日韓問題に関連した知識を身につけるものを優れたもの，特別なものとして位置付け，知識を身につけようとしないものを劣ったものとして位置付けるといった傾向があることが示された．また，知識を身につけないものが身につけるものに対し引け目を感じている様子なども見られた．ただし，データ 52 では，データ 51-1，51-2 で知識を身につける選択をした語り手に対し自分は知らないで開き直っていると発言していた参与者が，知識を身につけたいと感じるようになったと述べる姿も見られた．データ 52 の語り手が知識を身につけたいと願う要因は，自分自身のためというよりも，日韓にルーツを持つ子どもを韓国の支配的言説から守りたいという思いゆえであった．ここからは，同じ知識であっても，誰のための，何のための知識かという点が彼女たち一人ひとりで異なっている可能性が示された．例えば，第 1 節で取り上げた 3 つのデータでは，語り手が身につけたい知識として，日韓の間の歴史や日韓問題に関連した知識（データ 51-1，51-2）と，韓国の学校教育で教えられる日韓問題に関連した内容（データ 52）の 2 種類が挙げられていた．また，各データの語り手は日本人として韓国人から試された際に適

411

切に対応するため（データ51-1，51-2）や，日韓にルーツを持つ我が子が韓国の支配的言説に取り込まれないように警戒するため（データ52）といったそれぞれ異なった目的意識のもと知識を身につけたいと考えていた．けれども，全てのデータの語り手に共通しているのは，前者は自分を試そうとする韓国人の背後に存在する韓国の支配的言説に対して，後者は自分の子どもを取り巻く学校教育の中に潜む支配的言説に対して抵抗するために知識を身につけたいと感じているという点であった．ここからは，彼女たちが身につけようとする知識が，総じて韓国の支配的言説に抵抗するための知識であるということが明らかとなった．

　第2節で提示された語り手の位置付けやアイデンティティからは，語り手たちが知識というものを，韓国を嫌いになる要因，韓国人の夫と口論になる要因，身につけても揉めるだけの存在，夫婦関係を脅かす要因となるもの，韓国で住みづらくなるもの，フラットな気持ちを乱すもの，収集することが難しいものとして捉えていることがわかった．そして，彼女たちが日韓問題に関する知識に対して抱くこのような負のイメージが，彼女たちが知識を身につけるという行為を警戒する原因となっていた．また，彼女たちが，日韓問題に関する知識の中には正しい知識というものが存在し，それを大量の偏ったもの・正しくないものの中から探し出さなければいけないと認識している様子も観察された．このような認識は，日韓問題に関連した知識を得るという行為を労力が必要な困難な作業と彼女たちが受け止める要因となっていた．さらに，語りの中では韓国人の夫が日韓問題に関連した知識を豊富に所持するもの，自分の所持する知識以外は受け付けないものとして位置付けられる様子が共通して見受けられた．そして，そのような夫に対し，語り手は知識がないもの，討論の仕方もわからないものとして位置付けられていた．このような両者に対する認識の異なりと，知識を身につけて意見したところで夫には耳を貸してはもらえない，それどころか揉めることになるという彼女たちの発言からは，付け焼き刃の知識では夫に太刀打ちできないという彼女たちの諦めのようなものが読み取れた．

　また，日韓問題の話題を韓国人の夫との間でやりとりすることを彼女たちが総じて戦いや揉め事と捉えている様子からは，彼女たちが日韓問題に関する話題

について韓国人と話をするという行為を，日本と韓国のどちらの主張が正しいのか決定する行為として認識していることがわかった．

　以上の結果からは，知識を身につける意思の有無は，彼女たちが身につける知識をどのようなものと認識しているのか，知識を身につけることにより自分にどのようなメリット・デメリットがあると認識しているのかということと深い関連があることが明らかとなった．身につける事例では，韓国人を深く理解するためや子どもを韓国の支配的言説から守るために必要なものとして知識が受け止められていた．ここからは，語り手が韓国生活を生き抜くために必要なものとして知識を認識するとともに，身につけた知識を使用することで何らかのメリットが生じると考え，それゆえに知識を身につける選択をしている様子が窺えた．それに対し，身につけない事例では，韓国（人）との口論を引き起こすものとして知識が受け止められていた．それゆえに，自身の韓国生活を脅かすというデメリットを生じさせるとして語り手が知識を身につけることを警戒する様子が見られた．ただし，両方の事例において共通していたのは，自分が身を置く社会状況や関係性を考慮した上で，より心地よく韓国で生活するにはどうすれば良いか考えた結果，語り手が身につける・身につけないの選択を行っているという点であった．つまり，どちらの事例においても，少しでも韓国での生活を後悔のない過ごしやすいものにしたいという共通した思いがその根底にあることが明らかとなった．

第4節　少しでも心地よく韓国で暮らすために
　　　　―戦略としての選択―

　本章の分析結果からは，日韓問題に関連する知識というものが在韓日本人女性たちにとってどのような存在なのか，そして，それを身につけることにどんなメリット・デメリットがあると彼女たちが考えているのか，という2点が明らかになった．また，それらが彼女たちの知識を身につけるか・つけないかの選択と強い関連性があることもわかった．身につける事例では，彼女たちが身につけたいと願う知識が，韓国生活にうまく対処していくために必要な情報と

して受け止められていた．それに対し，身につけない事例では，知識が日韓問題に関する具体的な事実であり，韓国人とその件について口論する際に使用する攻撃・防御のための道具として受け止められていた．ただし，身につける・つけないの選択を行う際，自分が身を置く社会状況や関係性を考慮した上で，少しでも精神的に安定した状況で韓国生活を送るためにはどうすればよいかという観点から判断が下されているという点はどちらの事例においても共通していた．このような彼女たちの姿勢からは，日韓問題に関する話題が日常生活に介入してくるという状況下において，少しでも心地よく精神的に安定しながら生活するにはどうすれば良いのか考えた結果，彼女たちが自分の身を置く状況に合わせ戦略的に生き方のスタイルを選択している様子が見てとれる．ただし，彼女たちの言動からは，知識を身につける選択をしたものを優れたもの，努力しているものといった高い位置に置き，知識を身につけない選択をしたものが自分を低く位置付けるような傾向が見られた．ここからは，知識を身につけないという選択肢に対し，彼女たち自身が何らかの引け目を抱いている様子が窺える．また，韓国人の夫の妻として，日韓にルーツを持つ子どもを育てる母親として，日韓問題に関連した知識を身につけるべきだといった規範意識のようなものが彼女たちの中に共通して存在している可能性も示唆された．

第11章

総合考察

　以下に，本研究のリサーチ・クエスチョンを再掲する．

1. ナラティブ領域とそれが語られる相互行為の場において彼女たちが自らをどのように位置付けているのか．
2. 語ることを通して表出・構築される彼女たちのアイデンティティとはどのようなものか．
3. 彼女たちは日常生活に介入してくる日韓問題を周囲との関係性の中でどのように受け止め関わっているのか．

　本章では，第5章から第10章の分析結果に基づき，各リサーチ・クエスチョンへの回答を提示する．

第1節　研究課題1について

　まず，第5章の韓国（人）との関わり合いに見る日韓問題では，彼女たちが韓国人との間で日韓問題に関する話題を扱うという状況が，韓国（人）から話題を振られることにより半ば強制的に始まっているという現状が明らかになった．さらに，その際には彼女たちが韓国人から日本（人）代表として位置付けられ，その話題に関して意見を求められる，謝罪を要求される，韓国側の主張を一方的に聞かされるといった状況に身を置いていることがわかった．彼女たちの大半は，そのような韓国人に対し直接的なリアクションを起こすことはな

415

く，黙って聞く・謝罪するといった受動的な対応を選択していた．ただし，口には出さなくても韓国人の言動に不快感を持っている様子は確認された．ここからわかるのは，この話題を挟んで韓国人から日本（人）代表として強制的に位置付けられた彼女たちが，その位置づけを受け入れ日本人としてその話題に向き合うという流れが生じていること，そして，彼女たちの大半は日本人として不快感を覚えても，韓国で生活する中でマジョリティである韓国人の意見に対立する姿勢を見せることは得策ではないと認識し，自らをマイノリティとして位置付けた上でマジョリティの言動に耐えるという選択肢を戦略的に選びとっているということであった．しかしながらその一方で，韓国で実際に生活し韓国人と関わりを持つ中で，日本（人）に対して否定的な存在＝韓国（人）ではないという認識を彼女たちが構築している様子も見られた．それゆえに，日本人としては韓国人の言動に不快感を抱いても，在韓日本人としてはそのような韓国人の言動に理解を示したり，韓国人を一括りにして非難しないよう注意したりする姿も観察された．ただし，日韓関係の悪化が深刻化し社会現象となった際には，彼女たちが自分たちが日本人であるということをより強く意識し，不特定多数の韓国人の前で自らのナショナリティが露呈しないよう注意していることもわかった．以上の点からは，揺れ動く日韓関係や自身が身を置く状況・関係性の影響を受けつつ，彼女たちが状況に応じて自らの位置付けを流動的に変化させながら日韓問題に関する話題と対峙している現状が浮きぼりとなった．

　第6章の日本（人）との関わり合いに見る日韓問題では，日韓問題に関連のある話題を日本の家族や友人との間で扱う際に，彼女たちが日本側の人々から韓国（人）に対する否定的な発言を聞かされているということがわかった．また，そのような場合には彼女たちが韓国（人）と関わりのあるものという自身の位置付けを前景化させ，韓国（人）側に自らを所属させながら日本の人々に対して直接的に意見する様子が観察された．ここからは，韓国人から日本（人）に対する否定的な発言をされた際とは異なり，日本人に対しては彼女たちが直接的な抵抗を示すことができるということが理解できる．また，彼女たちの大半が，韓国（人）は日本（人）を攻撃する，韓国（人）は日本（人）にとっては

危険な存在といった偏った韓国（人）イメージを日本人の中に構築する要因として，日本のメディア報道に対し警戒心を抱いている様子も観察された．それと同時に，そのような偏ったイメージを変容させるため，自分たちが実際に関わりを持ってきた韓国（人）の様子を日本の人々に伝達するなどの方法を通じて，メディアが拡散する支配的言説（偏った韓国（人）イメージを日本人の中に構築する言説）に対し彼女たちが抵抗する様子も見られた．また，抵抗を示す動機として，自分自身や韓国の家族のために韓国（人）に対する日本の人々の誤解を解きたい，韓国で暮らす自分の状況を正しく理解してほしいという思いが存在していることもわかった．しかしながら，日本人の中に構築された偏った韓国（人）イメージを変容させることは簡単ではなく，彼女たちが苦戦している現状も明らかとなった．以上の点からは，日韓問題に関する話題を巡って日本の人々から韓国（人）を非難されるという状況に遭遇した際には，彼女たちが，自分たちを韓国（人）と関わりのあるものとして位置付けた上で抵抗するという姿勢を所持していることが明らかとなった．また，韓国（人）を非難されるという行為に対し，自分自身や自分の一部を傷つけられる行為であるという認識を彼女たちが抱いていることもわかった．

　第7章の韓国（人）・日本（人）との関わり合いに見る日韓問題では，彼女たちが，日韓問題に関連した話題を巡って，韓国においても日本においても身の置きどころのなさを感じている様子が見られた．ただ，二つの国に所属するからこそ，日韓両国の人々が双方の国家・政府・メディア・教育などが拡散する支配的言説に巻き込まれていることに彼女たちが気づいている様子も見受けられた．特に，日本側に対してはメディア報道，韓国側に対してはメディア報道と教育に対して，支配的言説を拡散させる媒体という認識と警戒心を抱いていることがわかった．以上の点からは，彼女たちが，日韓問題に関する話題を巡って，韓国においては日本（人）と関わりのあるもの，日本においては韓国（人）と関わりのあるものとして自らを位置付けていることが見てとれた．また，身の置き所のなさを感じつつも，自らの位置付けを生かしながらこの話題と関わる中で，双方の国（民）の言動を批判的・客観的に観察する力を彼女たちが所持するに至ったことも明らかとなった．

第8章の韓国人の夫との関わり合いに見る日韓問題では，夫との間で日韓問題に関する話題について話し合う場合と話し合わない場合のそれぞれで，彼女たちが自身の夫を異なって位置付ける様子が見られた．話し合う場合では，たとえ言い合いになったとしても日本人の妻と話し合うことにより言動に変化が見られる，もともと日本と韓国の間で中立な姿勢を見せる，妻の意見に耳を傾ける，自国の提供する情報を疑問視する，韓国の支配的言説の拘束に苦しむ，といった夫の姿勢や位置付けが観察された．また，このような夫の姿勢や位置付けを受け，彼女たち自身も自らを韓国側の主張にも理解を示すものや国籍に縛られずに日韓問題の話題に向き合うものといったように位置付け，夫や韓国側の主張に耳を傾けようと意識する様子が見られた．そして，実際に韓国語を身につけ韓国側の主張に触れたり，日韓以外のリソースから情報を得たりといった工夫を行う様子も見られた．このような彼女たちの姿からは，話し合ったところで平行線であり時として喧嘩を生じさせることもあるという現実を認識した上で，それでもなお夫との間でこの話題を扱い続ける私という位置付けが読み取れた．一方，話し合わない場合では，彼女たちが夫とこの話題について話し合うという行為を戦いという認識の枠組みの中で捉えている様子が見られた．そして，夫は自分よりもその分野に関する知識が豊富なもの，言い合いになっても勝てないもの，支配的言説の影響を強く受けているものとして位置付けられていた．また，そのような夫の位置付けに対し，彼女たちが自身をその分野に関する知識のないもの，政治的な話題を扱うことが苦手なものとして位置付け，話したところで自分に勝機もないため夫とは話さないという選択をしていることもわかった．他にも，自身をマイノリティ，夫をマジョリティとして位置付けた後に，自らが内在化しているマイノリティはマジョリティに意見できないという規範意識に従い，夫に意見できないマイノリティの私という位置付けを見せるものもいた．以上の点からは，彼女たちが日韓問題に関する話題をめぐる夫と自分との関係性を考慮した上で，この話題に対しどのような位置付けから向かい合うか，またこの話題を夫との間で扱うか扱わないか（扱えないか）の決定を下していることがわかった．

　第9章の日韓にルーツを持つ我が子との関わり合いに見る日韓問題では，韓

国の教育やメディアを通じてトップダウン方式で子どもたちに拡散される支配的言説の存在を彼女たちが強く警戒する様子が見られた．そこからは韓国の支配的言説に対して，子どもの日本人としての側面を傷つける，子どもに日本（人）に対する悪印象を抱かせる，子どもを自分から奪うような存在という認識を彼女たちが所持していることがわかった．そのような認識は，彼女たちが我が子と日韓問題に関する話題を扱う際に，日本人，また日韓にルーツを持つ子どもの母親や日本人の母という位置付けから子どもたちに向かい合い，その話題に関する韓国の支配的言説の影響から我が子を守ろうとする姿勢とも関連していた．また，日韓問題に関する話題を子供と扱う際に，彼女たちが子どもの日本人としての側面にフォーカスする傾向が強く，韓国人としての側面に対しあまり注意をはらっていないこともわかった．彼女たちは，母親である自身も日本人であると改めて子どもに伝えたり，過去の日本（人）と今の日本（人）を切り離したり，自分の目で日本（人）を見てほしいと伝えたり，自身や日本の親族が韓国（人）に対して何かしたかどうかを子どもに尋ねるなど，多様なやり方で韓国の支配的言説が子どもの中に構築する日本（人）イメージを攪乱するとともに，その存在に抵抗しようと試みていた．さらに，彼女たちの大半が，日本人，また日韓にルーツを持つ子どもの母親，日本人の母という位置付けから，自身の思いを子どもに対して直接伝達するというアプローチをとっていることもわかった．ただし，そのように多様な工夫をしながら抵抗する意思を示していても，自分たちが子どもにしてやれることは多くないと実感し，残念に感じる様子も見られた．他にも，実際に何かリアクションを起こしたくても，自身の中にその話題に関して子どもに語れる言葉がないことに気づく様子も見られた．そして，支配的言説の影響を強く受けた子どもから母親としてではなく日本人として位置付けられ意見を求められるなど，家庭内の母子関係が支配的言説の構築する韓国人と日本人の枠組みや位置付けの影響を受けている様子も見られた．以上の点からは，彼女たちが日韓問題に関する話題をめぐり子どもたちと向き合う際には日本人，また日韓にルーツを持つ子どもの母親や日本人の母として自らを位置付け，韓国の支配的言説の影響から子どもの日本人としての側面を守ろうと行動していることが明らかとなった．

第10章の自分自身との関わり合いに見る日韓問題では，日韓問題に関する知識を身につけるものと身につけないものが，それぞれ異なった位置付けを提示する様子が見られた．身につけるケースでは，日韓問題に関する話題を巡って，韓国人から日本人代表として位置付けられたり試されたりした語り手が，適切な対応ができなかった自分自身を無知なものとして位置付ける様子が見られた．一方で，そのような自分と決別し，韓国で生き抜くためにも知識を身につけることを決意した私として，自身を位置付ける様子も観察された．また，ここでは語り手が，知識を身につけることで，韓国人の言動をより深く理解することができるようになったと他の参与者に対して訴える様子も見受けられた．他にも，子どもとの間で日韓問題に関する話題を話すためには，韓国で子どもがその話題に関してどのような教育を受けているのかを知る必要がある，と認識する語り手も存在した．彼女の場合は，自らを日韓にルーツを持つ子どもの日本人母として位置付けた上で，知識を身につけたいと主張する様子が見られた．一方，知識を身につけない事例では，自身と夫の関係性や自分が身を置く状況を考慮した場合に，知識を身につけることにメリットを感じられないという語り手の主張が見られた．また，彼女たちが知識を本当のことや事実として受け止め，大量の情報の中から事実を見つけ出すことの困難さを訴える様子も見受けられた．ここでは，語り手によって知識を身につけることにメリットを感じられない私や，知識を身につけることのデメリットを提示したい私などの位置付けが提示されるとともに，知識を身につけることで自分の韓国生活が不安定になることを聞き手に理解してほしいと願う彼女たちの姿が観察された．以上の点からは，日韓問題に関する話題を巡って自らと向き合った際に，彼女たちが自身の身を置く状況や関係性を考慮した上で，位置付けの決定や，知識を身につける・身につけないの選択をしていることがわかった．

第2節　研究課題2について

　第5章の韓国（人）との関わり合いに見る日韓問題で提示された彼女たちのアイデンティティをまとめると，韓国人の日本（人）への認識や反応を注意深

く観察する日本人，韓国（人）に対して抵抗できないマイノリティ，韓国の支配的言説を警戒する日本人，韓国人を一括りにして捉えない在韓日本人，日韓関係の変動に影響される在韓日本人，韓国（人）に対して公平であろうと努力する在韓日本人というように整理することができた．彼女たちが示したアイデンティティからは，日韓問題に関する話題を巡って，韓国人が日本（人）に対しどのようなイメージを所持しているのかを彼女たちが注視している様子が窺える．また，日韓関係の悪化が深刻化した際には日本人としてのアイデンティティが前景化し，日韓関係が安定している際には韓国（人）を知るものという在韓日本人としてのアイデンティティが前景化するというように，彼女たちのアイデンティティが状況によって流動的に変化する様子も見受けられた．ただし，韓国人との間で日韓問題に関する話題を取り扱う際には，相手から一方的に日本人代表と位置付けられることも多く，そのような場合は彼女たち自身も反射的に日本人としてのアイデンティティを前景化させ，韓国人の言動に対し不快感や苛立ちを生じさせる様子も見られた．しかしながら，彼女たちの大半は社会的マジョリティである韓国人に対しマイノリティの私という認識を所持しており，韓国人の発言に直接抵抗を示す選択はせず黙って耐える・受け流すという対処法を選択していた．以上の点からは，彼女たちが日韓問題に関する話題を巡って韓国人と向き合った際には，日本人としてのナショナル・アイデンティティや韓国社会におけるマイノリティとしてのアイデンティティ，在韓日本人としてのアイデンティティが状況に即して前景化してくるというアイデンティティの流動性が明らかとなった．ただし，データ内で示された彼女たちの言動からは，例外的に日韓にルーツを持つ我が子の前でだけは，自身の中に湧き上がる日本人としてのアイデンティティよりも日韓にルーツを持つ子どもの母親というアイデンティティが強く押し出されることもわかった．

　第6章の日本（人）との関わり合いに見る日韓問題で提示された彼女たちのアイデンティティをまとめると，偏った韓国（人）イメージを構築する日本の支配的言説に抵抗したい在韓日本人，日本の人々の偏った韓国（人）イメージを変容させたい在韓日本人，日本の支配的言説の力に敵わないマイノリティ，日本の人々の韓国（人）非難に曝される在韓日本人，日本の支配的言説の影響

から被害を受ける在韓日本人，というように整理できた．彼女たちが提示したアイデンティティからは，彼女たちが日本側の人々（家族や友人・知人）から韓国（人）と関わりがあるものとして位置付けられ，韓国（人）に対する否定的な発言を聞かされている現状が読み取れる．また，そのような状況において彼女たちが在韓日本人というアイデンティティを前景化させ，自分たちが実際に関わってきた韓国（人）の姿を伝えることを通じて相手の発言に抵抗していることもわかった．彼女たちは日本側の人々が韓国（人）非難をする理由に関して，日本のメディアが拡散する支配的言説が彼らの中に偏った韓国（人）イメージを構築する為であるという認識を所持していた．そして，データ内で見られた韓国（人）非難に対する彼女たちの切り返しからは，彼女たちが偏った韓国（人）イメージというものを，韓国（人）は日本（人）を攻撃する，韓国（人）は日本（人）にとって危険な存在であるといったものとして認識していることが読み取れた．このように，日韓問題に関する話題をめぐっては，彼女たちは日本側の人々から危険な場所に住むものとして位置付けられ，韓国（人）に対する否定的な発言を聞かされたり過度に心配されたりするなどの状況に遭遇していた．また，同じ日本人からそのような扱いをされた際には，彼女たちが韓国と関わりのあるマイノリティとしてのアイデンティティを前景化させる様子も見られた．以上の点からは，彼女たちが日韓問題を巡って日本の人々と関わる際には，一貫して自らを韓国側と関わりがあるものとして位置付けるというアイデンティティの複層性が明らかとなった．

　第7章の韓国（人）・日本（人）との関わり合いに見る日韓問題で提示された彼女たちのアイデンティティをまとめると，日韓両国においてマイノリティ，日韓両国（民）に対し批判的な目を向けるマイノリティ，日韓両国の支配的言説を警戒するマイノリティ，というように整理できた．彼女たちが提示したアイデンティティからは，日本では韓国（人）と関わりのあるもの，韓国では日本（人）と関わりがあるものというように，彼女たちが自分たちを両方の国でマイノリティの位置付けにある存在として認識していることがわかる．また，双方の国民の相手国（民）に対する非難に直接接触する中で，日韓両国の人々が自国メディアや教育を通じて拡散される支配的言説に煽られていることを見

抜くなど，彼女たちが批判的な視点から両国（民）の言動を見つめていることも明らかとなった．そして，そのような視点を持つがゆえに，人々にそのような発言をさせる両国の支配的言説の存在に対し彼女たちが強い警戒心を抱いていることもわかった．以上の点からは，彼女たちが，日韓問題に関する話題に日韓両国に所属するものという立ち位置から向き合った際には，日韓双方に関わりのあるマイノリティとしてのアイデンティティが前景化することが明らかとなった．

　第8章の韓国人の夫との関わり合いに見る日韓問題で提示された彼女たちのアイデンティティをまとめると，夫と話し合う場合では日韓問題に関連した両国の支配的言説に抵抗する在韓日本人女性，夫とその話題をやりとりする中で勝ち負けの次元を超えた手応えを得た日本人妻，というように整理できた．夫と話し合わない場合では，日韓問題に関する話題を夫と話すことは夫との戦いだと感じる日本人，日韓問題に関する話題では夫に勝てない日本人，韓国人に意見できないマイノリティ，というように整理できた．夫と話し合う場合において彼女たちが提示したアイデンティティからは，彼女たちが日本人としてではなく韓国に関わりのある日本人，つまり在韓日本人として夫との間でこの話題を扱おうと試みていることが理解できる．このような彼女たちの姿勢は，韓国で生活する中で韓国人がどのように韓国の支配的言説に曝されその影響を受けているか彼女たちが身を持って知ったことや，彼女たちの夫が中立的な立場から問題に関わったり妻の意見にも耳を傾けたりする姿勢を見せていることと関連していた．また，彼女たちは夫と言い合いになりながらも話し合いを繰り返す中で，夫婦間でその話題について話すという行為は，夫と自分のどちらが真実を述べているのかを決定するための戦いではないと認識するようになっていた．そして，この話題を扱う際にどちらの意見が真実かではなく，どうして自分たちは対立してしまうのかという疑問を持つに至る様子も見られた．一方，話し合わない場合では，彼女たちが夫婦間で日韓問題に関する話題を扱う状況を，夫の意見と自分の意見のどちらが真実なのかを決める戦いとして捉えていることがわかった．また，夫と自分との間にはその話題に関して膨大な知識量の差が存在しているため，自分には勝機がない，夫が感情的になって日本を非

難するため意見できない，マジョリティである韓国人にマイノリティである自分は意見できないといった認識を彼女たちが所持している様子も読み取れた．ここからは，この話題に関して日韓夫婦の夫と妻が韓国人（被害国のもの）と日本人（加害国のもの）という立ち位置から向かい合うだけでなく，知識のあるものと知識のないもの，男性と女性，マジョリティとマイノリティという複層的なアイデンティティで向かい合っている様子，そして全体的に日本人女性側の立場が劣勢である現状が理解できる．このような彼女たちのアイデンティティからは，この問題を夫と話さないことを決めた彼女たちの決断が，日韓の間の歴史的な問題から目を背けているというような理由ではなく，自身の身を置く状況下で場を荒立てずに話題をやり過ごすための戦略的な選択であることがわかった．以上の点から，彼女たちが日韓問題に関する話題を巡って夫と向かい合った際には，夫と彼女たちの関係性や，彼女たちが日韓問題に関する話題を夫と話し合うという行為をどのように認識しているのかということと，彼女たちが提示するアイデンティティとの間に強い関連性があることが明らかとなった．

　第9章の日韓にルーツを持つ我が子との関わり合いに見る日韓問題で提示された彼女たちのアイデンティティをまとめると，韓国の支配的言説の影響から子どもを守りたい日本人母，日韓問題に対しては日本人として向き合う私，日韓問題とは距離を取りたい日本人母というように整理できた．また，本研究で収集したデータ内では，彼女たちが子どもと日韓問題に関連する話題を巡って対峙する際には，韓国の支配的言説の影響から子どもを守りたい日本人母というアイデンティティが前景化する様子が一番多く観察された．ここからは，彼女たちが韓国の支配的言説に対し，子どもの中に絶対悪の日本（人）イメージを構築するもの，子どもが自分の一部でもある日本（人）に対して悪印象を抱く要因となるものといった認識を所持し，その存在に警戒心を抱いている様子が読み取れる．同時に，日本人の母として，彼女たちが言説の影響から我が子を守りたいという強い意思を所持していることも理解できる．日韓問題に対しては日本人として向き合う私というアイデンティティからは，子どもの前であっても自分の日本人としての感覚や意見を明示する彼女たちの姿勢が窺える．

第 11 章　総合考察

　ここでは，日韓問題に関する話題というものが，時として彼女たちの中の母親としてのアイデンティティよりも日本人としてのアイデンティティをより強く刺激することがあることがわかる．また，このアイデンティティを実践していた語り手が，韓国人の夫が子どもに対して韓国人としての意見を主張しているため，自分も日本人としての意見を主張したいと発言する様子も見られた．ここからは，夫婦間でのこの話題に対する関わり方が，子どもとの関わりあいにも影響を及ぼしている可能性が示唆された．そして，日韓問題とは距離を取りたい日本人母というアイデンティティは，自分の中にその問題について子どもと語るための言葉がないため話し合うということが不可能であるという語り手の認識や，その話題を自分たち一般人とは切り離し政治家や国の偉い人同士の間の問題として子どもに説明する語り手の姿勢などと関連性があることがわかった．

　第10章の自分自身との関わり合いに見る日韓問題で提示された彼女たちのアイデンティティをまとめると，知識を身につける選択をする事例では日韓問題に関する知識を身につけることにメリットを感じる日本人・在韓日本人・日本人母，知識を身につけない選択をする事例では日韓問題に関する知識を身につけることにデメリットを感じる日本人・在韓日本人・日本人母というように整理できた．彼女たちの提示したアイデンティティからは，韓国生活を自らがより気持ちよく安定した状態で送るためにはどのような行動や選択が自分にとってメリットがあるのか，という点に彼女たちが注意を向けながら生活していることがわかった．つまり，知識を身につける行為が自分自身や日韓にルーツを持つ子どもを守ることにつながると彼女たちが認識する場合は，それを身につける選択がなされ，反対に，身につけないことが，むしろ自分自身や日韓にルーツを持つ子どもを望ましくない状況から守ることにつながると認識される場合は，身につけない選択がなされていたのである．ここからは，身につける場合も身につけない場合も，自分自身や日韓にルーツを持つ子どもを望ましくない状況から守りたいという共通した思いを彼女たちが所持していることが理解できるとともに，この選択が韓国生活に適応するための努力をしている・していないといった判断を下すための基準として適切でないことがわかる．しか

しながら，データ内で見られた彼女たちの発言からは，知識を身につける選択をしたものが身につけない選択をしたものよりも優位な存在として位置付けられる様子も観察されるなど，彼女たちを取り巻く周囲の人々だけでなく，彼女たち自身の中にも日本人・在韓日本人・日本人母として日韓問題に関する知識を身につけるべきだという規範意識のようなものが存在している可能性が示唆された．

第3節　研究課題3について

　第5章の韓国（人）との関わり合いに見る日韓問題では，韓国生活の中で彼女たちが韓国人側の興味や感情，思想の影響を受けながら半ば強制的にこの話題に向き合わせられている状況が明らかとなった．また，その際には韓国人から日本人代表として位置付けられ，日本人として意見を求められたり，謝罪するように求められたり，韓国側の主張を一方的に聞かされるという状況に曝されていることもわかった．それゆえに，データ内では彼女たちが日韓問題に関する話題を韓国人との間でやりとりすることを回避したいと感じている様子も観察された．また，その話題を巡って韓国人から一方的に日本人として位置付けられることにより，彼女たちの中に反射的に日本人としてのアイデンティティが前景化する様子も見られた．そのような場合も，話題を振ってきた韓国人に対し彼女たちが直接的な抵抗や反発を示す様子はほとんど見られなかった．多くの場合，彼女たちは自分たちが状況的にマイノリティな存在（日本人，女性）であることを自覚し，マジョリティである韓国人と揉めることを避ける選択をしていた．そして，韓国人の意見に同調したり，黙って聞く，謝罪するなどの対応をする様子が見られた．データ内では，韓国人側が日本人である語り手に対し，韓国にいるときは韓国人の主張に沿う発言をすることが正解だという姿勢を見せる様子も観察されており，彼女たちが韓国生活を通じて韓国人が正解と考える対応を習得し，実践の場でそれを反復・引用している可能性も示唆された．以上の点から，第5章では彼女たちが韓国（人）との間でこの話題を扱う際には，日本人アイデンティティや感情が前景化するものの，マイノリ

第 11 章　総合考察

ティな存在として韓国社会を無難に生き抜くことをより優先し，マジョリティである韓国人の意見に反発せず受け入れる・受け流すという関わり方を選択していることが明らかとなった．

　第 6 章の日本（人）との関わり合いに見る日韓問題では，第 5 章の韓国（人）との関わり合いの場合とは異なり，日韓問題の話題をめぐり彼女たちが日本側の人々の発言に対し納得できない時には直接抵抗の姿勢を示したり反論したりする様子が観察された．例えば，データ内では，日韓問題に関する話題をめぐり，彼女たちが日本の家族や友人・知人から韓国（人）に対する否定的な発言や非難を聞かされている様子が多数観察された．しかしながら，本研究のデータ内では，そのような状況下で相手の主張に同意したり相手とともに韓国（人）を非難したりする在韓日本人女性は 1 人も存在しなかった．むしろ，彼女たちの言動からは，彼女たちが韓国と関わりのあるものとして自分の目で見た韓国（人）の姿を伝え，相手の中の偏った韓国（人）イメージに抵抗する様子が観察された．また，彼女たちは，日本の人々とのやりとりなどを通じて，偏った韓国（人）イメージを人々の中に構築する支配的言説が日本のメディア報道を通じて拡散されているという点に気がついていた．それゆえに，実際に韓国に住んだことも韓国人と話したこともないのにどうして韓国（人）を頭から非難するような発言ができるのかというロジックを抵抗の切り札として提示しながら，韓国（人）非難をする相手に対峙する様子も見られた．彼女たちの提示するロジックからは，自分たちのように実際に韓国に住んだり韓国人と話したりしてから非難しろという意味合いだけでなく，韓国（人）を非難する際に根拠としている情報にこそ批判の目を向けてほしい，という彼女たちの思いが読み取れる．ただし，彼女たちがそのようなロジックを提示して抵抗しても，日本人の中に構築されている偏った韓国（人）イメージを変容させることは難しく，日韓関係が悪化するたびにメディアを通じて拡散される支配的言説の影響を受け，彼女たちが苦戦する様子も見受けられた．以上の点から，第 6 章では彼女たちが日本（人）との間でこの話題を扱う際には，韓国に関わりのあるものというアイデンティティから，日本人が提示する偏った韓国（人）イメージに対し直接的な抵抗の姿勢や反論を提示するという関わり方をしていることが明らかと

427

なった．そして，データ内で聞かれた彼女たちの発言からは，彼女たちが抵抗や反論を示す理由が，自分自身や自身を取り巻く人々，環境を日本側の人々に正しく理解してもらいたいという共通した思いであることも明らかとなった．

　第7章の韓国（人）・日本（人）との関わり合いに見る日韓問題では，彼女たちが日韓問題に関する話題をめぐり，日韓両国においてマイノリティの位置付けに身を置きながら現地の人々と向き合っていることが明らかとなった．彼女たちは，日本においては韓国（人）と関わりのあるもの，韓国においては日本（人）と関わりのあるものとして位置付けられ，この話題をめぐり相手国（民）に対する否定的な発言や非難を双方の国の人々から投げかけられるという状況に頻繁に遭遇していた．このような状況に対して，彼女たちはどちらの国においても身の置き所のなさや傷つきを感じる様子を見せていた．また，彼女たちが生活する韓国においては，マジョリティである韓国（人）の言動に対して直接的な抵抗や反論を提示する様子は見られなかった．ただし，同じマイノリティであっても，母国である日本においては，日本人の言動に韓国に関わりのあるものとして抵抗や反論を示す様子が観察された．ここからは，同じ社会的マイノリティであっても，移住国と母国では社会的な力に対する彼女たちの向き合い方に異なりが生じていることがわかる．また，日韓関係の悪化につながりそうな問題が生じた際などには，彼女たちが韓国側の反応以上に日本側の韓国（人）に対する反応を気にする様子も見られた．このような彼女たちの反応からは，直接支配的言説の影響と対峙する日本側の人々の反応の方が，彼女たちに大きな影響を及ぼしている可能性も示唆された．さらに，データ内では，日本人と韓国人とを比較した場合，日本人の方が日韓問題と韓国人の存在を切り離す力が弱いという認識を彼女たちが所持している様子も見られ，このような彼女たちの認識と彼女たちの対応にも関連性がある可能性が推察された．その一方で，韓国（人）とも日本（人）とも関わりがあるという彼女たちの立ち位置が，両国の人々の発言，メアディアの報道，教育環境などに触れる機会を彼女たちに提供し，それが結果的に両国の支配的言説の存在への気づきにつながる様子も見られた．また，このような彼女たちの実体験に基づく気づきは，彼女たち自身の言動や思考パターンに対する再考を促すだけでなく，日韓両国の人々が

第11章　総合考察

行う相手国（民）への非難に対し，相手国に住んだことも相手国の人と話したこともないのにどうして相手を頭から非難するような発言ができるのかというロジックを提示して抵抗する姿勢にも連結していた．以上の点から，第7章では日韓両国に所属する彼女たちが，日韓両国（民）と関わりがあるものという自分たちの位置付けを逆手に取り，日本（人）と韓国（人）の双方に対し批判的な視線を向けながら日韓問題に関する話題に関わっていることが明らかとなった．

第8章の韓国人の夫との関わり合いに見る日韓問題では，日韓問題に関する話題を夫と話し合う場合と話し合わない場合で彼女たちの話題に対する関わり方に相違が見られた．前者では，第5章の一般の韓国人との間でこの話題を扱う際とは異なり，彼女たちが韓国人の夫に対して自分の意見を直接提示する様子が見られた．同時に，彼女たちの夫もまた妻の言動に耳を傾けたり，日韓両国に対し中立的な立ち位置から意見したりする姿勢を見せていた．また，夫と話し合う際には，夫婦が互いの国の代表という位置付けから話し合うのではなく，両国と関わりのあるものという位置付けから向かい合って話す方が良いという認識を彼女たちが所持していることもわかった．このような認識は，この話題を巡って夫婦で何度も衝突したり，日韓両方のメディアの情報に目を通したり，韓国の大学院で学ぶなどの体験をする中で，国籍やメディアの情報に巻き込まれたままでこの話題を扱うと夫婦関係を悪化させたり諍いが生じるという気づきを彼女たちが得たことにより構築されていた．一方，後者では，第5章の一般の韓国人との間でこの話題を扱う際と同様に，韓国人の夫の発言に対し意見することができないため夫婦間でこの話題を扱わないと彼女たちが決めている様子が見られた．ただし，その際には，韓国人である夫がマジョリティであり日本人である自分がマイノリティであるという理由だけでなく，この話題に関する知識の多い韓国人の夫に対し知識のない日本人の自分や，政治的な話題に関して話す経験が豊富な韓国人の夫に対しその話題が苦手な日本人の自分，というように彼女たちが夫と自身を位置付ける様子が観察された．このような彼女たちの見解からは，話し合ったところで自分に勝機がないという理由から，彼女たちが夫とこの話題を話し合わないという選択をしている様子が理

429

解できる．また，この話題に関して夫と話し合うという行為が，彼女たちにとっては韓国人の夫と日本人の自分との戦いとして受け止められていることも明らかとなった．また，夫が第5章に出てきた一般の韓国人と同様の見解を所持しているのであれば夫と話をしたいと思わないと感じる日本人女性も存在し，自分たちの夫には日本人の妻や日韓にルーツを持つ子どもをもつものとして日韓問題に対し中立的な姿勢を所持してほしいと彼女たちが考えていることもわかった．同様の認識は，夫と話し合う場合の語り手にも共通して観察された．そして，話し合う場合と話し合わない場合の両方の結果から，夫婦のナショナル・アイデンティティや双方の国で内在化してきた日韓問題に関する支配的言説が，夫婦間でこの話題が扱われる時に話の進行や場の構築に対し負の影響を及ぼしていることが明らかとなった．以上の点から，第8章では，彼女たちが韓国人の夫との間で日韓問題に関する話題を扱う際に，夫と話し合う場合では日韓両国に関わりのあるものという位置付けから韓国側の主張にも耳を傾ける姿勢を持って関わる，夫と話し合わない場合では日本人代表として韓国人の夫に勝つことを目指して関わるという関わり方をそれぞれ選択していることが明らかとなった．

　第9章の日韓にルーツを持つ我が子との関わり合いに見る日韓問題では，日韓にルーツを持つ我が子との間で日韓問題に関する話題を扱う際に，彼女たちが日本人母や日本人として，子どもに直接自身の意見を伝達する様子が見られた．また，その際には，彼女たちが韓国で教育を受ける我が子に影響を与える韓国の支配的言説の存在に警戒心を抱くとともに，多様な方法でそれに対して抵抗を示していることも明らかとなった．第5章から第8章までの分析結果からは，在韓日本人女性たちが，韓国の支配的言説の影響を強く受けている一般の韓国人や，そのような人々と同様の言動を見せる韓国人の夫に対しては，直接的な抵抗や反論を示さない様子が見られた．それに対し，偏った韓国（人）イメージを内在化させている日本人に対しては，直接的な抵抗や反論を提示する姿が観察された．ここからは，日韓にルーツを持つ我が子と向き合う際には，彼女たちが日本人との間で日韓問題に関する話題を扱う時と同じ関わり方を実践しているということがわかる．ただし，日本側の人々に向き合う時と日韓に

第 11 章　総合考察

ルーツを持つ我が子に向き合う時では，前景化する彼女たちのアイデンティティだけでなく，対日本人の場合は日本の支配的言説，対日韓にルーツを持つ我が子の場合は韓国の支配的言説というように彼女たちが抵抗を示す支配的言説の存在も異なっていた．また，彼女たちは韓国の支配的言説を子どもの中に絶対悪の日本（人）イメージを構築するもの，日韓対立の枠組みに子どもを巻き込むもの，子どもを自分から奪っていくものとして認識し，子どもの発言の中に間接的に現れるその影響に敏感に反応する様子を見せていた．そして，子どもの中に絶対悪の日本人イメージの存在を感じ取った際には，母親である自分もあなたたちが悪い奴と認識する日本人であるということを伝えたり，過去の日本人と現在の日本人を同列に並べることが正しいことかどうかを問いかけたり，母親である自身も含め知り合いである日本人が韓国（人）に対して何かしたのかと質問するなどといった方法で，子どもの中に存在する偏った日本（人）イメージを攪乱しようと試みていた．そのような彼女たちの言動からは，支配的言説を通じて拡散される韓国社会の認識の枠組みを通してではなく，自分自身の目で日本（人）を見てほしいという彼女たちの強い願いが読み取れた．また，そのような思いの根底には，子どもの日本人の側面を守りたいという母親としての願いや，日本や日本の知り合い，そして日本人である自分自身のことを嫌わないでほしいという日本人としての思いが存在していることもわかった．以上の点から，第 9 章では，日韓にルーツを持つ子どもとの間で日韓問題に関する話題を扱う際に，彼女たちが日本人母や日本人として子どもと向き合っていること，その際には韓国の支配的言説の影響で子どもの日本人としての側面が傷つくことがないよう言説が拡散する偏った日本（人）イメージに対し直接抵抗するという関わり方をしていることが明らかとなった．

第 10 章の自分自身との関わり合いに見る日韓問題では，彼女たちが自分自身との間で日韓問題に関連がある話題を扱う際に，自分が身を置く状況や関係性とのバランスを考慮した上で，自身が韓国で生き抜くためにどのような選択が適切なのか決定していることが明らかとなった．そして，彼女たちの選択の根底には，そうすることにより少しでも韓国での生活を後悔のない過ごしやすいものにしたいという共通した思いが存在していることもわかった．例えば，

知識を身につける場合では，彼女たちが身につけようとする知識が総じて韓国の支配的言説に抵抗するための知識であることが明らかになった．それと同時に，彼女たちの身を置く環境が抵抗することの可能な環境であるという特徴があった．それは，彼女たち個人の性格や，韓国で大学院まで卒業したというような学歴，夫や子どもとの関係性などとも関連があった．対して，身につけない場合では，語り手たちが知識というものを，韓国を嫌いになる要因，韓国人の夫と口論になる要因，身につけても揉めるだけの存在，夫婦関係を脅かす要因となるもの，韓国で住みづらくなるもの，フラットな気持ちを乱すもの，収集することが難しいものとして捉えていることがわかった．また，韓国人の夫が彼女たちの言葉に耳を傾けないなどの理由も含め，彼女たちが夫との間でこの話題に関して話し合う行為を言い合いや戦いとして認識している様子も見られた．このような状況は，第7章で見られた，支配的言説の影響を強く受けた一般の韓国人と彼女たちとの間で生じる状況と類似していた．このような結果からは，彼女たちと日韓問題に関する話題との距離感は，彼女たちが自分たちの身を置く状況や関係性をどのように認識しているのか，その話題に積極的に関わることで自分にどのようなメリット・デメリットがあると認識しているのかということと深い関連があることが理解できる．以上の点から，第10章では，彼女たちが自分自身との間で日韓問題に関する話題と関わる際に，少しでも韓国生活を精神的に安定して気持ちよく過ごすためにはどうすれば良いかという観点から戦略的に関わり方を決定していることが明らかとなった．ここからは，知識を身につける・身につけないの選択が，彼女たち個人の努力や怠慢とは関係なく外的要因との関連性で決定されている可能性が示唆された．

第4節　再びバトラーへ　―彼女たちの示す攪乱の可能性―

　第3章では，本研究の理論的枠組みの一つとしてバトラーの思想や，それを理解する上で重要な概念（「主体化」，「服従化」，「行為体」，「攪乱」）について言及した．本節では，バトラーの理論の核となる概念に基づきながら，日韓両国において，双方の国の人々，韓国人の夫，日韓にルーツを持つ我が子，自分自身

第 11 章　総合考察

との間で日韓問題に関する話題を扱っている在韓日本人女性たちの「主体化＝服従化」のプロセスを振り返る．また，その作業を通じて，「私」を形作る外的要因（社会的権力，制度，規範，社会的慣習など）にはどのようなものが存在するのかを検証し，「私」と「他者」を取り巻く承認の規範的構造の枠組みを開く．そして，最終的に，「私」である在韓日本人女性たちと，彼女たちを取り巻く他者性との関係の変容に必要なものは何かについて考察するとともに，共に生きる社会の実現に役立つ示唆の発見を目指す．

　まず，一般の韓国人との間で，日韓問題に関する話題を扱う際の彼女たちの関わり方の特徴を振り返る．この関係性においては，社会的マジョリティである韓国人から投げかけられる絶対悪の日本（人）という言説により，彼女たちが悪い日本人として主体化される様子が見受けられた．彼女たちは，そのような主体化（規範的暴力による主体化）に対し，日本人として不快感を抱きつつも，社会的マイノリティである自分たちが社会的マジョリティである韓国人の発言に意見することは得策ではないと判断し，韓国人から投げかけられた位置付けを引き受け服従化する様子を見せていた．また，ここでみられたマイノリティと，マジョリティという位置付けには，単に移民と受け入れ国の住人というだけでなく，加害国出身者と被害国出身者，女性と男性，といった複層的な構造が観察された．さらに，彼女たちの多くは，韓国において日韓問題に関して意見を求められた際には，相手の意見に同調する，謝罪する，黙って聞くといった行為を通じて，悪い日本人という言説を自らも反復・引用し，現前の状況を乗り切るという方法を選択していた．このような選択からは，荒波を立てずに韓国生活を送りたいというマイノリティとしての彼女たちの思いが垣間見られた．以上の点からわかるように，ここでは行為体としての彼女たちが目立った攪乱を生じさせる様子は観察されなかった．しかしながら，データ 51-1 では，語り手が韓国人から独島問題についての意見を聞かれた当時を振り返り，今思えば自分を試してきた韓国人に対し「知らない」「そんなこと私に聞かないでください」と言えたらよかったのにと発言する様子が観察された．その発言からは，韓国人の投げかけてくる質問の持つ暴力性を言外に提示することにより，相手の行為に対する自覚を促そうとする彼女の試みが垣間見られた．また，相

433

手から強制的に位置付けられた「私」とは違う「私」として向かい合うことで，一方的な主体化に抵抗する行為体としての語り手の様子も見受けられ，そのような切り返しが「私」と「他者（韓国人）」との関係性に変容を及ぼす攪乱の契機となる可能性も示唆された．

　次に，日本人（家族，友人・知人）との間で日韓問題に関する話題を扱う際の彼女たちの関わり方の特徴を振り返る．この関係性においては，日本側の人々から投げかけられる危険な存在と関わりがあるものという位置付けや，危険な存在によって攻撃されている，傷つけられているという言説により，彼女たちが危険に曝されているもの・不幸であるものとして主体化される様子が見られた．ただし，対韓国人の場合とは異なり，彼女たちは相手から投げかけられた位置付けに抵抗し，主体化への服従を拒む様子を見せていた．そして，抵抗の際には，自分の知る韓国（人）の姿が相手の考えているものとは異なるという現実や，実際に見たことも話したこともない相手をどうして非難できるのかというロジックを提示する様子が繰り返し観察された．このような彼女たちの言動の裏には，自分が関わりを持つ韓国（人）のことや韓国で暮らす自分のことを，日本の家族や友人・知人に理解してもらいたいという思いが存在していた．しかしながら，ほとんどの場合，彼女たちが反復する言説やロジックは，相手側が内在化している韓国（人）は日本を攻撃する危険な存在といった認識を変容させることはなく，彼女たちの攪乱が失敗に終わっていることが明らかとなった．ここでは，日本側の人々による一方的な主体化を拒否し，実際に接触のない相手をどうして非難できるのかというロジックを抵抗の切り札として反復・引用しながら，相手の中の偏った韓国（人）イメージを攪乱しようとする行為体としての彼女たちの姿が観察された．

　次に，日韓両国に所属するものとして日韓問題に関する話題と向き合った際の彼女たちの関わり方の特徴を振り返る．この関係性においては，自分たちの位置付けゆえに両国において身の置きどころのなさを感じつつも，一方では，そのような自身の位置付けを逆手にとる彼女たちの姿も観察された．その際には，彼女たちが，両国（民）を知るからこそ片方しか知らない人々には見えないことに気づくことができる私という位置付けを引き受け，両国の人々に対し，

第 11 章 総合考察

実際に見たことも話したこともない相手をどうして非難することができるのかというロジックを提示する様子が見られた．また，一般の韓国人との遭遇現場では相手からの主体化に服従するしかない彼女たちが，心の中では相手の主体化に対し服従したくないという思いを抱いていること，そしてその際に示す抵抗の切り札が，日本人相手に使用しているものと同様のロジックであることがわかった．ここからは，行為体としての在韓日本人女性たちが，韓国においては日本（人）と関わりのあるもの，日本においては韓国（人）と関わりがあるものとして主体化される際に，両国と関わりのあるものとしてその主体化に抵抗していることが理解できると共に，相手の中の偏った韓国（人）・日本（人）イメージを攪乱する契機として，実際に会ったことも話したこともない相手をどうして一方的に非難できるのかというロジックを反復・引用していることが明らかとなった．

　次に，韓国人の夫との間で日韓問題に関する話題と向き合った際の彼女たちの関わり方の特徴を振り返る．この関係性においては，韓国人の夫との間で日韓問題に関する話題を話し合う場合と話し合わない場合の両方が分析対象となった．前者では，たとえ夫から悪い日本人として主体化されそうになっても，彼女たちがそれに対し両国と関わりがあるものとして自らを位置付けることで抵抗する様子が見られた．そして，彼女たちが対韓国人・対日本人で提示したのと同様のロジックを夫に対しても使用していることがわかった．さらに，彼女たちの提示したロジックによって，夫側が自身を拘束する韓国側の支配的言説の存在に気づいたり，その言動に変化が生じたりする様子なども見受けられ，夫と彼女たちが平等な立場から話題に向き合おうと努力する姿が観察された．このような彼女たちの言動の裏には，夫との衝突を通じて互いを拘束している両国の規範や支配的言説の存在に彼女たちが気づいたという現実と，その気づきによって互いの理解を深めることができたという実感が存在していた．ここでは，対韓国人の場合とは異なり，相手からの主体化を拒否するとともに，上述したロジックを攪乱の契機として提示することで抵抗を示す行為体としての彼女たちの姿が観察された．そして，彼女たちの攪乱の実践が夫側に何らかの変化を生じさせる可能性を秘めていることも明らかとなった．一方，夫と話さ

ない場合では夫と彼女たちとの関係性が，被害国出身者と加害国出身者，マジョリティとマイノリティ，男性と女性，知識のあるものと知識のないもの，勝者と敗者といった様々な認識の枠組みにより拘束されている実態が見受けられた．また，一般の韓国人と向き合う場合と同様に，彼女たちが夫から投げかけられる悪い日本人という主体化に服従したり，その話題を夫との間で扱うことを回避したりするという方法を選択していることがわかった．このような彼女たちの言動の裏には，話し合ったところで自分に勝機がない，夫の中の支配的言説の存在に接触したくないといった思いが存在していた．ここでは，夫とこの話題を話し合うことを韓国人の夫と日本人の自分の戦いとして認識し，戦いの場において社会的マイノリティである自分が社会的マジョリティである夫に歯向かうことは得策ではないという理由から，一般の韓国人との間で生じたものと同様の主体化＝服従化を行う行為体としての彼女たちの姿が観察された．

次に，日韓にルーツのある我が子との間で日韓問題に関する話題と向き合った際の彼女たちの関わり方の特徴を振り返る．この関係性においては，彼女たちが，韓国で教育を受ける子どもたちから「日本（人）は悪なのか？」と質問された際に，悪い日本（人）という言説による主体化に対して抵抗する様子が見られた．その際には，攪乱の契機として，彼女たちが昔の日本人と今の日本人は同じなのかというロジックを子どもたちに提示していることもわかった．そして，それを耳にした子どもが，過去の日本人が悪いことをしたのであって自分がしたわけではないという気づきを得る様子も見受けられた．このような彼女たちの言動の裏には，韓国社会の認識の枠組みを通じてではなく自分自身の目で日本（人）を見てほしい，子どもの日本人の側面を守りたい，日本や日本の知り合い，そして日本人である自分自身のことを嫌わないでほしいという，日本人・日本人母としての彼女たちの思いが存在していた．また，データ40-2では，彼女たちが子どもに対して提示したものと同様のロジックが，絶対悪の日本（人）というイメージを内在化している韓国人児童の攻撃から日韓にルーツを持つ子どもを守るために，韓国人教師によって反復・引用されている様子も観察された．ここでは，子どもによる悪い日本人という言説を通じた主体化を拒否するとともに，昔の日本人と今の日本人は同じなのかというロジックを

攪乱の契機として提示しながら抵抗する行為体としての彼女たちの姿が観察された．そして，彼女たちの攪乱の実践が，子どもの中の偏った日本（人）イメージに何らかの変化を生じさせる可能性を秘めていることも明らかとなった．

　最後に，自分自身との間で日韓問題に関する話題と向き合った際の彼女たちの関わり方の特徴を振り返る．この関係性においては，彼女たちがその話題と関連したアクションを起こす際に，自分が身を置く状況や関係性を考慮した上で，どのような選択が適切か判断していることが明らかとなった．そして，彼女たちのそのような行動の裏には，少しでも精神的に安定した状態で韓国生活を送りたいという思いが存在していることがわかった．例えば，日韓問題に関連した知識を身につけるかどうかの選択では，知識を身につける派の参与者の発言や大学院の博士課程に通う調査者から投げかけられる「知識を身につけようとは思わないのですか」といった質問に対し，知識を身につけない選択をした参与者たちが知識を身につけた際に生じるデメリットを提示する様子が頻繁に見られた．ここでは，知識を身につけるべきではないのかという言説により，身につけるべき知識を身につけない選択をしたものとして主体化されそうになった参与者が，知識を身につけることによって生じるデメリットを提示することでその言説による主体化を拒否し，自分の置かれた状況や関係性を考慮した上で自分にとってベストの選択をしたものとして自身を提示し直す様子が観察された．彼女たちのこのような抵抗は，質問した相手の中に内在化されている，知識を身につけることは善いこと，そのような努力をしているものは善い日本人・善い母親という認識の枠組みを攪乱する契機となった．また，彼女たちが提示した自分にとってベストの選択をしているという姿勢は，知識を身につける選択をしたものにも同様に見受けられ，知識を身につける選択をしたものと身につけない選択をしたものが結果的には同じ思いによってその選択をしているという実態を明らかにする糸口となった．

　以上から見えてくるのは，行為体としての在韓日本人女性たちが日韓両国に対し否定的な発言をする個人に対してではなく，日韓双方の人々の中に偏った韓国（人）・日本（人）イメージを構築する支配的言説に対して抵抗する姿勢を見せているという実態である．また，抵抗の際には，彼女たちの言葉に耳を傾

ける韓国人の夫，日本の家族や友人・知人に対しては直接接触をした経験もないのにどうして相手を非難することができるのかというロジックを，日韓にルーツを持つ我が子に対しては昔の日本人と今の日本人は同じなのかというロジックを抵抗の切り札として提示していることがわかった．そして，両方のケースに共通して，そのようなロジックを提示して抵抗を示す目的が相手の中に存在する偏った韓国（人）・日本（人）イメージを攪乱するためであることも明らかとなった．彼女たちの攪乱の試みは，対日本人に対しては効力を見せなかったものの，韓国人の夫や日韓にルーツを持つ子どもに対しては一定の効果を生じさせる可能性を見せていた．彼女たちは自分たちが抵抗する理由について，対日本人の場合は自分が関わりを持つ韓国（人）と韓国で生活している自分自身のことを理解してほしい，対韓国人の夫の場合は日本人代表・韓国人代表ではなく両国に関わりのあるものとして向き合いたい，互いのことをより理解したい，対日韓にルーツを持つ我が子の場合は日本（人）を自分の目で見て理解してほしい，自分の一部分も含め日本（人）を嫌わないでほしいという思いを吐露していた．このような日韓問題に関する話題への彼女たちの関わり方の特徴からは，彼女たちを取り巻く人々との間で日韓問題に関する話題を扱った際に彼女たちが陥る特殊な状況が見えてくる．つまり，この話題を巡って彼女たちが韓国人・日本人・日韓にルーツを持つ子どもたちと向き合った際には，彼女たちを取り巻く人々の目に双方の国（民）の否定的な側面しか目に入らない状況が生じているのである．そして，彼女たち自身もそのような否定的な相手と関わりを持つものや，否定的な相手そのもののように認識されてしまうのである．そのような状況は，裏を返せば韓国（人）と関わりを持つ中で自身が構築した関係性や身を置く状況に愛着を感じるようになっている彼女たちの側面や，自分自身や子どものルーツでもある日本（人）に愛着を感じる彼女たちの側面を飲み込み，まるで存在しないものとして隠してしまうような状況でもあると言える．実際，彼女たちはデータ内で「韓国人と結婚した私を認めてほしい」，「韓国で生活する私を無駄に心配しないでほしい」「自分や自分の家族のために韓国（人）に対する誤解を解きたい」といった発言をしているが，この話題を巡って彼女たちが身を置く状況と彼女たちの発言を考慮すれば，抵抗す

第 11 章　総合考察

る行為体としての彼女たちが，彼女たちの一部分を無視する相手に対し私の存在を認めてほしい，無かったことにしないでほしいと訴えている様子が見えてくる．また，抵抗の際に彼女たちが提示するロジックからは，自分たちが相手を非難したり，韓国（人）や日本（人）を一括りにして悪い存在と表象したりする際に根拠としている情報に今一度向き合ってほしい，その情報を通じてあなたが見ている存在は本当に実在している存在と結びつけることができるのか今一度考えてほしいと，双方の国の人々に対し訴える声が聞こえてくる．ここからは，支配的言説の影響により両国の人々が幻想の韓国（人）・日本（人）の存在に拘束され，その中で互いを非難しあっていると彼女たちが認識していることが理解できる．

　本書で観察された彼女たちの攪乱には，相手の中の規範的意識や認識の枠組みを鮮やかに変化させるような力はなかったかもしれない．ただ，本書を通じて見えてきた彼女たちとこの話題との関わり方からは，この話題を巡って大切な人々から自分が愛着を感じているものを否定されるとともに，そのような言動をとる相手に対しての愛着もなかったかのように扱われる彼女たちの姿が見えてくる．そして，彼女たち自身が自分たちをそのような状況に陥らせる要因として両国の支配的言説の存在を指摘し，それに対し強い警戒心を抱いていることも明らかとなった．このような結果からは，日韓の人々に偏った相手側のイメージを植え付ける支配的言説や，実際に両国と関わりのある自分たちの声を無かったことにする人々への怒りとともに，自分たちの存在を認めてほしいという承認の欲求，つまり，怒りと求めの両方を彼女たちが同時に訴えている現状が見えてくる．藤高（2018）は，バトラーが守ろうとする場のことを「『怒り』と『求め』がないまぜになった『とり乱し』の場」（藤高 2018：304）と説明し，そのような「『とり乱し』の場こそが，『新しい『私たち』』という共同性を絶えず要請する」（藤高 2018：304）と述べる．そして，バトラーは常に，そのようなとり乱しの場にとどまり，「既存の『普遍的な『私たち』』の中で排除され，虐げられ，黙殺されてきた者たちの『傷』，そしてその発露としての『怒り』のなかに潜在する『求め』の契機を注意深く拾い上げ，その『求め』を『新しい『私たち』』の共同性として紡ぎだそうとする」（藤高 2018：304）要請の試みを

遂行しているという．このような，バトラーの思想に沿って，彼女たちが繰り出す様々な攪乱の契機を振り返れば，本書を通じて聞こえてきた彼女たちの声，それはすなわち，自国の発信する支配的言説の影響に惑わされるのではなく，自分たちの目を通して実際に見た相手国（民）の姿に向き合ってほしい，実際に見ることや聞くことが難しいならば，せめてその両方に関わりを持つ自分たちの声に耳を傾けてほしいという訴えであり，このような彼女たちの視点に立って日韓問題に向き合う姿勢こそが，この話題と関わり続けながら日韓両国の人々が共通の生を開くための要と言えるのではないだろうか．また，日韓の間だけでなく世界に目を向ければ，経済的に緊密な関係を長期にわたり保持しつつも戦争の影響からくる歴史的な葛藤を抱えている国同士というのが多く存在していることがわかる．それと同時に，現在のロシアとウクライナの様に今まさに戦争の影響から未来に長くつづく葛藤を抱えようとしている国も存在している．そのような国々では学校教育やメディアの情報が双方の国家に対する偏ったイメージの構築を促進するケースも珍しくなく，対立し合う両国（民）と関わりを持つ人々はその狭間で人間関係の構築や自身が生活する社会状況を調整していかなければいけない．そのような状況に鑑みれば，本書を通じて聞こえてきた彼女たちの声は，日韓の分断においてだけでなく，多様な状況下において分断線の向こう側にいる他者との対話を可能にするために必要な想像力や共感を育むための示唆と捉えることもできる．バトラーのいう攪乱は，行為体が常に発話場面において生じさせるものではない．彼女が言うのは，あくまでもその可能性である．しかしながら，この世界中の様々な場所に存在する「『とり乱し』の場」（藤高 2018：304）に常に目を向け，「共に取り乱しながら思考すること」（藤高 2018：304）をやめなければ，私たちは「『新しい『私たち』』の共同性」（藤高 2018：304）とはどんなものなのかという答えに近づくことができる．本書は，あくまでも日本と韓国という二つの国の日韓問題に関連した分断に焦点を当てた内容ではあるが，今後，本書を通じて明らかになった彼女たちの声が，日韓関係という枠組みを超え世界中の様々な場所において類似した状況に立つ人々にとり，自身が身を置く場所で少しでも精神的に安定し穏やかに生きていくためにはどうすれば良いのか，それを周りの人々にどのように

伝えていけばいいのかを考える際の糸口となればと強く願う．

第5節　今後の課題

　第5節では，今後，本研究をより発展させていくために必要な課題に関して記載する．本研究では，韓国人男性と結婚し韓国で子育てを行っている日本人女性を対象にインタビュー調査を実施した．調査内では，彼女たちが韓国にいる自分たちのことをマイノリティと位置付け，本当は韓国人の意見に対して反論したいがマイノリティであるがゆえにそれが不可能であるといった発言をする様子が度々観察された．それ以外にも，日本であれば韓国人である夫に意見することができるかもしれないという意見も見られた．このような彼女たちの言動は，社会的マジョリティの立場にある時とマイノリティの立場にある時で，彼女たちの日韓問題に関する話題に対する関わり方が変化する可能性を示唆している．それゆえに，今後は韓国人男性と結婚し，日本に在住して子育てを行っている日本人女性に対しても同様の調査を実施する必要があると考える．

　また，本研究の調査を通じて，在韓日本人女性たちが，誰よりも我が子との間で日韓問題に関する話題を扱うことに強い不安を抱いていることがわかった．彼女たちの気持ちや不安は，自身も在韓日本人女性の1人である調査者も同様に感じているものであり，想像に難くない．それゆえに，今後はより深く，彼女たちの韓国での子育てに向き合い・関わっていきたい．特に，本書では，子どもが小学校中学年などになり，韓国の学校教育だけではなくメディアの報道などを通じてより強く韓国の支配的言説の影響を受けた場合には，この話題を巡って彼女たちと子どもが母と子ではなく日本人と韓国人として向き合う様子が観察された．また，その際にはこの話題をめぐり，子どもが母親を日本人として位置付け意見を要求する，あいまいな母親の言動を受け入れないなどの状況が生じていた．ここからは，年齢によって，そして子どもが韓国の支配的言説にどれほど影響を受けているかによって，彼女たちが子どもとの間でこの話題を扱う際の関わり方や身を置く状況，関係性が変化する可能性が考えられる．本研究の調査協力者の子どもたちは，調査者の子どもも含め，まだそれほど強

く韓国の支配的言説の影響を受けていない年代（乳幼児期～小学校中学年まで）であった．それゆえに，今後はより年齢が上の子どもたちを育てる日本人女性たちへのインタビュー調査も実施する必要があると考える．

　最後に，今回のインタビュー調査では彼女たちが社会的マイノリティはマジョリティに意見できない，知識とは本当のことや真実である，韓国人は反日教育を受けている，日本人は韓国人よりも日韓問題と個人を切り離すのが苦手である，日韓問題に関する知識を身につけるべきだなどといった規範意識や認識の枠組みを所持している様子が観察された．また，彼女たちが所持するこの様な規範意識や認識の枠組みは，彼女たちが日韓問題に関する話題を両国の人々と扱う際や，日韓問題の存在を巡って自らを位置付ける際に少なからず影響を及ぼしていた．それゆえに，今後はデータ内で見られた彼女たちが所持する規範意識や認識の枠組みを整理し，彼女たちがどういう経緯の中でそれらを内在化していったのかに関しても調査を進める必要があると考える．

　以上，上述した三つの課題について更なる追加調査を実施し，より多角的な視点から彼女たちのこの話題に対する関わり方や，その際に彼女たちが身を置く社会状況や関係性を明らかにしたい．そして，その中で得られた彼女たちの気づきや声を通じて，日本と韓国の双方の国家や，その関係性において今何が求められているのか，どのような構造と認識の枠組みの変化が必要とされているのかといった問いへの更なる示唆の発見を目指したい．

参照文献

〈日本語 & 英語〉

Althusser, Louis,・山本哲士・柳内隆（1993）．アルチュセールの〈イデオロギー〉論．三交社．

Austin, Langshaw, John (1962). How to Do Things with Words. Oxford: Clarendon Press. （飯野勝己訳（2019）．言語と行為―いかにして言葉でものごとを行うか―講談社学術文庫）

綾屋紗月（2013）．当事者研究と自己感．石原孝二（編）当事者研究の研究，177-216．医学書院．

白永瑞（2016）．共生への道と核心現場―実践課題としての東アジア―．（監訳）趙慶喜，（解説）中島隆博，法政大学出版局．

Bamberg, Michael. (Ed.) (1997a). Oral versions of personal experience: three decades of narrative analysis. *Journal of Narrative and Life History*, 7(1/4), 335-342.

Bamberg, Michael (1997b). Positioning Between Structure and Performance. *Journal of Narrative and Life History*, 7(1/4), 335-342.

Bamberg, Michael (2004). Form and Functions of 'Slut Bashing' in Male Identity Constructions in 15-Year-Olds. *Human Development*, 47(6), 331-353.

Bamberg, Michael (2006). Stories: Big or small: Why do we care?. *Narrative Inquiry*, 16(1), 139-147.

Bamberg, Michael, & Georgakopoulou, Alexandra (2008). Small Stories as a New Perspective in Narrative and Identity Analysis. *Text & Talk*, 28(3), 377-396.

Bauman, R (1969). *Verbal art as performance*. Rowley, MA: Newbury House.

Bauman, R (1986). *Story, performance, and event: contextual studies of oral narrative*. Cambridge: Cambridge University Press.

Bronwyn, Davis, & Rom, Harré (1990). Positioning: The Discursive Production of Selves. *The Theory of Social Behavior*, 20(1), 43-63.

Butler, Judith (1990). *Gender Trouble: Feminism and the Subversion of Identity*. New York and London: Routledge. （竹村和子訳（1999）．ジェンダー・トラブル―フェミニズムとアイデンティティの攪乱―青土社）

Butler, Judith (1993). *Bodies That Matter*. New York and London: Routledge. （佐藤嘉幸監訳・竹村和子・越智博美ほか訳（2021）．問題＝物質となる身体―「セックス」の言語的境界について―以文社）

Butler, Judith (1997). *Excitable Speech A Politics of the Performative*. New York and London: Routledge. （竹村和子訳（2004）．触発する言葉―言語・権力・行為体―岩波書店）

Butler, Judith (1997). *The Psychic Life of Power Theories in Subjection*. Stanford University

参照文献

　Press.（佐藤嘉幸・清水知子訳（2012）．権力の心的な生―主体化＝服従化に関する処理理論―月曜社）
Butler, Judith（2005）. *Giving Account of Oneself*. New York: Fordham University Press.（佐藤嘉幸・清水知子訳（2008）．自分自身を説明すること―倫理的暴力の批判―月曜社）
Burr, Vivien（1995）. *An Introduction to Social Constructionism*. Routledge.（田中一彦訳（1997）．社会的構築主義への招待―言説分析とは何か―川島書店）
曹再京（2001）．順接と逆説の論理からみた「やっぱり」の機能について　言語科学論集, 5, 37-48.
Ching T. S. Leo（2019）. *Anti-Japan: The Politics of Sentiment in Postcolonial East Asia*. Duke Univ Pr; Illustrated.（倉橋耕平監訳　趙相宇・永冨真梨・比護遥・輪島裕介訳（2021）．反日：東アジアにおける感情の政治　人文書院）
崔吉城（2002）．「親日」と「反日」の文化人類学．明石書店．
De Fina, Anna, & Georgakopoulou, Alexandra（2012）. *Analyzing Narrative:Discourse and Sociolinguistic Perspective*. Cambridge: Cambridge University press.
Derrida, Jacques（1990）. *Limited Inc*. Galilée.（高橋哲哉・宮崎裕助・増田一夫訳（2002）．有限責任会社　法政大学出版局）
藤井勝（2019）．東アジアの国際結婚研究に向けて．藤井勝・平井晶子（編）外国人移住者と「地方的世界」―東アジアに見る国際結婚の構造と機能―, pp. 1-15. 昭和堂.
藤田昭造（2019）．韓国の領土教育―独島/竹島教育をめぐって―　明治大学教職課程年報, vol. 41, pp. 51-61.
藤高和輝（2018）．ジュディス・バトラー―生と哲学を賭けた闘い―．以文社．
福田恵子（2021）．日韓関係の改善と国際理解教育の必要性：韓国人アンケート調査から．拓殖大学日本語教育研究, 6, 191-209.
Georgakopoulou, Alexandra（2006）. Thinking big with small stories in narrative and identity analysis. Bamberg, Michael（Eds.）, *Narrative-State of the Art*, pp. 145-154. Amsterdam, Netherlands; John Benjamins Publishing Company.
Georgakopoulou, Alexandra（2007）. *Small Stories, Interaction and Identities*. John Benjamins Pub Co.
Georgakopoulou, Alexandra（2011）. Narrative Analysis. Wodak R., Johnston B., Kerswill P.（Eds.）, *The SAGE Handbook of Sociolinguistics*, pp. 396-411. London, Los Angeles, New Delhi and Singapore; SAGE Publications Ltd.（イェルガコポロ，アレクサンドラ（2013）．ナラティブ分析．佐藤彰・秦かおり訳，ナラティブ研究の最前線―人は語ることで何をなすのか―. pp. 1-42. ひつじ書房）
Gergen, Mary, & Gergen, Kenneth J（2004）. *Social Construction: Entering The Dialogue*. Social Construction: Entering The Dialogue.（伊藤守・二宮美樹訳（2018）．現実はいつも対話から生まれる―社会構成主義入門―ディスカヴァー・トゥエンティワン）
Gubrium, Jaber F, & Holstein, James A（1995）. The Active Interview. SAGE Publications, Inc.（山田富秋・兼子一・倉石一郎・矢原隆行訳（2004）．アクティヴ・インタビュー―

相互行為としての社会調査―せりか書房)
Hall, Stuart (1996). Who Needs 'Identity'?. Hall, Stuart, & Du Gay, Paul (Eds.), *Questions of cultural identity*. Sage Publications, Inc.（ホール, スチュアート（2001). 誰がアイデンティティを必要とするのか?. 林完枝・松畑強・宇波彰・柿沼敏江・佐復秀樹訳（2001). カルチュラル・アイデンティティの諸問題―誰がアイデンティを必要とするのか?―, pp. 7-35. 大村書店）
花井理香（2016). 国際結婚家庭の言語選択要因―韓日・日韓国際結婚家庭の言語継承を中心として―. ナカニシヤ出版.
秦かおり（2013). 「なんとなく合意」の舞台裏　在英日本人女性のインタビュー・ナラティブに見る規範意識の表出と交渉のストラテジー. 佐藤彰・秦かおり（編）ナラティブ研究の最前線―人は語ることで何をなすのか―, pp. 247-271. ひつじ書房.
Hata, Kaori (2016). Redressing Imbalanced Positioning through Narrative. In Gavin Brooks, Mathew Porter, Donna Fujimoto, and Donna Tatsuki (Eds.), *The 2015 PanSIG Journal*, pp. 51-57. Tokyo, Japan: JALT.
秦かおり（2017a). スモール・ストーリー. 鈴木亮子・秦かおり・横森大輔（編）話し言葉へのアプローチ―創発的・学際的談話研究への新たなる挑戦―, pp. 249-252. ひつじ書房.
秦かおり（2017b). 対立と調和の図式―録画インタビュー場面における多人数インタラクションの多層性―. 片岡邦好・池田佳子・秦かおり（編）コミュニケーションを枠づける―参与・関与の不均衡と多様性―, pp. 131-153. くろしお出版.
春木育美（2014). 日本と韓国における外国人政策と多文化共生. 東洋英和大学院紀要, 10, 17-27.
本郷隆盛（2011). 歴史に向き合う心―韓国・中国歴史教科書の分析―. 年報日本思想史, 10, 75-101.
石原孝二（2013). 当事者研究とは何か―その理念と展開―. 石原孝二（編）当事者研究の研究, pp. 12-72. 医学書院.
石渡延男（2002). 韓国―民族主義史観に依拠した歴史―. 石渡延男・越田稜（編）世界の歴史教科書― 11 カ国の比較研究―, pp. 17-42. 明石書店.
磯崎典世（1997). 韓国ジャーナリズムの日本像. 山内昌之・古田元夫（編）日本イメージの交錯―アジア太平洋のトポス―, pp. 22-44. 東京大学出版社.
一色舞子（2011). 日本語の補助動詞「―てしまう」の文法化：主観化, 間主観化を中心に. 日本研究, 15, 201-221.
岩井朝乃・朴志仙・加賀美常美代・守谷智美（2008). 韓国「国史」教科書の日本像と韓国人学生の日本イメージ. 言語文化と日本語教育, 35, 10-19.
岩崎千恵・河内祥子（2018). 多文化家族の継承語教育に対する取り組み―韓国の家庭文庫『BookBridge』利用者を中心に―. 福岡教育大学紀要 第四分冊 教職科編, 67, 15-28.
加賀美常美代・守谷智美・岩井朝乃・朴志仙・沈貞美（2008). 韓国における小・中・

参照文献

　　高・大学生の日本イメージの形成過程―「9分割統合絵画法」による分析から―.
　　異文化間教育, 28, 60-73.
神田あずさ (2019). 韓国における「地球市民」育成に向けた政策の変遷. 国際理解教育,
　　25, 3-12.
絁谷智雄 (1998). 在韓日本人妻の生活世界―エスニシティの変化と維持―. 日本植民地
　　研究, 10, 33-47.
金愛慶・馬兪貞・李善姫・近藤敦・賽漢卓娜・佐竹眞明・ダアノイ メアリーアンジェリ
　　ン・津田友理香 (2016). 韓国の多文化家族に対する支援政策と実践の現況. 名古屋
　　学院大学論集 社会科学篇, 52(4), 113-144.
金愛慶 (2017). 韓国における国際結婚の増加と支援政策. 名古屋学院大学論集 社会科
　　学篇, 54(1), 13-28.
金哲 (2015). 抵抗と絶望―植民地朝鮮の記憶を問う―. (訳) 田島哲夫, 大月書店.
金應烈 (1983). 在韓日本人妻の貧困と生活不安. 社会老年学, 17, 67-82.
金恩淑 (2009). 韓国人の日本認識と歴史教育. 探求, 20, 6-13.
金漢宗 (1997). 国における国史教科書の変遷とイデオロギー. 社会科教育研究, 77,
　　1-15.
金政起 (2000). 韓国のメディアの伝える日本イメージ (1). 川竹和夫・杉山明子・原由
　　美子・桜井武 (編) 外国メディアの日本イメージ―11カ国調査から―, pp. 84-89.
　　学文社.
木村幹 (2020). 歴史認識はどう語られてきたか. 千倉書房.
金松美・朴東鎮 (2017). 韓国における多文化家族支援サービスの特性と変遷過程：多文
　　化家族支援センターを中心に. 評論・社会科学, 123, 37-66.
小林孝之 (1986). 戦後の在韓日本人婦人についての基礎的研究. 福岡教育大学紀要, 36,
　　21-36.
小宮友根 (2009). 行為の記述と社会生活の中のアイデンティティ―J. バトラー「パフォ
　　ーマティヴィティ」概念の社会学的検討―. 社会学評論, 60(2), 192-208.
小山毅 (1972). 異常を"正常"で切る法の論理. 朝日ジャーナル, 14(50), 22-25.
熊谷晋一郎 (2013). 痛みから始める当事者研究. 石原孝二 (編) 当事者研究の研究,
　　pp. 217-270. 医学書院.
熊谷晋一郎 (2017). みんなの当事者研究. 熊谷晋一郎 (編) みんなの当事者研究, pp. 2-9.
　　金剛出版.
熊谷晋一郎 (2020). 当事者研究―等身大の〈わたし〉の発見と回復―. 岩波書店.
Labov, William (1972). *Language in the Inner City: Studies in the Black English Vernacular*.
　　Philadelphia: University of Pennsylvania.
Labov, William (1997). 'Some further steps in narrative analysis'. Bamberg, Michael (Eds.),
　　Special Issue. Oral Versions of Personal Experience: Three decades of narrative analysis,
　　Journal of Narrative and Life History, 7(1-4), 395-415.
Labov, William., & Waletzky, Joshua. (1967). Narrative analysis: Oral versions of personal

Experience. In J. Helm (Eds.), *Essays on the Verbal and Visual Arts*, pp. 12-44. Seattle, WA: University of Washington Press.

李惠景 (2012). 韓国移民政策における多文化家族の役割. 落合恵美子・赤枝香奈子 (編) アジア女性と親密性の労働, pp. 305-326. 京都大学学術出版会.

李惠景 (2016). 韓国への結婚移民. 有田伸・山本かほり・西原和久 (編) 国際移動と移民政策―日韓の事例と多文化主義再考―, pp. 13-22. 東信堂.

李澤熊 (2009).「確かに」と「間違いなく」の意味分析. 論集：異文化としての日本, 83-92.

柳準相 (2020). 韓国の「2015改訂教育課程」における歴史教育の内容と特色：自国中心主義的な性格の克服を手掛かりに. 総合歴史教育, 54, 3-24.

元信者T子さん (2004). 韓日の花嫁としての体験. 消費者ニュース, 61, 86-89.

向谷地生良 (2018). 新安心して絶望できる人生―「当事者研究」という世界―. 一麦出版社.

中俣尚己 (2014). 日本語教育のための文法コロケーションハンドブック. くろしお出版.

中西尋子 (2004a).「地上天国」建設のための結婚―ある新宗教教団における集団結婚式参加者への聞き取り調査から―. 宗教と社会, 10, 47-69.

中西尋子 (2004b). 韓国一農村部における統一教会と在韓日本人妻. 消費者ニュース, 61, 89-93.

中西尋子 (2005). 在韓日本人妻の人数―「海外在留邦人数調査統計」から―. 消費者ニュース, 64, 181-184.

中西尋子 (2006). 神と霊界への信仰：統一教会における合同結婚式参加者たちの結婚生活. 先端社会研究, 4, 136-159.

中西尋子 (2014). 在韓の統一教会元信者の日本人女性と韓国キリスト教会. 宗教問題, 8, 62-71.

中尾美知子 (2010). 韓国の「結婚移民者」にみる流動と定着. 岩手県立大学社会福祉学部紀要, 12(2), 41-50.

南春英 (2018). 韓国の高校地理教科書における日本に関する記述の変遷. 人文地理, 70(1), 93-110.

能智正博 (2006)."語り"と"ナラティヴ"のあいだ. 能智正博 (編)〈語り〉と出会う―質的研究の新たな展開に向けて―, pp. 11-72. ミネルヴァ書房.

Ochs, Elinor, & Capps, Lisa Capps (2001). *Living narrative*. Harvard University Press.

及川ひろ絵 (2021). 在韓日本人妻の韓日関係を取り巻く不安に関する事例研究― 2019年の状況を中心に―. 일본연구, 54, 131-168.

大石裕・崔修南 (2016). 日韓両国のメディア・ナショナリズム― 2014年8月，竹島／独島問題を事例として―. 奥野昌宏・中江桂子 (編) メディアと文化の日韓関係―相互理解の深化のために―, pp. 278-291. 新曜社.

奥野昌宏 (2016). 日韓両国民の相互意識とメディア. 奥野昌宏・中江桂子 (編) メディアと文化の日韓関係―相互理解の深化のために―, pp. 195-214. 新曜社.

参照文献

朴永祥（2000）．韓国のメディアの伝える日本イメージ（2）．川竹和夫・杉山明子・原由美子・桜井武（編）外国メディアの日本イメージ―11 カ国調査から―，pp. 90-100. 学文社．
三枝令子（1997）．「「って」の体系」 言語文化，34, 21-38.
Salih, Sara（2002）．*JUDITH BUTLER*. Routledge.（竹村和子・越智博美・山口菜穂子・吉川純子訳（2005）．シリーズ 現代思想ガイドブック ジュディス・バトラー 青土社）
澤田克己（2020）．反日韓国という幻想―誤解だらけの日韓関係―．毎日新聞出版．
澤野美智子（2010）．日韓國際結婚家庭におけるローカリティの再生産―韓國人男性と結婚し韓國都市地域に居住する 日本人女性の家庭を事例に―．*차세대 인문사회연구*, 6, 279-297.
新城道彦・浅羽祐樹・金香男・春木育美（2019）．知りたくなる韓国．有斐閣．
高橋賢次（2015）．「他者との倫理的関係」とは何か― J. バトラーにおける「倫理への転回」を手がかりとして―．現代社会学理論研究，9, 67-80.
武田里子（2017）．「韓日祝福」で韓国に渡った日本人女性たちの「その後」．大阪経済法科大学アジア太平洋研究センター，14, 24-31.
竹下修子（2000）．国際結婚の社会学．学文社．
渡辺幸倫・藤田ラウンド幸世・宣元錫（2016）．国際結婚家庭の子育て戦略〈韓国在住韓日カップルの日本人「父親」と「母親」の語りから〉．相模女子大学文化研究，33, 27-37.
山田富秋（2014）．インタビューとフィールドワーク．斎藤清二・本山方子・山田富秋（編）インタビューという実践，pp. 1-14. 新曜社．
やまだようこ（2000）．人生を物語ることの意味―ライフストーリーの心理学―．やまだようこ（編）人生を物語る―生成のライフストーリー―，pp. 1-38. ミネルヴァ書房．
やまだようこ（2007）．ナラティヴ研究．やまだようこ（編）質的心理学の方法―語りをきく―，pp. 54-71. 新曜社．
山本かほり（1994）．ある「在韓日本人妻」の生活史―日本と韓国の狭間で―．女性学評論，8, 55-85.
山本かほり（2006）．韓国への残留―在韓日本人妻．*Intriguing Asia*, 85, 188-191.

〈韓国語〉

교육부（2021）．2021 년 독도교육 기본계획 2021 년 1 월 29 日 〈https://www.moe.go.kr/boardCnts/view.do?boardID=316&lev=0&statusYN=W&s=moe&m=0302&opType=N&boardSeq=83391〉（最終閲覧日 2022 年 4 月 10 日）
김석란（2007）．재한일본인 아내의 결혼동기에 관한 연구（在韓日本人妻の結婚動機に関する研究）．*일본어교육연구*, 42(2), 241-258.
김석란（2008）．한일국제결혼을 통해 본 문화적 갈등에 관한 연구（韓日国際結婚を通じて見る文化的葛藤に関する研究）．*일어일문학*, 35, 287-299.
김연희（2019）．한・일간 초국적 결혼 가정 이야기―삶에 드리운 역사의 그림자―

(韓日間越国籍的結婚家庭の話―生活の中に落とした歴史の影―). 다문화사회연구, 12(1), 5-44.

김응렬 (1996). 在韓 日本人妻의 生活史. 한국학연구, 8, 453-503.

김종욱 (2014). 근대기 조선이주 일본인 여성의 삶에 대한 연구 : 경주 나자레원 할머니를 중심으로 (近代期朝鮮移住日本人女性の生活に関する研究), 박사학위논문, 慶州大學校 大學院 文化財學科, 경주, 한국.

김학동 (2008). 張赫宙 문학과 6・25에 직면한 日本人妻들의 수난―「異國의 아내」「부산항의 파란 꽃」「부산의 여간첩」을 중심으로― (張赫宙の文學と6・25 (韓國戰爭) に直面した日本人妻たちの受難). 인문학연구, 35(3), 107-128.

나리타 마미 (2020). 한국에 거주하는 일본인 결혼이주여성의 마이크로어그레션 경험에 관한 연구 (韓国に居住する日本人結婚移住女性のマイクロアグレッション経験に関する研究). 석사학위논문, 서울교육대학교 교육전문대학원, 서울, 한국.

미즈카미 치사에 (2002). 한국남성과 결혼한 일본여성의 법적 지위 및 가족문제 연구 (韓国人男性と結婚した日本人女性の法的地位及び家族問題に関する研究). 석사학위논문, 이화여자대학교 대학원 사회학과, 서울, 한국.

민서정 (2013). 연애결혼 이민자 여성의 양육경험에 관한 내러티브 탐구 (恋愛結婚移民者女性の養育経験に関するナラティブ探求). 박사학위논문, 숙명여자대학교 대학원 아동복지학과 아동심리치료전공, 서울, 한국.

박서영・하수정・송지영・안현선・조희원・박성연 (2010). 일본인 모 다문화가정 어머니와 양부모 한인가정 어머니의 자녀관, 부모역할신념 및 삶의 만족도와 양육태도간의 관계 비교 (日本人母多文化家庭の母親と両親韓国人家庭の母親の子ども観, 親役割信念及び生活の満足度と養育態度の関係比較). 가정과삶의질연구, 27(6), 43-54.

박세희 (2017). 일본인 결혼이주자의 자녀양육을 둘러싼 사회문화적 갈등에 관한 질적 연구 (日本人結婚移住者の子どもの養育を取り巻く社会文化的葛藤に関する質的研究). 일본어교육연구, 41, 61-78.

박애스더 (2017). 연애결혼한 일본인 이주여성의 자녀 양육 갈등과 대처에 관한 질적 연구 (恋愛結婚をした日本人移住女性の子どもの養育における葛藤と対処に関する質的研究). 일본언어문화, 38, 281-302.

박정의・정혜온・정진경・노지영 (2014). 일본인결혼이주여성의 문화적 정체성이 자녀 양육에 미치는 영향 (日本人結婚移住女性の文化的なアイデンティティが子どもたちの養育におよぼす影響). 일본언어문화, 29, 563-586.

서양임・한재희 (2016). 일본결혼이주여성이 경험하는 자녀양육의 문화심리적 현상 (日本結婚移住女性の経験する子どもの養育の文化心理的現象). 상담학연구, 17(5), 465-486.

설동훈・윤홍식 (2008). 여성결혼이민자의 사회경제적 적응과 복지정책의 과제 : 출신국가와 거주지역에 따른 상이성을 중심으로 (女性結婚移民者の社会経済的適応と福祉政策の課題). 사회보장연구, 24(2), 109-133.

参照文献

야마모토 노부히토 (2013). 재한일본인의 문화적응 유형 연구 (在韓日本人の文化適応類型研究). 석사학위논문, 전남대학교 대학원 디아스포라학 협동과정, 광주, 한국.

오오야 치히로 (2006). 잡지 『내선일체 (内鮮一體)』에 나타난 내선결혼의 양상 연구 (雜誌「内鮮一体」に描かれた内鮮結婚の様相に関する研究). 사이 (SAI), 1, 271-301.

오재연 (2014). 유아기 자녀를 둔 출신국적별 외국인 부모의 양육행동과 삶의 질 및 문화적응스트레스 비교연구 (幼児期の子どもを持つ出身国籍別外国人両親の養育行動と生活の質及び文化適応ストレスの比較研究). 韓國幼兒教育・保育行政研究, 18(1), 32-57.

오재연・김경란・남민우 (2014). 출신국적별 다문화가정 외국인 어머니의 양육행동, 삶의 질, 문화적응스트레스가 유아의 기관적응에 미치는 영향 (出身国籍別多文化家庭外国人母の養育行動, 生活の質, 文化適応ストレスが幼児の教育機関適応に与える影響). 생태유아교육연구, 13(1), 293-319.

이덕구 (2009). 일본여성결혼이민자의 한국사회 적응실태 (日本人女性結婚移民者の韓国社会適応実態). 문화관광연구, 11(2), 23-36.

이시이 히로꼬・민기연・선곡 유화・이영선 (2015). 한・일 국제결혼한 장기거주 재한 일본여성의 문화정체성 탐색 (韓日国際結婚をした長期居住在韓日本人女性の文化アイデンティティの探索). 다문화사회연구, 8(2), 107-143.

이유나 (2015). 다문화 가정 결혼이주여성의 '어머니 되어가기'에 관한 질적 연구: 일본인 어머니를 중심으로 (多文化家庭結婚移住女性の「母になる」に関する質的研究: 日本人の母を中心に). 한국일본교육학연구, 20(1), 65-85.

이은하 (2015). '글로벌 하향혼'으로서 결혼이주 정치학 일본 결혼이주여성을 중심으로 ('グローバル下降婚'としての結婚移住の政治学―日本結婚移住女性を中心に―). 페미니즘 연구, 15(1), 131-167.

이정희 (2012). 일본인 여성결혼 이민자의 생애사 연구 (日本人女性結婚移民者のライフストーリー研究). 일본근대학연구, 35, 233-254.

이지선・천혜정 (2008). 한국남성과 연애 결혼한 일본여성의 한국결혼생활적응의 의미에 관한연구 (韓国人男性と恋愛結婚した日本人女性の韓国結婚生活適応の意味に関する研究). 한국가족관계학회지, 13(2), 57-76.

이토 히로코・박신규 (2016). 잊혀진 재한일본인처의 재현과 디아스포라적 삶의 특성 고찰: 경주 나자레원 사례를 중심으로 (忘れられた在韓日本人妻の再現とディアスポラ的生活の特性に関する考察). 일본근대학연구, 51, 217-238.

임영언・이화정 (2013). 한국거주 일본인의 문화적응 모형과 다문화적 수용태도 연구 (韓国居住日本人の文化適応類型と多文化的受容態度に関する研究). 평화학연구, 14(4), 187-205.

정기선 (2008). 결혼이주여성의 한국이주특성과 이민생활적응: 출신국가별 차이를 중심으로 (結婚移住女性の韓国移住特性と移民生活適応―出身国別差異を中心に―). 인문사회과학연구, 1(20), 68-103.

정선주 (2018). 일본 결혼이주여성들의 배우자 가족갈등에 관한 현상학적 연구 (日本結婚移住女性たちの配偶者家族葛藤に関する現象学的研究). *다문화사회연구*, 11(2), 211-254.
조현미 (2009). 일본인 국제결혼여성의 혼성적 정체성 (日本人国際結婚女性の混成的アイデンティティ). *일본언어문화*, 45, 521-544.
최정혜・김명주 (2012). 다문화가정 일본인 아내의 결혼만족도 연구―경남 지역을 중심으로― (多文化家庭日本人妻の結婚満足度に関する研究). *日本語教育*, 62, 329-344.
황은희 (2015). 2015 개정 초등 사회과 (역사 영역) 교육과정 고찰 (2015 改訂小学校社会科 (歴史領域) 教育課程に関する考察). *역사교육연구*, 23, 51-86.
후루카와 아야코 (2006). 재한 일본인의 문화 충격에 관한 연구 (在韓日本人のカルチャーショックに関する研究). 석사학위논문, 연세대학교 교육대학원 외국어로서의 한국어교육 전공, 서울, 한국.

付録資料1（調査依頼書）

インタビュー調査へのご協力のお願い

みなさん、こんにちは。初めまして。竹村博恵といいます。出身は京都で、私自身日韓夫婦であり、もうすぐ3歳になる日韓両国にルーツを持つ娘の母親です。今回、ブログを通してのご縁からAさんにご協力していただけることとなり、みなさんにこうしてプリントを配らせていただいております。私は現在日本で大学院に通っています。博士論文では韓国人男性と恋愛結婚をして韓国に移住し子育て経験もある日本人女性の方々を研究対象として、みなさん一人一人の「韓国社会と共生していく方法」がどのようなものかインタビューを通じて調査していきたいと思っています。

韓国で在韓日本人妻というと、"宗教結婚をした人"、"戦前・戦後すぐに渡韓してきたおばあちゃんたち"というイメージが強く、韓国人男性とより自然な形で出会い恋愛を経て結婚に至ったという日本人女性たちは「見えない存在」になってしまっています。私はそのような可視化されていない在韓日本人妻の方々に焦点を当て、在韓日本人妻という集団の持つ多様性を明らかにするとともに、日本社会と韓国社会の間で、一人の女性として様々な役割を担って生きているみなさん自身が、実際の生活の中で作り上げてきた韓国社会と共生していく方法を明らかにしていきたいと考えています。

- 調査期間：2019年9月17日～10月5日頃（10月5日以降を希望される場合はご相談ください）
- 所要時間：2時間程度
- 場　所：竹村自宅（最寄駅：地下鉄***号線***駅）、またはご希望により協力者の方のご自宅
- 調査形式：ご協力者2名の方（ご友人同士）＋調査者（竹村）の計3名

　※調査の性質上、ご友人同士2名1組までのご応募をお願いできましたら幸いです。
　友人同士での参加の方がリラックスして会話が弾みますので、仲の良いご友人と一緒に参加していただければと思います。

- ご応募先：カカオトークID：*********　／　e-mail：**********************
（大阪大学言語文化研究科　博士後期課程　竹村博恵　宛）

- インタビューの状況は録画・録音しますが、データ管理には細心の注意を払い厳重に保管いたします。また、インタビュー実施の際は、小さなお子さんが同席していても全く問題ありません。

みなさん家事や子育てでお忙しくなさっていると思いますが、もし協力してもいいよという方・もう少し詳しく説明を聞きたいという方がいらっしゃいましたら、Aさんにその旨をお伝えいただくか、私にカカオトークかメールで直接ご連絡をいただければと思います。どうかよろしくお願いいたします。

＊ご協力いただいた方には日本からの小さなお土産と、心ばかりで申し訳ないのですが문화상품권 5000원をお礼にお渡しできたらと思っております。

付録資料2 (誓約書)

誓 約 書

　竹村博恵の学術研究・博士論文作成の一環として、録音・録画をさせていただきます。ご協力に厚くお礼申し上げます。

　録音録画させていただく資料につきましては、竹村が厳重に管理いたします。ご協力いただいた方の実名が第三者に知られることは一切ありません。分析のための音声情報の文字化、逐語録では氏名、呼称はすべて変更し、個人が特定されないよう配慮いたします。同条件のもとでのみ、学術論文、学会発表に使用させていただきます。

　また、私の研究は、ことばのやりとりや社会的背景などを見ることを直接の目的としており、決して、参加者の個性を見たり、評価的な判断を下したりするものではありません。

　以上のことを誓約致します。なお、同意書についてのご質問ご意見、承認内容の取り消しや変更、インタビュー実施後の録音内容の削除のご希望等がございましたら、下記までご遠慮なくご連絡ください。

　　　　　　　年　　　月　　　日

　　　　　　　　　　　　　　　調査者署名＿＿＿＿＿＿＿＿＿＿＿＿＿＿

　　　　　　　　住所：
　　　　　　　　　書籍掲載にあたり、個人情報保護のため省略
　　　　　　　　　　　　　　　　　　　　　　　　　　　　竹村博恵
　　　　　　　　Eメール：
　　　　　　　　　書籍掲載にあたり、個人情報保護のため省略

付録資料3 (同意書)

同 意 書

　私は、自分が参加・協力した録音・録画が、竹村博恵の学術研究・博士論文作成の一環として収録されたものであると理解します。調査結果は、<u>学術目的に限り、且つ、個人名を公表しないという条件においてのみ</u>、学会発表、学術論文での使用を許可します。

　なお、上記の条件に従う限り、使用に際してその都度私に許可を得る必要はありません。

※下記の項目に同意してくださる方はチェックをお願い致します。

☐ 自分と自分の家族に関して、ビデオに映り込んだ顔をぼかさずに使用してもよい。

☐ 自分に関してのみ、ビデオに映り込んだ顔をぼかさずに使用してもよい。

☐ 自分も自分の家族も、ビデオに映り込んだ顔をぼかして使用してほしい。

　　　　　　　　　　　　　　　　　年　　　月　　　日

　　　　　　　　　　　　　　　署名　_____

ご連絡先 [メールアドレスもしくは電話番号]：

初出情報

第 7 章，第 4 節の一部
　竹村（2021）．日韓問題と共存する女性たちのアイデンティティ―韓国での不買運動に関する語りの分析を通して―．言語文化共同研究プロジェクト　相互行為研究（7）：談話と危機（クライシス），大阪大学大学院言語文化研究科　を大幅に加筆修正．

第 8 章，第 1 節の一部
　竹村（2021）．日韓問題と共存する女性たちのアイデンティティ―韓国での不買運動に関する語りの分析を通して―．言語文化共同研究プロジェクト　相互行為研究（7）：談話と危機（クライシス），大阪大学大学院言語文化研究科　を大幅に加筆修正．

第 9 章，第 1 節の一部
　社会言語科学会第 45 回大会（於：桜美林大学，オンライン開催，2021 年 3 月 15 日）にて口頭発表した内容，『社会言語科学会第 45 回大会発表論文集』で発表した内容を大幅に加筆修正．

第 10 章，第 1 節，第 2 節の一部
　竹村（2022）．韓国人の夫との会話における在韓日本人女性の日韓問題との関わり方―語ることで示されるアイデンティティについての考察を通して―．年報カルチュラル・スタディーズ，10，カルチュラル・スタディーズ学会　を大幅に加筆修正．

第 10 章，第 3 節の一部
　竹村（2022）．在韓日本人女性が選択する「諦め」の実態―語ることを通じて構築される彼女たちのアイデンティティへの考察を通じて―．言語文化共同研究プロジェクト　ことばと社会（1），大阪大学大学院言語文化研究科　と，日本質的心理学会第 17 回大会（於：帯広畜産大学，オンライン開催，2020 年 10 月 24 日）にて口頭発表した内容を大幅に加筆修

正．

第 12 章，第 1 節の一部

竹村（2022）．日韓問題をめぐる語りを通して構築される在韓日本人女性のアイデンティティ―竹島／独島問題についての彼女たちの語りに関する新たな分析的視座―．大阪大学言語文化学，31，大阪大学言語文化学会　を大幅に加筆修正．

第 12 章，第 2 節の一部

社会言語科学会第 46 回大会（於：関西学院大学，オンライン開催，2022 年 3 月 4 日）にて口頭発表した内容，『社会言語科学会第 46 回大会発表論文集』で発表した内容を大幅に加筆修正したものである．

謝辞

　本研究を進めるにあたり，指導教員の秦かおり教授をはじめ，植田晃次教授，山下仁教授には様々なご指導，ご助言をいただきました．深く感謝いたします．
　指導教員の秦かおり教授には，豊富な知識と経験の下，研究に向き合う姿勢，調査や分析において気をつけるべきこと，論文執筆まで粘り強く丁寧にご指導をいただきました．また，研究の進め方だけでなく，子育てをしながら研究を続けることに関する悩みや不安などについても大変親身になって相談にのっていただきました．先生のご指導がなければ，この博士論文を完成させることはできませんでした．深く感謝いたしますとともに，心より御礼申し上げます．
　副指導教員の植田晃次教授には，韓国語に関してだけでなく，韓国という存在との向き合い方に関して多くのご助言を賜りました．また，書くということに対する真摯な姿勢と，研究を楽しむことの大切さを教えていただきました．先生から折りに触れていただくご助言と励ましが，研究を進めていく推進力となりました．心より感謝申し上げます．
　また，言語文化研究科秦Ｄゼミの皆様には，ゼミでの発表だけでなく，学会発表の予行練習等，多くの機会において貴重なご意見をいただきました．深くお礼申し上げます．
　そして，子育てや仕事で忙しい合間を縫って私のインタビューに応じてくださった多くの在韓日本人女性の皆様，皆様のご協力がなければ本研究を実現させることはできませんでした．心より厚くお礼申し上げます．
　最後に，大阪大学出版会の皆様，拙著を上梓するにあたり，大阪大学出版会岸本忠三出版助成をいただきました．本研究へのご理解，ご期待を賜りましたことを，ここに厚くお礼申し上げます．今回のご支援を糧に，今後もより一層研究活動に邁進して参ります．

索　引

〈あ行〉

アクティヴ・インタビュー　67-69
アレクサンドラ・イェルガコボロ　73
慰安婦問題　78, 103, 108, 109, 146, 151, 155, 339
位置付け　6, 48, 54, 75-78, 416-420, 426, 428-430, 433, 434, 441, 442
移民　3, 6, 11, 19, 24, 33, 45, 140, 142, 433
——女性　7, 10, 11, 15, 20, 22-25, 29, 237, 252
インタビュアー　46, 67-69, 72
インタビュイー　46, 67-69, 72, 183, 206
インタビュー　4, 6, 7, 46-48, 52, 67-69, 74, 78
引用　53-58, 64, 426, 433-436

〈か行〉

会話　59, 60, 68, 69, 72-76
加害国　14, 15, 42, 156, 424, 433, 436
核心現場　5, 6, 57
攪乱　55-58, 64, 310, 312, 363, 368, 419, 431-440
語り　6, 7, 46-48, 50, 52, 57-61, 63, 64, 67, 68, 72-79
葛藤　4-6, 20, 26, 29, 30, 32, 33, 44, 92, 136, 237, 316, 440
関係的存在　47
韓国社会　4, 10, 14, 15, 19, 21-24, 28, 31-33, 35, 39, 43, 44, 81, 98, 99, 103, 109, 110, 189, 307, 348, 379, 421, 427, 431, 436
韓国人男性　3, 9-11, 16-20, 22, 23, 45, 86-89, 94, 127, 156, 168, 201, 206, 212, 216, 230, 441
韓国非難　188, 193, 201, 217, 219, 220, 231, 232
韓国文化　22, 23
規範意識　120, 151, 283, 294, 297, 414, 418, 426, 442
共生の感覚　5
協働構築　68, 72, 75, 154, 216, 229
居住国　6, 22, 24, 252

結婚移民　3, 6, 10, 11, 15, 20, 22-25, 29, 237, 252
——者　3, 10, 33, 45
結婚動機　9, 11, 12, 19, 21, 22, 24, 45, 46
嫌韓感情　22, 24, 46
言説　34, 41, 42, 44, 53-58, 61-64, 76-78, 417-419, 421-424, 427, 428, 430-437, 439, 441
行為体　54-58, 432-437, 439, 440
公平性　133-136, 138-140, 142, 143, 148, 149, 152, 155, 156, 247
国際結婚　3, 4, 6, 7, 9-12, 16-23, 28, 29, 30, 33, 45
国際合同結婚式　16, 17, 19

〈さ行〉

差別　4, 6, 10, 13, 15, 18, 20, 22, 28, 29, 31, 32, 301, 302
曝され　13, 31, 32, 45, 47, 57, 103, 421, 423, 426, 434
参与者　47, 54, 58, 67-69, 72-77, 420, 437
視座　5, 6, 30, 37-42, 44, 49, 53, 57, 67-69, 73, 76
思想　5, 53, 132, 152, 357, 426, 432, 440
質的研究　25, 27, 67
視点　57, 59, 423, 440, 442
支配的言説　34, 61, 76, 77, 417-419, 421-424, 427, 428, 430-432, 435-437, 439-442
宗教結婚型　11, 12, 16, 18-23, 25, 45
主体　44, 47, 53-55, 57, 63, 97, 141
——化　47, 53-55, 58, 63, 432-437
出身国　16, 21, 22, 25, 29, 336
承認の規範的構造　53, 54, 433
植民地支配　11, 12, 14-16, 36-38, 42-44
スモール・ストーリー　72, 73, 74
政治的・歴史的問題　21, 33
世界平和統一家庭連合→統一教会
絶対悪　44, 151, 271, 296, 324, 339, 348, 357, 363, 365, 367-370, 373, 375, 376, 424, 431, 433, 436
戦略　20, 23, 63, 413, 414, 416, 424, 432

459

索　引

相互行為　6, 46-48, 52, 59, 60, 64, 65, 67-69, 72-78, 415

〈た行〉

対処法　13, 26, 31-33, 51, 98, 130, 242, 256, 301, 315, 324, 326, 345, 347, 364, 421
対談　46, 60
対立関係　6
竹島　5, 39, 93, 121, 157, 253, 307, 342, 403, 404
知識　379, 380, 383, 384, 385, 387, 388, 391, 392, 393, 394, 395, 396, 397, 398, 399, 401, 402, 403, 404, 405, 406, 407, 408, 409, 410, 411, 412, 413, 414, 418, 420, 423-426, 429, 432, 436, 437, 442
中立　77, 418, 423, 429, 430
　——性　248, 260, 292
　——的　37, 42, 77, 93, 145, 173, 179, 244, 288, 293, 297, 360, 367, 423, 429, 430
抵抗の切り札　229, 427, 434, 435, 438
適応　6, 19, 20, 21, 22, 23, 24, 25, 29, 30, 31, 33, 425
統一教会　11, 16-19
当事者研究　49-52
独島　5, 39, 93, 94, 157, 307, 363, 365, 368, 369, 407
　——問題　5, 78, 79, 93, 94, 145, 146, 150, 253, 307, 363, 365, 368, 374, 433

〈な行〉

内鮮結婚型　11-14, 19, 32, 45, 46
ナショナリズム　39, 43, 45
ナショナリティ　127, 132, 148, 151, 152, 154, 205, 301, 416
ナショナル・アイデンティティ　93, 144, 295, 297, 298, 421, 430
ナラティブ　7, 48, 49, 58, 59, 60, 61, 62, 64, 67, 68, 69, 72, 73, 74, 75, 76, 77, 78
日韓関係　1, 2, 5, 7, 81, 93, 104, 107, 109, 116, 117, 121, 124, 132, 147, 151, 154, 207, 211, 213-217, 221, 230, 231, 235, 237, 316, 346, 348, 366, 373, 390, 401, 416, 421, 427, 428, 440
日韓共同世論調査　2, 37, 38, 157
日韓対立　81, 225, 232, 235, 242, 288, 292, 302, 306, 307, 362, 368, 371, 376, 431
日韓にルーツを持つ子ども　3, 6, 17, 20, 25, 27, 29, 69, 149, 153, 155, 188, 189, 200, 271, 316, 363, 365, 366, 368, 370-374, 377, 411, 414, 419-421, 425, 430, 431, 436, 438
日本イメージ　34-43, 147, 277, 278, 279, 291, 312, 348
日本製品不買運動　78, 79, 81, 110, 155, 158, 197, 286, 302, 327, 363
日本人暴行事件　78, 127, 148, 155, 158, 166, 197, 205, 230, 233
日本製品不買運動　78, 79, 81, 110, 155, 158, 197, 286, 302, 327, 363
日本非難　30, 113, 146, 152, 217, 219, 220, 228, 231, 232, 239-241, 244, 245, 265, 270, 271, 275, 280, 281, 288, 290, 291, 292, 296-298, 305, 362
認識の枠組み　5, 6, 9, 24, 28, 34, 35, 40, 42, 43, 46, 57, 90, 131, 145, 150, 151, 154, 209, 212, 275, 316, 338, 365, 399, 418, 431, 436, 437, 439, 442
No Japan　110, 118, 119, 121-123, 217, 219, 245, 246, 286, 306, 346, 347

〈は行〉

バトラー，ジュディス　46, 47, 53-57, 63-65, 432, 439, 440
反日感情　13-15, 22-24, 30, 31, 36, 39, 41-43, 46
Bamberg（マイケル・バンバーグ）　59, 60, 64, 73, 74, 76-78
反復　23, 31, 41, 53, 55-58, 64, 73, 98, 99, 101, 102, 106, 109, 112, 139, 143, 177, 182, 191, 211, 215, 220, 244, 426, 433-436
被害者　14, 15, 40, 41, 205, 209, 211, 212, 215, 216, 230, 231
服従化　54, 55, 58, 432, 433, 436
不適応　22
文化交流型　10-12, 18-21, 45-47
文化的・社会的自己　77
分断構造　5, 57
ポジショニング　75, 76
　——分析　74, 76-78
ホルスタイン＆グブリアム　68, 69

〈ま行〉

マイノリティ　145, 150, 153, 154, 156, 233-235, 370, 411, 416, 418, 421-424, 428, 429, 433, 436, 441, 442

索　引

マジョリティ　84, 85, 145, 149, 150, 153, 156, 281-283, 291, 294, 297, 411, 416, 418, 421, 424, 426-429, 433, 436, 441, 442
マスメディア　34-39, 42, 43
メディア　3, 4, 34-39, 42, 43, 147, 151, 152, 154, 155, 197, 198, 200-203, 231-235, 289, 292, 295, 297, 417, 419, 422, 427, 429, 440, 441
メディア・ナショナリズム　39
物語　5, 59-61, 63, 75

〈や行〉

呼びかけ　47, 54, 55, 58, 63, 315

〈ら行〉

歴史的葛藤　4
歴史認識　15, 21, 31, 34, 35, 39, 41, 44, 93, 307
恋愛結婚型　21-23, 25, 45

461

著者略歴

竹村博恵（たけむら　ひろえ）
2023 年大阪大学大学院言語文化研究科博士後期課程修了（言語文化博士）．2024 年現在京都先端科学大学非常勤講師．（主論文）「韓国人の夫との会話における在韓日本人女性の日韓問題との関わり方―語ることで示されるアイデンティティについての考察を通して―」，『年報カルチュラル・スタディーズ』，vol. 10, pp. 57-82, 2022 年，「日韓問題をめぐる語りを通して構築される在韓日本人女性のアイデンティティ―竹島／独島問題についての彼女たちの語りに関する新たな分析的視座―」，『大阪大学言語文化学』，vol. 31, pp. 67-81, 2022 年．

韓国人と結婚した日本人女性たちとアイデンティティ

2025 年 2 月 28 日　初版第 1 刷発行　　　　　　　　　［検印廃止］

著　者　竹村博恵

発行所　大阪大学出版会
　　　　代表者　三成　賢次

　　　　〒 565-0871　大阪府吹田市山田丘 2-7
　　　　　　　　　　大阪大学ウエストフロント
　　　　TEL 06-6877-1614
　　　　FAX 06-6877-1617
　　　　URL：https://www.osaka-up.or.jp

装　丁　右澤康之
印刷・製本　創栄図書印刷株式会社

Ⓒ H. Takemura 2025

Printed in Japan

ISBN 978-4-87259-832-2　C3030

JCOPY〈出版者著作権管理機構　委託出版物〉
本書の無断複製は著作権法上での例外を除き禁じられています．複製される場合は，その都度事前に，出版者著作権管理機構（電話 03-5244-5088, FAX03-5244-5089, e-mail：info@jcopy.or.jp）の許諾を得てください．